高等职业技术院校校企双元与思政特色优秀新形态教材：铁道工程大类

高速铁路桥涵

施工与养护（新形态活页式）

主　编／王军龙　侯晓晶　王　飞
副主编／高鸽子　林　楠　冷　鑫
主　审／赵兴寨

西南交通大学出版社
·成都·

图书在版编目（CIP）数据

高速铁路桥涵施工与养护：新形态活页式 / 王军龙，侯晓晶，王飞主编. -- 成都：西南交通大学出版社，2025.6. -- ISBN 978-7-5774-0436-3

Ⅰ. U448.13

中国国家版本馆 CIP 数据核字第 2025K6Z784 号

Gaosu Tielu Qiaohan Shigong yu Yanghu　(Xin Xingtai Huoye Shi)

高速铁路桥涵施工与养护（新形态活页式）

	策划编辑／李晓辉
主　编／王军龙　侯晓晶　王　飞	责任编辑／王同晓
	封面设计／墨创文化

西南交通大学出版社出版发行
（四川省成都市金牛区二环路北一段 111 号西南交通大学创新大厦 21 楼　610031）
营销部电话：028-87600564　　028-87600533
网址：https://www.xnjdcbs.com
印刷：四川玖艺呈现印刷有限公司

成品尺寸　185 mm×260 mm
印张　20　　字数　499 千
版次　2025 年 6 月第 1 版　　印次　2025 年 6 月第 1 次

书号　ISBN 978-7-5774-0436-3
定价　65.00 元

课件咨询电话：028-81435775
图书如有印装质量问题　本社负责退换
版权所有　盗版必究　举报电话：028-87600562

前言
PREFACE

根据高职高专院校土木工程专业指导委员会编制的教学大纲、"十四五"高等职业技术教育规划教材及数字化教材的编写要求，结合新的设计规范及编写人员多年的教学及现场工作经验，西安铁路职业技术学院与中国铁路西安局集团有限公司、西安市轨道交通集团有限公司及中铁一局企业等合作，在以必须、够用，全方位育人为原则的情况下，确定了本书的结构和内容，目的是为学员提供高速铁路桥涵施工和养护方面的基本知识和实用技能，同时融入课程思政的内容，做到德技并重，全方位发展。本书充分汲取了高职高专院校在探索和培养技术应用型人才和课程思政方面的成功经验，并将思想政治建设，实用型和创新型结合在一起，突出人才思想政治，创新素质和创新能力的培养。

为了适应铁路的快速发展，本书结合高职高专学员的自身特点，以普通铁路为基础，将高速铁路桥涵的相关内容贯穿到其中，全面系统地介绍了高速铁路桥涵的结构、类型及种类，重点对高速铁路桥涵施工、维护及鉴定与加固等内容进行详解，使学员能够做到对本书好理解、能接受、会应用的程度。书中引用不同的典型工程案例和思考题，内容丰富，实用性较强，以便于学员自我考核和练习。另外，建议教师在授课时，应根据学员的具体情况，结合不同的专业特点选择讲授重点和自学章节。

本书由西安铁路职业技术学院王军龙、侯晓晶以及中铁一局三公司王飞担任主编，西安铁路职业技术学院高鸽子、林楠、冷鑫担任副主编。全书共分为四个模块，王军龙编写模块一中项目一和模块二中项目二；侯晓晶编写模块一中项目二和模块四中项目二；王飞编写模块三项目一的任务2；高鸽子编写模块二中项目一；冷鑫编写模块二中项目三的任务2；殷艳萍编写模块二中项目三的任务3、任务4、任务5；邓洁编写模块二中项目三的任务1；林楠编写模块三中项目一的任务1；陈若曦编写模块四中项目一的任务1。全书由西安铁路职业技术学院赵兴寨教授主审，中铁一局三公司王飞高级工程师提供并编撰了大量工程实例，也得到了同类院校相关专业教师的大力协助。

本书适用于各类开设高职高专课程教育的院校使用，也可以供专业培训人员参考。本书编写过程中引用了参考文献中所列的相关资料和部分内容，谨此向作者表示衷心的感谢，同时也对参编者所在院校的领导及组织者的关心和支持、出版社对本书的编辑和校对付出的大量工作在此表示深切的感激。

由于作者水平有限，书中难免有错误和不当之处，敬请读者和专家批评指正，并提出宝贵的意见和建议，以便再版时及时更正。

编 者

2024 年 10 月

目 录
CONTENTS

模块一　高速铁路桥涵施工预备知识 ··· 001

　项目一　高速铁路桥涵施工基本认知 ··· 001
　　任务一　高速铁路桥涵施工基本认知 ··· 001
　项目二　预应力混凝土工程 ··· 018
　　任务一　预应力混凝土工程 ··· 018

模块二　高速铁路桥梁施工 ··· 048

　项目一　高速铁路桥梁基础施工 ··· 048
　　任务一　明挖基础施工 ··· 048
　　任务二　桩基础施工 ··· 059
　　任务三　沉井基础施工 ··· 072
　项目二　高速铁路桥梁墩台施工 ··· 081
　　任务一　高速铁路墩台类型及构造 ··· 081
　　任务二　普通钢筋混凝土墩台施工 ··· 100
　　任务三　钢筋混凝土高墩施工 ··· 116
　项目三　高速铁路桥梁上部结构施工 ··· 130
　　任务一　高速铁路梁式桥施工 ··· 130
　　任务二　高速铁路拱桥施工 ··· 172
　　任务三　高速铁路刚构桥施工 ··· 188
　　任务四　高速铁路斜拉桥施工 ··· 198
　　任务五　高速铁路钢桥施工 ··· 211

模块三　高速铁路涵洞施工 230

项目一　高速铁路涵洞施工 230
　　任务一　涵洞的构造 230
　　任务二　涵洞的施工 244

模块四　高速铁路桥梁结构的检修 262

项目一　高速铁路桥梁结构检测 262
　　任务一　高速铁路桥梁结构检测 262
项目二　高速铁路桥梁结构养护与维修 274
　　任务一　高速铁路桥梁结构养护与维修 274

参考文献 312

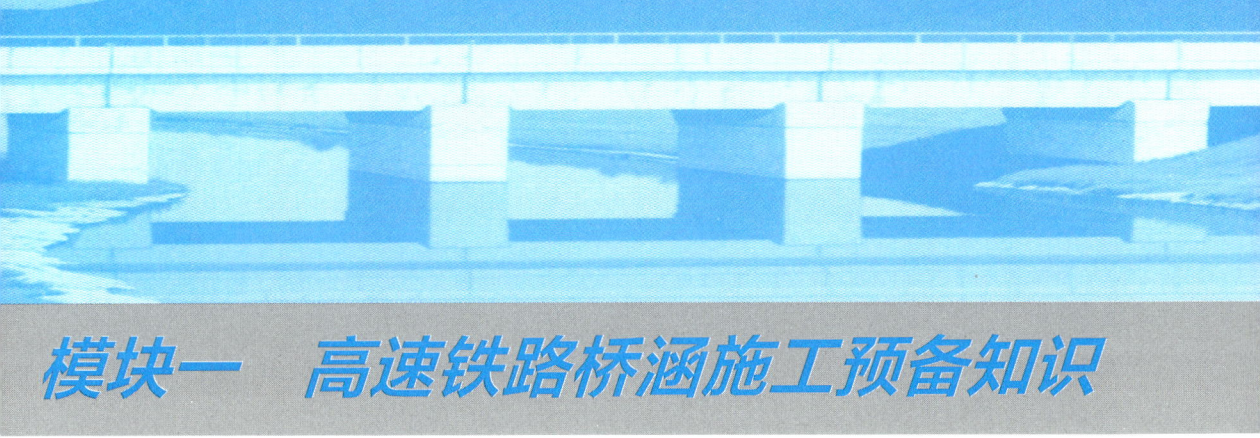

模块一　高速铁路桥涵施工预备知识

项目一　高速铁路桥涵施工基本认知

任务一　高速铁路桥涵施工基本认知

一、学习目标

1. 思政目标

（1）培养学生深厚的爱国情感和民族自豪感；
（2）培养学生良好的专业素养。

2. 知识目标

（1）掌握桥梁的分类；
（2）掌握桥涵基础的施工方法及特点；
（3）掌握桥梁上部结构的施工方法及特点。

3. 能力目标

（1）能准确区分桥梁种类；
（2）能简要说明桥涵基础的施工方法及特点；
（3）能简要说明桥梁上部结构的施工方法及特点。

二、任务重、难点

1. 重　点

（1）桥梁分类及特点；
（2）桥涵基础的施工方法及特点；
（3）桥梁上部结构的施工方法及特点。

2. 难　点

（1）桥涵基础的施工方法及特点；
（2）桥梁上部结构的施工方法及特点。

中国高速铁路桥梁建设

三、知识链接

（一）国内外高速铁路桥梁及其施工技术发展概况

桥梁的发展历史

桥梁作为一个跨越障碍物的大型结构工程及运输通道，是铁路、公路和城市交通体系的重要组成部分，它在国家的政治、经济和社会等各方面都起着非常重要的作用。不仅如此，一座功能完备、设计优良的桥梁又是一个城市的象征与骄傲，譬如我国的南京长江大桥和美国的旧金山金门大桥等。

桥梁建设的历史悠久，最早可以追溯到三千多年前出现的粗石桥。经过几千年的技术发展历史沉淀，桥梁的结构形式由早期的以木桥、石板桥、石拱桥为主发展到现今由多种材料建造而成的大跨度拱桥、斜拉桥和悬索桥等。随着人类的进步与社会经济的发展，人们对于桥梁的设计要求不再仅仅局限于其交通功能，更是提出了桥梁的造型艺术美观、与周围环境相协调等人文理念，进而使得现代桥梁的发展越来越人性化且更具美学价值。

随着科技的进步和发展，桥梁的施工机具、设备以及建筑材料的更新与发展，对于桥梁施工技术的要求也越来越高。以桥梁下部结构为例，自钢筋混凝土推广使用以来，桥梁墩台的结构形式已趋于多样化。除了传统的重力式墩台外，还相继出现了空心墩、桩柱式墩台、构架式墩台、框架式墩台、双柱式墩、拼装墩台及预应力混凝土薄壁墩等新型墩台，并日趋轻型、柔性化。与此同时，桥梁的其他组成部分也得以发展迅速。20 世纪 50 年代以来，跨江、跨海湾、跨海峡大桥的兴建，以中国、日本为首大力发展了深水基础技术。如 20 世纪 50 年代在武汉长江大桥中首创了管柱基础，60 年代在南京长江大桥中发展了重型沉井、深水钢筋混凝土沉井和钢沉井，70 年代在九江长江大桥中创造了双壁钢围堰钻孔桩基础，80 年代后进一步发展了复合基础。进入 21 世纪以来，钢吊箱围堰加钻孔灌注桩高桩承台式结构在特大型桥梁基础工程中逐渐推广应用，相应地出现了我国原创的深水区大型群桩基础施工技术。在日本，由于本四（本州四国）联络线工程的建设，其深水基础技术发展很快，以地下连续墙、设置沉井和无人沉箱技术最为突出。

由此可见，桥梁结构形式众多，相应地也就对应着多种不同的施工方法、施工设备和施工技术，这也决定了桥梁施工技术相对复杂、控制难度相对加大。因此，桥梁工程施工的特点主要体现在以下几个方面：

（1）施工生产的流动性和地区性；

（2）施工周期长、占用流动资金多；

（3）露天作业、水中作业及高空作业多；

（4）工程的单一性；

（5）施工生产组织的复杂性。

总之，对于桥梁结构而言，除了正确合理的设计之外，选择合适的桥梁施工技术，将施工方法与施工过程相结合，并贯穿于桥梁结构的设计中也是尤为重要的。

我国桥梁的施工技术有过非常辉煌的历史，早在距今约三千年的周文王时期，我国就已经在宽阔的渭河上架设过浮桥。后陆续涌现出了一大批以石料、铁构物等为建材的桥梁建筑，其中以被称为国宝桥的河北"赵州桥"最具代表。

18世纪以后,欧洲率先进入工业革命,从根本上改变了西方文明的历史,从而也促进了大规模的铁路桥梁建设。迄今,以英国不列颠尼亚箱梁桥、美国布鲁克林悬索桥及英国福斯悬臂桁架桥为标志的桥梁建筑仍散发着西方工业文明的气息。

20世纪初期,西方工业社会获得空前发展。美国率先出现了兴建高速公路和城市交通基础设施的高潮,从而促进了中小跨度的钢筋混凝土桥和大跨度钢桁架桥、钢拱桥和钢悬索桥的大量兴建。由于养护方便,在100 m以内的中小跨度桥梁范围内,钢筋混凝土简支梁桥、带挂孔的悬臂梁桥以及拱桥逐步代替了小跨度钢桥,成为20世纪上半叶中小跨度桥梁的主流桥型。以往石拱桥的施工都采用的是满堂支架,而在水流湍急的山谷中和有洪汛的大河上建造拱桥时,就常常会因支架被冲毁而造成事故。20世纪30年代,欧洲的一座拱桥首创了一种不用支架的钢筋混凝土拱肋分段悬拼施工技术,并获得成功,这种被称为"米兰法"的无支架施工工艺是桥梁史上一次重要的技术创新,它改变了过去在支架上施工、最后落架的传统方式。20世纪30年代,桥梁建设史上的另一个重要成就是,大跨度悬索桥和拱桥的发展和创新,以美国纽约华盛顿桥、旧金山金门大桥为代表,显示了其在桥梁领域的垄断实力。

20世纪50年代起,联邦德国经济的复苏推动了德国桥梁工程的发展,斜拉桥结构得以初露锋芒,并很快波及世界桥梁工程界。1953年,德国工程师FinsterWald在建造跨越莱茵河的Worms桥时,首创了预应力混凝土悬臂梁桥挂篮悬浇的节段施工新技术,并取得成功,这一新技术使预应力混凝土梁式桥突破了100 m的跨度。1958年建造的SC莱茵河桥,全长1 281. m,主跨205 m,主跨采用悬臂施工,边跨施工时采用了辅助墩,使预应力混凝土梁式桥第一次突破了200 m。

20世纪60年代,欧美各国在兴建高速公路的高潮中建造了许多桥梁,进入了桥梁建设的黄金时代。预应力夹片锚及抗疲劳的高应力幅冷铸镦头锚的问世,预应力混凝土的节段施工工艺在挂篮悬浇法以后又出现了预制节段悬拼工艺,以及在移动托架上或用架桥机悬挂的拼装工艺,使预应力技术达到发展的高峰时期。高强度螺栓的摩擦型连接取代了传统的铆钉连接,从此栓焊结构成为大跨度钢桥的新形式。从钢桥面发展到预应力混凝土桥面以及两种材料结合(竖向、横向和纵向)的多种形式,使斜拉桥在很大的跨度范围内都成为最有竞争力的桥梁,这也是斜拉桥发展的第一个高峰期。另外,还有一些创始于20世纪50年代,在60年代趋于成熟的先进施工技术,譬如预应力混凝土悬臂梁桥的挂篮现浇施工、上层移动支架进行预制构件节段的悬拼施工等。

20世纪70年代是预应力技术发展的成熟期,与此同时,斜拉桥已经开始由前联邦德国向欧洲各国以及加拿大、美国、日本等国推广,尤其在法国,斜拉桥和预应力技术的结合出现了采用预应力混凝土桥塔和桥面的预应力混凝土斜拉桥。一种创新的顶推法施工工艺在这一年代获得了成功。这种施工工艺就是将节段预制工厂设置在桥头,在前端钢鼻梁的帮助下,逐段向前顶推,直至完成全部多跨连续梁的浇筑和架设。所有工作都在桥头工厂中完成,在运输和安装条件比较困难的山谷地区是一种经济合理的工法。此方法以后又发展到曲线长桥的顶推施工上,效果也非常良好。

20世纪80年代,日本、丹麦开辟了兴建跨海工程的先河。日本在建造本四联络桥中的悬索桥时,首创预制平行钢丝索股的施工技术,将排成正六边形的127根钢丝索股一次牵拉就位,大大提高了主缆施工效率。20世纪80年代初,我国迎来了改革开放的新时期,率先在广东省掀起了桥梁建设的高潮,但基本上是一种跟踪性的发展和提高。

20世纪90年代，世界桥梁工程进入了一个崭新的阶段，一批高水平的大桥相继建成，如法国诺曼底大桥、中国万县长江大桥、日本明石海峡大桥等。这一时期的技术创新主要表现在实施上述大跨度桥梁的建设中所采用的一些新材料和新工艺上，如法国诺曼底大桥的平行钢绞线拉索和施工控制技术、中国万州长江大桥的钢管混凝土劲性拱架及其悬拼悬浇控制技术、日本明石海峡大桥塔墩深水基础和钢桥塔减振技术等。

经过30多年的发展，我国经济突飞猛进，国力显著增强。同时，我国也加快了基础建设的步伐，一大批桥梁如雨后春笋般拔地而起。特别是近十几年来建成的代表当今世界桥梁最高发展水平的一大批斜拉桥、悬索桥，更是确定了中国桥梁的世界地位。如港珠澳大桥，是连接中国香港、珠海和澳门的跨海大桥。该桥全长55 km，其中包括22.9 km的桥梁和6.7 km的隧道，是世界上最长的跨海大桥；设计使用寿命120年，打破了世界上同类型桥梁的"百年惯例"；大桥主跨460 m，采用了钢箱梁斜拉桥的形式，是世界上最长的钢箱梁斜拉桥；沉管隧道中采用的沉管每个标准长180 m，宽37.95 m，高11.4 m，重约80 000 t，是迄今为止世界最大体量的沉管。还有目前在建的江苏张靖皋长江大桥，主航道桥跨度2 300 m，是在建的世界最大跨度悬索桥；主塔高度350 m，为世界最高悬索桥索塔；南锚平面尺寸长110 m、宽75 m，高度83 m，相当于20个标准篮球场的面积，为世界最大体积的连墙锚碇基础；主缆长4 400 m，强度为2 200 MPa，为世界最长高强度主缆；钢箱梁长3 017 m，为世界最大连续长度钢箱梁；伸缩装置位移量3 120 mm，为世界最大位移量。

伴随着跨海工程的建设以及桥梁施工机具设备向着大功能、高效率和自动控制的方向发展，预制安装施工方法又焕发了活力，沙特阿拉伯—巴林道堤工程，采用14 000 t的浮吊架设60余米长的大型预制构件。加拿大联邦大桥（Confederation bridge）则是将8 700 t的浮吊运用到基础、桥墩和上部结构的构件运输安装施工中。我国港珠澳大桥建设中采用的"振华30"具备单臂固定起吊12 000 t、单臂全回转起吊7 000 t，它吊起了重约6 000 t的海底隧道并精准安装就位。这些大型桥梁的建造，极大地提高了当今桥梁施工的技术水平。

未来的桥梁建设将更注重新技术、新工艺、新材料、新设备等方面的广泛应用。与之相关的桥梁施工技术的发展，将在各种施工方法和施工工艺上不断创新，以适应桥梁结构在体系、跨径、材料和结构性能等方面的发展要求。

（二）高速铁路桥梁特点

超级工程
——中国桥

高速铁路桥梁作为高速铁路的重要组成部分，具有以下特点：

（1）所占比例大、高架长桥多。

高速铁路采用全封闭行车模式，线路平、纵面参数限制严格以及要求轨道高平顺性，致使桥梁占比明显较大。尤其在人口稠密地区和地质不良地段，为了跨越既有交通路网、节省农田，避免高大路基阻挡视线和路基不均匀沉降，大量采用高架线路。例如，日本近2 000 km的高速铁路中，高架桥占线路总长的36%，全部桥梁占线路总长的47%。而我国普通铁路桥梁占线路全长的平均比例仅为4%，但高速铁路桥梁在高速铁路中的平均占比高达50%（详见表1.1.1-1），而且有逐年增长的趋势。可见，桥梁比例大、高架桥且长桥多是高速铁路桥梁的主要特征，桥梁已成为高速铁路土建工程主要组成部分。

表 1.1.1-1　我国部分高速铁路桥梁占线路比例统计表

新建线路名称	正线长度/km	桥梁总延长/km	桥梁所占线路比例/%
京津	115.2	100.2	87.7
石太	189.93	39.2	20.6
武广	968.2	465.24	48.1
郑西	486.9	283.5	58.0
京沪	1318	1 060.9	80.5
广珠	142.3	134.1	94.2
哈大	903.9	663.3	73.7
厦深	502.4	204.16	40.6
杭甬	149.9	122.9	82.0
成绵乐	314	187	59.6
沈丹	208	72.6	34.9
郑徐	362	337.5	93.2
石济	310.2	281.4	81.5
京张	174	49	28.2
杭绍台	267	102	38.2
昌九	137.7	92	66.8
福厦	277.42	181	65.3

（2）以中小跨度为主。

由于高速铁路对线路、桥梁、隧道等土建工程的刚度要求严格，高速铁路桥梁的跨度不宜过大，应以中小跨度为主。例如，法国高速铁路直到修建地中海线时才首次采用 100 m 以上跨度的桥梁。

（3）刚度大、整体性好。

列车高速、舒适、安全行驶要求高速铁路桥梁必须具有足够大的刚度和良好的整体性，以防桥梁出现较大的挠度和振幅，同时，必须限制桥梁的预应力徐变上拱和不均匀温差引起的结构变形，以保证轨道的高平顺性。一般来说，高速铁路桥梁设计主要由刚度控制，强度基本上不控制其设计。尽管高速铁路活载小于普通铁路，但实际应用的高速铁路桥梁，在梁高、梁重上均超过普通铁路。

（4）限制纵向力作用下结构产生的位移，避免桥上无缝线路钢轨的受力出现过大的附加应力。

高速铁路要求一次铺设跨区间无缝线路，而桥上无缝线路钢轨的受力状态不同于路基，结构的温度变化、列车制动、桥梁挠曲等均会使桥梁在纵向产生一定的位移，引起桥上钢轨产生附加应力，而过大的附加应力会造成桥上无缝线路失稳，影响行车安全。因此，高速铁桥梁的墩台基础就需要有足够的纵向刚度，以尽量减少钢轨附加应力和梁轨间的相对位移。

（5）重视改善结构耐久性，便于检查、维修。

高速铁路是极其重要的交通运输设施，任何中断行车都会造成很大的经济损失和社会影响，为此，其桥梁结构物应尽量做到少维修或免维修，这就需要在设计时将改善结构物的耐久性作为主要设计原则，统一考虑构造细节并在施工中严格控制质量。同时，由于高速铁路运营繁忙、列车速度高，造成桥梁维修、养护难度大、费用高，因此，桥梁结构构造应易于检查与维修。

（6）桥梁上部结构多采用混凝土材料。

尽管各国对高速铁路的建桥材料不作限制，但90%以上的桥梁都选用了混凝土结构，主要是混凝土梁具有刚度大、噪声低、养护工作量少，而且造价较为经济等优点。当桥下交通繁忙，需要快速施工、减少干扰时，还经常选用钢混结合梁桥。

（7）强调结构与环境的协调。

高速铁路作为重要的现代交通运输线，应强调结构与环境的协调，重视生态环境的保护。这主要指桥梁造型要与周边环境相一致并注重结构外观和色彩；在居民点附近的桥梁还应设有降噪措施；避免桥面污水损害生态环境等。

（8）结构动力效应大。

高速铁路运营速度达到350 km/h时，列车产生的振动加速度和振动频率很大，从而使得桥梁结构本身产生的动力效应很大，如果振动频率和桥梁的频率相近，就会发生共振，这将直接危及列车和桥梁安全。

此外，虽然目前大部分国家的高速铁路仍采用有砟轨道，但随着日本四十多年来在高速铁路上广泛应用板式无砟轨道以及经数十种刚性道床的试铺、改进后，德国近年也在新建高速铁路上全面推广桥上无砟轨道，桥上采用无砟轨道已被认为是高速铁路桥梁的发展趋势。

（三）桥梁的组成与分类

1. 桥梁组成

桥梁通常由上部结构、下部结构以及附属结构组成。其中，桥梁上部结构为桥跨结构，而下部结构包括桥墩、桥台及其基础，附属结构包括桥头路堤护坡、护岸等。所有桥梁均建造在一定的地层上，桥梁结构的全部荷载都由下部地层来承担。受桥梁结构影响的那一部分地层称为地基，桥梁下部结构与地基接触的部分称为基础。桥墩、桥台不仅可以支承上部结构荷载，而且还可以将上部荷载传递给地基（见图1.1.1-1）。

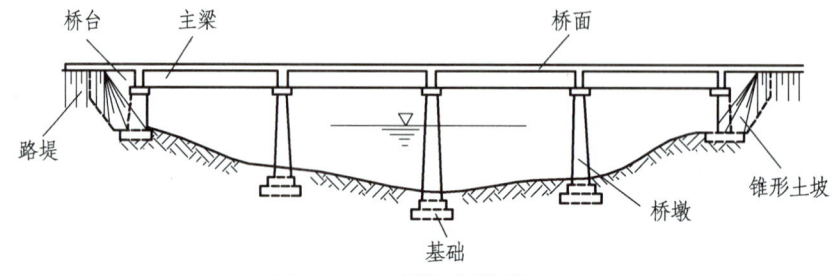

图 1.1.1-1　桥梁的组成示意

2. 桥梁分类

按照桥梁的使用性质可以将其分为：公路桥、铁路桥、公铁两用桥、人行桥、机耕桥及过水桥等。

按照桥梁跨径大小和多跨总长可将其分为：特大桥、大桥、中桥及小桥。分类标准见表1.1.1-2。

桥梁的分类

表 1.1.1-2 按照总长和单跨径长分类

桥梁分类	多孔跨径总长 L/m	单孔跨径 L_0/m
特大桥	$L \geqslant 500$	$L_0 \geqslant 100$
大桥	$L \geqslant 100$	$L_0 \geqslant 40$
中桥	$30 < L < 100$	$20 \leqslant L_0 < 40$
小桥	$8 \leqslant L \leqslant 30$	$5 < L_0 < 20$
涵洞	$L < 8$	$L_0 \leqslant 5$

按照行车道位置的不同桥梁可以分为：上承式桥、中承式桥和下承式桥。

按照使用年限桥梁可以分为：永久性、半永久性及临时桥。

按照材料类型桥梁可以分为：木桥、圬工桥、钢筋混凝土桥、预应力桥及钢桥等。

按照受力特点的不同，桥梁结构可以分为五大类：梁式桥、拱式桥、悬索桥、斜拉桥和刚构桥，此外，还有一种梁式和拱式相结合的组合形式。前三者是较古老的桥梁结构形式，而后两者及组合式桥梁则是近现代特别是20世纪50年代以后发展较快的一些结构形式。

（1）梁式桥。

梁式桥是一种使用最广泛的桥梁类型，是桥梁家族中最古老、最基本的成员，它是其他桥梁结构以及建设的基础。其他桥型结构组成部分也少不了梁或以梁作为结构的重要组成部分，如斜拉桥和悬索桥，可以认为是由悬吊起来的梁组成。

早期的梁式桥构造简单、施工方便，但是建筑高度小，不经济，一般只适用于跨径为5～15 m的桥梁，但随着近代高强钢材和水泥的出现以及钢桥、钢筋混凝土梁桥和预应力混凝土梁桥的迅速发展，从而也使得桥梁的结构形式也随着材料和技术的进步而不断演进，由简支梁发展到悬臂梁和连续梁，由实腹板梁发展到桁梁和箱梁，由单一材料和单一结构体系的梁桥发展到结合梁或组合梁。在施工方法上除采用现场浇筑外，大量采用预制的装配式桥梁，实现制造安装工业化和设计标准化。

（2）拱式桥。

拱式桥的形式多种多样，构造各异，但一般多为弧形结构桥，它是在竖向荷载作用下，产生水平推力的一种结构物。拱桥按其所使用的建筑材料可分为：石拱桥、钢筋混凝土拱桥、木拱桥及钢拱桥等。按拱上建筑形式可分为实腹式拱桥和空腹式拱桥，前者构造简单、施工方便，但重力大，适合中、小跨径；而后者圬工体积较小，桥形美观，但施工复杂，一般适用于大、中跨径。按主拱轴线的线形可分为圆弧拱、抛物线拱及悬链线拱等。按桥面位置可分为上承式拱桥、下承式拱桥和中承式拱桥。将拱脚用系杆连接或与行车道系组合来共同受力，就可以形成系杆拱桥。

另外，按照我国工程界习惯，还可将拱桥按材料和结构形式分为：石拱桥（包括混凝土拱桥）、双曲拱桥、钢筋混凝土箱形拱桥、钢筋混凝土肋拱桥、钢筋混凝土桁架拱桥、钢筋混凝土刚架拱桥、钢管混凝土拱桥、劲性骨架混凝土拱桥和钢拱桥等。1997年建成的万州长江大桥，主跨420 m，是当时世界最大跨径的混凝土拱桥。2020年建成通车的平南三桥，主跨575 m，成为当时的世界第一钢管混凝土拱桥。2024年建成通车的广西天峨龙滩特大桥，主跨600 m，又一次刷新了"世界第一拱"的纪录，其为劲性骨架混凝土拱桥。目前，我国在建设大跨径拱桥技术方面居世界领先地位。

（3）悬索桥。

悬索桥是特大跨径桥梁的主要形式之一，被公认为桥梁领域中最优美的桥型，人们常将其称为"桥梁皇后"。它一般是由主缆和加劲梁成一体的桥面、用来连接加劲梁和主缆的吊杆、变换拉索角度的塔和锚固拉索的锚碇构成。现在主缆一般用许多根高强钢丝做成，按 AS 法（空中编丝法）或 PPWS 法（预制束股法）制造。主缆两端由锚碇固定，锚碇由大体积混凝土做成，也有在山体中开挖隧道，然后再浇筑混凝土形成。

按形式悬索桥可以分为地锚式悬索桥、自锚式悬索桥和双链式悬索桥。绝大部分大跨度悬索桥是地锚式悬索桥，施工简单，安全度高；自锚式悬索桥适用于两岸地基承载力较差的软土；双链式悬索桥荷载均匀，但构件数量相对较多，实用中并不经济。

主缆的几何形状是由包括恒载和活载等外力作用下的平衡条件决定的。如果恒载相当大，则由恒载确定的几何形状就不会因较小的活载而引起多大变化。而桥面线形是通过吊杆由主缆决定的。在主缆几何形状不因活载上桥面发生多大变化的情况下，桥面的线形也就没有多大改变，于是对活载来讲，桥面就有了刚度，这就是"重力刚度"的概念。

（4）斜拉桥。

斜拉桥的构思起于吊索桥，从塔架上悬挂斜拉索来支承梁，经过历史的沉淀，演变为一种用斜拉索（或斜拉杆）悬吊桥面的桥梁。斜拉桥由斜拉索、塔柱和主梁三部分组成。高强钢材制成的斜拉索将主梁多点吊起，并将主梁的恒载和活载传给塔柱，再由塔柱传给基础。斜拉桥在可达到的跨度内较悬索桥经济、刚度大、空气动力性能好。

斜拉索常布置成单索面和双索面，主要形式有辐射形、竖琴形、扇形等。塔柱有柱式、门式、A 形、钻石形、倒 Y 形等，按数量有独塔、双塔或多塔。主梁有混凝土梁、钢箱梁、组合梁和混合梁等。斜拉桥的结构体系可能的选择范围宽广，按斜拉索、塔柱和主梁三者的不同结合方式可分为：漂浮体系、支承体系、塔梁固结体系、刚构体系和协作体系等。正是由于其斜拉索、塔柱和主梁的不同变化和组合，可以构成不同结构性能、力学特点和美学效果的斜拉桥，给工程师提供了广阔的想象和创造空间。

（5）刚构桥

将主梁与墩台刚性固结，连接成整体，则主梁的弯矩可以传递给墩台，使其同时弯曲又受压力作用，这种桥型称为刚构桥。刚构桥是静不定结构，受力情况比较复杂，除恒载与活载外力外，土压力、温度变化、混凝土收缩徐变、不均匀沉降等均会引起结构内力。刚构桥按支承方式的不同可以分为无铰刚构桥和有铰刚构桥。工程上习惯将刚构桥分为单跨刚构桥、多跨刚构桥、斜腿刚构桥、预应力混凝土 T 型刚构桥、预应力混凝土连续刚构桥等。

预应力混凝土 T 型刚构桥，是由悬臂施工法衍生而成的一种新桥型。施工时主梁自桥墩向两侧平衡悬伸，一般分段悬臂浇筑或悬臂拼装，逐段施加预应力以支承自身结构及施工荷载。T 型刚构在施工阶段与运营阶段的受力图式基本相同，能充分发挥材料性能，故可增大跨度。但因在主梁跨中设铰，跨中挠度较大，且铰也不易制造安装和养护，因此，近年来较少采用。预应力混凝土连续刚构桥适合于高桥墩、大跨度的情况，主梁与桥墩固结，跨中不设铰，行车平稳。桥墩一般采用柔性薄壁墩，作用如同摆柱，利用其柔性以适应各种外力所引起的纵向位移。墩身柔度大（刚度小）对梁的嵌固作用小，梁的受力就接近于连续梁桥。柔性墩需考虑主梁的纵向变形与转动方向的影响和墩身偏心受压时的稳定性。

3. 高速铁路桥梁常用结构形式

高速铁路桥梁常用跨度及桥型选择的考虑因素有刚度大、变形小，能够满足各种使用要求，品种、规格简洁，便于快速施工和质量保证，力求经济与美观的统一等。因此，高速铁路桥梁常用桥梁有：

（1）预应力混凝土简支箱梁桥。

常用跨度桥梁以等跨布置的 32 m 双线整孔预应力简支箱梁为主型结构，少量配跨采用 24 m 简支箱梁。我国新建铁路桥梁中 90%以上为 32 m 预应力混凝土简支箱梁结构。

（2）预应力混凝土连续箱梁桥。

跨越公路、站场、河流等跨度较大的桥梁主要采用预应力混凝土连续箱梁，预应力混凝土连续箱梁常用跨径如表 1.1.1-3 所示。

表 1.1.1-3 预应力混凝土连续箱梁常见跨径　　　　　单位：m

预应力混凝土连续梁	32+48+32	1. 多采用现场灌注，部分采用造桥机； 2. 等跨连续梁部分采用先简支后连续或造桥机施工
	40+56+40	
	40+60+40	
	40+64+40	
	48+80+48	
	60+100+60	
	80+128+80	

（四）桥涵的施工方法及其分类

桥梁施工的技术水平是与同时代的生产力发展水平密不可分的。桥梁的建设一般要经过规划、工程可行性研究、勘察设计及施工等几个阶段。施工是具体实现桥梁设计思想的过程，高水平的桥梁设计同时需要配合高水平的施工技术，因此，桥梁施工技术的发展，也为实现桥梁的施工提供了更多的方法和手段，并为增大桥梁的跨度、改善桥梁的结构性能、采用高新材料等提供了充分的条件。

1. 桥涵的施工方法

桥涵的施工方法通常可以分为基础工程施工方法、下部结构工程施工方法及上部结构施工方法等三部分。

（1）桥梁基础施工。

根据目前国内外已建成的桥梁基础情况，其类型主要包括直接基础（明挖扩大基础）、桩基础（包括打入桩基础和钻孔桩基础）、管柱基础、沉井基础、组合基础（包括沉井加管柱基础和沉井加钻孔桩基础）和特殊基础（包括双承台管柱基础、锁口管柱基础、多柱基础、连续墙基础和沉箱基础）。目前，国内已经拥有了合乎我国国情的一整套施工工艺及相应的设备，从面向特大型桥梁基础已经向"组合基础"发展。如苏通长江公路大桥塔墩基础采用高桩承台式结构，其深水基础施工技术条件复杂，施工难度大，在诸如钢吊箱施工、钻孔、灌注桩施工中创造了许多先进和独特的施工工艺，许多技术都具有独创性。以下介绍几种常用的基础施工方法。

① 扩大基础和明挖基础施工。

扩大基础和明挖基础属于直接基础，是将基础底板设在直接承载地基上，来自上部结构的荷载通过基础底板直接传递给承载地基。扩大基础的施工方法通常是采用明挖的方式，其主要内容包括：基础的定位放样、基坑开挖、基坑排水、坑壁支撑、基底处理以及砌筑（浇筑）基础结构物等。一般明挖扩大基础用于基础不深，土层稳定，有排水条件，对于机具要求不高。根据水文资料和现场实际情况，选择排水挖基或水中挖基，同时根据土质情况和基坑深度选择相应的支撑方式，基底挖至设计高程时，应及时进行检验。

② 桩基础施工。

当地基浅层土质较差，持力土层埋藏较深，需要采用深基础才能满足结构物对地基强度、变形和稳定性要求时，可用桩基础。基桩按材料分类有木桩、钢筋混凝土桩、预应力混凝土桩与钢桩等。其中桥梁基础中应用较多的是钢筋混凝土桩和预应力混凝土桩两种。按制作方法的不同可以分为预制桩和钻（挖）孔灌注桩。按施工方法的不同可以分为锤击沉桩、振动沉桩、射水沉桩、静力压桩、就地灌注桩与钻孔埋置桩等，前四种又统称为沉入桩。应该依据地质条件、设计荷载、施工设备、工期限制及对附近建筑物产生的影响等来选择桩基的施工方法。

沉桩前应做好工程地质钻探资料、打桩资料、确定打桩方法、试桩等工作。桩基础轴线的定位点应设置在不受沉桩影响的地方，施工过程中如发现地质情况与勘测报告有出入时，应根据具体情况进行补充钻探。

灌注桩是采用人工或机械钻孔，在土中形成一定直径的孔，达到设计高程后，将钢筋骨架（笼）吊入孔中，灌注混凝土形成为桩基础。钻孔灌注桩的关键是钻孔，常用的钻孔方法可归纳为三种类型：冲击法、冲抓法和旋转法。冲击法系用冲击钻机（我国常用的是 Z-30 钻机）或卷扬机带动冲锥，借助锥头自重下落产生的冲击力反复冲击破碎土石或把土石挤入孔壁中，用泥浆浮起钻渣，或用抽渣筒或空气吸泥机排出钻渣而形成钻孔，适用于各种土壤。冲抓法是用冲抓锥靠自重产生冲击力切入土层破碎土层，叶瓣抓土、弃土以形成钻孔，适用于黏性土、砂黏土类碎石，但不宜在强度较大的基岩中钻孔。旋转法是用人力或钻机，通过钻杆带动锥或钻头旋转切削土壤，用泥浆浮起排出钻渣形成钻孔，用于较厚的黏土层、砂土层、砂软层等。

③ 管柱与沉井基础施工。

管柱基础适用于各种土质的基底，尤其是在深水、岩面不平、无覆盖层或覆盖层很厚的自然条件下，不宜修建其他类型基础时。管柱基础的结构，可采用单根或多根形式，使之穿过覆盖层或空洞、孤石，支承于较密实的土壤或相对稳定岩面。管柱基础施工是在水面上进行的，不受季节性限制，能尽量使用机械操作，从而改善劳动条件，提高工作效率，加快工程进度，相应地降低工程成本。管柱基础按条件不同，施工方法可分为两种，即需要设置防水围堰的低承台或高承台基础和不需要设置防水围堰的低承台或高承台基础。这两种施工方法以设防水围堰的比较复杂。管柱基础施工时，必须设置控制管柱倾斜和防止位移的导向结构，导向结构的布置应便于下沉和接高管柱。

沉井是用钢筋混凝土制成的井筒（下有刃脚，以利下沉和封底）结构物，一般由刃脚、井壁、隔墙、封底混凝土、井孔顶盖板等组成。一般在表层地基土的承载力不足、地下深处有较好的持力层，或山区河流中冲刷大，或河中有较大卵石不便于桩基施工；或岩层表面较平坦、覆盖层不厚，但河水较深等条件下，即当水文地质条件不宜修筑天然地基和桩基时，根据经济比较分析，可考虑采用沉井基础。沉井的类型根据其施工工艺，可以分为就地制作沉井和浮式沉井。沉井基础的特点是埋置深度可以很大、整体性强、稳定性好、刚度大、能承受较大的荷载作用。沉井本身既是基础，又是施工时的挡土、防水围堰结构物，且施工设备简单，工艺不复杂，可以几个沉井同时施工，场地紧凑，所需净空高度较低，故在桥梁工程中得到较广泛的应用。但沉井施工工期较长，对粉砂类土在井内抽水易发生流沙现象，造成沉井倾斜；下沉时如遇有大孤石、沉船、落梁、大树根或井底岩层表面倾斜过大，均会给施工带来很大困难。因此要求在施工前，应事先详细钻探，探明地层情况及获取有关资料，以利于制订沉井下沉方案。沉井下沉前，须对附近构筑物、建筑物和施工设备采取有效的防护措施，并在下沉过程中，经常进行沉降观测以及精度控制。出现不正常变化或危险情况，应及时进行加固支撑等，确保安全，避免事故。

④ 地下连续墙施工。

地下连续墙是一种新型的桥梁基础形式。其主要施工工艺是在基础结构物的周边，在地基中开挖出一个具有一定宽度与深度的槽孔，泥浆护壁，然后在槽内安放钢筋笼，浇筑混凝土，逐段施工，最终形成的一道连续的地下钢筋混凝土墙。当混凝土强度达到要求时，可以将地下连续墙作为挡土帷幕墙、减少对邻近建筑物影响以及承受垂直荷载的基础的一部分。

地下连续墙施工前，必须具备工程地质资料、区域内障碍物资料、必要的试验资料等。地下连续墙施工工艺，包括准备开挖的地下墙深槽、用专用机械进行深槽开挖、安放接头管、吊放钢筋笼下入槽内、下灌注导管并灌注混凝土、拔出接头管和单元墙段完成几部分。

（2）桥梁下部结构施工。

① 承台。

位于旱地、浅水河中采用土石筑岛施工桩基的桥梁，其承台的施工方法与明挖基础的施工方法相类似，可采用明挖基坑、简易板桩围堰后开挖基坑等方法进行施工。

对于深水中的承台，常用的施工方法有钢板桩围堰、钢管桩围堰、双壁钢围堰及套箱围堰等。但无论何种围堰，其目的都是为了止水，以实现承台在较干的环境下施工。钢板桩和管桩围堰实际上是同一类型的围堰形式，只不过是所用的材料不同；双壁钢围堰通常是将桩基和承台的施工一并考虑，即先在堰顶设钻孔平台，桩基施工结束后拆除平台，在堰内进行承台施工；套箱现在多采用钢材制作，分为有底和无底两种类型，其根据受力情况的不同又可以分为单壁和双壁两种形式。

② 墩台（身）。

墩台的施工方法根据其结构形式的不同而各有不同。对于结构形式较为简单、高度不大的中、小桥墩台，通常采取传统的方法，立模现浇施工。但对于高墩及斜拉桥、悬索桥的索塔，则有较多可供施工选择的方法。而施工方法的多样化主要反映在模板结构形式的不同。近年来，滑模、爬模和翻模等方法在索塔及高墩上应用较多，其共同特点是将墩身分为若干节段，由下至上逐段进行施工。

采用滑模施工时，对结构物外形尺寸的控制较为精确，施工进度平稳、安全，机械化程度较高，但因为多采用液压装置实现滑升，故其施工成本较高，所需的机具设备也相对较多；爬模通常要在模板外侧设置爬架，因此，爬模是施工需要耗用较多的材料，占地面积较大，但其并不需要另设提升设备；翻模结构简单，施工方便，但需要专门的提升起吊设备。

（3）桥梁上部结构施工。

① 就地浇筑法。

就地浇筑法是在桥位处搭设支架，在支架上浇筑桥体混凝土，达到强度后拆除模板、支架。就地浇筑法施工不需要预制场地，也不需要大型起吊、运输设备，梁体的主筋可不中断，桥梁整体性好。它的缺点主要是工期长，施工质量不容易控制；对预应力混凝土梁由于混凝土的收缩、徐变引起的应力损失比较大；施工中的支架、模板耗用量大，施工费用高；搭设支架影响排洪、通航，施工期间可能受到洪水和漂流物的威胁。因此，一般用于小跨径桥梁建造。

② 预制安装法。

在预制工厂或在运输方便的桥址附近设置预制场进行梁的预制工作，运输到现场后，采用一定的架设方法进行安装。预制安装法施工，一般是指钢筋混凝土或预应力混凝土简支梁的预制安装。预制构件安装的方法很多，各需不同的安装设备，可根据施工的实际情况合理选择。预制安装法施工的主要特点如下：

A. 由于是工厂生产制作，构件质量好，有利于确保构件的质量和尺寸精度，并尽可能多地采用机械化施工。

B. 上部、下部结构可以平行作业，因而可缩短现场工期。

C. 能有效利用劳动力，并由此而降低了工程造价。

D. 由于施工速度快，可适用于紧急施工工程。

E. 将构件预制后由于要存放一段时间，因此在安装时已有一定龄期，可减少混凝土收缩、徐变引起的变形。

③ 悬臂施工法。

悬臂施工法是从桥墩开始，两侧对称进行现浇梁段或将预制节段对称进行拼装。前者称为悬臂浇筑施工，后者称为悬臂拼装施工。

悬臂浇筑混凝土分2次或3次浇筑时，为使后浇的混凝土重力不致引起挂篮变形，从而避免混凝土开裂，可采取相应措施，如浇筑混凝土前，先用水箱灌以相当于混凝土重的水，代替混凝土重，然后在浇筑混凝土过程中，逐渐放水使挂篮的负荷和挠度基本不变。一般大跨径桥梁均采用悬臂浇筑法，因此，其施工工艺日趋成熟。对于连续梁，一般有逐跨连续悬臂施工法、T-单悬臂梁—连续梁施工法、T-双悬臂梁—连续梁施工法。在浇筑混凝土时，应注意浇筑方法、拆模时间等。

悬臂拼装法施工的主要工序包括块件预制、移运、整修、吊装定位、预应力张拉、施工缝接缝处理等，各道工序均有不同要求，并对整个拼装质量具有密切影响。块件拼装接缝一般分为湿接缝与胶接缝。湿接缝用高强细石混凝土，胶接缝则用环氧树脂为接缝料。悬臂施工的主要特点如下：

某连续刚构桥
悬臂浇筑混凝土
施工动画

A. 桥梁在施工过程中产生负弯矩，桥墩也要承受由施工而产生的弯矩，因此，悬臂施工宜在运营状态的结构受力与施工阶段的受力状态比较接近的桥梁中选用，如预应力混凝土 T 形刚构桥、变截面连续梁桥和斜拉桥等。

B. 非墩梁固接的预应力混凝土梁桥，采用悬臂施工时应采取措施，使墩、梁临时固结，因而在施工过程中有结构体系的转换。

C. 采用悬臂施工的机具设备种类很多，就挂篮而言，也有桁架式、斜拉式等多种形式，可根据实际情况选用。

D. 悬臂浇筑施工简便、结构整体性好，施工中可不断调整位置，常在跨径大于 100 m 的桥梁上选用。悬臂拼装法施工速度快，桥梁上、下部结构可平行作业，但施工精度要求比较高，可在跨径 100 m 以下的大桥中选用。

E. 采用悬臂施工法可不用或少用支架，施工同时不会影响通航或桥下交通。

④ 转体施工法。

转体施工法是将桥梁构件先在桥位处岸边（或路边及适当位置）进行预制，待混凝土达到设计强度后旋转构件就位、拼装的施工方法。对于转体构件而言，设计特色在于其转角连接处，既要满足强度要求，又要满足可转动要求。一般而言，其支座位置就是施工时的旋转支承和旋转轴，在桥梁转体完成后，按设计要求改变支承情况，满足最初的设计要求。转体施工法的主要特点如下：

A. 可以利用地形，方便预制构件。

B. 施工期间不断航，不影响桥下交通，并可在跨越通车线路上进行桥梁施工。

C. 施工设备少，装置简单，容易制作并便于掌握。

D. 节省木材和施工用料。采用转体施工法与缆索无支架施工法比较，可节省木材 80%，节省施工用钢 60%。

E. 减少高空作业，施工工序简单，施工速度快捷。当主要结构先期合龙后，给以后施工带来方便。

F. 转体施工法适合于单跨和三跨桥梁，可在深水、峡谷中建桥采用，同时也适应在平原区以及用于城市跨线桥。

G. 大跨径桥梁采用转体施工法，将会取得较好的技术经济效益。转体重量轻型化、多种工艺综合利用，是大跨径及特大跨径桥梁施工的最佳竞争方案。

⑤ 顶推法施工。

顶推法施工是在沿桥纵轴方向的台后设置预制场地，分节段预制，并用纵向预应力筋将预制节段与施工完成的梁体连成整体，然后通过水平千斤顶施力，将梁体向前顶推出预制场地。随后继续在预制场进行下一节段梁的预制，循环操作直至施工完成。由于预制梁被顶推悬出，梁跨中截面通过墩顶时将由正弯矩变更为负弯矩，因此，除了配设足够的下部钢筋以外，还需将梁的上部钢筋加强，以满足负弯矩的要求（作施工验算）。桥跨中间如有必要设置临时支墩时,其施工技术要求应按照设计规定进行。

在顶推前,应根据梁长度、设计顶推跨度、桥墩能承受的水平推力以及顶推设备和滑动装置等条件,选择适宜的顶推方式,以抵抗顶推过程中的摩阻力。顶推法施工发挥了先张法和悬浇法的优点,弥补了其缺点,具有分段预制的好处而无块件与块件的接缝问题。此外,还具有如下特点:

A. 可节约施工场地,减少构件、材料运输,并节省劳力和减轻劳动强度与缩短工期的效果显著。

B. 便于加强施工管理,施工场地仅限于预制台附近较小范围,并可盖设临时工棚,有利于冬期、雨季施工,加之反复操作,工人技术容易熟练,有利于促进质量提高。

C. 可相应降低造价。由于临时设备只是预制台附近的设备和顶推装置,不需脚手架和特殊的机械,只需制作梁段块件单元长度的模块,并可反复使用。

⑥ 移动模架逐孔施工法。

逐孔施工法是中等跨径预应力混凝土连续梁中的一种施工方法,它使用一套设备(支架、模板等)从梁的一端逐孔施工,直到整个梁施工完成。移动模架逐孔施工法的主要特点如下:

A. 移动模架逐孔施工法不需设置地面支架,不影响通航和桥下交通,施工安全、可靠。

B. 有良好的施工环境,保证施工质量,一套模架可多次周转使用,具有在预制场生产的优点,施工整体性好。

C. 机械化、自动化程度高,节省劳力,降低劳动强度,上下部结构可以平行作业,缩短工期。

D. 通常每一施工梁段的长度取用一孔梁长,接头位置一般可选在桥梁受力较小的部位。

E. 移动模架设备投资大,施工准备和操作都较复杂。

F. 移动模架逐孔施工法宜在桥梁路径<50 m 的多跨长桥上使用。

⑦ 横向位移法施工。

横向位移法施工是在拟待安置结构的位置旁预制该结构物,并横向移运该结构物,将它安置在规定的位置上。横向位移法施工的主要特点是在整个操作期间与该结构有关的支座位置保持不变,即没有改变梁的结构体系。在横向移动期间,临时支座需要支承该结构的施工重量。

横向位移法施工多用于正常通车线路上的桥梁工程的换梁。为了尽量减少交通的中断时间,可在原桥位旁预制并横向位移施工。横向位移施工法也可与其他施工方法配合使用。如一座分离式箱梁桥,可先采用顶推法按单箱完成,再采用横向位移法就位,之后在原位置上继续进行另一单箱梁顶推施工,这样可以使用一套顶推设备完成全桥的施工。

横向位移施工法多采用卷扬机、液压装置并配以千斤顶进行。由于混凝土桥具有较大的自重力,横向位移法施工常在钢桥上使用。

⑧ 提升与浮运施工。

提升与浮运施工,是一种采用竖向运动施工就位的方法。提升施工是在未来结构物下方的地面上预制该结构并把它提升就位。浮运施工是将桥梁在岸上预制,通过大型浮船移运至桥位,利用船的上下起落安装就位的方法。采用提升和浮运的方法常选取整体结构,重达数千吨,使用该方法的要求如下:

A. 在该结构下面需要有一个适宜的地面。

B. 被提升结构下的地面要有一定的承载力。

C. 拥有一台支承在一定基础上的提升设备。
D. 该结构应该是平衡的，至少在提升操作期间是平衡的。
E. 采用浮运法施工要有一系列的大型浮运设备。

2. 桥梁施工方法选择

选择确定桥梁的施工方法，需要充分考虑桥位的地形、环境、安装方法的安全性、经济性、施工速度等。因此，在桥梁设计时就要对桥位条件进行详细的调查，掌握现场的地理环境、地质条件及气象条件。施工场地处在市区内、平原、山区、跨河道、跨海湾等，其各方面的条件差别很大，运输条件和环境约束也不相同，这些条件除作为选择施工方法的依据外，同时也涉及设计方案的考虑、桥跨及结构形式的选定。

在选择施工方法时，桥梁的类型、跨径、施工的技术水平、机具设备条件也是相当重要的因素。虽然桥梁的施工方法很多，但对于不同的桥梁类型，有的适合，有的就不适合，有的则在特定的条件下可以使用。在考虑每种桥梁施工方法特点的基础上，桥梁施工方法的选定，可依据下列条件综合考虑：

（1）使用条件。桥梁的类型、使用跨径、墩高、梁下空间的限制、平面场地的限制、桥墩的外形等。

（2）施工条件。工期要求、起重能力和机具设备要求、架设时是否封闭交通、架设时所需的临时设施、材料可供情况、架设施工的经济核算等。

（3）自然环境条件。山区或平原、地质条件及软弱层状况、对河道的影响、运输线路的限制等。

（4）社会环境影响。对施工现场环境的影响，包括公害、景观、污染、架设孔下的障碍、道路交通的阻碍、公共道路的使用及建筑限界等。

四、课外加油站

中国桥梁的伟大成就

丹昆特大桥

五、思想政治素质养成

（1）伴随着经济发展和技术水平的提高，如今，不论是桥梁的数量，还是桥梁建造技术，中国桥梁的建设实力早已享誉世界。港珠澳大桥、苏通大桥、丹昆特大桥、矮寨特大悬索桥……一大批世界级桥梁翻山、越江、跨海，让无数天堑变为通途，也向世界展示着"中国建造"的非凡实力。

（2）中国桥梁建设之所以取得如此卓越的成就，纵然离不开千万科技工作者和研究设计人员的不断钻研和探索，更离不开现场参与的每一位建设者认真负责的工作态度和规范操作的行业操守。因此，教学过程中不仅要教会学生桥梁施工养护的技术知识，而且更重要的要树立学生认证负责的工作态度和遵守操作规范的职业操守。

六、任务分组

表 1.1.1-4　学生任务分配表

班级：　　　　　　　组号：　　　　　　　组长：　　　　　　　指导老师：

组员	任务分工	组员	任务分工

表 1.1.1-5　任务工作单

姓名：	学号：	日期：
（1）按高速铁路桥梁的特点有哪些？		
（2）按照桥梁受力特点的不同，桥梁可以分为哪几类？		
（3）桥梁上部结构的施工方法通常有哪些？并简要说明其适用范围。		

七、评价反馈

表 1.1.1-6　评价反馈表

姓名：		组号：		组长：		指导老师：		
评价指标	评价内容		分值	个人自评（20%）	组内互评（20%）	组间互评（20%）	教师评价（40%）	综合评价
信息检索能力	能有效利用网络、图书资源查找有用的相关信息等；能将查到的信息有效地传递到学习中		10分					
课堂感知力	是否感受到了中国桥梁建设的伟大成就，认同工作价值；在学习中是否能获得满足感，课堂氛围如何？		10分					
参与度、交流沟通	积极主动与教师、同学交流，相互尊重、理解、平等；与教师、同学之间是否能够保持多向、丰富、适宜的信息交流		10分					
	能处理好合作学习和独立思考的关系，做到有效学习；能提出有意义的问题或能发表个人见解		10分					
知识、能力获得情况	了解桥梁各不同侧重点的分类		10分					
	熟知桥涵基础常用施工方法及适用情况。		10分					
	熟知桥梁上部结构的施工方法及适用情况		10分					
	能简要描述桥梁结构的组成		10分					
	能阐述高速铁路桥梁的特点		10分					
思维态度	是否能发现问题、提出问题、分析问题、解决问题、创新问题		5分					
自评反思	按时按质完成任务；较好地掌握了知识点；具有较强的信息分析能力和理解能力；具有较为全面严谨的思维能力，并能条理清楚明晰表达成文		5分					
反思改进								

项目二　预应力混凝土工程

任务一　预应力混凝土工程

一、学习目标

1. 思政目标

（1）培养学生严谨细致、对工程质量高度负责的态度；
（2）培养学生一丝不苟的工作态度；
（3）增强学生高度的安全责任意识。

2. 知识目标

（1）了解预应力混凝土桥的优点与形式；
（2）熟悉预应力施工设备及锚具类型。

3. 能力目标

（1）能合理选用预应力施工工艺方法；
（2）掌握先张法与后张法施工工艺要点。

二、任务重、难点

1. 重　点

（1）预应力混凝土桥的特点；
（2）预应力施工设备及锚具；
（3）先张法与后张法施工工艺。

2. 难　点

先张法与后张法施工工艺。

三、知识链接

普通钢筋混凝土的抗拉极限应变只有 0.000 1～0.001 5，在正常使用阶段往往会带裂缝工作，构件的刚度小、挠度大。若要使混凝土完全不开裂，其中受拉钢筋的应力就只能达到 30 MPa；而即便是允许出现裂缝的构件，当裂缝宽度限制在 0.2～0.3 mm 时，其中的受拉钢筋应力也只能达到 200 MPa 左右。不同材质梁体的受力情况如图 1.2.1-1 所示。

为了克服普通钢筋混凝土过早出现裂缝而钢筋又不能充分发挥其作用这一矛盾，人们创造了对混凝土施加预应力的方法，即预应力混凝土技术。这种技术就是在钢筋混凝土结构或构件的受拉区域，通过对钢筋进行张拉后将钢筋的回弹力施加给混凝土，使混凝土受到一个预压应力，产生一定的压缩变形。当该构件受力后，受拉区混凝土的拉伸变形首先与压缩变形抵消，然后随着外力的增加混凝土才逐渐被拉伸，这就明显推迟了裂缝出现的时间，如图 1.2.1-2 所示。

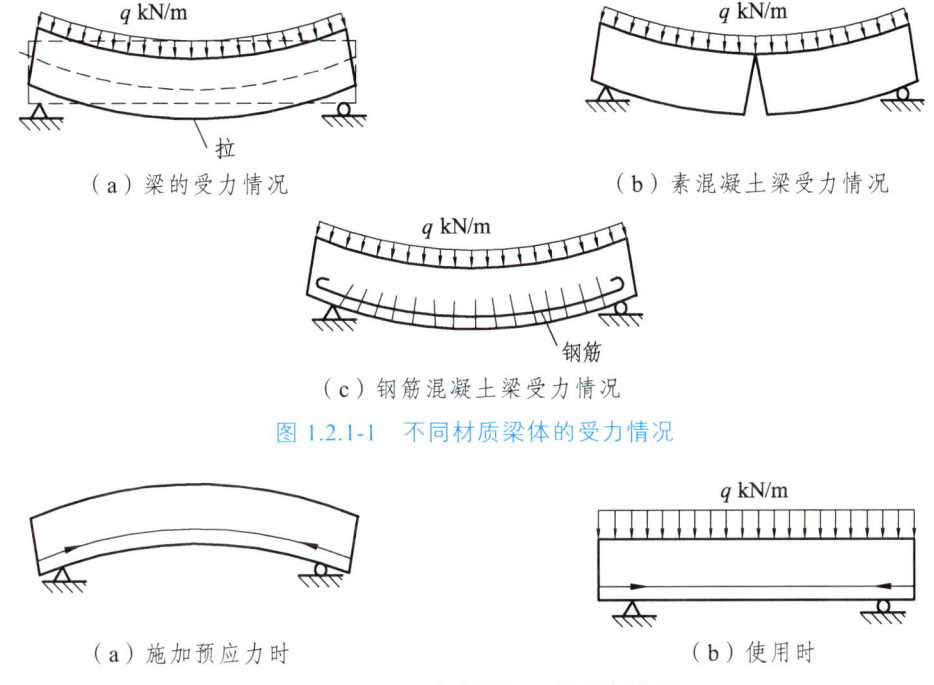

图 1.2.1-1　不同材质梁体的受力情况

图 1.2.1-2　预应力混凝土梁受力情况

预应力混凝土是近几十年发展起来的一门新兴科学技术，1928 年由法国的弗来西奈首先研制成功，我国从 1956 年开始将其应用于工程中。它的优点是能提高钢筋混凝土构件的刚度、抗裂性和耐久性，可以有效地利用高强度钢筋和高强度等级的混凝土。与普通混凝土相比，在同样条件下具有截面小、自重轻、质量好、材料省（要节约钢材 20%～40%），并能扩大预制装配化程度。

（一）预应力混凝土桥

20 世纪 30 年代预应力混凝土材料开始被应用于桥梁工程中，自 20 世纪 50 年代以来预应力混凝土桥不断取得巨大发展，在中、小跨度范围内现已占据绝对优势，在大跨度范围内它正在同钢桥展开激烈竞争。

预应力混凝土桥的主要优点有：

（1）能充分发挥高强材料的特点，具有可靠的强度、刚度和抗裂性能；

（2）适用范围广，能应用于不同的桥梁结构体系和形式；

（3）耐久性强，养护维修工作量少，在运营中产生的噪声小；

（4）材料可塑性强，便于建筑艺术处理，也容易满足桥梁曲线和坡度的要求；

（5）节省钢材，降低桥梁的材料费用：由于采用预应力工艺，能使混凝土结构的工地接头安全可靠。因此，以往只适应于钢桥架设的各种不需要支架的施工方法，现在也能用于这种混凝土桥，从而使其造价明显降低。

（6）同钢筋混凝土桥相比，其自重和建筑高度较小，其耐久性则因采用高质量的材料及消除了活载所致裂纹而大为改进。

预应力混凝土桥自重要比钢桥的大，施工工艺有时会比钢桥复杂，工期较长。但这些缺点均属次要问题，且仍在不断地克服。

1. 横截面形式

小跨度预应力混凝土桥梁的横截面宜采用板状或 T 形（见图 1.2.1-3）；跨度较大时，则宜取箱形（见图 1.2.1-4）。

图 1.2.1-3　T 形截面梁

图 1.2.1-4　箱形截面梁

在预应力混凝土桥的横截面形式中，单箱单室截面因腹板用料较省，比采用双室单箱或双箱者经济；采用上宽下窄的倒梯形单箱，不仅可使桥面板的悬臂跨度减短，显著降低其所受荷载弯矩而减少桥面配筋，并可缩小所需墩台的横向支承尺寸及墩台的工程量。

为了减小自重，大跨度实腹梁常需在三个方向预施应力，即除纵向必需的预应力外，在桥面板中再施加横向预应力以减薄桥面板，并在腹板中施加竖向预应力来减少腹板厚度。

2．结构体系

实腹梁桥的梁与墩刚性连接组成的 T 形刚构桥，其构件均以承受弯矩为主，是预应力混凝土桥最适用的形式。当跨度更大时，由于实腹构件自重太大，也有采用桁架梁的。至于其他结构体系，一般也能凭借采用预应力混凝土构件，获得一定的经济效益（如刚架桥、组合体系桥、斜张桥等）。

（1）实腹梁桥。

① 简支梁桥。

由一根两端分别支撑在一个活动支座和一个铰支座上的梁作为主要承重结构的梁桥属于静定结构（如图 1.2.1-5 所示），是梁式桥中应用最早、使用最广泛的一种桥形。其构造简单，架设方便，结构内力不受地基变形，温度改变的影响。在能整孔架设时，常被采用。中国预应力混凝土桥的标准设计主要采用简支梁。

（a）简支梁桥

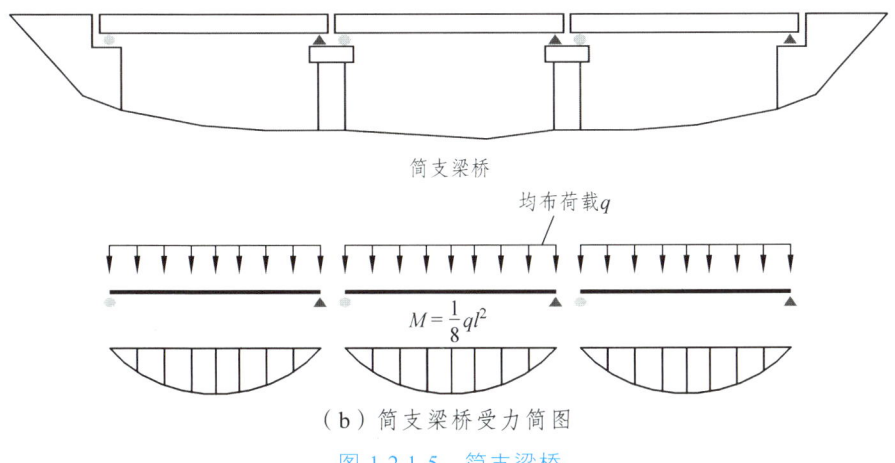

（b）简支梁桥受力简图

图 1.2.1-5 简支梁桥

② 连续梁桥。

梁以数跨为一联，仅在联和联之间及桥台和梁的活动端之间设置桥面伸缩缝，属于超静定体系。连续梁在恒活载作用下，产生的支点负弯矩对跨中正弯矩有卸载的作用（如图 1.2.1-6 所示），使内力状态比较均匀合理，因而梁高可以减小，由此可以增大桥下净空，节省材料，且刚度大，整体性好，超载能力大，安全度大，桥面伸缩缝少，并且因为跨中截面的弯矩减小，使得桥跨可以增大。它是近年很受欢迎的一种体系。当跨度小于 100 m 时，可用顶推法架梁。

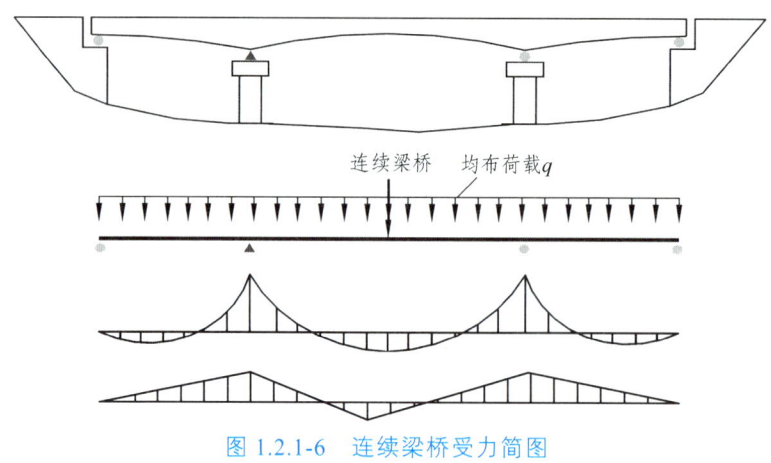

图 1.2.1-6　连续梁桥受力简图

③ 铰式连续梁桥。

设置铰的目的是使沿梁弯矩值不致变号，便于配置预应力筋，简化施工，但桥的刚度降低，养护费提高。

④ V 撑连续梁桥。

将墩的上部用两根按 V 形布置的撑杆代替，从而将连续梁的一个中间支点改为两个，撑杆上端和梁刚性相连。从外形看，可认为这种结构属刚架桥，但从沿梁弯矩分布看，它实质上近于连续梁。

（2）T 形刚构桥，简称 T 构桥。按其发展过程可分为早期 T 构桥、挂孔 T 构桥、单铰连续 T 构桥和反弯点设铰连续 T 构桥。

① 早期 T 构桥。

在采用平衡悬臂法从一个桥墩现浇或拼装两相邻的主梁时，将墩和梁用预应力固结起来，以增加施工阶段抗倾覆的稳定性。这样，墩和梁就形成一个 T 构。随着施工的进展，当两相邻的 T 构在跨中相遇时，便在该处设置永久性剪力铰，这就是早期 T 构桥的形式。其优点是主梁弯矩值不变号，便于配筋；缺点是在桥成之后，当混凝土发生不均匀徐变、收缩及遇到温度变化时，在剪力铰处产生附加剪力，使梁承受附加内力，且在活载作用下在梁跨中设铰处产生较大的转折角，对高速行车不利。

② 挂孔 T 构桥。

在两个 T 构之间设一挂孔，这样可以部分地克服早期 T 构桥的缺点。

③ 单铰连续 T 构桥。

对边跨较短，中跨较长的桥，只在中跨中央设永久性铰，而在其余各跨的 T 构不设永久性铰，并以另一套配筋将合龙的梁端连成整体，形成连续 T 构，这是对 T 构桥的一大改进。

④ 在反弯点设铰的连续 T 构桥。

对于跨度相等的多跨桥，将 300～600 m 长度之内的诸跨，按一联连续 T 构布置，再将各联之间所需的伸缩缝，设置在某一跨度的反弯点附近以铰相连，可使梁在受到活载时的挠度及转折角比其在跨中设铰时改善很多，这又是对 T 构桥的一种改进。

（3）桁架梁桥。

以预应力混凝土作为受拉（或拉压）杆件，非预应力的钢筋混凝土作为受压杆件组成。一般先预制杆件，就地浇筑混凝土节点，再在受拉杆件中加预应力；或预制桁架，拼接后再加预应力。

（二）先张法

预应力构件按预制工艺不同分为先张法和后张法两种。

1. 先张法概念

先张法是在浇筑混凝土之前，先张拉预应力钢筋，并将预应力筋临时固定在台座或钢模上，待混凝土达到一定强度（一般不低于混凝土设计强度标准值的 75%），混凝土与预应力筋具有一定的黏结力时，放松预应力筋，使混凝土在预应力的反弹力作用下，构件受拉区的混凝土承受预压应力，如图 1.2.1-7 所示。

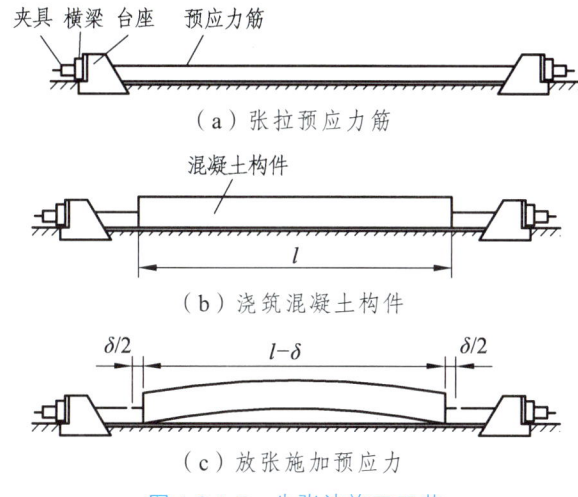

图 1.2.1-7　先张法施工工艺

2. 先张法的施工设备

（1）台座。

台座是先张法生产中的主要设备之一，要求有足够的强度和稳定性。台座按构造形式不同可分为墩式和槽式两类。

① 墩式台座。

墩式台座是靠自重和土压力来平衡张拉力所产生的倾覆力矩，并靠土壤的反力和摩擦力抵抗水平位移。在地质条件良好、台座张拉线较长的情况下，采用墩式台座能够节约大量的混凝土。图 1.2.1-8 为几种墩式台座形式。

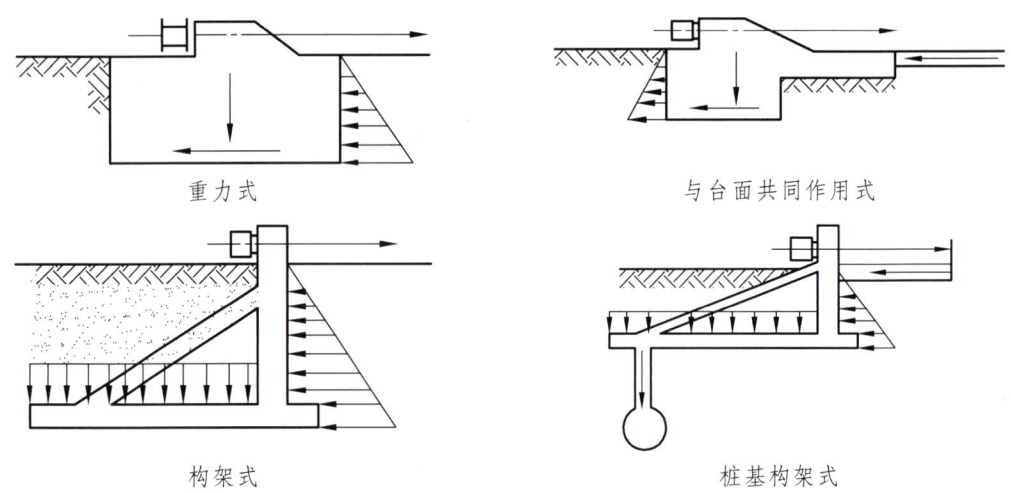

图 1.2.1-8 墩式台座形式

② 槽式台座。

当施工现场的地质条件较差、台座又不很长时,可以采用槽式台座(如图 1.2.1-9)。槽式台座与墩式台座不同之处在于预应力筋张拉力是由承力框架承受而得到平衡。此承力框架可以是钢筋混凝土的,或是由横梁和压杆组成的钢结构。

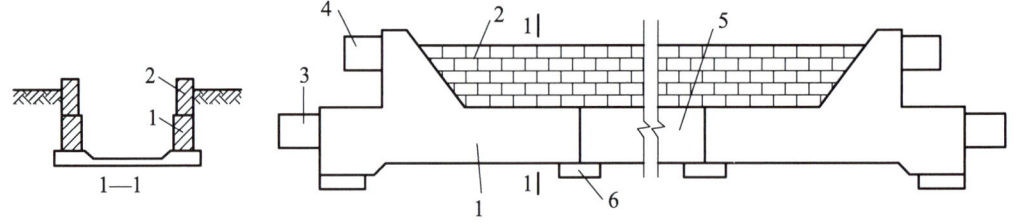

1—钢筋混凝土压杆;2—砖墙;3—下横梁;4—上横梁;5—传力柱;6—柱垫。

图 1.2.1-9 槽式台座

(2)夹具。

夹具是先张法构件施工时保持预应力筋拉力,并将其固定在张拉台座(或设备)上的临时性锚固装置。按其工作用途不同分为锚固夹具和张拉夹具。

① 钢丝锚固夹具。

锥形夹具如图 1.2.1-10 所示为锥形夹具。锥形夹具可分为圆锥齿板式夹具和圆锥槽式夹具,如图 1.2.1-11 所示。

图 1.2.1-10 钢质锥形夹具

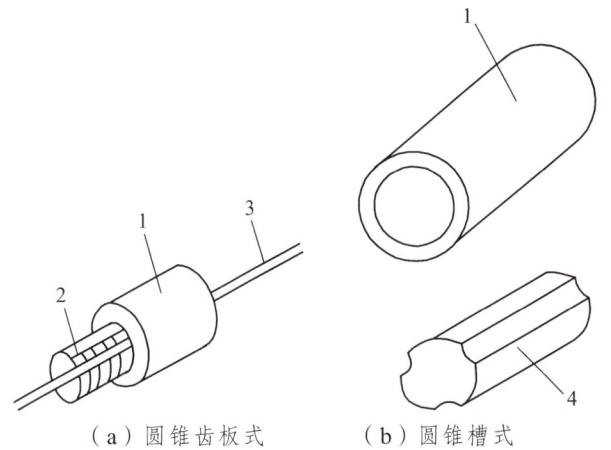

(a）圆锥齿板式　　（b）圆锥槽式

1—套筒；2—齿板；3—钢丝；4—锥塞。

图 1.2.1-11　钢质锥形夹具

镦头夹具：如图 1.2.1-12 所示，采用镦头夹具时，将预应力筋端部热镦或冷镦，通过承力分孔板锚固。

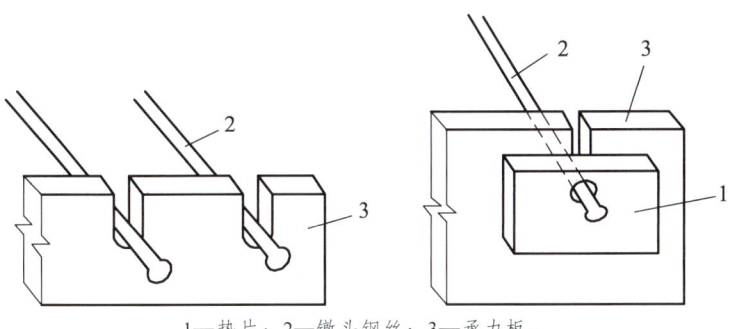

1—垫片；2—镦头钢丝；3—承力板。

图 1.2.1-12　固定端镦头夹具

② 钢筋锚固夹具。

钢筋锚固常用圆套筒三片式夹具，由套筒和夹片组成，如图 1.2.1-13 所示。其型号有 YJ12、YJ14，适用于先张法；用 YC-18 型千斤顶张拉时，适用于锚固直径为 12 mm、14 mm 的单根冷拉 HRB335、HRB400、RRB400 级钢筋。

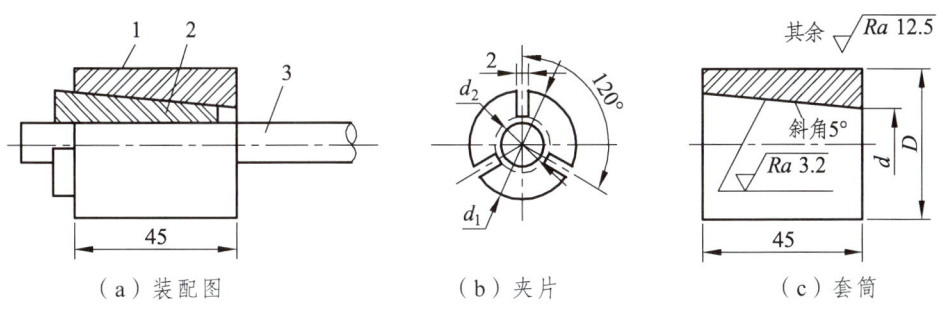

(a）装配图　　（b）夹片　　（c）套筒

1—套筒；2—夹片；3—预应力钢筋

图 1.2.1-13　圆套筒三片式夹具

③ 张拉夹具。

张拉夹具是夹持住预应力筋后,与张拉机械连接起来进行预应力筋张拉的机具。

常用的张拉夹具有月牙形夹具、偏心式夹具、楔形夹具等,如图 1.2.1-14 所示,适用于张拉钢丝和直径 16 mm 以下的钢筋。

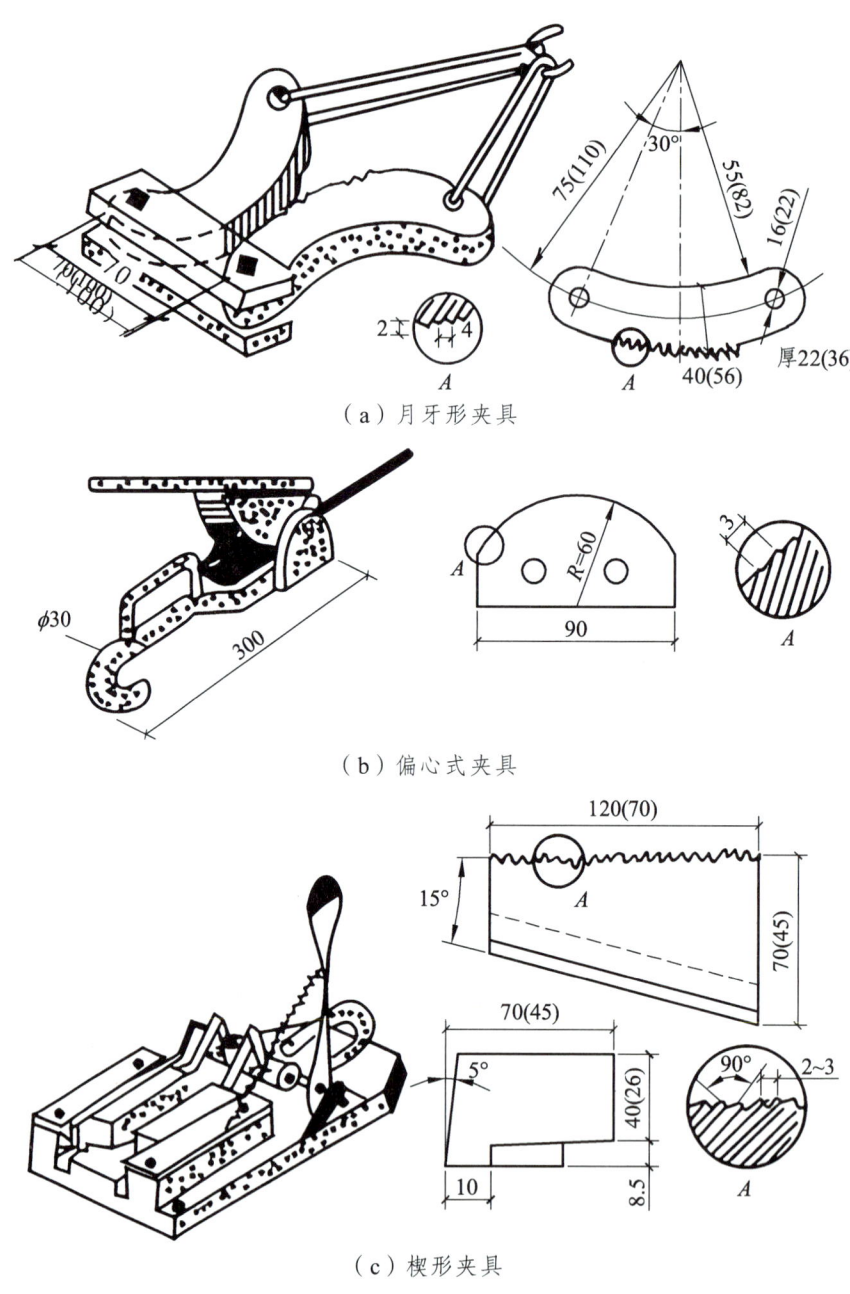

图 1.2.1-14 张拉夹具

(3) 张拉设备。

张拉机具的张拉力应不小于预应力筋张拉力的 1.5 倍;张拉机具的张拉行程不小于预应力筋伸长值的 1.1~1.3 倍。

① 钢丝张拉设备。

钢丝张拉分单根张拉和成组张拉。用钢模以机组流水法或传送带法生产构件时，常采用成组钢丝张拉。在台座上生产构件一般采用单根钢丝张拉，可采用电动卷扬机、电动螺杆张拉机进行张拉。

A. 电动卷扬机张拉、杠杆测力装置，如图 1.2.1-15 所示。

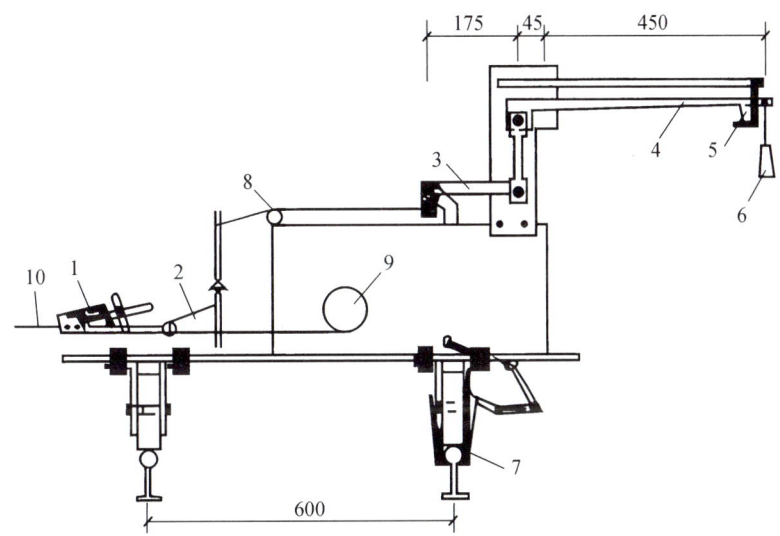

1—钳式张拉夹具；2—钢丝绳；3、4—杠杆；5—断电器；6—砝码；
7—夹轨器；8—导向轮；9—卷扬机；10—钢丝。

图 1.2.1-15　卷扬机张拉、杠杆测力装置示意

B. 电动螺杆张拉机如图 1.2.1-16 所示，电动螺杆张拉机由螺杆、顶杆、张拉夹具、弹簧测力器及电动机组成。

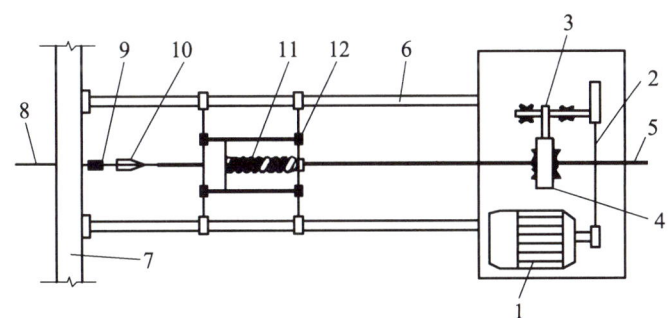

1—电动机；2—皮带传动；3—齿轮；4—齿轮螺母；5—螺杆；6—顶杆；7—台座横梁；
8—钢丝；9—锚固夹具；10—张拉夹具；11—弹簧测力器；12—滑动架。

图 1.2.1-16　电动螺杆张拉机的工作原理

② 钢筋张拉设备。

穿心式千斤顶用于直径 12~20 mm 的单根钢筋、钢绞线或钢丝束的张拉。用 YC-20 型穿心式千斤顶（图 1.2.1-17）张拉时，高压油泵启动，从后油嘴进油，前油嘴回油，被偏心夹具夹紧的钢筋随液压缸的伸出而被拉伸。

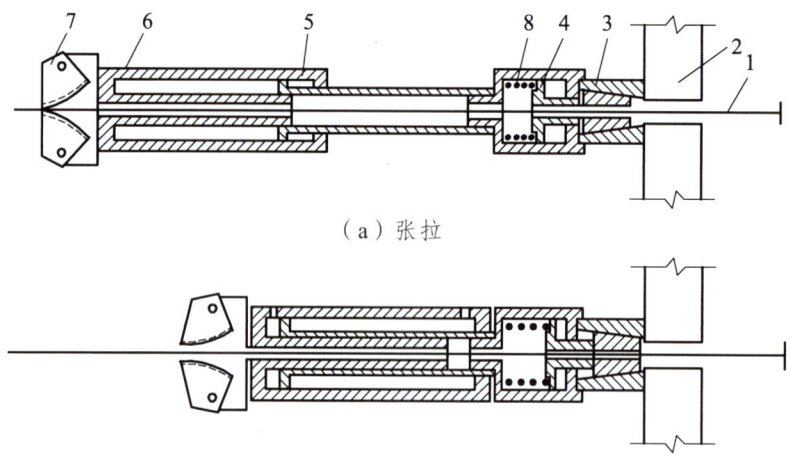

（a）张拉

（b）暂时锚固，回油

1—钢筋；2—台座；3—穿心式夹具；4—弹性顶压；5、6—油嘴；7—偏心式夹具；8—弹簧。

图 1.2.1-17　YC-20 型穿心式千斤顶张拉过程示意

YC-20 型穿心式千斤顶的最大张拉力为 20 kN，最大行程为 200 mm。适用于用圆套筒三片式夹具张拉锚固 12～20 mm 单根冷拉 HRB335、HRB400 和 RRB400 钢筋。钢筋成组张拉见图 1.2.1-18 所示。

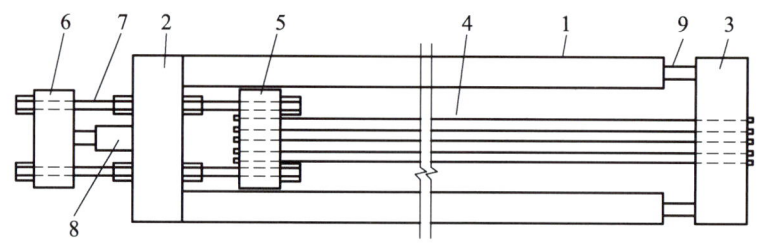

1—台座；2、3—前后横梁；4—钢筋；5、6—拉力架；7—螺丝杆；8—千斤顶；9—放张装置。

图 1.2.1-18　四横梁式成组张拉装置

3. 先张法施工工艺

先张法施工工艺流程如图 1.2.1-19 所示。

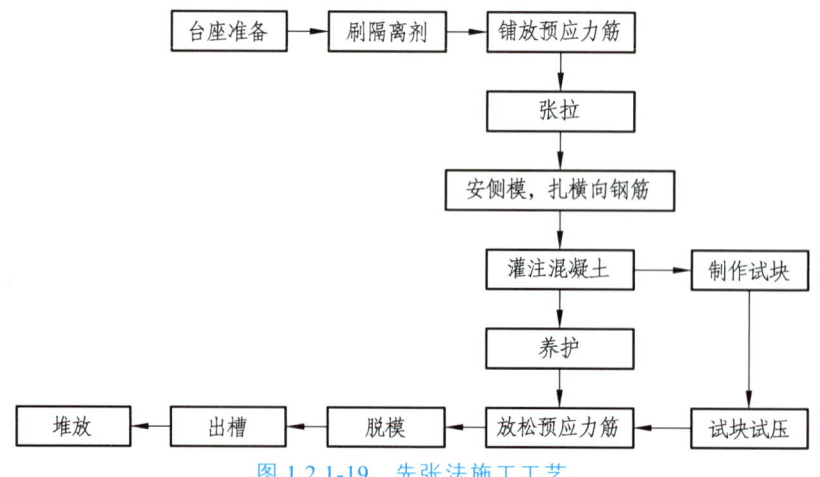

图 1.2.1-19　先张法施工工艺

（1）张拉预应力筋。

先张法梁的预应力筋，是在地膜整理好后在台座上进行张拉的。对于长线台座，预应力筋需要先用连接器串联后才能张拉。先张法梁通常采用一端张拉，另一端在张拉前要设置好固定装置或安放好预应力筋的放松装置。但也有采用两端张拉的方法。

先张法张拉钢筋，可以单根分别张拉或多根整批张拉。单根张拉设备比较简单，吨位要求小，但张拉速度慢。张拉的顺序应不致使台座承受过大的偏心力。多根同时张拉一般需要有两个大吨位拉伸机，张拉速度快。

数根钢筋同时张拉时，必须使它们的初始长度一致，以便使每根钢筋张拉后的应力均匀。

① 张拉程序。

A. 预应力筋张拉的程序依预应力筋的类型而异。采用粗钢筋时的张拉程序为：

$0 \rightarrow$ 初应力（取张拉力的 10%）$\rightarrow (105\%) \sigma_k \xrightarrow{\text{持荷 5 min}} (95\%) \sigma_k \rightarrow \sigma_k$（锚固）。

B. 采用高强度钢丝时需要预拉，以减少预应力损失，张拉程序为：

$0 \rightarrow$（初应力）$\rightarrow 105\% \sigma_k \xrightarrow{\text{持荷 5 min}} 0 \rightarrow \sigma_k$（锚固）。

C. 采用钢绞线时，其张拉程序同采用高强度钢丝张拉程序。

σ_k 为张拉时的控制应力值，包括预应力损失值；初应力应采用同一数值，施工时采用油压表应力值与预应力束（筋）的延伸量量测，进行双控。规范要求钢绞线也需张拉至 $105\% \sigma_k$ 后回零再张拉至 σ_k 锚固，目前广泛采用于钢绞线的 OVM 锚具，一旦张拉至 $105\% \sigma_k$ 后回油就自行锚固，所以施工中一般采用张拉至 $103\% \sigma_k$ 锚固。

钢筋在超张拉时，其张拉值不得大于钢筋的屈服强度或钢丝、钢绞线抗拉强度的 75%。为确保施工安全，应在超张拉后放松至控制应力的 90% 后，再进行安装埋件、模板和钢筋等工作。

当混凝土强度达到设计要求后，可在台座上放松受拉预应力筋（称为"放张"），对预制梁施加预应力。当设计无规定时，一般应在混凝土强度大于设计标号的 70% 时进行。放松之后，切割梁外钢筋，即可移位准备再生产。

放松预应力钢筋的办法有：用千斤顶先拉后松、砂箱放松、滑楔放松和螺杆放松等方法。

② 控制应力及最大应力。

张拉控制应力是指在张拉预应力筋时所达到的规定应力，应按设计规定采用。控制应力的数值直接影响预应力的效果。施工中采用超张拉工艺，使超张拉应力比控制应力提高 3%~5%，但其最大张拉控制应力不得超过表 1.2.1-1 的规定。

表 1.2.1-1　最大张拉力控制表

钢筋种类	张拉方法	
	先张法	后张法
消除应力钢丝、钢绞线、热处理钢筋	$0.75 f_{ptk}$	$0.75 f_{ptk}$
	$0.7 f_{ptk}$	$0.65 f_{ptk}$

③ 预应力值的校核。

预应力钢筋的张拉力，一般用伸长值校核。其理论伸长值ΔL按式（1.2.1-1）计算。

$$\Delta L = \frac{F_p L}{A_p E_S} \tag{1.2.1-1}$$

式中：L——预应力筋的长度，mm；

A_p——预应力筋的截面面积，mm²；

E_S——预应力筋的弹性模量，kN/mm²。

F_p——预应力筋平均张拉力，kN。轴线张拉取张拉端的拉力，两端张拉的曲线筋取张拉端的拉力与跨中扣除孔道摩阻损失后拉力的平均值。

预应力筋的实际伸长值，宜在初应力约为 10% σ_{con} 时测量，并加初应力以内的推算伸长值。

④ 张拉要点。

A. 张拉时应校核预应力筋的伸长值。实际伸长值与设计计算值的偏差不得超过 ±6%，否则应停拉；

B. 从台座中间向两侧进行（防偏心损坏台座）；

C. 多根成组张拉，初应力应一致（测力计抽查）；

D. 拉速平稳，锚固松紧一致，设备缓慢放松；

E. 拉完的筋位置偏差≤5 mm，且≤构件截面短边的 4%；

F. 冬季张拉时，温度≥-15 ℃；

G. 注意安全：两端严禁站人，敲击楔块不得过猛。

（2）混凝土浇筑与养护。

① 混凝土必须一次浇完，混凝土≥C30。

② 防止较大徐变和收缩：应选收缩变形小的水泥，水灰比应≤0.5，级配良好，振捣密实（特别是端部）。

③ 采用机械振捣密实时，要避免碰撞钢丝。混凝土未达到一定强度前，不允许碰撞或踩踏钢丝。

④ 减少应力损失：非钢模台座生产，采取二次升温养护，（开始温差≤20 ℃，达 10 MPa 后按正常速度升温）。

（3）预应力筋放张。

① 条件：混凝土达到设计规定且≥75%强度值后。

② 放张顺序。

A. 预应力筋放张时，应缓慢放松锚固装置，使各根预应力筋缓慢放松；

B. 预应力筋放张顺序应符合设计要求，当设计未规定时，可按下列要求进行；

a. 承受轴心预应力构件的所有预应力筋应同时放张；承受偏心预压力构件，应先同时放

张预压力较小区域的预应力筋,再同时放张预压力较大区域的预应力筋;

b. 长线台座生产的钢弦构件,剪断钢丝宜从台座中部开始;叠层生产的预应力构件,宜按自上而下的顺序进行放松;板类构件放松时,从两边逐渐对称向中心进行。

(4) 放张方法。

① 对于中小型预应力混凝土构件,预应力丝的放张宜从生产线中间处开始,以减少回弹量且有利于脱模;对于大构件应从外向内对称、交错逐根放张,以免构件扭转、端部开裂或钢丝断裂;

② 放张单根预应力筋,一般采用千斤顶放张,如图 1.2.1-20(a)所示;

③ 构件预应力筋较多时,整批同时放张可采用砂箱、楔块等放松装置;

砂箱装置如图 1.2.1-20(b)所示。楔块放张装置如图 1.2.1-20(c)所示。

注意:可用锯断,剪断,熔断(仅限于Ⅰ~Ⅲ级冷拉筋)方法放张,但对钢丝、热处理钢筋不得用电弧切割。

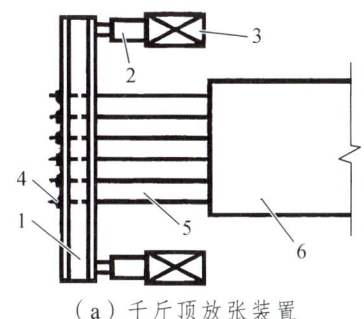
(a)千斤顶放张装置

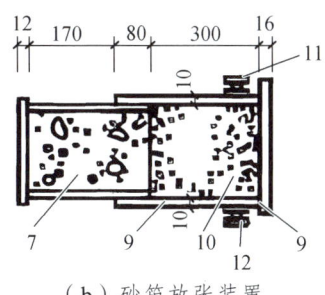
(b)砂箱放张装置

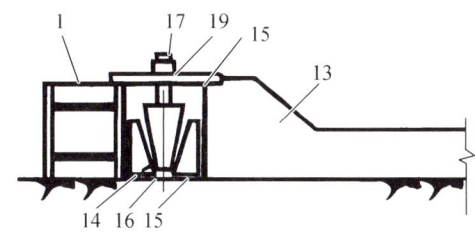
(c)楔块放张装置

1—横梁;2—千斤顶;3—承力架;4—夹具;5—钢丝;6—构件;7—活塞;8—套箱;9—套箱底板;10—砂;11—退砂口(W25螺丝);12—出砂口(W16螺丝);13—台座;14、15—钢固定楔块;16—钢滑动楔块;17—螺杆;18—承力板;19—螺母。

图 1.2.1-20 预应力筋放张装置

(5) 先张法工艺流程举例。

先张法预应力混凝土空心板梁预制的工艺流程见图 1.2.1-21 所示。

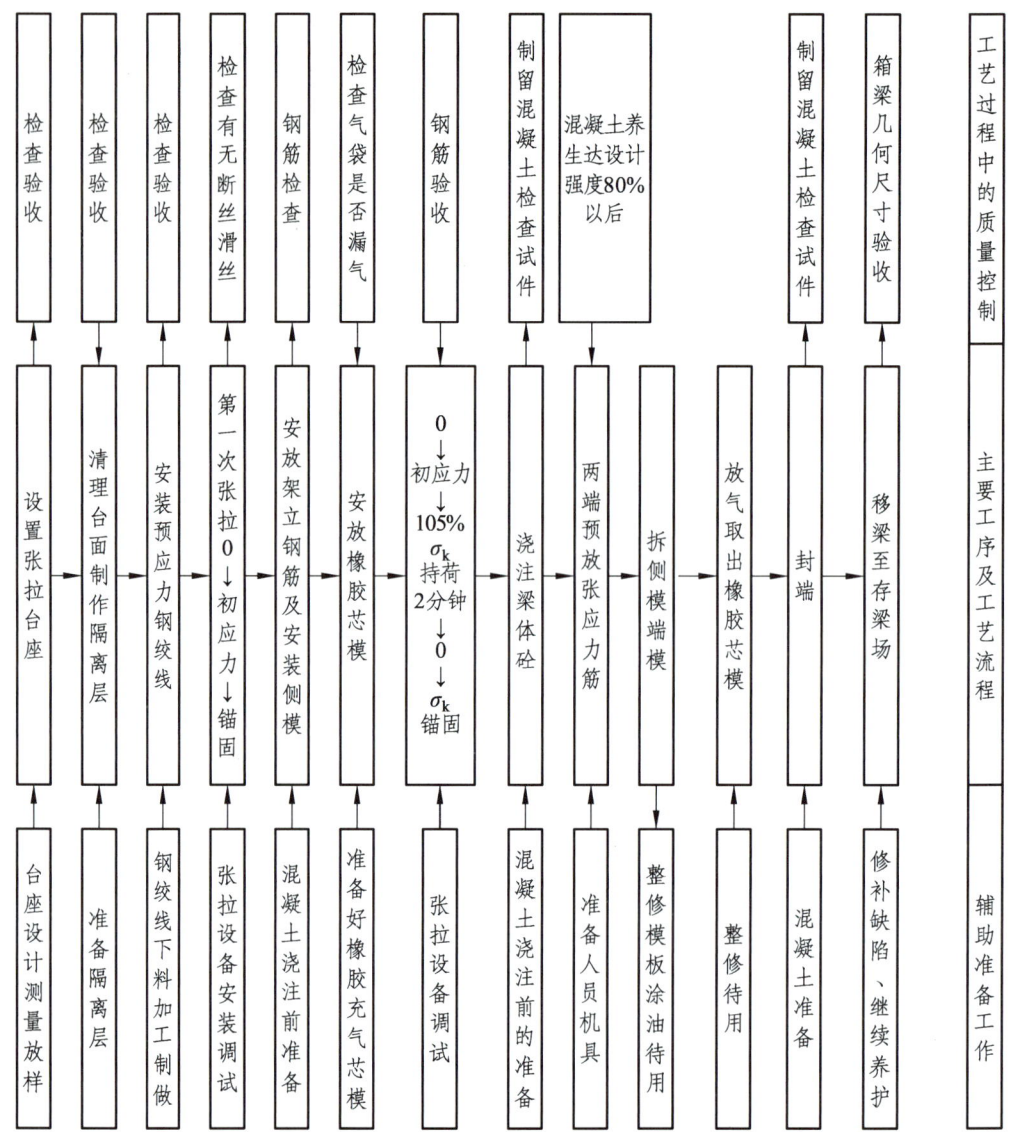

图 1.2.1-21　先张法预应力箱梁施工工艺流程

（三）后张法

1. 后张法的概念

后张法是先制作混凝土构件，并在预应力筋的位置预留出相应道，待混凝土强度达到设计规定的数值后，穿入预应力筋进行张拉，并利用锚具把预应力筋锚固，最后进行孔道灌浆。

后张法施工工艺比先张法复杂，需要预留孔道、穿筋、灌浆等工序，并且需要耗用大量的锚具和埋设件等，增加了钢材用量和投资的成本。但后张法不需要强大的张拉台座，便于在现场施工，而且又适宜于配置曲线形预应力束（筋）的大型和重型构件制作，因此目前在铁路、公路桥梁上得到广泛应用。后张法预应力混凝土桥梁常用高强碳素钢丝束、钢绞线和冷拉Ⅲ、Ⅳ级粗钢筋作为预应力筋。对于跨径较小的T梁桥，也可采用冷拔低碳钢丝作为预应力筋。预应力混凝土后张法如图 1.2.1-22 所示。

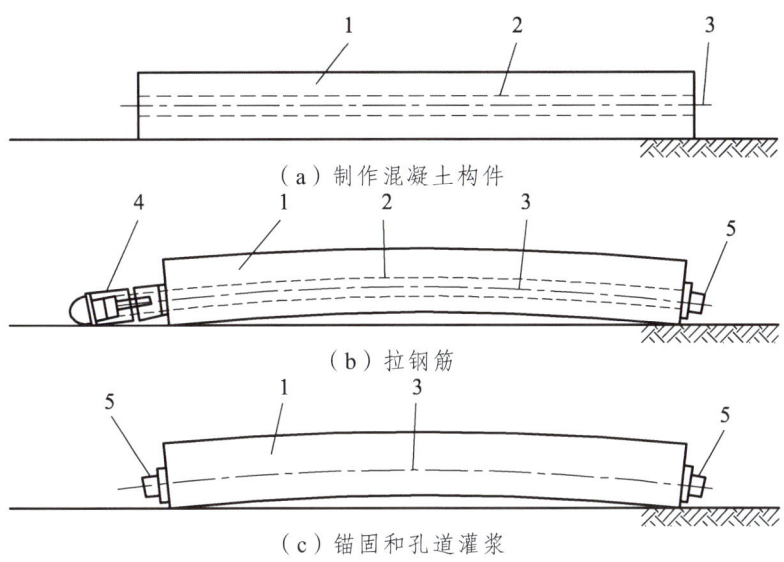

（a）制作混凝土构件

（b）拉钢筋

（c）锚固和孔道灌浆

1—混凝土构件；2—预留孔道；3—预应力筋；4—千斤顶；5—锚具。

图 1.2.1-22　预应力混凝土后张法示意

2．预应力筋、锚具和张拉机具

（1）单根粗筋（直径 18～36 mm）。

① 锚具。

单根粗钢筋的预应力筋，如果采用一端张拉，则在张拉端用螺丝端杆锚具，固定端用帮条锚具或镦头锚具；如果采用两端张拉，则两端均用螺丝端杆锚具。

A．螺丝端杆锚具用于预应力钢筋的张拉锚固，依靠对焊与预应力钢筋连接，如图 1.2.1-23 及图 1.2.1-24 所示。

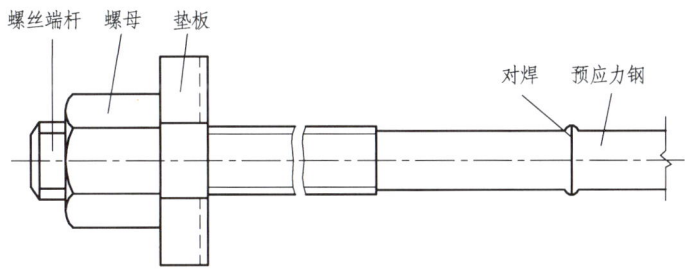

图 1.2.1-23　螺丝端杆锚

图 1.2.1-24　LM 型螺丝端杆锚

B. 帮条锚具如图 1.2.1-25 所示。

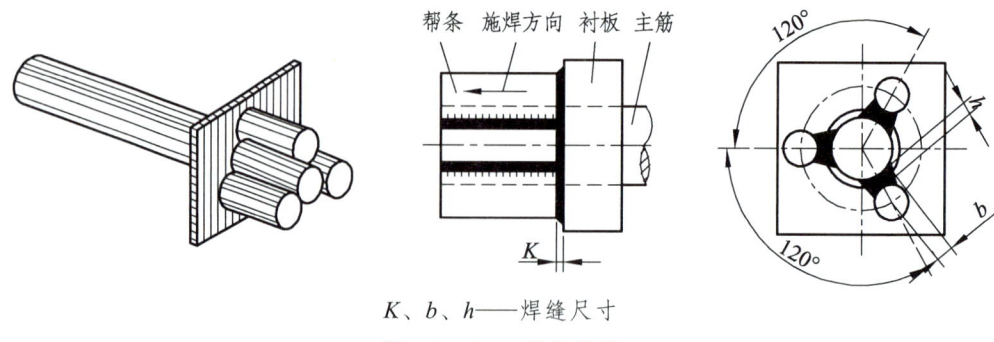

图 1.2.1-25　帮条锚具

C. 镦头锚具由镦头和垫板组成。

② 预应力筋制作：

A. 预应力筋的制作工序为：下料→对焊→冷拉。

B. 下料长度根据所用锚具的不同可分为以下计算方式：

a. 当两端用螺丝端杆锚具时，钢筋下料长度：

$$l = \frac{l_1 + 2l_2 - 2l_5}{(1+\delta)(1-\delta_1)} + nd \quad (1.2.1\text{-}2)$$

b. 当一端用螺杆、一端用帮条时，如图 1.2.1-26 所示，钢筋下料长度：

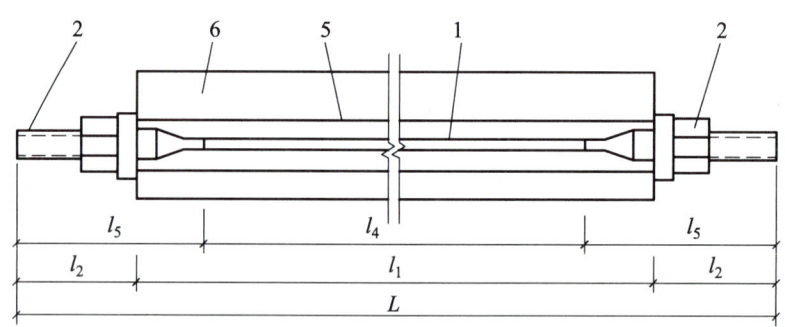

图 1.2.1-26　一端螺杆、一端帮条钢筋下料图

$$l = \frac{l_1 + l_2 - l_5 + l_3}{(1+\delta)(1-\delta_1)} + nd \quad (1.2.1\text{-}3)$$

③ 张拉设备。

A. 拉杆式千斤顶（YL-60），如图 1.2.1-27 所示。

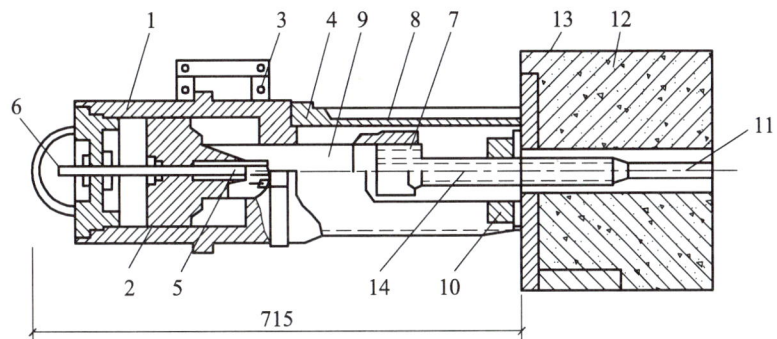

1—主缸；2—主缸活塞；3—主缸油嘴；4—副缸；5—副缸活塞；6—副缸油嘴；7—连接器；8—顶杆；9—拉杆；10—螺母；11—预应力筋；12—混凝土构件；13—预埋钢板；14—螺丝端杆。

图 1.2.1-27　YL-60 拉杆式千斤顶

B. 穿心式千斤顶（YC-60、YC-20、YC-18），如图 1.2.1-28（a）及图 1.2.1-28（b）所示，配置撑脚和拉杆等附件后，可作为拉杆式千斤顶使用。

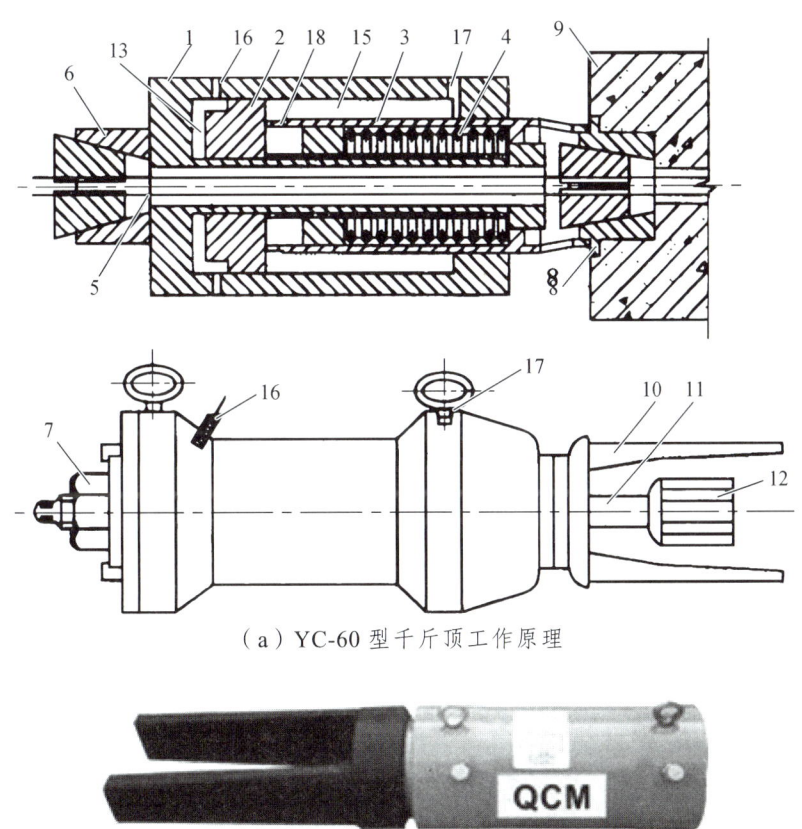

（a）YC-60 型千斤顶工作原理

（b）YC-60 穿心式千斤顶

1—张拉油缸；2—顶压油缸（即张拉活塞）；3—顶压活塞；4—弹簧；5—预应力筋；6—工具锚；7—螺帽；8—锚环；9—构件；10—撑脚；11—张拉杆；12—连接器；13—张拉工作油室；14—顶压工作油室；15—张拉回程油室；16—张拉缸油嘴；17—顶压缸油嘴；18—油孔。

图 1.2.1-28　YC-60 型千斤顶

035

（2）钢筋束、钢绞线。

① 锚具。

钢筋束、钢绞线采用的锚具有 JM 型、KT-Z 型、XM 型、QM 型和镦头锚具等。其中镦头锚具用于非张拉端。

A. JM 型锚具。

JM 型锚具由锚环与夹片组成如图 1.2.1-29 所示，锚环分甲型和乙型两种。

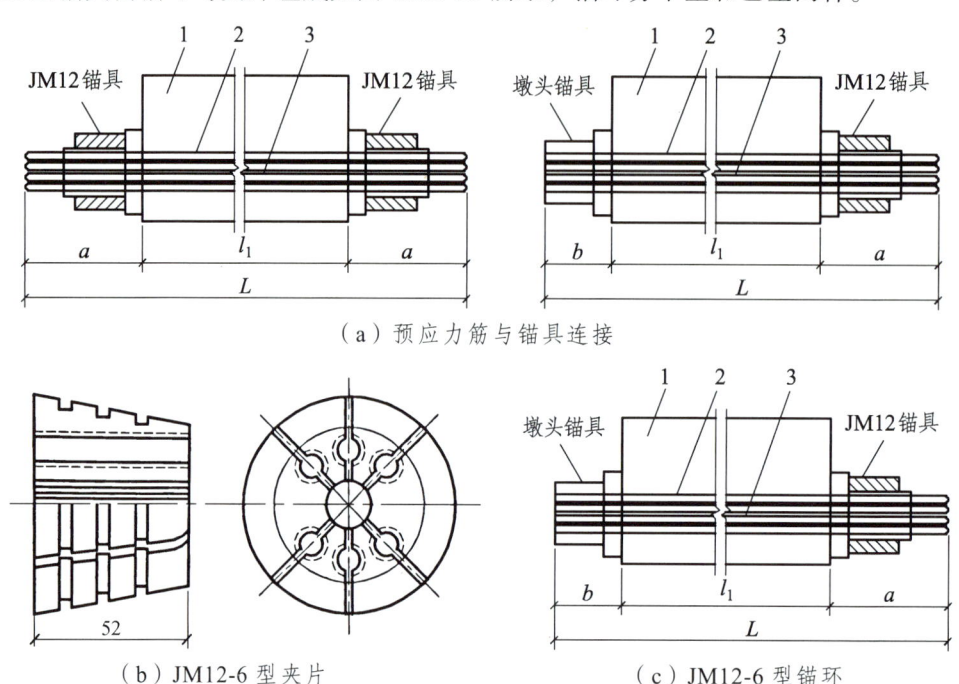

(a) 预应力筋与锚具连接

(b) JM12-6 型夹片　　　　(c) JM12-6 型锚环

1—混凝土构件；2—孔道；3—钢筋束；4—JM12-6 型锚具；
5—镦头锚具；6—甲型锚环；7—乙型锚环

图 1.2.1-29　JM12-6 锚具

JM 型锚具常与 YL60 型千斤顶配套使用，适用于锚固 3~6 根直径为 12 mm 光面或螺纹钢筋束，也可用于锚固 5~6 根直径为 12 mm 或 15 mm 的钢绞线束。

B. KT-Z 型锚具。

KT-Z 型锚具由锚环和锚塞组成，如图 1.2.1-30 所示，分为 A 型和 B 型两种。当预应力筋的最大张拉力超过 450 kN 时采用 A 型，不超过 450 kN 时，采用 B 型。

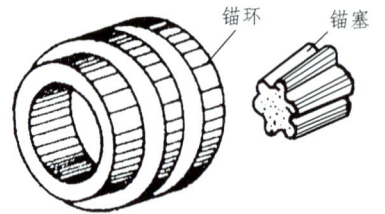

图 1.2.1-30　KT-Z 型锚具

KT-Z 型锚具适用锚固 3~6 根直径为 12 mm 的钢筋束或钢绞线束。

C. XM 型锚具。

XM 型锚具是一种新型锚具，由锚环和夹片组成（图 1.2.1-31）。利用楔形夹片，将每根钢绞线独立地锚固在带有锥形的锚环上，形成一个独立的锚固单元。其夹片为斜开缝。XM 型锚具既可作为工作锚，又可兼作工具锚。

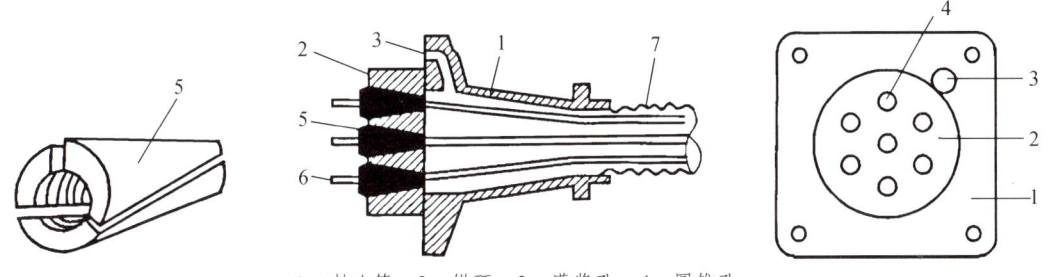

1—喇叭管；2—锚环；3—灌浆孔；4—圆锥孔；
5—夹片；6—钢绞线；7—波纹管

图 1.2.1-31　XM 型锚具

D. QM 型锚具。

QM 型锚具与 XM 型锚具相似，它也是由锚板和夹片组成（图 1.2.1-32）。但锚孔是直的，锚板顶面是平的，夹片为垂直开缝。此外，备有配套喇叭形铸铁垫板与弹簧等。

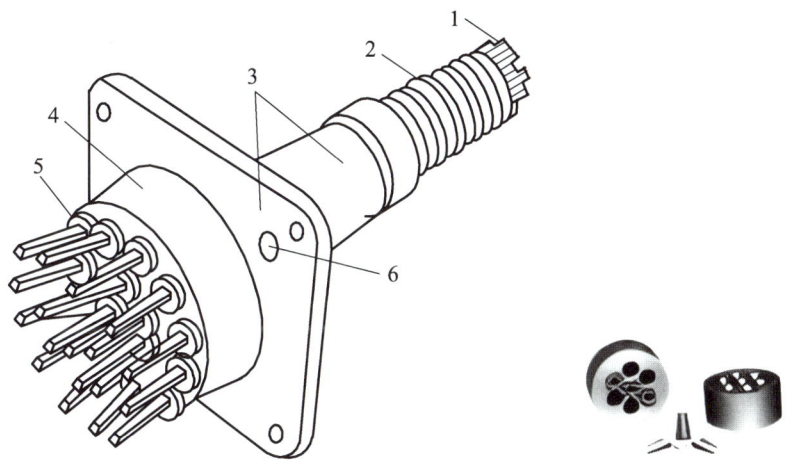

1—钢绞线；2—金属螺旋管；3—带预埋板的喇叭管；
4—锚板；5—夹片；6—灌浆孔

图 1.2.1-32　QM 型锚具

② 预应力筋的制作。

A. 预应力筋的制作工序为：冷拉→下料→编束。

B. 下料长度 L：

a. 两端张拉：$L = L_0 + 2a$ 　　　　　　　　　　　　　　　　　　　　（1.2.1-4）

b. 一端张拉：$L = L_0 + a + b$ 　　　　　　　　　　　　　　　　　　　（1.2.1-5）

其中：a——张拉端留量（600～850 mm，由机具定）；

b——非张拉端外露长度（80～100 mm）。

③ 张拉设备。

A. 锥锚式千斤顶（YZ60、YZ85）。

锥锚式千斤顶通常用于 KT-Z 及钢制锥形锚具，如图 1.2.1-33 所示。

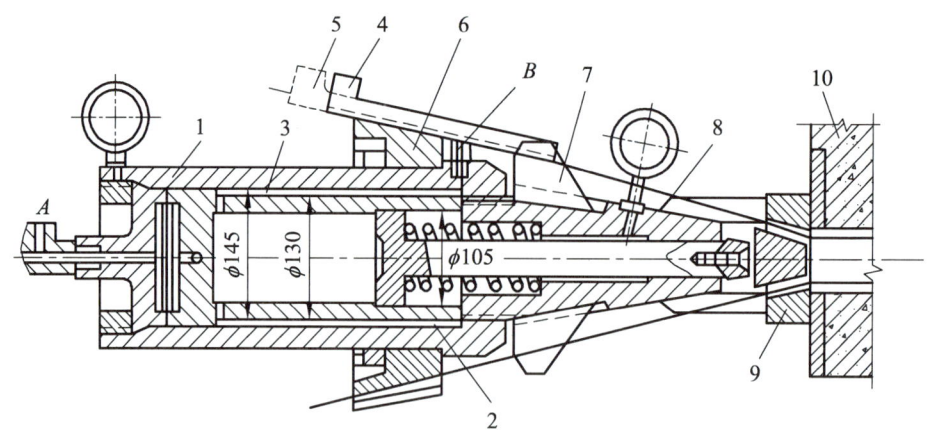

1—主缸；2—副缸；3—退楔缸；4—楔块（张拉时位置）；5—楔块（退出时位置）；6—锥形卡环；7—退楔翼片；8—钢丝；9—锥形锚具；10—构件；A、B—进油嘴。

图 1.2.1-33　锥锚式千斤顶构造简图

B. 穿心式千斤顶（YC60、YC120）。

穿心式千斤顶（图 1.2.1-28）用于 JM–12、QM、XM 锚具。

C. 大孔径穿心式千斤顶（YCD、YCQ、YCW 型）。

大孔径穿心式千斤顶用于大吨位钢绞线束（群锚），如图 1.2.1-34 所示。

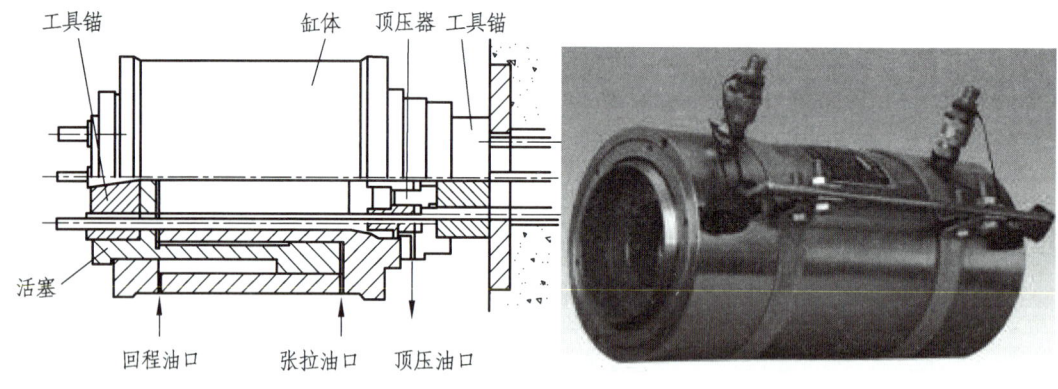

（a）YCD 型千斤顶工作示意图　　　　（b）YCW 型千斤顶

图 1.2.1-34　大孔径穿心式千斤顶

（3）钢丝束。

① 锚具。

钢丝束用做预应力筋时，由几根到几十根直径 3～5 mm 的平行碳素钢丝组成。其固定端采用钢丝束镦头锚具，张拉端锚具可采用钢质锥形锚具、锥形螺杆锚具、XM 型锚具及 QM 型锚具。

A. 锥形螺杆锚具。

锥形螺杆锚具（如图 1.2.1-35）用于锚固 14、16、20、24 或 28 根直径为 5 mm 的碳素钢丝。

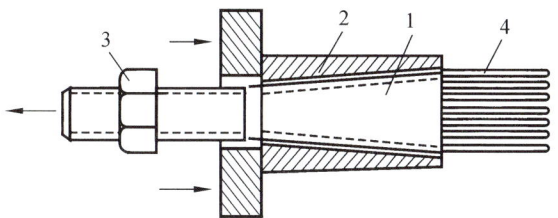

1—锥型螺杆；2—套筒；3—螺帽；4—预应力钢丝束
图 1.2.1-35　锥型螺杆锚具

B. 钢丝束镦头锚具。

钢丝束镦头锚具（如图 1.2.1-36）适用于 12～54 根直径为 5 mm 的碳素钢丝。常用镦头锚具分为 A 型与 B 型。A 型由锚杯与螺母组成，用于张拉端。B 型为锚板，用于固定端。

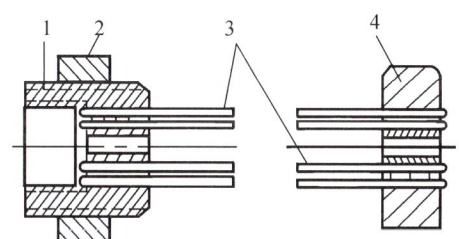

1—A 型锚杯；2—螺母；3—钢丝束；4—B 型锚杯
图 1.2.1-36　钢丝束镦头锚具

C. 钢质锥形锚具。

钢质锥形锚具（如图 1.2.1-37）用于锚固以锥锚式双作用千斤顶张拉的钢丝束，适用于锚固 6、12、18 或 24 根直径 5 mm 的钢丝束。

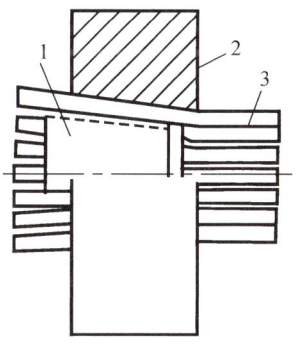

1—锚塞；2—锚环；3—钢丝束。
图 1.2.1-37　钢制锥形锚具

② 张拉设备。

锥形螺杆锚具、钢丝束镦头锚具均宜采用拉杆式千斤顶(YL60 型)或穿心式千斤顶(YC60 型)张拉锚固。钢质锥形锚具应用锥锚式双作用千斤顶（常用 YZ60 型）张拉锚固。

③ 钢丝束制作。

钢丝束制作一般需经调直、下料、编束和安装锚具等工序。当用钢质锥形锚具、XM 型锚具时，钢丝束的制作和下料长度计算基本上与预应力钢筋束相同。钢丝束镦头锚固体系，如采用镦头锚具一端张拉时，应考虑钢丝束张拉锚固后螺母位于锚环中部。

一般，编束是为了防止钢筋扭结。如图 1.2.1-38 所示。

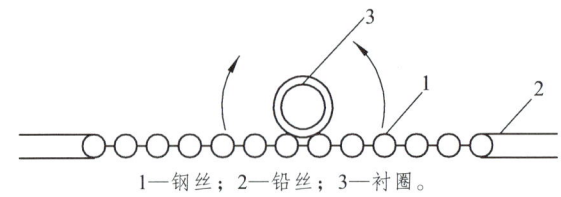

1—钢丝；2—铅丝；3—衬圈。

图 1.2.1-38　钢丝束的编束

3．后张法施工工艺

后张法施工工艺中与预应力施工有关的是孔道留设、预应力筋张拉和孔道灌浆三部分。

（1）孔道留设。

① 孔道留设的基本要求。

构件中留设孔道主要为穿预应力钢筋（束）及张拉锚固以后灌浆用。孔道留设的基本要求：

A. 孔道直径应保证预应力筋（束）能顺利穿过。

B. 孔道应按设计要求的位置、尺寸埋设准确、牢固，浇筑混凝土时不应出现移位和变形。

C. 在设计规定位置上留设灌浆孔。

D. 在曲线孔道的曲线波峰部位应设置排气兼泌水管，必要时可在最低点设置排水管。

E. 灌浆孔及泌水管的孔径应能保证浆液畅通。

② 孔道留设的方法。

预留孔道的形状有直线、曲线和折线形，孔道留设方法主要有以下几种：

A. 钢管抽芯法。

图 1.2.1-39　钢管抽芯法

钢管抽芯法（图 1.2.1-39）是预先将平直、表面圆滑的钢管埋设在模板内预应力筋孔道位置上。在开始浇筑至浇筑后拔管前，间隔一定时间（一般 15 min）要缓慢匀速地转动钢管；待混凝土初凝后至终凝之前，用卷扬机匀速拔出钢管即在构件中形成孔道。

钢管抽芯法只用于留设直线孔道，钢管长度不宜超过 15 m，钢管两端各伸出构件 500 mm 左右，以便转动和抽管。

构件较长时，可采用两根钢管，中间用套管连接，如图 1.2.1-40。

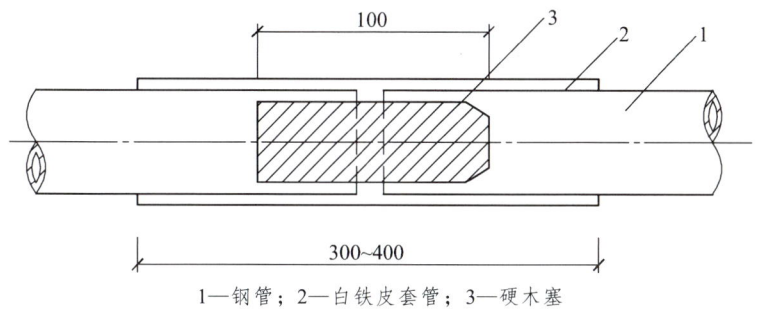

1—钢管；2—白铁皮套管；3—硬木塞

图 1.2.1-40　钢管连接方式

抽管时间与水泥的品种、浇筑气温和养护条件有关。采用钢筋束镦头锚具和锥形螺杆锚具留设孔道时，张拉端的扩大孔也可用钢管成型，留孔时应注意端部扩孔应与中间孔道同心。

B. 胶管抽芯法。

胶管抽芯法时，胶管采用 5~7 层帆布夹层，壁厚 6~7 mm 的普通橡胶管，该方法主要用于直线、曲线或折线孔道成型。胶管一端密封，另一端接上阀门，安放在孔道设计位置上；待混凝土初凝后、终凝前，将胶管阀门打开放水（或放气）降压，胶管回缩与混凝土自行脱落。一般按先上后下、先曲后直的顺序将胶管抽出。如图 1.2.1-41 所示。

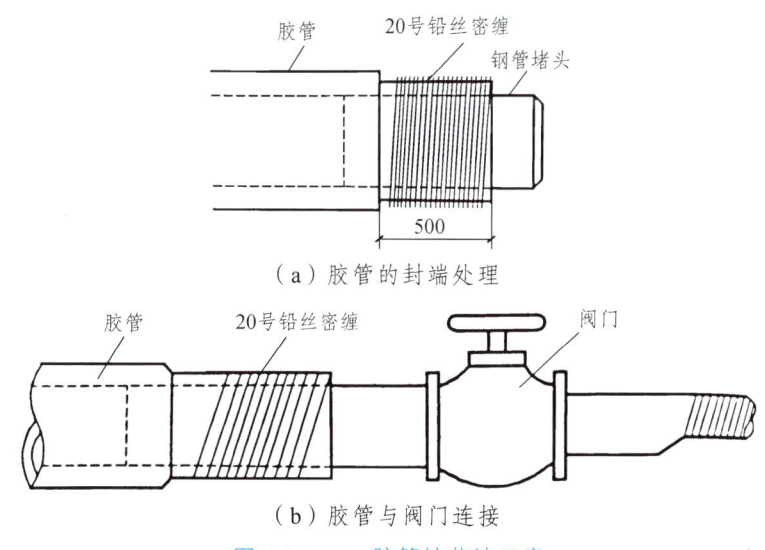

（a）胶管的封端处理

（b）胶管与阀门连接

图 1.2.1-41　胶管抽芯法示意

C. 预埋管法。

预埋管法是用钢筋井字架将黑铁皮管、薄钢管或金属螺旋管固定在设计位置上，在混凝土构件中埋管成型的一种施工方法。如图 1.2.1-42、图 1.2.1-43、图 1.2.1-44 所示。

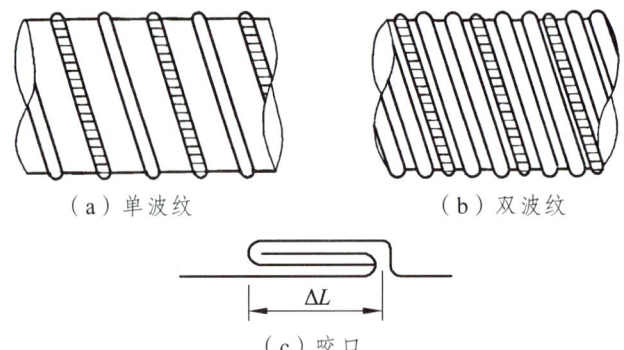

（a）单波纹　　　（b）双波纹

（c）咬口

图 1.2.1-42　金属螺旋管

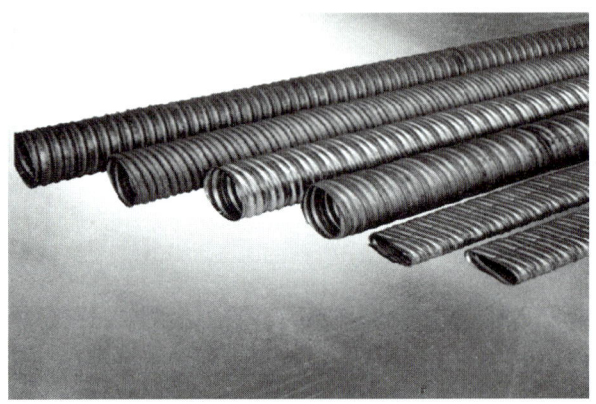

图 1.2.1-43　金属波纹管

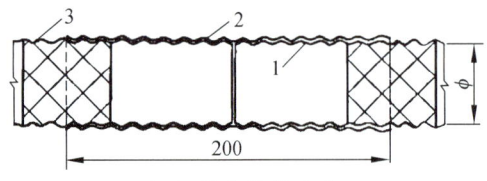

（a）螺旋管的连接

1—螺旋管的连接；2—接头管；3—密封胶带。

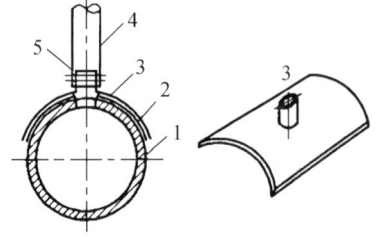

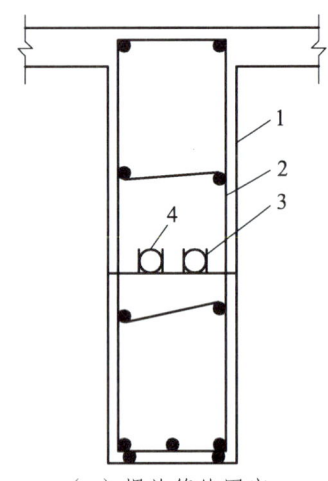

（b）螺旋管上留灌浆孔

1—螺旋管；2—海绵垫；3—塑料弧形压板；
4—塑料管；5—铁丝扎紧

（c）螺旋管的固定

1—梁侧模；2—箍筋；3—钢筋支托；
4—螺旋管；5—垫块

图 1.2.1-44　螺旋管安装

（2）预应力筋张拉。

① 张拉条件。

A. 结构的混凝土强度符合设计要求或达75%强度标准值；

B. 做好各种准备工作。

② 张拉控制应力和超张拉最大应力（比先张法均低 $0.05f_{ptk}$。

表 1.2.1-2　后张法张拉力控制表

预应力筋种类	σ_{con}	σ_{max}
碳素钢丝、刻痕钢丝、钢绞线	$0.7f_{ptk}$	$0.75f_{ptk}$
热处理钢筋、冷拔低碳钢丝	$0.65f_{ptk}$	$0.7f_{ptk}$
冷拉钢筋	$0.85f_{ptk}$	$0.9f_{ptk}$

③ 张拉顺序。

预应力筋张拉顺序应按设计规定进行；如设计无规定时，应采取分批分阶段对称地进行。例如，平卧重叠浇筑的预应力混凝土构件，张拉预应力筋的顺序是先上后下，逐层进行。

④ 张拉方法。

对于曲线预应力筋和长度大于 24 m 的直线预应力筋，应采用两端同时张拉的方法；长度等于或小于 24 m 的直线预应力筋，可一端张拉，但张拉端宜分别设置在构件两端。

对预埋波纹管孔道曲线预应力筋和长度大于 30 m 的直线预应力筋宜在两端张拉，长度等于或小于 30 m 的直线预应力筋可在一端张拉。

安装张拉设备时，对于直线预应力筋，应使张拉力的作用线与孔道中心线重合；对于曲线预应力筋，应使张拉力的作用线与孔道中心线末端的切线方向重合。

⑤ 张拉程序：同先张法。

⑥ 张拉安全事项：在张拉构件的两端应设置保护装置，如用麻袋、草包装土筑成土墙，以防止螺帽滑脱、钢筋断裂飞出伤人；在张拉操作中，预应力筋的两端严禁站人，操作人员应在侧面工作。

（3）孔道灌浆。

① 孔道灌浆的目的。主要是防止生锈；增加整体性。

② 基本要求——"尽早进行，饱满、密实"。

预应力筋张拉后，应尽快地用灰浆泵将水泥浆压灌到预应力孔道中去；灌浆用水泥浆应有足够的黏结力，且应有较大的流动性，较小的干缩性和泌水性；灌浆前，用压力水冲洗和湿润孔道；灌浆顺序应先下后上，以免上层孔道漏浆把下层孔道堵塞；灌浆工作应缓慢均匀连续进行，不得中断。

四、课外加油站

预应力混凝土的概念

五、思想政治素质养成

（1）无论是先张法还是后张法施工工艺，都涉及精确的计算、严格的参数控制和规范的操作流程，例如预应力筋的下料长度计算、张拉控制应力的确定等。这要求学生在未来的工程实践中必须保持高度的责任感和严谨性，确保每一个环节都准确无误，以保障工程质量。

（2）预应力混凝土技术作为一门新兴科学技术，在不断发展和改进。从施工工艺的创新到新型锚具、张拉设备的应用，都体现了工程领域对更高质量、更高效施工方法的追求。这激励学生勇于探索、敢于创新，积极推动工程技术的进步，为解决实际问题提供新的思路和方法。

（3）预应力混凝土桥梁的施工是一个复杂的系统工程，需要不同专业人员的协同合作。同时，在施工过程中强调安全事项，如设置保护装置、规范操作人员行为等，让学生明白工程建设不仅要注重质量和效率，还要保障施工人员的生命安全。这有助于培养学生的团队协作能力和安全责任意识，为他们未来的职业发展奠定良好的基础。

六、任务分组

表 1.2.1-3　学生任务分配表

班级：　　　　　　组号：　　　　　　组长：　　　　　　指导老师：

组员	任务分工	组员	任务分工

表 1.2.1-4　任务工作单

姓名：	学号：	日期：

（1）为什么要对混凝土施加预应力？

（2）预应力混凝土结构的优越性有哪些？

表 1.2.1-5 任务工作单

姓名：	学号：	日期：
（1）预应力混凝土桥常用的形式有哪些？各有什么特点？		
（2）先张法和后张法的施工工艺有哪些异同点？施工中具体应如何选用？		
（3）采用先张法施工浇筑混凝土时有哪些特殊要求？		

七、评价反馈

表 1.2.1-6　评价反馈表

姓名：		组号：		组长：		指导老师：		
评价指标	评价内容	分值	个人自评（20%）	组内互评（20%）	组间互评（20%）	教师评价（40%）	综合评价
信息检索能力	能有效利用网络、图书资源查找有用的相关信息等；能将查到的信息有效地传递到学习中	10分					
课堂感知力	是否熟悉预应力混凝土施工工艺，认同工作价值；在学习中是否能获得满足感，课堂氛围如何？	10分					
参与度、交流沟通	积极主动与教师、同学交流，相互尊重、理解、平等；与教师、同学之间是否能够保持多向、丰富、适宜的信息交流	10分					
	能处理好合作学习和独立思考的关系，做到有效学习；能提出有意义的问题或能发表个人见解	10分					
知识、能力获得情况	明确预应力混凝土的优势	10分					
	了解预应力混凝土桥的优点	10分					
	掌握先张法和后张法的施工工艺	10分					
	能分辨各种预应力混凝土施工机具及其作用	10分					
	能分辨先张法和后张法	10分					
思维态度	是否能发现问题、提出问题、分析问题、解决问题、创新问题	5分					
自评反思	按时按质完成任务；较好地掌握了知识点；具有较强的信息分析能力和理解能力；具有较为全面严谨的思维能力，并能条理清楚明晰表达成文	5分					
	反思改进						

模块二 高速铁路桥梁施工

项目一 高速铁路桥梁基础施工

任务一 明挖基础施工

一、学习目标

1. 思政目标

(1) 培养学生严谨的科学态度;
(2) 培养学生遵守规范的职业素养和安全生产的意识。

2. 知识目标

(1) 掌握基坑开挖的步骤、支护的种类以及排水的方法;
(2) 掌握围堰的种类;
(3) 掌握清基与验基的要点。

3. 能力目标

(1) 能根据工程情况选择合适的开挖形式与支护方式;
(2) 能进行基坑检查。

二、任务重、难点

1. 重 点

(1) 基坑开挖的步骤、支护的种类以及排水的方法;
(2) 围堰的种类;
(3) 清基与验基的要点。

2. 难 点

(1) 基坑开挖形式与支护方式;
(2) 基坑清理与基底检验处理。

三、知识链接

基坑开挖工程包括无围护结构的放坡基坑开挖和有围护结构的基坑开挖,以及与之相配合的地下水控制措施。

基坑开挖前应做好下列工作:测定基坑中心线、方向、高程;并根据工程结构型式、基坑深度、地质条件、气候条件、周围环境、施工方法、施工工期和地面荷载等有关资料,决定开挖坡度和支护方案、开挖范围和防、排水措施。

基坑开挖方案的内容主要包括:支护结构的龄期、机械选择、基坑开挖时间、分层开挖深度及开挖顺序、坡道位置和车辆进出场道路、施工进度和劳动组织安排、降排水措施、监测方案、质量和安全措施,以及基坑开挖对周围建筑物需采取保护的措施等。

(一)无水基坑开挖

1. 基本要求

明挖扩大基础

(1)基坑边缘位置土方和材料,或沿挖方边缘移动运输工具和机械,一般应距基坑上部边缘不少于 2 m,弃土堆置高度不应超过 1.5 m,并且不能超过设计荷载值,在垂直的坑壁边,此安全距离还应适当加大。软土地区不宜在基坑边堆置弃土。

(2)施工中机具设备停放的位置必须平稳,大、中型施工机具距坑边距离应根据设备重量基坑支撑情况、土质情况等,经计算确定。

(3)采用机械开挖土方时,需保持坑底土体原状结构,应在基坑底及坑壁留 150~300 mm 厚土层,由人工挖掘修整。同时,要设集水坑,及时用泵排除坑底积水。

(4)基坑开挖时,应对平面控制桩、水准点、基坑平面位置、水平高程、边坡坡度等经常复测检查。

(5)基坑周围地面应进行防水、排水处理,严防雨水等地面水浸入基坑周边土体。

(6)基坑开挖完成后,应及时清底验槽,减少暴露时间,防止暴晒和雨水浸刷破坏地基土的原状结构。

(7)基坑验槽后,及时浇筑垫层封闭基坑;垫层要做到基坑满封闭。基坑中工程桩桩头处理宜在垫层铺设后进行。

(8)土方开挖过程中,特别是冬季、雨期、汛期施工时,注意气候、降雨、降温等预报,按施工方案的规定,采取必要的安全防护措施。

2. 坑壁不加固的基坑

无支护基坑适用于埋置深度 5 m 以内(地质条件好或放坡开挖不受周围条件限制时,深度可以大于 5 m)浅基础的基坑开挖施工。因其施工简便,工程措施灵活,施工中普遍采用。

(1)基坑宜按基础设计尺寸:土质基坑,底面平面尺寸每边放宽不小于 50 cm;有水基坑,底面应满足四周排水沟与汇水井的设置需要,每边放宽不小于 80 cm;垂直开挖且不立模板的基坑,基底尺寸按基础轮廓确定。

(2)坑壁开挖形式:常见的坑壁形式,有垂直坑壁、斜坡和阶梯坑壁和变坡度坑壁,如图 2.1.1-1 所示。

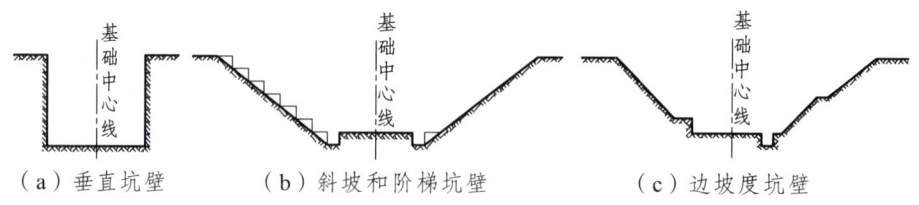

图 2.1.1-1　基坑形式示意

在天然土层上采用放坡开挖基坑时,基坑坑壁坡度可按表 2.1.1-1 选定,并根据基坑深度、地下水位、土的湿度、土层构造及施工工期等适当放缓。

表 2.1.1-1　基坑坑壁坡度

坑壁土	坑壁坡度		
	基坑顶缘无载重	基坑顶缘有静载	基坑顶缘有动载
砂类土	1：1	1：1.25	1：1.5
碎石类土	1：0.75	1：1	1：1.25
黏性土、粉土	1：0.33	1：0.5	1：0.75
极软岩、软岩	1：0.25	1：0.33	1：0.67
较软岩	1：0	1：0.1	1：0.25
极硬岩、硬岩	1：0	1：0	1：0

3. 坑壁加固的基坑

遇到以下情况,基坑开挖后可采用护壁加固：基坑较深,土方数量较大；基坑坡度受场地限制；基坑地质松软或含水量较大,坡度不易保持。护壁加固方式有挡板支撑、喷射混凝土和现浇混凝土围圈等。

（1）挡板支撑。

挡板支撑的形式有：竖向挡板式、横向挡板式。如果基坑过宽过深或由于支撑过多而影响基坑出土时,可采用锚桩式、斜撑式或锚杆式支撑,分别如图 2.1.1-2 所示。

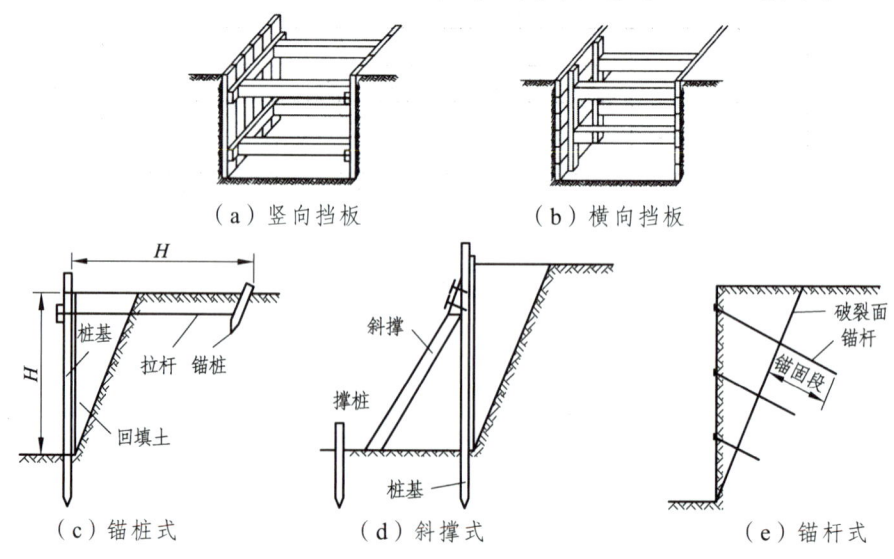

图 2.1.1-2　挡板支撑基坑护壁形式

（2）喷射混凝土。

喷射混凝土护壁适用于稳定性好，渗水量少的基坑。喷护的基坑深度应按地质条件决定，但不宜超过 10 m。

为防止土层坍塌，地表水或杂物落入井内。基坑口可设置混凝土防护圈或堆土防护，表面喷射混凝土加固，如图 2.1.1-3 所示。

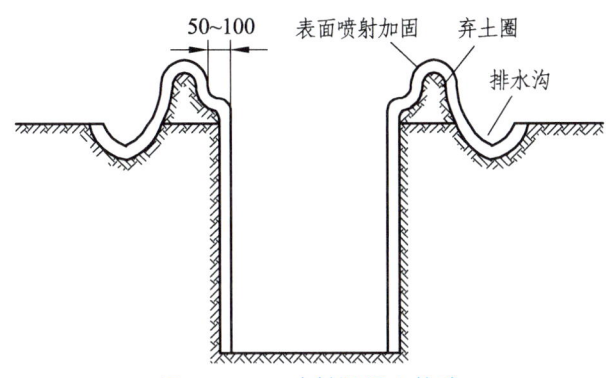

图 2.1.1-3　喷射混凝土护壁

（3）现浇混凝土围圈护壁。

现浇混凝土围圈护壁，除流沙及呈流塑状态的黏性土外，适用于各类土的开挖防护。围圈混凝土由上而下逐层浇筑。顶层应一次整体浇筑，以下各层分段开挖浇筑。上下层混凝土纵向接缝应相互错开。分层高度以垂直开挖面不坍塌为原则，顶层高度宜为 2 m，以下每层高 1～1.5 m。其开挖面应均匀分布，对称施工，及时浇筑。壁厚和拆模强度应满足承受土压力的要求。

（二）水中明挖基坑

当桥梁墩台基坑在水中施工不便，就需要修建围堰使其能在陆地上施工。围堰是临时性围护结构，作用是防止水和土进入墩台位置，然后在围堰内排水，开挖基坑，修筑墩台。围堰一般在墩台施工结束后拆除。

1. 围堰工程

围堰的形式按其所用材料可分为土石围堰、钢板桩围堰、钢套箱围堰和双壁钢围堰。

（1）土石围堰。

土石围堰主要有：土围堰、土袋围堰、竹笼片石围堰及堆石土围堰等。

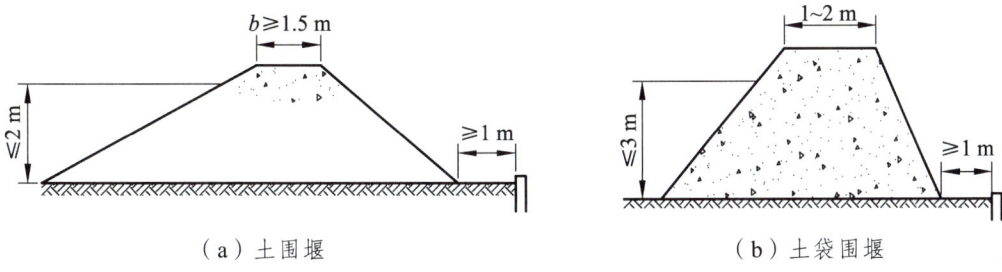

图 2.1.1-4　土石围堰

① 土围堰。

土围堰［如图 2.1.1-4（a）］，适用于水深在 2 m 以内，流速小于 0.3 m/s，冲刷作用很小，且河床为渗水性较小的土。土围堰宜使用黏性土填筑，围堰断面应根据使用的土质、渗水程度及围堰本身在水压力作用下的稳定性而定。堰顶宽度不应小于 1.5 m，外侧坡度不陡于 1：2，内侧坡度不陡于 1：1。填土出水面后应分层夯实。筑堰引起流速增大，可在外坡面采用草皮、片石或土袋等进行防护。

② 土袋围堰。

土袋围堰［图 2.1.1-4（b）］，一般适用于水深不大于 3 m，流速不大于 1.5 m/s，河床为渗水性较小的土。堰顶宽度可为 1~2 m，外侧边坡为 1：0.5~1：1，内侧为 1：0.2~1：0.5。土袋围堰应用黏土填心。袋内装入松散黏性土后，袋口应缝合，装填量约为袋容量的 60%。在流速较大处，外侧土袋内可装粗砂或小卵石。堆码时土袋应平放，其上下层和左右层应互相错缝。填筑时，均应自上游开始至下游合龙。堰底内侧坡脚距基坑顶缘距离不应小于 1 m。

③ 竹笼片石围堰及堆石土围堰。

适用于水深在 3.0 m 以上，流速较大，河床坚实无法打桩，且石块能就地取材的地方。

（2）钢板桩围堰。

① 特点及适用范围：钢板桩本身强度大、防水性能好，打入土中穿透力强，适用于深水基坑，河床为砂类土、黏性土、碎石土以及风化岩等地层。堰深一般为 20 m 以内，若有超出，钢板桩可适当接长。

② 结构形式：钢板桩横截面的形状有直板形、槽形、Z 形等，如图 2.1.1-5 所示。单根钢板桩两侧有锁口，施工时相邻钢板桩以锁口相连。其中槽形截面模量较大，适用于承受较大水压力、土压力的围堰，施工方便，是国内应用较多的形式。

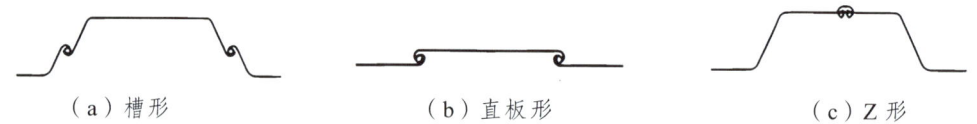

（a）槽形　　　　　（b）直板形　　　　　（c）Z 形

图 2.1.1-5　钢板桩截面形状

钢板桩围堰的平面形状，具体应结合实际工程情况进行选择。例如在桥梁工程基础施工中，深基础多用圆形，浅基础则用矩形，如图 2.1.1-6 所示。

图 2.1.1-6　钢板桩围堰

（3）钢套箱围堰。

① 特点和类型。

钢套箱围堰是为解决承台和桥墩施工而设计的临时阻水结构，通过钢套箱围堰封底混凝土阻水，为水上承台和水上桥墩的施工提供无水的干施工环境。钢套箱具有可靠的整体性和良好的防水性，施工时既是围水设备又可作为基础或承台施工模板使用，施工工艺相对简单，因此在桥梁工程中得到了较为广泛的应用。

钢套箱可分无底和有底两种。

② 适用条件。

钢套箱围堰主要适用于流速较小、埋置不深、覆盖层较薄、平坦岩石河床的水中基础，或修建桩基承台。

③ 钢套箱制作。

钢套箱一般使用钢板和角钢、工字钢或槽钢等刚性杆件制成。每块钢模板长约 2.5～4.0 m、宽 1.0～1.5 m，模板四周采用角钢焊接作为骨架，中间用角钢或槽钢焊成肋条。分节拼装，每节高度与模板高度一致。为便于拼装，钢模板可制成中间模板和角模板两种，模板间设 5～8 mm 防水橡胶垫圈，用螺栓联结成型。套箱内支撑间距一般不小于 2.5 m。

施工钻孔桩时，钢套箱尺寸和承台一致，或比承台每边大 0.1～0.2 m；在扩大基础敞开口开挖时，钢套箱应比基础尺寸大 1.0～1.5 m，同时应满足抽水设备和集水井设置的需要。

（4）双壁钢围堰。

① 特点和类型。

双壁钢围堰是一个带有单斜面刃脚的双壁全焊水密钢结构。其堰壁钢壳由有加劲肋的内外壁板和多层水平桁架所组成。在堰壁内腔，用隔舱板将其对称地分为若干个密封的隔舱，以便利于不平衡的灌水来控制其下沉时的倾斜。它重量轻、浮力大，结构刚性大，能承受较大的水压力，可像船体一样稳定垂直地自浮于墩位处水面上。围堰整个下沉过程不需钢气筒和供气系统、充气机械等，可减少大量机械设备，降低工程造价，加快施工速度。

双壁钢围堰通常为圆形，也有为适应基础形状而做成异形的，如图 2.1.1-7 所示。

（a）圆形双壁钢围堰　　　　　　　　（b）矩形双壁钢围堰

图 2.1.1-7　双壁钢围堰

② 适用条件。

双壁钢围堰适用于大型河流水深流急的深水基础，特别是覆盖层较薄（0.5~2 m）的平坦岩石河床。

③ 双壁钢围堰制作。

双壁钢围堰一般由［16~［20 槽钢、∠70×70~∠100×100 角钢以及扁钢焊接或部分螺栓连接而成，构成矩形或圆形的双层骨架，底部设刃脚；用角钢、扁钢和钢板制成内外壁基本板块和隔舱板，然后拼装成型。其尺寸、强度、刚度及结构的稳定性、锚锭方法等应满足施工要求。当围堰需下沉到岩面时，可按岩面及风化层情况做成等高或与岩面倾斜度相同的不等高刃脚。围堰顶面可作为承台施工平台。

双钢壁围堰宜分节、分块在工厂制造，块件大小可按制造设备、运输条件、工地安装起吊及移动能力决定。钢围堰制造、拼装、接高的所有焊缝，质量要求很高，所有焊缝除满足设计要求外，还必须经水密试验确保不漏水。

2．基坑排水

（1）排水方法。

明挖基坑，可采用汇水井或井点法排、降水，保持基坑底不被水淹。

① 汇水井排水法。

在基坑内基础范围外挖汇水井和边沟，使流进坑内的水沿边沟流入汇水井，然后用水泵抽水，将水面降至坑底以下。水下挖基时，抽水能力应为渗水量的 1.5~2 倍。适用于坑壁稳定的基坑。

② 井点法降水。

在基坑周围，打入带有过滤头的井点管，在地面与集水总管连接起来，通到抽水系统。用真空泵将地下水吸入水箱，再用水泵排出，使基坑底下的地下水位暂时降低。主要方法有轻型井点、喷射井点、电渗井点、管井井点以及深井井点等类型。

井点法降水适用于粉砂、细砂、地下水位较高、有承压水、挖基较深、坑壁不易稳定的土质基坑。

（2）水中挖基。

基坑排水有困难或发生严重流砂、涌泥无法继续施工时，除采用井点降水方法外，也可采用不排水开挖。一般土质、砂砾土基坑，宜用抓土斗抓土，有条件时可用空气吸泥机吸出泥砂。灌注基础混凝土时，应立模后用导管按水下混凝土灌注方法施工。

（3）安全注意事项。

① 基坑顶周边设置连续封闭的安全护栏，防止人员坠落。

② 靠近道路及便道侧，基坑边增加一道卸荷措施，保证行车的安全距离。

③ 基坑开挖完成后，在基坑边坡上设置两个爬梯方便人员进出基坑。

④ 应及时做好抽水工作，随时注意基坑壁变化防止坍塌事故发生。

（三）基坑清理与基底检验处理

1．基坑清理

（1）基坑挖土接近基底高程后，应预留 100~300 mm 由人工开挖，以防止基底原状土被破坏。

（2）岩层基底应清除岩面松碎石块、淤泥、苔藓，凿出新鲜岩面，表面应清洗干净。倾斜岩层，应将岩面凿平或凿成台阶。易风化的岩层基底，应按基础尺寸凿除已风化的表面岩层。

（3）碎石类及砂类土层基底承重面应修理平整。

（4）黏性土层基底整修时，应在天然状态下铲平，不得用回填土夯平。必要时，可向基底夯入10 cm以上厚度的碎石，碎石层顶面不得高于基底高程。

（5）泉眼可用堵塞或排引的方法处理。

基底不得长期暴露，并不得受扰动或浸泡，应及时检查基坑尺寸、高程、基底土承载力，合要求后及时办理基坑隐蔽检查手续，并立即进行后续施工。若基坑底地质与施工图不相符合，地基承载力不符合施工图要求时应办理变更设计。

2. 基底检验

为防止基底暴露时间过长，施工负责人应在挖至基底前通知有关人员按时前来检验。并事先填写"隐蔽工程检查证"。经有关人员会同检验签认后，方可砌筑基础或进行其他工序。

（1）基底检验的主要内容包括：

① 基底平面位置、尺寸大小和基底高程；

② 基底地质情况和承载力是否与设计资料相符；

③ 基底处理和排水情况；

④ 检查施工记录及有关试验资料。

（2）基坑检验方法：

按地基土质复杂（如溶洞、断层、软弱夹层、易溶岩等）及结构对地基有无特殊要求，可采用直观或触探方法，必要时钻探（钻深至少4 m）取样做土工试验，或按设计的特殊要求进行荷载试验。

（3）基底高程容许误差应符合下列规定：

土质：±50 mm。

石质：+50 mm，−200 mm。

3. 基底处理

基底处理应在基底无水的情况下进行。基底处理办法见表2.1.1-2。

表2.1.1-2 基底处理办法

基底地质	处理办法
岩层	（1）未风化的岩层基底，应清除岩面碎石、石块、淤泥、苔藓等。 （2）风化的岩层基底，开挖基坑尺寸要少留或不留富余量。灌注基础圬工时，同时将坑底填满，封闭岩层。 （3）岩层倾斜时，应将岩面凿平或凿成台阶，使承重面与重力线垂直，以免滑动。 （4）砌筑前，岩层表面用水冲洗干净
砂类土壤及碎石	承重面应修理平整夯实，砌筑前铺一层2 cm厚的浓稠水泥砂浆
黏土层	（1）铲平坑底时，不能扰动土壤天然结构，不得用土回填。 （2）必要时，加铺一层10 cm厚的夯填碎石，碎石面不得高出基底设计高程。 （3）基坑开挖处理后，应在最短时间砌筑基础，防止暴露过久变质

续表

基底地质	处理办法
湿陷性黄土	（1）基底必须有防水措施。 （2）根据土质条件，使用重锤夯实、换填、挤密桩等措施，进行加固，改善土质性质。 （3）基础回填不得使用砂、砾石等透水性土壤，应用原土加夯封闭
软土层	（1）基底软土小于2 m时，可将软土层全部挖除，换以中粗砂、砾石、碎石等力学性质较好的填料，分层夯实。 （2）软土层深度较大时，应布置砂桩（或砂井）穿过软土层，上面铺砂垫层
冻土层	（1）冻土基础开挖宜用天然或人工冻结法施工，并应保持基底冻层不融化。 （2）基底设计高程以下，铺设一层10~30 cm厚的粗砂或10 cm厚的混凝土垫层，作为隔热层
溶洞	（1）暴露的溶洞应用浆砌片石、混凝土填充，或填砂、砾石后，压水泥浆充实加固。 （2）检查有无隐蔽溶洞，在一定深度内钻孔检查。 （3）有较深的溶沟时，也可作钢筋混凝土盖板或梁跨越，亦可改变跨径避开
泉眼	（1）插入钢管或做木井，引出泉水使其与坑工隔离，以后用水下混凝土填实。 （2）在坑底凿成暗沟，上方盖板，将水引出至基础以外的汇水井中抽出，坑工硬化后，停止抽水

四、课外加油站

钢板桩围堰设计说明

五、思想政治素质养成

（1）基坑开挖施工组织是基坑施工的一项重要内容，基坑支护如何设置、地下水如何控制、土方如何组织开挖和运输，不但影响工程进度和质量，而且也会影响支护结构的稳定和施工安全，并直接影响环境的保护。因此对较大型的基坑工程施工均应精心组织，编制较详细周密的施工组织设计，确定支护、降水和挖土方案。合理选定支护型式、挖土机械设备，确定基坑支护和开挖方法、顺序、挖土路线、范围、高程、土方的堆放和外运方法。当地下水位较高时，要慎重地选定降排水方法和设备。按工期要求组织好劳力，这些对保证工程顺利进行都具有十分重要的意义。

此外，在基坑施工中，还应做好管理工作，如果施工管理不善，例如施工不按网络图进行；支护不按设计要求设置；降排水未达到要求深度就开挖土方；机械挖土方法、顺序和行走路线不按施工组织设计规定进行等，不仅达不到预期的施工效果，而且还会给基坑施工留下安全隐患，或使地基产生不均匀沉降。

（2）在基坑施工中，应对各个施工环节的质量进行严格监管，如支护打设、土方开挖、地下水控制、基坑和邻近环境土体加固质量以及地基土的质量检验等都必须符合设计要求和工程施工质量验收规范的规定。教学过程中应着重引导学生养成严格遵守设计要求和规范的工作态度。

六、任务分组

表 2.1.1-3 学生任务分配表

班级：　　　　　　　组号：　　　　　　　组长：　　　　　　　指导老师：

组员	任务分工	组员	任务分工

表 2.1.1-4 任务工作单

姓名：	学号：	日期：
（1）基坑支护的方式有哪些？		
（2）基坑有哪些排水的形式？		
（3）简述基底检验的主要内容。		

七、评价反馈

表 2.1.1-5 评价反馈表

姓名:		组号:		组长:		指导老师:	
评价指标	评价内容	分值	个人自评（20%）	组内互评（20%）	组间互评（20%）	教师评价（40%）	综合评价
信息检索能力	能有效利用网络、图书资源查找有用的相关信息等；能将查到的信息有效地传递到学习中	10分					
课堂感知力	是否熟悉基坑开挖的步骤及支护方式，认同工作价值；在学习中是否能获得满足感，课堂氛围如何？	10分					
参与度、交流沟通	积极主动与教师、同学交流，相互尊重、理解、平等；与教师、同学之间是否能够保持多向、丰富、适宜的信息交流	10分					
	能处理好合作学习和独立思考的关系，做到有效学习；能提出有意义的问题或能发表个人见解	10分					
知识、能力获得情况	掌握基坑开挖的步骤、支护的种类以及排水的方法	10分					
	掌握围堰的种类	10分					
	掌握清基与验基的要点	10分					
	能根据工程情况选择合适的开挖形式与支护方式	10分					
	能进行基坑检查	10分					
思维态度	是否能发现问题、提出问题、分析问题、解决问题、创新问题	5分					
自评反思	按时按质完成任务；较好地掌握了知识点；具有较强的信息分析能力和理解能力；具有较为全面严谨的思维能力，并能条理清楚明晰表达成文	5分					
反思改进							

任务二　桩基础施工

一、学习目标

1. 思政目标

（1）培养学生民族意识，家国情怀以及创新思维；
（2）培养学生的全局观、周密考虑问题的能力。

2. 知识目标

（1）掌握桩基础的分类；
（2）掌握钻孔灌注桩的施工过程及注意事项；
（3）掌握正循环、反循环钻孔的区别。

3. 能力目标

（1）能简述桩基础的类型及构造特点；
（2）能绘制管柱基础的施工程序图。

二、任务重、难点

1. 重　点

（1）桩基础的分类；
（2）钻孔灌注桩的施工过程及注意事项；
（3）正循环、反循环钻孔的区别。

2. 难　点

（1）桩基础的类型及构造特点；
（2）管柱基础的施工程序。

三、知识链接

桩基础按施工方法分有：沉入基础、灌注桩基础、管柱基础等。

（一）沉入桩基础

沉入桩是依靠不同的沉桩设备将基桩沉入土中，根据沉入土中的方法不同，主要可分为锤击沉桩、振动沉桩、射水沉桩、静力压桩四种。

1. 沉入桩的类型

沉入桩的类型主要为预制的钢筋混凝土桩和预应力混凝土桩。其断面形式常用方形和管形。钢筋混凝土（预应力钢筋混凝土）方桩又可为实心和空心两种。空心桩可减轻桩身重量，对存放、吊运、吊立都有利。目前使用较多的是预应力混凝土管桩，国内已有定型生产。

2. 沉入桩的特点和适用范围

沉入桩是在地基浅层土质较差，持力土层埋藏较深，需要采用深基础才能满足结构物对地基强度、变形和稳定性要求时采用的基础。适用于利用打桩设备将预制钢筋混凝土桩或预应力混凝土桩沉入地基土中的施工。

3. 沉入桩的施工

预制沉入桩的施工方法主要有：锤击法、振动法、射水法及静力压桩法等。

（1）锤击沉桩法。

锤击沉桩法是以桩锤的撞击力撞击预制的桩头将桩打入地下土层中的施工方法。一般适用于中密砂类土、软塑和可塑的黏性土。由于锤击沉桩依靠锤的冲击能量将桩打入土中，因此桩径不能太大，一般土质中桩径不大于 60 cm，桩的入土深度也不能太深，一般土质为 20~30 m。

（2）振动沉桩法是用振动打桩机将桩打入土中的施工方法。一般适用于砂质土、硬塑及软塑的黏性土和中密及较松散的碎、卵石类土。该法施工也可用于拔桩。噪声较小，施工速度快，不会损坏桩头，不用导向架也能打进，移位操作方便，但需电源功率大。

（3）静力压桩法是在松软的地基中，用液压千斤顶或桩头加重物以施加顶进力将桩压入土层中的施工方法。一般适用于高塑性黏土或砂性较轻的亚黏土层。此种方法施工时产生的噪声和振动较少，桩头不易损坏，不仅可以施工直桩，也可施工斜桩。

（4）射水沉桩法是利用小孔喷嘴以 0.3~0.5 MPa 的压力喷射水，使桩尖和桩周围土层松动，同时桩在自重作用下下沉的方法。该法很少单独使用，常和锤击或振动法联合使用。

（二）灌注桩基础

灌注桩是在施工现场的桩位上采取机械或人工方式成孔，然后在孔内浇筑混凝土（或钢筋混凝土）。根据成孔方式的不同，灌注桩又可以分为泥浆护壁灌注桩、沉管灌注桩、夯扩桩、干作业成孔灌注桩以及人工挖孔灌注桩等。

1. 钻孔灌注桩

钻孔灌注桩是采用不同的钻孔方法，在地层中按要求形成一定形状（断面）的井孔，达到设计高程后，将钢筋骨架吊入井孔中，再灌注混凝土（有地下水时灌注水下混凝土），成为桩基础的一种工艺。钻孔灌注桩施工速度快，质量稳定，受气候环境影响小，因而被普遍采用。

钻孔的主要方法有：冲击钻进法、冲抓钻孔法和旋转钻进法。下面以旋转钻进法中的泥浆护壁钻孔灌注桩为例，讲述钻孔桩的施工过程。

（1）准备工作。

① 施工前期准备。

钻孔灌注桩

A. 选择钻机、钻具等。

B. 平整场地，或搭设水上工作平台，以便钻机安装和移位。钻机位置的偏差不大于 2 cm。对准桩位后，用枕木垫平钻机横梁，并在塔顶对称于钻机轴线上拉上缆风绳。

C. 合理安排泥浆池、沉淀池和废浆池的位置，沉淀池的容积应满足 2 个孔以上排渣量的需要。

D. 测量放线，准确定出各桩位中心并固定位置，测量地面高程，确定钻孔深度。

② 护筒作用、制作及埋设。

护筒的作用是保持孔内水头、隔离地表水、保护孔口地面、固定桩孔位置和钻头导向等。护筒按作用分为临时护筒和永久护筒。

A. 制作要求：护筒要求坚固耐用，不漏水。制作护筒的材料有木、钢、钢筋混凝土三种。一般常用 4~8 mm 厚的钢板加工制成钢护筒，高度为 2~3 m。护筒内径应比钻头直径大 10~15 cm。护筒的顶部开设 1~2 个溢浆口，高出地面 25~35 cm。护筒顶高程，一般高出地下水位 1.0~2.0 m，且高出地面 0.3 m。

B. 埋设要求：护筒埋设时，筒身竖直，护筒中心与桩位中心应重合，偏差不得大于 5 cm。周边用黏土回填，分层夯实。埋设深度，在黏性土中不宜小于 1 m，在砂土中不宜小于 1.5 m，并保持孔内泥浆液面高于地下水位 1 m 以上。

③ 泥浆作用及其制备

A. 泥浆的作用：泥浆能够增大孔内静水压力，在孔壁形成泥皮，隔断孔内外渗流，防止坍孔，同时具有浮悬钻渣、冷却钻头、润滑钻具等作用。

B. 泥浆由水、黏土（膨润土）和添加剂按适当比例配制而成。

C. 泥浆配比应视地质情况、施工机械等条件，选定基本配合比后，经过配制试验并修正后确定泥浆配合比。

④ 泥浆性能指标及检测，见表 2.1.2-1。

表 2.1.2-1　泥浆能指标

钻孔方法	地层情况	泥浆性能指标要求						
		相对密度	黏度/s	静切力/MPa	含砂率/%	胶体率/%	失水率/(mL/30 min)	酸碱度(pH)
正循环回转	黏性土	1.05~1.20	16~22	1.0~2.5	<8~4	>90~95	<25	8~10
	砂土	1.2~1.45	19~28	3~5	<8~4	>90~95	<15	8~10
	碎石土							
	卵石							
	漂石							
推钻冲抓	黏性土	1.1~1.20	22~24	1~2.5	<4	>95	<30	8~11
	砂土	1.2~1.4	22~30	3~5	<4	>95	<20	8~11
	碎石土							
反循环回转	黏性土	1.02~1.06	16~20	1~2.5	<4	>95	<20	8~10
	砂土	1.06~1.10	19~28	1~2.5	<4	>95	<20	8~10
	碎石土	1.10~1.15	20~35	1~2.5	<4	>95	<20	8~10
测定方法与仪器		比重计	黏度计	切力计	含砂率测定仪	量杯法	滤纸	pH试纸

注：1. 相对密度是泥浆密度与 4 ℃纯水密度之比；
　　2. 地下水位高或其流速大时指标取高限，反之取低限；
　　3. 地质较好、孔径或孔深小时指标取低限。

施工中常用的泥浆三大指标检测仪器及使用方法,如图 2.1.2-1 所示,分别用来测定泥浆的比重、含砂率和黏度。

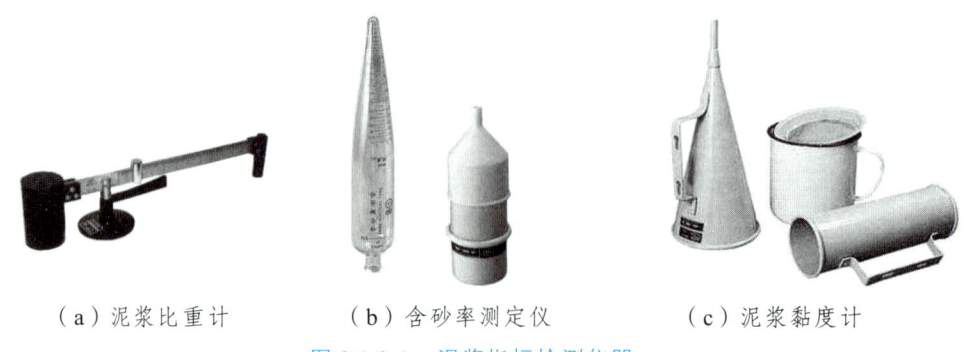

(a) 泥浆比重计　　　(b) 含砂率测定仪　　　(c) 泥浆黏度计

图 2.1.2-1　泥浆指标检测仪器

(2) 钻孔施工。

钻孔是一道关键工序,在施工中必须严格按照操作要求进行,才能保证成孔质量。

泥浆护壁钻孔灌注桩有正、反循环旋转两种钻法。

正循环[图 2.1.2-2(a)]是用钻头旋转切削土体钻进,泥浆泵将泥浆通过钻杆芯孔从钻头灌注钻孔内,泥浆携带钻渣沿钻孔上升,从护筒顶部排浆孔排出沉淀池,钻渣沉淀,泥浆回流泥浆池循环使用。

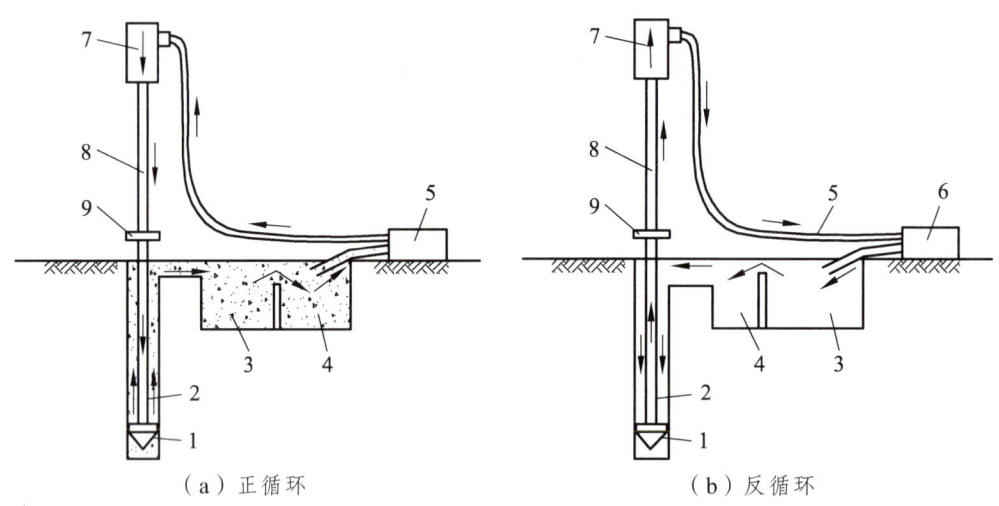

(a) 正循环　　　　　　　　　　　　(b) 反循环

1—钻头;2—泥浆循环方向;3—沉淀池;4—泥浆池;5—泥浆泵;6—砂石泵;
7—水阀;8—钻杆;9—钻机回旋装置

图 2.1.2-2　循环钻孔示意

反循环[图 2.1.2-2(b)]是与正循环的不同的是通过流槽把泥浆直接输入钻孔内,然后从钻杆下口吸进,通过钻杆芯孔排出至沉淀池内。另外,反循环抽渣的负压使得孔壁坍塌的可能性较正循环法大,为此需要较高质量的泥浆。

施工中具体注意事项如下:

① 施工前期准备:钻进时,先向孔内输送泥浆,待泥浆从孔内流出后,再开动钻盘。

② 初钻时,应以低速钻进,逐步提高钻速。根据不同的地质条件,选择适当的转速和扭

矩，以便达到最佳的钻进效果。

③ 钻孔过程中，随时注意井内的水位，保持规定的水压，经常测量泥浆的比重，并保持稳定流量，严禁出现负压。随时检查含砂率和黏度指标，如有不符及时调整。

④ 钻孔过程中，随时进行孔的深度、垂直度检查，并填写钻孔记录表。

⑤ 起落钻头要平稳，避免撞击孔壁。

⑥ 钻孔要连续进行，中途一般不停顿。

⑦ 钻孔的顺序也应事先规划好，既要保证下一个桩孔的施工不影响上一个桩孔，又要使钻机的移动距离不要过远和相互干扰。

⑧ 钻孔异常处理：

A. 坍孔：不严重时，可采用加大泥浆比重、加高水头、埋深护筒等措施后继续钻进；严重时，回填重新钻孔。

B. 弯孔、斜斜孔和缩孔：控制钻速，慢速提升钻头到偏斜处，下降往复扫孔纠偏，直到钻孔正直。如发生严重弯孔、梅花孔、探头石时，应采用小片石或卵石与黏土混合物回填到偏斜处，待填料沉实后再重新钻孔。

C. 卡钻：查明原因和钻头位置，采取晃动大绳以及其他措施，钻头松动后再提起。不宜强提。

D. 掉钻：应查明情况尽快处理，以免埋钻。

终孔检查：钻孔到达设计标高后，对孔深、孔径、垂直度进行检查。传统的检测方法是测绳和检孔器，近年来国内普遍使用超声波检测法，一次比较精确地完成上述全部内容。

（3）清孔及安装钢筋笼。

① 清孔的要求。

A. 终孔检查合格后，立即进行清孔。

B. 正、反循环旋转钻孔均使用换浆法清孔。

② 清孔相关方法。

清孔过程中应及时向孔内加注新鲜泥浆，保持孔内水位。安装钢筋骨架后浇筑水下混凝土前进行二次清孔。

清孔标准：孔内排出的泥浆手摸无 2~3 mm 颗粒，泥浆比重不大于 1.1，含砂率小于 4%，黏度 17~20 s；浇筑水下混凝土前进行孔底沉渣厚度测量，其厚度应满足设计要求。设计无要求时柱桩不大于 20 cm，摩擦桩不大于 30 cm。

严禁采用加深钻孔深度方法代替清孔。

（4）钢筋骨架的制作、吊装。

清孔达标后，立即安装钢筋骨架。钢筋骨架由主筋、箍筋、加强筋、定位筋四部分组成。

钢筋笼的材料、加工、接头和安装，应符合现行混凝土与砌体相关施工标准的有关规定。吊装钢筋笼时，应严防孔壁坍塌。钢筋笼入孔后应准确、牢固定位，平面位置偏差不大于 10 cm，底面高程偏差不大于 ±10 cm。在钢筋笼上端应均匀设置吊环或固定杆，钢筋笼外侧应对称设置控制钢筋保护层厚度用的垫块。

钢筋笼安装异常处理（钢筋笼安装与设计标高不符）：

预防措施：钢筋笼制作完成后，注意防止其扭曲变形，钢筋笼入孔安装时保持垂直，混凝土保护层垫块设置间距不宜过大，吊筋长度精确计算，并在安装时反复核对检查。

（5）导管法灌注水下混凝土。

水下混凝土灌注施工采用导管法（图 2.1.2-3）。混凝土通过导管进入孔内，从下部向上翻挤灌注，混凝土以自重压实。

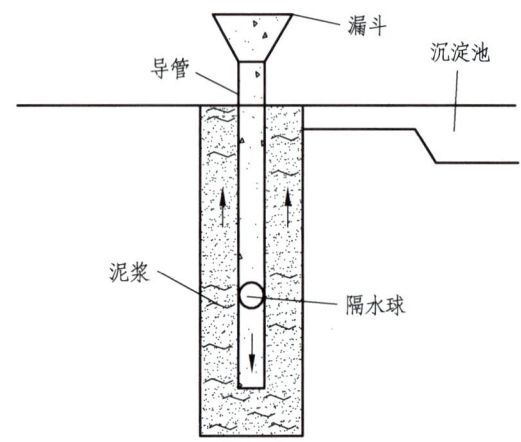

图 2.1.2-3　水下混凝土灌注工艺示意

① 导管通常采用壁厚大于 3 mm 的无缝钢管制作，直径为 20~30 cm。导管内壁应光滑、圆顺，内径一致，接口严密。导管管节长度，中间节宜为 2 m 等长，底节可为 4 m，漏斗下宜用 1 m 长导管。使用前进行闭水试验（水密、承压）和接头抗拉试验，合格后方可使用。

② 导管居中稳步沉放，底部距桩底的距离符合规范要求，一般 0.25~0.4 m。导管安装不能接触到钢筋笼，以免提升导管时将钢筋笼提起。漏斗底口处必须设置严密、可靠的隔水装置（隔水球），隔水性能良好且能顺利排出。

③ 混凝土的坍落度应控制在 18~22 cm，首批混凝土的灌注量满足导管首次埋置深度（1 m≤h≤3 m）和填充导管底部的需要。

④ 当导管在混凝土中埋深达到 4~6 m 时，可停止灌注，提升并拆除部分导管，然后继续下一个循环直到灌注结束。导管提升和拆除时管内应始终充满混凝土。

⑤ 灌注过程中，要经常使用测锤探测混凝土面高度，控制混凝土顶面高程和导管埋置深度（2~6 m）。禁止混凝土从漏斗顶部溢出或掉入孔底，使泥浆内含有水泥而变稠凝结，致使探测不准。

⑥ 为保证桩的质量，灌注高度应比桩顶设计标高高出 0.5~1.0 m。

⑦ 混凝土的全部灌注工作，应在该首批混凝土初凝前完成，否则应在首批混凝土中掺入缓凝剂（监理工程师同意），推迟初凝时间。混凝土灌注必须连续进行，严禁中途停工。

⑧ 灌注时间过长容易发生质量事故和坍孔事故；过分压缩灌注时间，则不必要地增加设备和劳动力。根据目前施工经验，适当的灌注时间按桩长而变化，可参考表 2.1.2-2。

表 2.1.2-2　适当的灌注时间表

钻孔桩长度（m）	<20	20~40	40~60	60~70	70~80	80~100
适当灌注时间（h）	1.5~2	2~3	3~4	4~5	5~6	7~8

⑨ 水下混凝土灌注异常及处理

钢筋笼上浮：预防及处理措施：严格控制混凝土质量。混凝土灌注至接近钢筋笼底部后，混凝土上升不宜过快，导管在混凝土内埋深不宜过大，提升导管时要缓慢，防止导管钩住钢筋笼，将其带上。当发现钢筋笼开始上浮时，应立即停止浇注，并准确计算导管埋深和已灌注混凝土标高，在导管提升的最大限度内，快速提升，缓慢下放，反复几次，上升的钢筋笼可恢复原标高。切不可因浮笼问题而把导管拔出混凝土面。

堵管预防措施：严格控制混凝土坍落度在 18~22 cm；灌注用导管应平直，内壁光滑不漏水。

桩顶部位疏松预防和处理措施：受沉渣和稠泥浆的影响，极易产生误测，因此灌注桩身混凝土时要超出设计标高 0.5~1.0 m。

桩身混凝土夹泥或断桩预防措施：成孔时严格控制泥浆密度及孔底沉渣厚度，混凝土灌注过程中导管提升要缓慢，特别到桩顶时，严禁大幅度提升导管。严格控制导管埋深，单桩混凝土灌注时，严禁中途断料。拔导管时，必须进行精确计算控制拔导管后混凝土的埋深，严禁凭经验拔管。

法兰盘导管挂住笼子：处理措施：当导管提升有困难时，应旋转导管，不可硬提。

（6）桩底压浆

钻孔桩桩底压浆是指向钻孔灌注桩桩底沉渣和围岩土体内压入一定量的水泥浆，使桩底沉渣和桩底一定范围土体孔隙内充满水泥浆液，经物理、化学作用使其强度大幅提高，从而实现单桩承载力的提高，减短桩长，减少桩数，减小桩径。

（7）桩的质量检测应符合下列规定：

① 所有钻孔桩桩身混凝土质量均应进行低应变动测法检测。

② 地质条件较差、桩长超过 50 m 的桩应按设计要求进行超声波检测。

③ 每根桩作混凝土检查试件不少于一组。

④ 对质量有问题的桩，应钻取桩身混凝土鉴定检验。

⑤ 对大桥和特大桥或结构需要控制的柱桩的桩底沉渣厚度，按柱桩总数 3%~5% 钻孔取样检验。

2. 挖孔灌注桩

挖孔灌注桩基础是采用人工下井以风镐或风钻（电钻），辅助适当的爆破开挖成孔，灌注混凝土成桩。桩径一般不小于 1.2 m，孔深一般不大于 20 m。

（1）挖孔桩的特点和适用条件：人工挖孔桩施工方便、速度较快、不需要大型机械设备，挖孔桩要比木桩、混凝土打入桩抗震能力强，造价比钻孔桩基础和沉井基础低。但挖孔桩在人工井下作业，条件差、环境恶劣、劳动强度大，安全和质量问题比较突出。它适用于无水或少水的较密实的各类土层或岩层。岩孔内产生的空气污染物超过现行《环境空气质量标准》（GB 3095）规定的任何一次检查的三级标准浓度限值时，不得采用人工挖孔施工。

（2）挖孔灌注桩施工工艺及质量控制流程图，如图 2.1.2-4 所示。

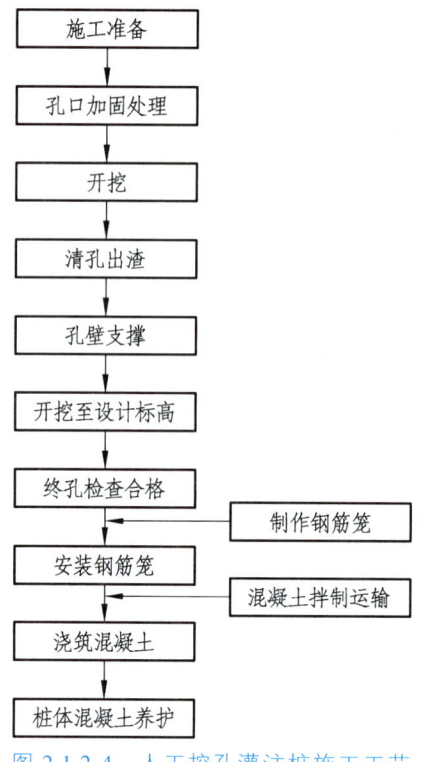

图 2.1.2-4　人工挖孔灌注桩施工工艺

作业内容：准备工作、孔井口加固、开挖成孔、孔壁支撑、清孔、终孔检查处理、钢筋笼制作及安装、混凝土拌制运输及灌注养护等。

（3）施工要点：

① 当墩台位置无水或少量水时，同一墩台的桩基可同时开挖。

② 孔内有大量水时，桩孔内水泵抽水，或在邻近孔内抽水降低水位，交替循环施工。遇到涌水量较大的潜水层层压水，可采用水泥砂浆压灌卵石环圈将潜水层进行封闭处理。

③ 桩孔护壁采用砖砌、混凝土或钢筋混凝土；第一挖深约 1 m，浇注混凝土护壁，一般用直径 20 cm 圆钢加设 2~4 个吊耳，用钢丝绳固定在地面木桩上。往下施工时以每节作为一个施工循环（即挖好每节后浇注混凝土护壁）。当天挖孔，当天浇注护壁。人离开施工现场，要把孔口盖好，必要时要设立明显警戒标志。

④ 为了保证孔位位置准确，每天都要在挖孔前校核一次挖孔桩位置是否歪斜，移位。尤其在浇筑护壁前要检查模板，脱模后再检查护壁。

⑤ 挖孔达到设计标高后，应进行孔底处理，必须做到平整，无松渣、污泥及沉淀等软层。在灌注桩基混凝土时，如桩孔内少量渗水，应抽干同时灌注，以免将水集中一孔增加困难。如多孔渗水量均大，影响灌注质量，则应于一孔集中抽水，降低其他各孔水位，此孔最后用水下混凝土灌注施工。

⑥ 注意防止混凝土离析。

（三）管柱基础

管柱基础是桩基与深平基（沉井、沉箱等）相结合的基础形式，可用于深水、有潮汐影响、岩面起伏不平、无覆盖层或覆盖很厚的河床。主要适用于岩层、紧密黏土及各类土质，并能穿过溶洞孤石，不适用于有严重地质缺陷的地区，如断层挤压破碎带或严重的松散区域。如图 2.1.2-5 所示。

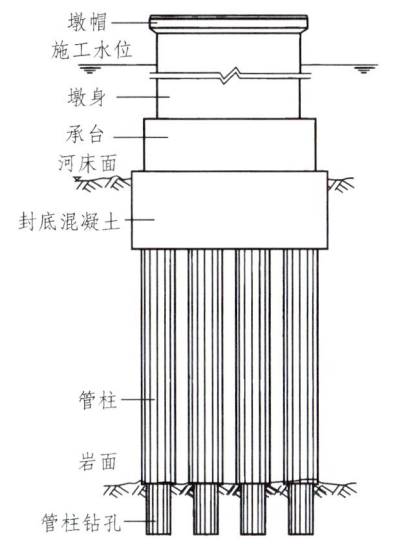

图 2.1.2-5　锚固于基岩上的管柱基础桥墩

1. 管柱基础的类型

管柱基础形式基本上可分为两类：管柱下承至坚硬的岩层，与岩层固结或铰接成为柱状管柱，和管柱下沉至密实土层成为摩阻支承管柱。强迫下沉的大型管柱，可采用一根或两根管柱上直接连接墩柱，免除水下承台和防水围堰工程，可大大简化施工程序，缩短工期。

目前国内管柱基础深度已达 70 m（其中穿过覆盖层 45 m），最大直径 5.8 m。与灌注桩基础相比，需用的设备和电力较多，技术要求高，应用并不广泛。

管柱有钢筋混凝土管柱、预应力混凝土管柱及钢管柱三种。钢筋混凝土管柱直径有 1.55 m、3.0 m、3.6 m 和 5.8 m 四种，适用于入土深度 25 m 以内，下沉所需的振动力不大，制造工艺及设备比较简单。管柱的预制可采用卧式制造、立式制造和离心旋制法制造。离心旋制的管柱，管壁厚度均匀，表面光洁，混凝土强度比立方体试件强度可提高30%，适合大规模生产。预应力混凝土管柱下沉深度可超过 25 m，目前有直径 3.0 m 和 3.6 m，不同配筋的共 5 种规格。预应力的作用，仅在于强迫下沉时防止管壁开裂。预应力混凝土管柱一般采用先张法制造，对 HPB335 级钢筋或高强度钢丝施加预应力。钢管柱直径有 1.4 ~ 3.2 m 多种，管壁厚 10 mm，壁内有竖向肋角钢或加劲板及水平角钢圆环加劲作为骨架，管节长度 12 ~ 16 m。钢管柱制造设备简单，下沉速度快，但对制造工艺要求较高，造价也较贵。

2. 施工程序

管柱基础的施工方法可分为两类：需要设置防水围堰的低承台或高承台基础，和不需要设置防水围堰的低承台或高承台基础。设防水围堰基础施工比较复杂。图 2.1.2-6 为其施工程序图。

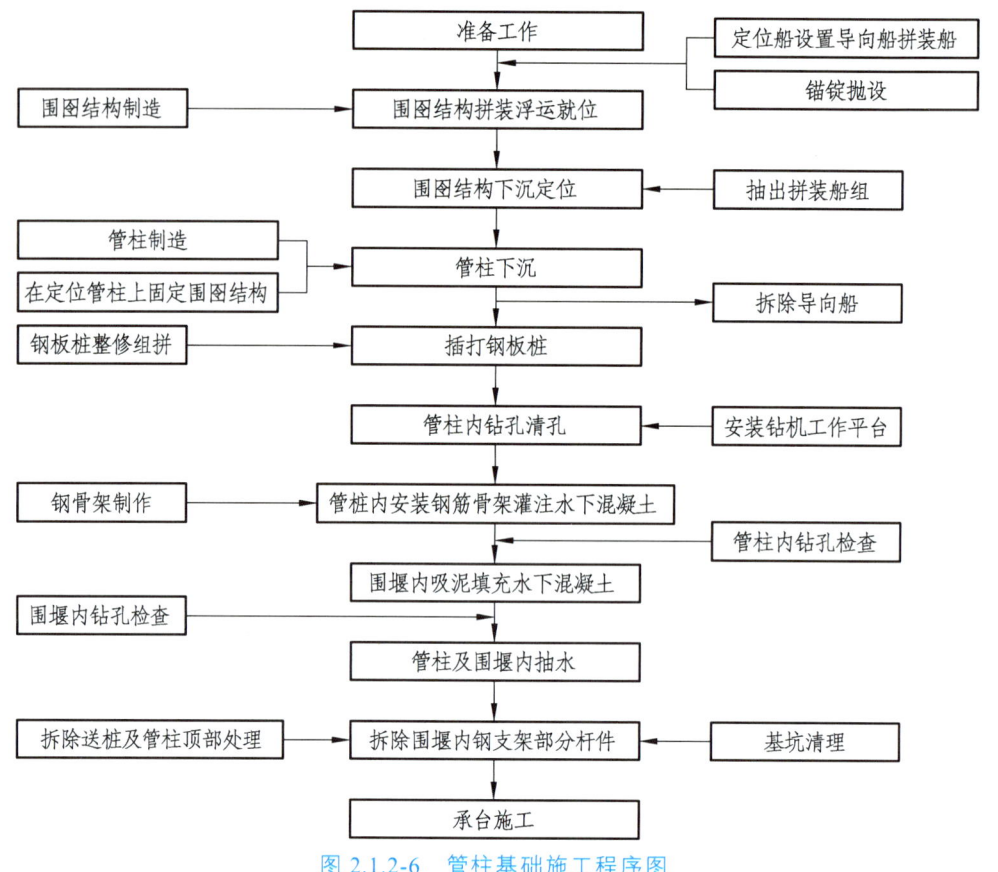

图 2.1.2-6 管柱基础施工程序图

3. 管柱下沉

管柱下沉根据地质情况、管柱直径、预计沉入深度等，可采取不同的施工方法，如：振动打桩机振动下沉；振动与管柱内除土下沉；振动与射水下沉；振动与射水、吸泥下沉和振动与射水、射风、吸泥下沉。在覆盖层较薄（如小于 9 m）时，也可单用外高压射水下沉到设计高程。

（1）振动打桩机的选择。

振动打桩机的额定振动力应大于振动体系重量的 1.3～1.5 倍，并足以克服土壤的动摩擦力。

（2）管柱在各种土壤中下沉的效果。

管柱在各种土壤中下沉的效果管柱下沉以在沙质土壤中效果最好。在其他土壤中，振动作用虽能克服管柱周边土壤阻力，但难于克服管柱下端的正面阻力。其下沉效率可概括为：

① 砂质土　　　　　　　　　　　100%
② 砂黏土、砂夹卵石　　　　　　50%
③ 淤泥质砂黏土　　　　　　　　35%
④ 密实的卵石夹砂、硬黏土　　　20%

（3）管柱下沉施工要点。

管柱群下沉顺序，除施工组织设计有规定外，可按对称管柱群中心施工。每次连续振动时间不宜超过 5 min。若管柱内除土仍不下沉，或振动时管柱明显回跳、倾斜加大以及大量翻沙涌水时，应立即停振、分析原因。遇黏性土、粉土层管柱下沉困难时，可用高压射水或其他措施破坏黏土结构再除土振动下沉。遇孤石、树干、铁杆或其他障碍物时，可用冲击设备击碎，或水下切制排除。摩擦支承管柱下沉到接近设计高程时，不得射水。管柱内土面不应低于设计高程。当振动达到设计高程，按要求清底后，即可在管柱内填充混凝土。对于钻岩管柱，清孔用空气吸泥机高压射水，必要时辅以射风。清孔要求沉淀 1 h 后，孔底面上沉淀物平均厚度不大于 1 cm。

管柱下沉到设计高程后的施工允许偏差，应符合规范要求。

四、课外加油站

港珠澳大桥

五、思想政治素质养成

（1）管柱基础是我国于 1953 年修建武汉长江大桥时首创的一种基础形式。此后，苏联、日本及欧美部分国家均先后予以采用。从我国当初的直径 1.55 m 的管柱基础发展到日本修建大鸣门桥的直径 7.0 m 管柱基础，施工工艺和设备均有了较大的提高和改进。其形式也从开始的低承台发展到高承台及与沉井、围堰组成的组合基础。教学过程中应着重引导学生民族意识，家国情怀。我国工程师们在 50 年代艰苦岁月中创新的精神，值得当代大学生学习。

（2）工程施工环境复杂多变，需要提前部署，古人云"未雨绸缪""凡事预则立"，说的是凡是要提前做好准备、部署，工作才能有条不紊地展开，教学过程中应着重培养学生的全局观和周密考虑问题的能力。

六、任务分组

表 2.1.2-3　学生任务分配表

班级：　　　　　　　组号：　　　　　　　组长：　　　　　　　指导老师：

组员	任务分工	组员	任务分工

表 2.1.2-4　任务工作单

姓名：	学号：	日期：

（1）简述桩基础的类型及其构造特点。

（2）正循环、反循环钻孔的区别有哪些？

（3）简述钻孔灌注桩的施工过程及注意事项。

七、评价反馈

表 2.1.2-5　评价反馈表

姓名：	组号：		组长：			指导老师：	
评价指标	评价内容	分值	个人自评（20%）	组内互评（20%）	组间互评（20%）	教师评价（40%）	综合评价
信息检索能力	能有效利用网络、图书资源查找有用的相关信息等；能将查到的信息有效地传递到学习中	10分					
课堂感知力	是否熟悉桩基础的施工程序，认同工作价值；在学习中是否能获得满足感，课堂氛围如何？	10分					
参与度、交流沟通	积极主动与教师、同学交流，相互尊重、理解、平等；与教师、同学之间是否能够保持多向、丰富、适宜的信息交流	10分					
	能处理好合作学习和独立思考的关系，做到有效学习；能提出有意义的问题或能发表个人见解	10分					
知识、能力获得情况	掌握桩基础的分类	10分					
	掌握钻孔灌注桩的施工过程及注意事项	10分					
	掌握正循环、反循环钻孔的区别	10分					
	能简述桩基础的类型及构造特点	10分					
	能绘制管柱基础的施工程序图	10分					
思维态度	是否能发现问题、提出问题、分析问题、解决问题、创新问题	5分					
自评反思	按时按质完成任务；较好地掌握了知识点；具有较强的信息分析能力和理解能力；具有较为全面严谨的思维能力，并能条理清楚明晰表达成文	5分					
	反思改进						

任务三　沉井基础施工

一、学习目标

1. 思政目标

（1）培养学生的安全意识；

（2）引导学生树立工程人应有的责任心和担当。

2. 知识目标

（1）掌握沉井基础的构造及各部分的作用；

（2）掌握就地灌注沉井施工工艺流程；

（3）掌握浮式沉井施工工艺流程。

3. 能力目标

（1）能描述沉井基础的特点；

（2）会编制沉井施工计划。

二、任务重、难点

1. 重　点

（1）沉井基础的构造及各部分的作用；

（2）沉井基础的特点。

2. 难　点

（1）就地灌注沉井施工工艺流程；

（2）浮式沉井施工工艺流程；

（3）沉井施工计划。

三、知识链接

（一）概　述

沉井基础

1. 概　念

沉井是一种井筒状结构物，它以井内挖土，依靠自身重量克服井壁摩阻力后下沉到设计标高，然后经过混凝土封底并填塞井孔，使其成为桥梁墩、台或其他结构物的基础。如图 2.1.3-1 所示。

2. 特　点

沉井基础埋置深度大，整体性强、稳定性好，有较大的承载面积，能承受较大的垂直荷载和水平荷载。沉井既是基础，同时又是施工时的挡土和挡水围堰结构物，与明挖基础比挖方量少，施工工艺及设备简便，因此在基础工程中被广泛使用。

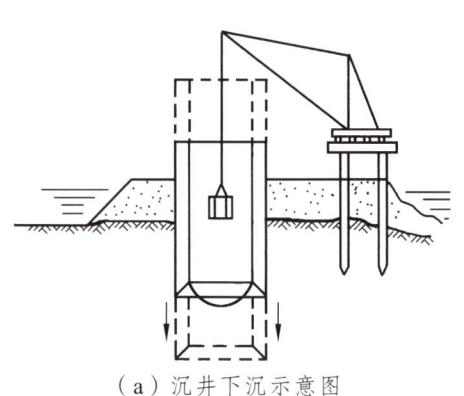 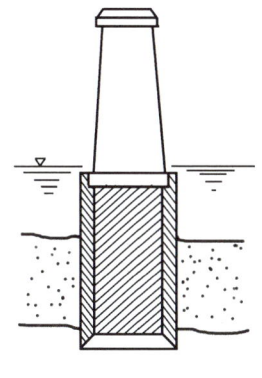

（a）沉井下沉示意图　　　　　　　　（a）沉井基础

图 2.1.3-1　沉井基础示意

但是沉井施工期较长。施工时对粉细砂类土在井内抽水易发生流砂现象，造成沉井倾斜。如果下沉过程中遇到大孤石、树干或井底岩层表面倾斜过大，都会给施工带来一定困难。

3．适用范围

（1）当上部荷载较大，而表层地基土的容许承载力不足，扩大基础开挖工作量大，以及支撑困难，但在一定深度下有好的持力层，采用沉井基础与其他深基础相比较，经济上较为合理时。

（2）在山区河流中，虽然土质较好，但冲刷大或河中有较大卵石不便桩基础施工时。

（3）当岩层表面较平坦且覆盖层薄，但河水较深；采用扩大基础施工围堰有困难时。

4．分　　类

（1）按平面形状分类。

主要有圆形、方形、矩形、椭圆形、圆端形、多边形及多孔井字形等（图 2.1.3-2）。根据井孔的布置方式，又有单孔、双孔及多孔（图 2.1.3-3）之分。

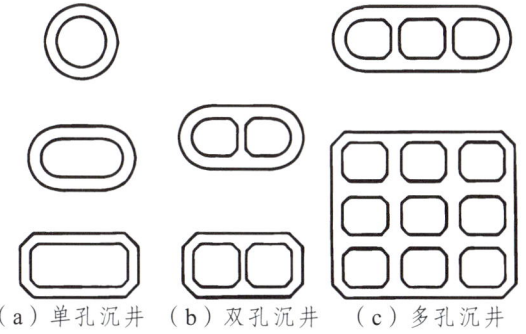 

（a）单孔沉井　（b）双孔沉井　（c）多孔沉井

图 2.1.3-2　沉井的平面形状　　　　　图 2.1.3-3　某大桥北锚沉井

（2）按沉井的建筑材料分。

主要有混凝土沉井，钢筋混凝土沉井，竹筋混凝土沉井，钢丝网水泥沉井，钢沉井等。

（3）按沉井施工下沉方式分。

主要有就地制作下沉沉井，浮运沉井等。

5. 基本构造

常用的钢筋混凝土沉井主要由井壁、刃脚、隔墙、井孔、凹槽、封底及顶板等组成。如图 2.1.3-4 所示。

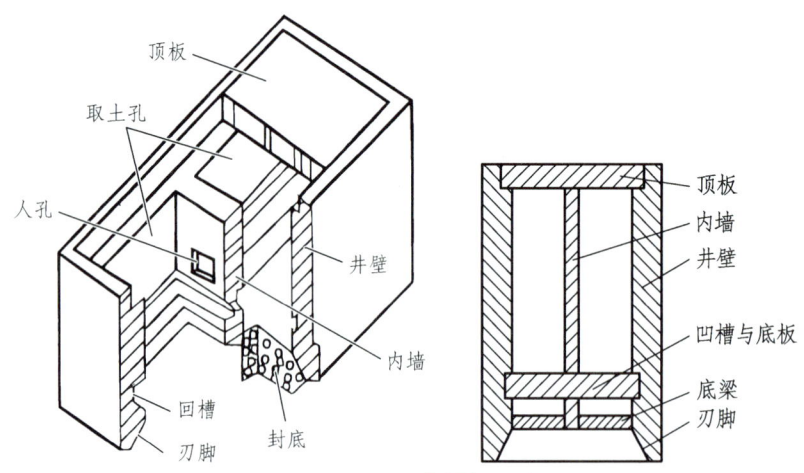

图 2.1.3-4　沉井结构示意

（1）井壁。

井壁是沉井的主体部分。它在沉井下沉过程中起挡土、挡水及利用本身重量克服土与井壁之间的摩阻力的作用。当沉井施工完毕后，它就成为基础或基础的一部分而将上部荷载传到地基。因此，井壁必须具有足够的强度和一定的厚度，以承受在下沉过程中各种最不利荷载组合（水土压力）所产生的内力；同时要有足够的重量，使沉井能在自重作用下顺利下沉到设计标高。井壁厚度一般为 0.4~1.5 m。

（2）刃脚。

井壁下端形如楔状的部分称为刃脚。其作用是在沉井自重作用下易于切土下沉，并起到封闭与阻止壁外流砂或泥浆涌入井筒内。因此要求刃脚具有一定强度。

（3）内隔墙。

根据使用和结构上的需要，可在沉井井筒内设置内隔墙。内隔墙的主要作用是加强沉井在下沉过程中的整体刚度，减少井壁受力计算跨度，减少挠曲应力，并分成多个井孔有利于控制沉井下沉方向和纠偏作业。内隔墙间距 5~6 m，厚度 0.5~1.2 m，底面高出刃脚踏面 0.5 m 以上。为防止发生突沉，可将内隔墙设计成与刃脚踏面平齐，但应留过人工作孔。

（4）上、下横梁与框架。

在沉井内设置过多隔墙时，往往会对沉井的使用和下沉带来较大的影响，可用上、下横梁与井壁所组成的框架来代替隔墙，起到内隔墙的相同作用。同时，设置上、下横梁可便于井内施工人员的行走，提高挖土下沉的工作效率。对于一些大型沉井，因使用要求不能设置内隔墙时，可在沉井底部增设底梁，以利于控制沉井的突沉发生，并加强刃脚底部的刚度，使整个沉井布置得更加经济合理。

（5）凹槽与凸榫。

凹槽设在井孔下端近刃脚处，其作用是使封底混凝土与井壁有较好的接合，封底混凝土底面的反力更好地传给井壁（实心沉井可不设凹槽）。

（6）井孔。

井孔是挖土排土工作场所和通道，尺寸应满足沉井的施工要求。如常用的 1 m³ 抓斗，作业时张开尺寸为 2.65 m×1.27 m，井孔宽度（或直径）则不宜小于 3 m。井孔布置应对称于沉井中心轴，便于对称挖土使沉井均匀下沉。

采用水力喷射和空气吸泥机等机械进行挖土作业时，可适当加大井孔尺寸。

（7）封底和顶盖。

沉井沉至设计标高后，进行清基、整平，然后封底，防止地下水渗入井内。混凝土达到设计强度后，可从井孔中抽干水并填满混凝土或其他圬工材料。如井孔中不填料或仅填以砂砾，则须在沉井顶面筑钢筋混凝土盖板。为了使封底混凝土和底板与井壁间有更好的联结，以传递基底反力，使沉井成为空间结构受力体系，常于刃脚上方井壁内侧预留凹槽，以便在该处浇筑钢筋混凝土底板。凹槽的高度应根据底板厚度决定，主要是为传递底板反力而采取的构造措施。

（二）沉井施工

1. 就地灌注沉井施工工艺

在岸滩或浅水中修筑沉井基础时，可在墩位筑岛制造，井内取土依靠自重下沉，也可采取辅助下沉措施，以减少下沉时的井壁阻力，减少井壁厚度。

主要作业内容有：场地准备、测量放线、筑岛、底节沉井的制作养护、底节沉井的下沉、纠偏、检查倾斜情况、沉井接高再下沉、井顶围堰、清基封底、填充、灌注顶盖及修建第一节墩（台）身。

工艺步骤如下：

（1）场地准备。

制造沉井前，应先平整场地，要求地面及岛面有一定的承载力。在无水区，如果天然地面土质较好，只需将地面杂物清除干净和整平即可；如土质松软则应换土或在其上进行铺填和夯实；在岸滩或浅水地区，可填土筑岛；在深水或流速较大地区场地围堰筑岛施工。

（2）底节沉井的制作与养护。

底节沉井的制造包括场地整平夯实、铺设垫木、立沉井模板及支撑、绑扎钢筋、浇筑混凝土、拆模、养护等工序。

① 在岸滩或筑岛上制造沉井前，要挖除原有场地的松软土，换填好土，并要将场地夯实平整，以防在灌注混凝土过程中或撤除垫木时发生不均匀沉陷。按沉井位置放出准确的十字中线并整平。为了使垫木铺设平顺，受力均匀，垫木下要加铺一层厚 5 cm 的中粗砂垫层。

② 沉井分节高度：底节沉井的最小高度视在拆除垫木或挖除土模时能抵抗纵向破裂而定。若沉井底节下为松软土，则底节最大高度不得大于 0.8 倍沉井宽度，其余各节可尽量高一些。

③ 刃脚下应满铺垫木。一般常使用长短两种垫木相间布置。在刃脚的直线段应垂直铺设，圆弧部分应径向铺设。如图 2.1.3-5 所示。

④ 垫木铺设完后，在垫木上面测量放出精确的桥位轴线、墩（台）身轴线和沉井刃脚轮廓线，以便刃脚踏面角钢或钢刃尖的安装。在轮廓线外 15~20 cm 处放出检查点，便于控制、检查沉井位置。

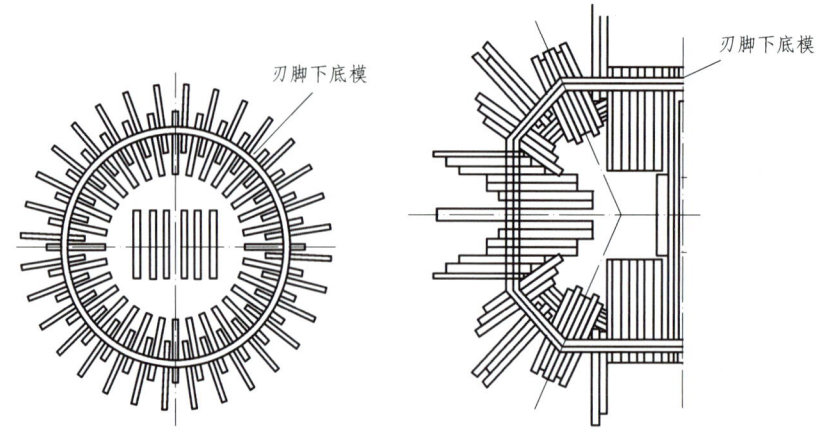

图 2.1.3-5　沉井垫木铺垫

⑤ 沉井模板与支撑应具有足够的强度和刚度。刃脚下的底模应按拆除顺序分段布设，预先断开。刃脚与隔墙下应设屋架式支撑，使其两端与刃脚下的垫木连成一体，防止灌注混凝土时发生不均匀沉降造成裂纹。

⑥ 钢筋绑扎在内模（井孔）支立完毕、外模尚未扣合时进行。先将焊有锚固筋的刃脚踏面摆放在垫木上的刃脚划线位置，进行焊接后再布设刃脚筋和内、外壁纵横筋，并注意布设保护层垫块。

⑦ 沉井混凝土应沿井壁四周对称进行灌注，避免混凝土面高低相差悬殊，以防产生不均匀下沉导致出现裂缝。每节沉井的混凝土都应分层、均匀、连续地灌注直至完毕。高度较高的可以设缓降器，缓降器下的工作高度不得大于 1 m。人工振捣每层混凝土的厚度为 15～25 cm。

⑧ 沉井拆模顺序为：井孔模板—外侧模板—隔墙支撑及模板—刃脚斜面支撑及模板。拆模后、下沉抽取垫木前，仍需将刃脚下回填密实以防止不均匀下沉，保证下沉位置正确。

采用土内模支承、模板及支垫支承制作底节沉井以及沉井抽垫时，均应按照现行桥涵施工标准的有关规定执行。

（3）沉井下沉。

沉井下沉主要是通过从井孔中用机械或人工方法均匀除土，削弱基底土对刃脚的正面阻力和沉井壁与土之间的摩阻力，使沉井依靠自重力克服上述阻力而下沉。

挖土方法和机具根据工程的具体条件选择。在排水下沉时，可用抓斗或人工挖土；不排水下沉时，可使用空气吸泥机、抓土斗、水力吸石筒、水力吸泥机等。在稳定的土层中，且渗水量较小（每平方米沉井面积渗水量不大于 1.0 m³/h），不会因抽水引起翻砂时，可边排水边挖土。

沉井下沉的辅助措施有高压射水、压重、降低井内水位及空气幕或泥浆套等。

（4）沉井纠偏。

沉井在下沉的过程中，要随时随偏。纠偏的方法有偏除土纠偏法、增加偏土压纠偏法、加压法等。若沉井下沉中位置扭转，可在一对角位偏除土，另一对角位偏填土，借助于刃脚下不相等的土压力所形成的扭矩，使沉井在下沉过程中逐渐纠正其位置。

（5）沉井接高。

当沉井顶面距地面或岛面不小于 0.5 m，距水面不小于 1.5 m，可停止下沉，接高井壁。注意一次接高不超过 5 m。

沉井接高时，各节沉井的竖向中轴线应与第一节的重合，外壁应竖直平滑；下节混凝土顶面应凿毛并设连接钢筋保证接茬混凝土紧密接合；接高沉井模板不宜直接支撑于地面上，以免沉井因自重增加产生不均匀下沉，致使新灌注的混凝土发生裂缝。

接高前应尽量纠正倾斜和正位。

（6）沉井顶防水围堰。

鉴于通航、节省圬工量及美观的需要，沉井顶面往往置于最低水位或地面以下一定深度。为此，当最后一节沉井下沉到顶面在水面（地面）上 1.5 m 时，就要在井顶设置防水（挡土）围堰，以便继续下沉到设计标高。井顶围堰可采用土围堰、砖砌、混凝土围堰、木质井顶围堰、钢质井顶围堰等。

（7）清基、封底、填充。

沉井下沉到设计标高后，对基底按施工图要求进行清理，然后封底。封底方法有无水灌注混凝土或水下灌注混凝土。封底混凝土把沉井和基岩紧密地结合成整体，并把墩（台）基础传来的荷载全部传递给地基。封底混凝土达到设计强度后才允许抽净井孔内的水，清除混凝土表面杂质，按设计要求进行填充。井孔填充可以减少混凝土的合力偏心距；不填充可以减少对基底的压力，节省填充工序和材料。

（8）井顶盖板浇筑。

填充井孔的顶盖板可直接在填充料面上接好钢筋，浇筑混凝土。设计要求不需要填充的井孔，其孔内的水可不抽除（或按设计要求处理），在沉井顶部内侧设置牛腿、底梁，然后在其上铺底模板、绑扎钢筋、浇筑混凝土。

2. 浮式沉井施工工艺

浮式沉井施工工艺是把沉井底节做成空体结构，或采取其他办法使其在水中漂浮，用船只将其浮运到设计位置，再逐步用灌注混凝土或水的方法增大自重，使其在水中徐徐下沉，直达河底。当沉井较高时，需分段制造，在悬浮状态下逐节提高，直至沉入河底。当沉井刃脚切入河底一定深度后，即可按一般沉井的下沉方法施工。浮式沉井适用于在水深流急、筑岛困难的情况下使用。

浮式沉井的类型很多，有木沉井、带有临时性井底的浮运沉井、带钢气筒的浮运沉井、钢筋混凝土薄壁浮运沉井、钢丝网水泥薄壁沉井、装配式钢筋混凝土薄壁沉井、钢壳底节沉井等。在特大河流上一般多采用钢质的浮式沉井（图 2.1.3-6）。

浮式沉井施工的主要作业内容有：准备工作、拼装施工平台、钢刃脚拼装、浮运就位、起吊或沉船下水、悬浮状态下接高及下沉、精确定位及放气落至河床、沉井河床中下沉、设计高程检查、清基封底填充、灌注顶盖梁板等。

工艺步骤如下：

（1）浮运沉井可以采用岸上制作或水上浮运制作两种方式。

（2）钢刃脚制造及拼装。

根据起重能力，可将沉井分成若干井箱制造。其拼装工序主要有：搭设拼装平台、钢刃脚拼装、焊接、安装钢气筒底座、水密试验等。

图 2.1.3-6　大型钢壳沉井制作现场

（3）浮运就位。

浮运前应对锚锭设备、导向船组、起吊设备等进行全面检查。将浮运船组拖至主定位船侧初步定位。

（4）悬浮状态下的接高及下沉。

浮式沉井在水中一般分节接高和下沉，其气筒充气、填充井内混凝土及接高井壁等工序是交替重复进行的，直至刃脚落入河床并嵌入一定深度后，方可切除气筒，然后如就地沉井一样接高、除土下沉。

（5）准确定位及放气落至河床。

当沉井刃脚下沉接近河床（一般为 0.5～0.3 m）时，利用锚锭设备将沉井精确定位，然后利用钢气筒放气，使沉井准确地沉落于河床上。

四、课外加油站

沪苏通长江公铁大桥沉井工程

五、思想政治素质养成

沉井基础施工工艺复杂，施工过程中常常伴随着定位不准、沉井倾斜等问题，除此之外，还可能对周边环境产生影响，必须对工作井和接收井周围地下地基进行加固，确保周围地面建筑物和地下构筑物稳定安全，同时确保沉井的安全稳定。安全重于泰山，防患始于未然，在教学过程中，引导学生将安全意识贯穿在施工在的每一步中，树立工程人应有的责任心和当担。

六、任务分组

表 2.1.3-1　学生任务分配表

班级：　　　　　　组号：　　　　　　组长：　　　　　　指导老师：

组员	任务分工	组员	任务分工

表 2.1.3-2　任务工作单

姓名：	学号：	日期：

（1）绘制沉井基础结构示意图并简述各部分的作用。

（2）简述就地灌注沉井施工工艺流程。

（3）简述浮式沉井施工工艺流程。

七、评价反馈

表 2.1.3-3 评价反馈表

姓名：		组号：		组长：		指导老师：		
评价指标	评价内容		分值	个人自评（20%）	组内互评（20%）	组间互评（20%）	教师评价（40%）	综合评价
信息检索能力	能有效利用网络、图书资源查找有用的相关信息等；能将查到的信息有效地传递到学习中		10分					
课堂感知力	是否熟悉沉井基础的施工要点，认同工作价值；在学习中是否能获得满足感，课堂氛围如何？		10分					
参与度、交流沟通	积极主动与教师、同学交流，相互尊重、理解、平等；与教师、同学之间是否能够保持多向、丰富、适宜的信息交流		10分					
	能处理好合作学习和独立思考的关系，做到有效学习；能提出有意义的问题或能发表个人见解		10分					
知识、能力获得情况	掌握沉井基础的构造及各部分的作用		10分					
	掌握就地灌注沉井施工工艺流程		10分					
	掌握浮式沉井施工工艺流程		10分					
	能描述沉井基础的特点		10分					
	会编制沉井施工计划		10分					
思维态度	是否能发现问题、提出问题、分析问题、解决问题、创新问题		5分					
自评反思	按时按质完成任务；较好地掌握了知识点；具有较强的信息分析能力和理解能力；具有较为全面严谨的思维能力，并能条理清楚明晰表达成文		5分					
	反思改进							

项目二　高速铁路桥梁墩台施工

任务一　高速铁路墩台类型及构造

一、学习目标

1. 思政目标

（1）培养学生的科学精神和创新思维；
（2）强化学生责任意识；
（3）树立学生规则观念。

2. 知识目标

（1）掌握高速铁路墩台的类型及特点；
（2）掌握墩台的组成和作用；
（3）了解墩台施工的基本方法；
（4）了解墩台模板的类型及特点。

3. 能力目标

（1）能准确描述高速铁路墩台的类型及特点；
（2）能准确描述墩台的基本施工方法；

二、任务重、难点

1. 重　点

（1）高速铁路墩台的类型及特点；
（2）墩台的组成和作用；
（3）墩台施工的基本方法。

2. 难　点

（1）高速铁路墩台的类型及特点；
（2）墩台的组成和作用；
（3）墩台施工的基本方法。

三、知识链接

墩台身是支承桥跨的主体结构，应具有足够的强度、刚度和稳定性，因此高速铁路桥梁墩台多采用钢筋混凝土结构。本任务将重点介绍高速铁路桥梁墩台的常见类型及构造，并简单介绍墩台的施工方法及其模板类型。

桥梁墩台的主要作用是承受上部结构的荷载,并通过基础将此荷载及本身的重量传至地基基础。桥墩一般指多跨梁的中间支承结构物,它除了承受上部结构的荷重外,还要承受流水压力、风力及可能发生的撞击力。桥台除了是支承桥跨的结构物外,又是衔接两岸路堤的构筑物,既要能挡土护岸,又要能承受台背填土及填土上车辆荷载所产生的附加侧压力。为了加强桥台与路基的连接,桥台两侧一般设有锥体填土。桥梁立面图结构见图2.2.1-1所示。

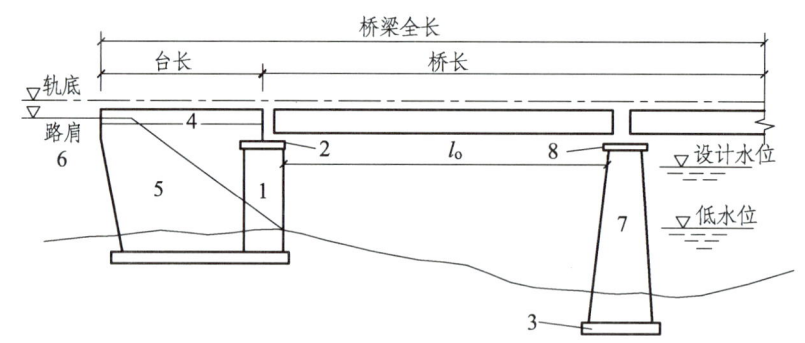

1—台身;2—台帽;3—基础;4—道碴槽;5—锥体护坡;6—路堤;7—墩身;8—墩帽。

图 2.2.1-1　桥梁立面图

墩台身除支承桥跨结构传来的全部荷载外,它自身还可能直接承受多种外力,所以墩台身应具有足够的强度、刚度和稳定性,而且对地基的承载能力、沉降量、地基与基础之间的摩擦力等也提出了一定的要求,以避免产生过大的水平位移、转动或沉降。为保证墩台的强度、刚度和稳定性,高速铁路桥梁墩台多采用钢筋混凝土结构。

1. 桥墩类型及特点

桥梁墩台的类型很多,根据力学特点,常用的墩台可分为两大类:

(1)重力式墩台。

重力式墩台的主要特点是,依靠自身的重量和材料的受压性能来抵抗外荷载,维持自身的稳定性。这类墩台具有坚固耐久、抗震性能较好,对偶然荷载有较强的抵抗能力,施工简便,养护工作量小等优点,适用于地基良好的情况或流冰、漂浮物较多的河流中,因此应用较广。

(2)轻型墩台。

当地基土质较差时,为了减轻墩身重量,节约圬工,可选用轻型桥墩,采用抗拉压性能均较好的材料,以减小截面尺寸。轻型墩台按施工方法及形状的不同,可分为柔性桥墩、空心桥墩、双柱式桥墩、锚碇板桥台及拼装装配式墩台等。高铁桥梁采用的轻型墩台主要有空心墩台、双柱式墩等。

墩台选型时根据桥位处的地形、地质、水文和施工条件以及桥跨结构等因素,综合考虑确定。由于高速铁路对墩台的抗弯刚度要求较高,一般跨度桥梁当墩身较低时优选直坡实体墩,墩身较高时优选带坡空心墩。

① 梁桥重力式桥墩。

重力式桥墩有多种形式,选用时主要考虑它的流水特性,尽量减轻对河床的局部冲刷及不妨碍航运,在此前提下应力求节省圬工和施工方便,常用的重力式墩的截面形式有:矩形、圆端形、圆形及尖端形。重力式桥墩的几种形式如图2.2.1-2所示。

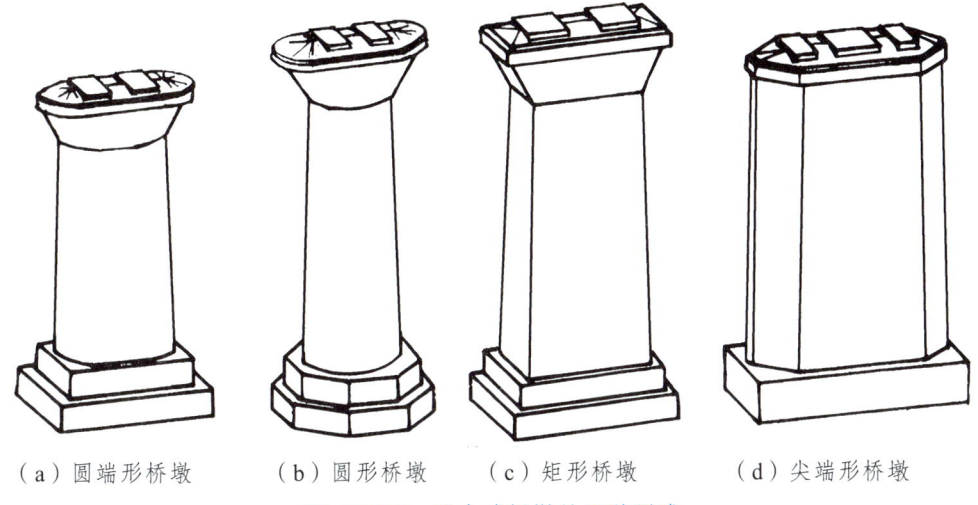

（a）圆端形桥墩　　　（b）圆形桥墩　　　（c）矩形桥墩　　　（d）尖端形桥墩

图 2.2.1-2　重力式桥墩的几种形式

桥墩建于水中时，应注意减少其阻水作用，多采用简单的圆形、圆端形截面。对于无水谷架桥或旱桥，为便于施工，宜采用矩形截面。在北方严寒地区，墩身应设置破冰棱而做成尖端形。圆端形和尖端形墩身截面如图 2.2.1-3 所示。

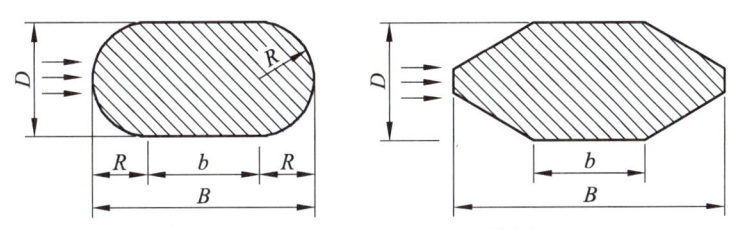

图 2.2.1-3　圆端形和尖端形墩身

② 拱桥重力式桥墩。

拱桥是一种推力结构，上部荷载由拱圈传给桥墩，除了竖向力外，还有较大的水平推力，这是与梁桥的最大不同之处。从抵御恒载水平力的能力看，拱桥桥墩又分为普通墩和单向推力墩（也称制动墩或固定墩）两种。普通墩一般不承受恒载的水平推力或仅承受两侧不等跨拱相互作用后剩余的水平推力。单向推力墩的主要作用是，当其一侧的桥孔坍塌后，能承受住另一侧桥孔的单向恒载水平推力，以保证拱桥不致连续坍塌。多跨连续拱桥一般 3~4 跨设置一个单向推力墩。为满足结构的强度和稳定性要求，普通墩的墩身可以做得薄一些，单向推力墩则要求做得厚实一些。

拱桥桥墩与梁桥桥墩的一个不同点是，梁桥桥墩的顶面要设置传力的支座，且支座距顶面边缘保持一定的距离；而装配式拱桥桥墩则在其顶面的边缘设置呈倾斜面的拱座（无铰拱的拱座与拱轴线呈正交的斜面），直接承受由拱圈传来的压力。对于肋拱桥，由于拱座处压力比较集中，拱座应采用高强度混凝土及数层钢筋网加固；也可预留供插入拱肋的孔槽，就位以后再浇筑混凝土连成整体。为加强肋底与拱座的联结，底部可设 U 形槽浇筑混凝土，混凝土强度等级应不低于 C30，有时孔底或孔壁还应增设一些加强钢筋网。拱座构造如图 2.2.1-4 所示，拱座混凝土预留槽构造如图 2.2.1-5 所示。

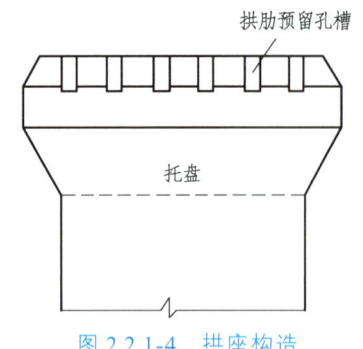
图 2.2.1-4　拱座构造

图 2.2.1-5　拱座混凝土预留槽构造

当桥墩两侧孔径相等时，拱座均设置在桥墩顶部的起拱线标高上，有时考虑桥面的纵坡，两侧的起拱线标高可以略有不同。当桥墩两侧的孔径不等，恒载水平推力不平衡时，则将拱座设置在不同的起拱线标高上。此时桥墩墩身可在推力小的一侧变坡或增大边坡。从外形美观上考虑，变坡点一般设在常水位以下（图 2.2.1-6）。墩身两侧边坡和梁桥两侧边坡一样，一般为 20∶1 ～ 30∶1。

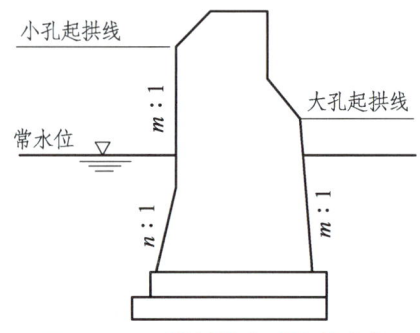
图 2.2.1-6　拱桥墩身边坡的变化

③ 空心桥墩。

高大的桥梁多采用空心墩。墩身内部做成空腔体，在外形上与实体重力式桥墩无大的差别，只是自重较实体重力式的轻。高铁桥梁空心墩主要采用厚壁式钢筋混凝土空心墩，截面形状有矩形和圆端形，墩身立面可做成直坡式和斜坡式。空心墩多采取就地灌注法施工。空心墩立面图如图 2.2.1-7 所示。

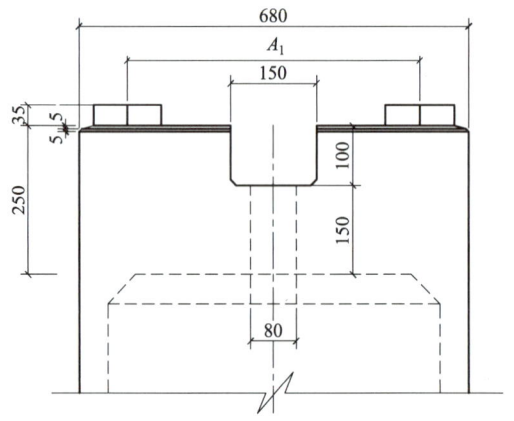
图 2.2.1-7　某空心墩立面图（单位：cm）

墩高在 50 m 以上的高墩，如将实体墩身改为厚壁式空心墩身，可节省圬工 50%左右。近年来滑模、翻模、爬模工艺的大量使用为空心墩施工创造了良好的条件。

④ 双柱式桥墩。

双柱式桥墩在城区内根据道路交通需要可予以采用，这种桥墩可减轻墩身重量，外观轻巧美观，桥下通视情况良好。双柱式墩是由钢筋混凝土做成的刚架结构，由承台、柱式墩身和盖梁组成，其基础可为桩基或其他基础，使用高度一般在 30 m 以内。高铁桥梁采用的双柱式桥墩截面形状一般为矩形和圆形，如图 2.2.1-8 所示。

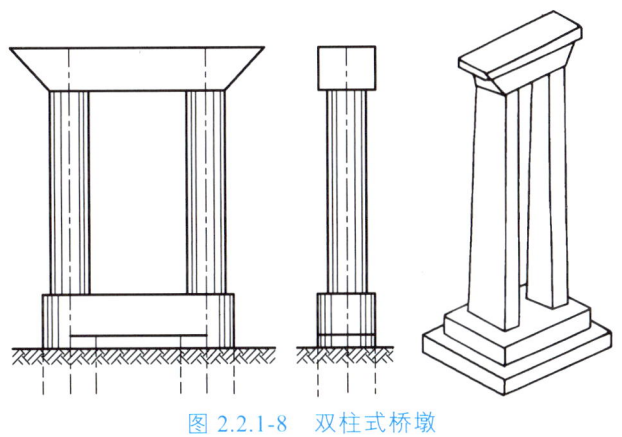

图 2.2.1-8　双柱式桥墩

⑤ 重力式桥台。

桥台分为重力式桥台和轻型桥台，由台顶、台身和附属设备组成。高速铁路桥梁一般采用重力式桥台，重力式桥台主要靠自重来平衡台后的土压力。台身采用钢筋混凝土就地灌注施工。重力式桥台按其截面形状分为矩形桥台、U 形桥台、T 形桥台、耳墙式桥台、埋式桥台等。

A. 矩形桥台与 U 形桥台（低填土）。

图 2.2.1-9（a）为矩形桥台，其主要优点是造形简单、整体性好，对抗震有利。但台身较高时，圬工用量大，不经济。为减少圬工数量，做成 U 形[图 2.2.1-9（b）]，中空部分用土料填实。考虑到中间填土部分易积水引起冻胀而使两翼裂损，宜选用渗水性好的土填充，并应有良好的排水设施。此两种桥台一般用于填土高 H≤4 m 的小跨桥梁。

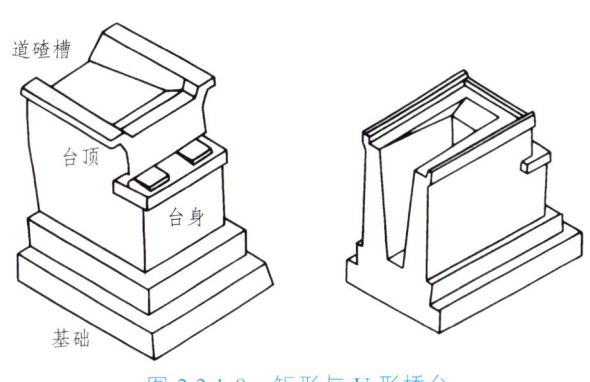

图 2.2.1-9　矩形与 U 形桥台

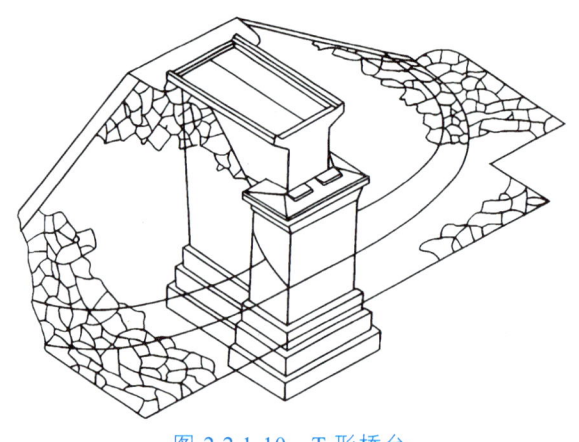

图 2.2.1-10　T 形桥台

B. T 形桥台（中等高度填土）。

图 2.2.1-10 为 T 型桥台，适用在填土高度 H 为 4～12 m 的中桥。通常 T 形桥台的纵向长度是根据锥体填土的构造要求和锥体填土的坡脚不超出桥台前缘的条件确定的。当填土较高时，台长因而加长，圬工数量增大，故有时将锥体适当伸入台前一部分，成为部分埋式。

C. 埋式桥台（高填土）。

埋式桥台是指部分台身埋在锥体护坡之中（图 2.2.1-11），这样对较高桥台可减少台长，故对跨谷高桥甚为有利。但由于它占据了桥孔一部分空间，对有水桥梁将缩小部分过水面积，在方案比选时应综合权衡"减小台长"与"增大孔跨"二者的利弊。埋式桥台可用于填土高度为 8～20 m 的跨越深谷的高桥。

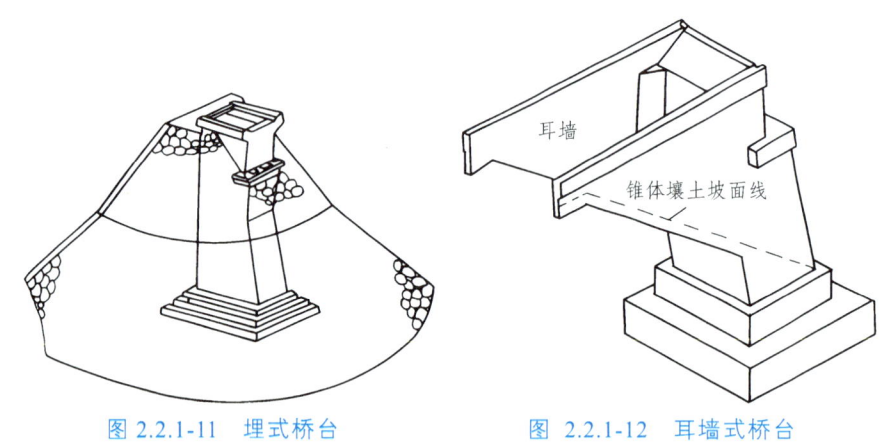

图 2.2.1-11　埋式桥台　　图 2.2.1-12　耳墙式桥台

D. 耳墙式桥台（中等高度填土）。

耳墙式桥台（图 2.2.1-12）是用两片钢筋混凝土耳墙代替台尾一部分实体圬工与路堤相连，从而缩短实体台身长度而能较多地节省圬工。但两片耳墙位于地面较高部位，其施工工艺的要求较高，如施工质量不高，在耳墙与台身连接的根部较易产生裂缝，为此也要求耳墙不宜做得太长。当填土高大于 7 m 左右时，此类桥台的锥体往往也伸出桥台前墙形成埋式桥台。

高速铁路桥台的选型，应根据桥位处的地形、地质、水文和施工条件以及桥跨结构等因素综合考虑。一般箱梁的桥台采用矩形空心台,对梁高较低的板梁、小跨刚构连续梁等可采用一字形实体台。

2. 墩台组成及构造

(1) 实体墩组成及构造。

桥墩一般由顶帽、墩身和基础三部分组成。基础的作用是将墩台承受的荷载及墩台的自重安全可靠地传到地基上,陆地上桥墩基础多采用钻孔桩基础或明晚基础。

① 顶帽。

顶帽主要有两个作用:

A. 把桥梁支座传来的较大集中力,分散均匀地传给墩台身。因此要求顶帽具有一定的厚度;顶帽建筑材料也应具有较高的强度;顶帽在安装支座的地方做成平台(称为支承垫石)更应具有较高的强度,否则可能出现支承垫石压溃的现象。

B. 为施工架梁和养护维修提供必要的工作面。因此,顶帽应采用不低于 C30 的混凝土,厚度不小于 0.5 m(安装支座时),一般要求设置两层钢筋网,其钢筋直径为 10 mm,间距为 0.2 m。

顶帽的类型有飞檐式和托盘式两种。由于顶帽的平面尺寸一般较墩身为大,普通钢筋混凝土桥梁桥墩采用飞檐式顶帽,高速铁路预应力混凝土桥梁采用托盘式顶帽或托梁(此时顶帽称为帽梁)以节省圬工,顶帽形式如图 2.2.1-13 所示。托盘的形状根据墩身形状的需要来确定,如圆形墩采用圆端形顶帽,其他桥墩常采用矩形顶帽。

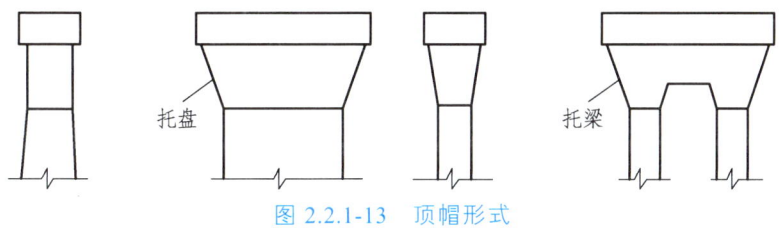

图 2.2.1-13 顶帽形式

顶帽顶面要设置不小于 3% 的排水坡,并设有突出墩身 0.1~0.2 m 的飞檐。顶帽上设安放支座的支承垫石平台,垫石内应铺设 1~2 层钢筋网,钢筋直径为 10 mm,间距为 0.1 m。在支承垫石内还须安放固定支座底板用的支座锚栓,通常在施工时先按设计要求预留锚栓孔位,架梁时再埋入支座锚栓并固定之。

采用托盘式顶帽时,托盘缩颈处存在应力集中,因此施工时不允许在此处留施工缝,常在此处以下 40 cm 处开始用与托盘相同强度等级的混凝土连续灌注顶帽,且在托盘与墩身的连接处沿周边布置直径 10 mm、间距 0.2 m 的竖向短钢筋以加强之。

在顶帽纵、横向尺寸较大时,为使墩身尺寸不致过大而增加圬工,常在顶帽下设置托盘将纵、横向尺寸适当收缩,一般在横向收缩较多,纵向不收缩或少收缩。托盘顶面纵、横向尺寸等于顶帽纵、横向尺寸减去两边飞檐的宽度。托盘底面与墩身相接,其形状与墩身截面相同。

为保证托盘悬出部分的安全,颈缩处的横向宽度 B 不得小于支座下座板外缘的间距,还应符合下列要求,如图 2.2.1-14 所示。

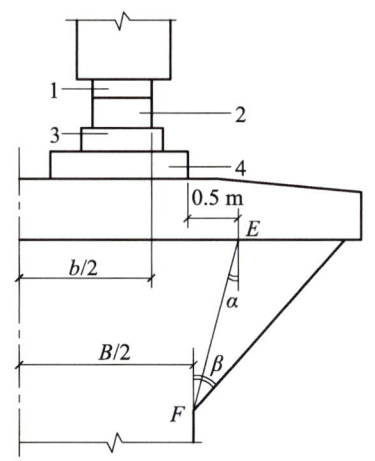

1—上支座板；2—下支座板；3—垫板；4—支承垫石

图 2.2.1-14　托盘式顶帽

A. 托盘坡度线与铅垂线间的夹角 β 不得大于 45°。

B. 支承垫石边缘外侧 0.5 m 处，墩帽下缘点（E 点）与墩颈边缘点（F 点）之连线与铅垂线的夹角 α 不大于 30°。

C. 在地震区，一般不采用托盘式顶帽，因缩颈处形成一薄弱面，对抗震性能不利。

② 曲线桥桥墩顶帽。

梁在曲线上，墩帽的构造与梁在直线上有所不同。在曲线上，因离心力产生较大力矩，使墩身截面加大。为减小桥墩所承受的弯矩，节约圬工，将桥墩中心线向曲线外侧移动一定距离，使梁中心线对桥墩中心线有一偏心，形成横向预偏心，一般为 35～50 cm。横向预偏心的作用在于使梁重及竖向荷载对桥墩中心线产生力矩，以抵消一部分离心力的弯矩，如图 2.2.1-15 所示。

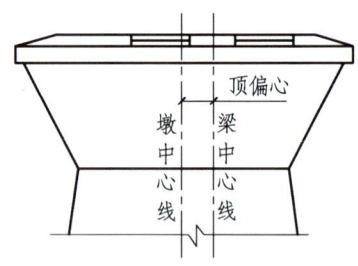

图 2.2.1-15　曲线上预偏心桥墩

③ 不等跨桥墩顶帽。

当相邻桥跨的跨径不同时，为减小桥墩在荷载作用下的偏心力矩，通常将大跨梁的支座中心布置在离桥墩中心线较近的地方，使桥墩中心线与梁缝中心线错开一定的纵向距离形成纵向预偏心。另外，为适应不同的梁高，在小跨梁一端应加高顶帽做成小支墩，并使小支墩背墙位于梁缝中心线上，如图 2.2.1-16 所示。顶帽（包括支墩加高部分）必须设置钢筋。

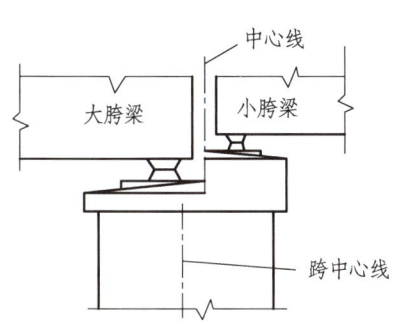

图 2.2.1-16　不等跨桥墩顶帽

④ 墩身。

采用托盘式顶帽时，墩身顶面尺寸就是托盘底部尺寸。墩身坡度一般用 $n:1$（竖：横）表示，n 愈大，坡度愈陡。当墩身较低时（约在 6 m 以内），墩顶与墩底受力相差不大，为方便施工，可设直坡。墩身较高时，墩身的纵、横两个方向均做成斜坡，坡度不缓于 20：1，具体数值应根据墩身的受力要求由试算决定。

墩身高根据墩顶标高（由轨底标高减去梁在墩台顶处的建筑高度和顶帽高度求得）和基底埋置深度、基础厚度来确定。

（2）空心墩构造。

空心墩由顶帽、实体过渡段、空心墩身组成，其中实体过渡段分为两部分：空心墩顶帽以下及墩身与基础连接处。

空心墩顶帽受力比较复杂，顶帽下宜设实体过渡段，以均匀传递压力和减小列车竖向动力作用；墩身与基础连接处，也应设置实体过渡段。实体段连接处，均应增设补充钢筋。

为了调节桥墩内外温差，减小施工中混凝土水化热对墩内温度的影响，应在墩身周围交错设置通风孔。圆形通风孔对墩壁应力分布较好，直径不宜小于 20 cm，每隔 3～5 m 交错设置。通风孔离地面不宜低于 5 m，并应高出设计频率水位，且应有安全防护措施。

为排除墩内积水，可在墩下部过渡段顶部设置排水孔。排水孔带有向外的流水坡，水中墩不要设在上游侧，排水孔四周应设加强钢筋网。施工时设置的临时排水孔，竣工后应加以封堵。当设计水位高于排水孔，必须均衡墩壁内外静水压时，竣工后仍保留排水孔。

为了便于进入空心墩内检查和维修，在墩顶或下部设置带门的进人洞，以及相应的固定或活动的检查设备，墩身内壁可设固定检查梯。

（3）双柱式墩构造。

柱式墩由盖梁、墩柱、横系梁及基础组成，见图 2.2.1-17。盖梁横截面形状一般为矩形或 T 形（或倒 T 形），底面形状有直线形和曲线形两种。直线形盖梁施工简单，如图 2.2.1-18，曲线形盖梁施工较复杂，但材料较为节省。盖梁宽度依上部结构形式、支座间距和尺寸拟定，同时要考虑支座边缘至盖梁边缘的最小距离，也要满足抗震规范的有关规定。盖梁高度一般为梁宽的 0.8～1.2 倍。盖梁长度应大于上部结构两边梁（或边肋）间的距离，并应满足上部结构安装的要求。

设置橡胶支座的桥墩应预留更换支座所需的位置，即支承垫石的高度按照端横隔板底与墩顶之间的距离以能安置千斤顶来确定。支座下应设置钢筋网以分布应力。盖梁各截面尺寸与配筋需通过计算确定。盖梁一般就地浇筑。

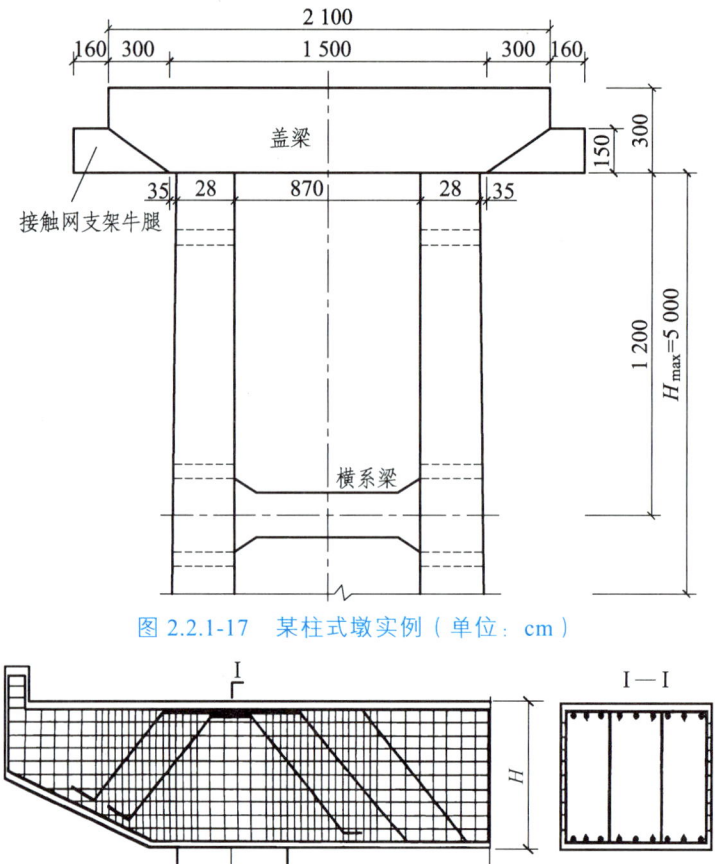

图 2.2.1-17　某柱式墩实例（单位：cm）

图 2.2.1-18　盖梁构造

　　墩柱的构造如图 2.2.1-19 所示。墩柱主筋伸入盖梁或承台进行连接时，为使墩柱和盖梁或承台有较好的整体性，墩柱顶一般应嵌入盖梁或承台 15～20 cm。露出墩柱顶的主筋可弯成与铅垂线约成 15°角的喇叭形，并伸入盖梁或承台中。若受盖梁或承台尺寸限制，也可不弯成喇叭形，但钢筋的伸入长度（算至弯钩切点）应符合设计规范有关规定。在喇叭形主筋外围还应设置直径不小于 8 mm 的箍筋，间距一般为 10～20 cm。

　　墩柱配筋的一般要求：纵向受力钢筋的直径应不小于 12 mm，纵向受力钢筋截面积应不小于混凝土计算截面的 0.4%，纵向受力钢筋净距应不小于 5 cm，净保护层不小于 2.5 cm；箍筋直径应不小于 6 mm；在受力钢筋的接头处，箍筋间距应不大于纵向钢筋直径的 10 倍或构件横截面的较小尺寸，并不大于 40 cm。

　　当墩高大于 7 m 时，在两柱间距基础顶 3～5 m 处设一横系梁以保证柱的稳定，横系梁高度可取为柱直径的 0.8～1.0 倍，宽度可取为柱直径的 0.8～1.0 倍。横系梁一般不直接承受外力，可不作内力计算，按横截面积的 0.10%配置构造钢筋。构造筋伸入柱内与柱内主筋连接，如图 2.2.1-19 所示。

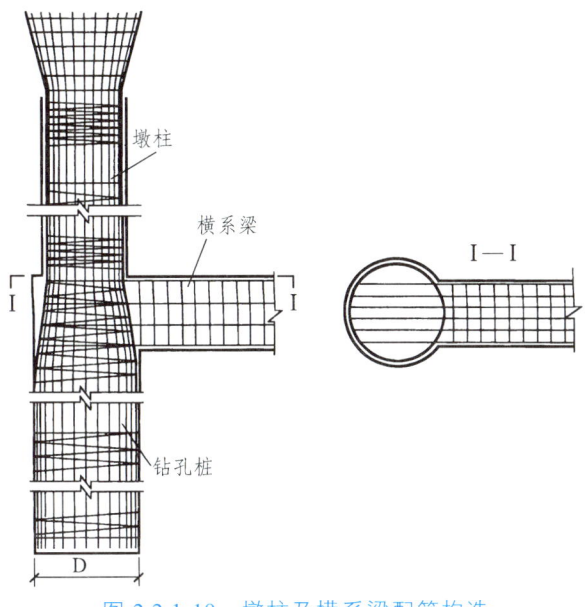

图 2.2.1-19 墩柱及横系梁配筋构造

（4）桥台组成及构造。

桥台主体由台顶、台身和基础三部分组成，此外还包括锥体填土及护坡和检查台阶等附属建筑物。桥台组成如图 2.2.1-20 所示。

（a）矩形空心桥台

（b）实体一字形桥台

图 2.2.1-20 桥台组成

① 台顶构造。

桥台顶帽底面线以上部分为台顶，为减轻较高的台顶部分对地基的压力，高速铁路台顶多为空心结构。有砟轨道矩形桥台的台顶由顶帽和道砟槽组成。道砟槽用于铺设道砟、承托轨枕、钢轨等线路设备，道砟槽的两侧及前端有挡砟墙，以防止道砟向外坍落，道砟槽宽度应使道砟坡角落于挡墙内侧。道砟槽前端直立的挡砟墙称为胸墙，胸墙中心是桥台定位的控制点。

为防止雨水渗入道砟槽板，提高桥台耐久性，道砟槽面应做好防水层、保护层与排水坡度，槽面平顺无凹坑。道砟槽面做成人字形横向排水坡（坡度不小于3%），向两侧的泄水管将台顶水排除，泄水管口应伸出桥台侧面一段距离。

桥台顶帽的作用和构造要求基本同桥墩的顶帽，此处不再重复。

② 台身构造。

桥台顶帽底面线以下、基础顶面以上部分为台身。因桥台两侧有锥体填土，可抵抗横向荷载，故台身的侧面常做成竖直的。台身前面称为前墙，一般做成竖直的。台身后墙背部常做成后仰形式，可使台身重心后移，平衡一部分台后路基填土推力所产生的力矩，并使台后土压力有所减少。

③ 附属建筑物。

桥台的附属建筑物包括锥体填土、锥体护坡和桥台防排水设施。

路基前方填土伸入桥台部分呈锥体状，称为锥体填土，其作用是加强桥台和路基的连接并包裹桥台，增加桥台的横向稳定性。锥体及台后一段路基填土，在顺线路方向上，上方不小于桥台高度加 2 m、下方不小于 2 m 长度范围内，均应以渗水土填筑，并严格夯实，如图 2.2.1-21 所示。确有困难时，除严寒地区外，可用一般黏土填筑，但应夯实达到最佳密实度的 90%，且需加强排水措施。

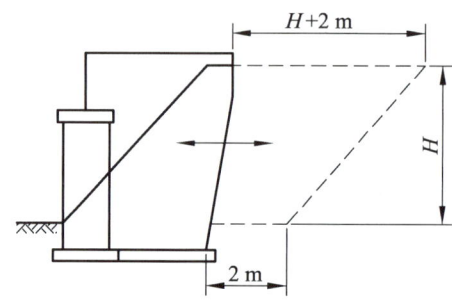

图 2.2.1-21　台后渗水土填筑范围

锥体护坡是为了保护锥体填土免受洪水冲刷，保证台后线路稳定而设置的。锥体护坡一般沿锥体填土坡面全高进行铺砌，并根据水流流速等决定铺砌标准。铺砌标准有浆砌片石和干砌片石，一般采用干砌片石或铺砌大卵石，也有采用预制块砌筑。旱桥锥体是否需要防护及如何防护，视边坡和填料的稳定性等情况决定。

（5）墩台顶部功能区。

墩台顶部的功能区的划分，除考虑支座支承桥跨结构的空间外，还包括其他附属功能，如更换支座时千斤顶的摆放空间、防止落梁和梁部移动的设施、检查或更换支座时工作空间（围栏或吊篮）、接触网支架安装的空间等。墩台顶部功能区的布置如图 2.2.1-22 所示。

 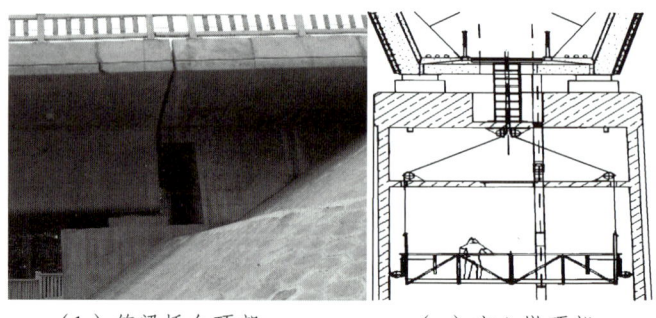

（a）实体墩顶部　　　　（b）箱梁桥台顶部　　　　（c）空心墩顶部

图 2.2.1-22　墩台顶部功能区

（6）墩台抗震措施。

在 8 度地震区的墩台需经专门检算后使用，要求在遭受相当于设计烈度（8 度）的地震影响时，不致产生大的结构性破坏（如桥梁坠落、墩台倒塌等严重破坏），稍加整修即可正常使用。抗震措施主要有以下几点：

① 地震区的桥孔宜按等跨布置，并避免采用受斜向土压力的桥墩，桥台宜采用矩形空心台。

② 特大桥、大中桥若遇可液化土及软土地基时，应适当增加桥长，将桥台放在稳定的河岸上。在主河槽与河滩分界的地形突变处，不宜设置桥墩。

③ 当桥梁跨越断层带时，墩台基础不应设在严重破碎带上。

④ 位于饱和粉细砂及饱和黏砂土上的桥梁，应加强基础，采用桩基础或沉井穿过可能液化的粉细砂层，并尽可能埋入较稳定密实的土层内。

⑤ 桥梁支座的螺栓、销钉、防震板等应有足够的抗震强度，并采取措施防止落梁。

3. 墩台施工简介

墩台施工一般工程量较大，并伴有高空作业，所用机具设备和材料较多，工期也较长，特别是高墩施工，这些问题尤其突出，往往是控制工期的关键工程。墩台有就地灌注、预制杆件拼装式等多种施工方式，高速铁路桥梁墩台主要采用钢筋混凝土就地灌注施工方式，其施工主要包括模板工程、钢筋工程和混凝土工程，使用的模板类型主要有拼装式、整体吊装式、组合钢模板及滑动钢模板等。

（1）墩台施工基本方法。

就地灌注混凝土墩台施工的基本方法有分节立模间歇灌注、分节立模连续灌注和滑动模板施工。

① 分节立模，间歇灌筑。

将墩台沿高度分成若干节，分别制作各节模板。自底节开始，立一节模板，灌筑一节混凝土，待混凝土强度达 1.2 MPa 后，再立第二节模板，灌筑第二节混凝土，这样逐节升高，直至墩台灌筑完毕。此法的优点是需要的设备简单，其缺点是施工速度较慢，适用于一般高度的墩台。施工接缝处应安插接头短钢筋，以提高混凝土墩台的整体性。

② 分节立模，连续灌筑。

在灌注第一节墩台混凝土时，同时在地面将第二节模板拼组好，待第一节混凝土灌筑完后，立即将第二节模板整体吊装，并在混凝土允许间歇时间（一般为 2 h）内安装完毕，继续灌筑第二节混凝土，如此循环直至墩台灌筑完毕。此法施工速度快，墩台整体性好，但应有相应的起吊设备。

③ 滑动模板施工。

滑动模板是用一节模板，连同工作脚手架以整体形式，安装在基础顶面，依靠自身的支承部分和提升系统，在灌筑混凝土的同时，模板也慢慢向上滑升，这样可连续不断地灌筑混凝土。墩台整体性好，施工速度快，高空施工安全。

（2）墩台模板。

模板是保证墩台施工精度的前提，墩台施工前，应根据结构形式进行模板设计，分别检算其强度、刚度和稳定性,并制定模板的安装、使用、拆卸及保养等技术安全措施。对模板的要求是:尺寸准确,构造简单,便于制作、安装和拆卸;具有足够的强度和刚度,能承受各种荷载;结构紧密不漏浆,外表面模板平整、光滑;便于混凝土浇筑。

① 模板的类型及构造。

按结构和施工方法分,墩台模板有拼装式模板、整体吊装模板、组合钢模板和滑动钢模板。

A. 拼装式模板。

拼装式模板分为零拼式固定模板和拼块式组合模板。

零拼式固定模板适用于少量或零星混凝土灌注,如墩台基础、拱座、帽石等零星分散,模板不便成套倒用的情况。

拼块式组合模板是将墩台表面划分为若干板块,按每块尺寸预先制成板扇,运到工地进程拼装。划分板块时,应尽量使其中大部分板块的尺寸相同,以便于制造和倒用。下层拆下的板扇可直接或略加整修后倒用到上层或另一墩台。板扇的高度通常与墩台分节灌注高度相同,一般为 3~5 m,宽度视起重条件而定,一般为 1~2 m。如图 2.2.1-23 所示。

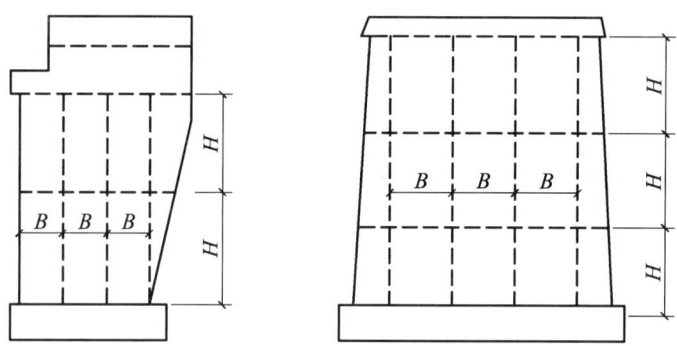

图 2.2.1-23 拼装式模板分块示意

拼装式钢模采用 2~3 mm 薄钢板与型钢做骨架,重量轻。钢模在工厂加工制造,尺寸准确,质量较好。采用拼装式模板进行施工,分节立模,分节浇筑,所需设备简单,但施工速度较慢。

B. 整体吊装模板。

整体吊装模板是将墩台沿高度分为若干节,每一节模板预先组拼成一个整体,再一次吊装就位,如图 2.2.1-24 所示。

分段整体吊装模板适用于定型桥墩,可以在同类桥墩间按同一高度流水倒用,特别是用于深谷、水中的高桥墩则更显示出其优越性。分节高度按现场起吊能力确定,一般为 2~4 m,由墩顶往下分节,不足整节的零数设在墩身的最下层。零星节的墩身,采用就地立模灌注混凝土。其优点是:工期短,浇筑完一节后,可很快将已组拼好的上节模板吊装就位,可实现连续浇筑而不留工作缝。

为使模板在吊装过程中有足够的刚度而不致变形,在其内部临时用撑木加固,外面用拉杆或铁箍加固。

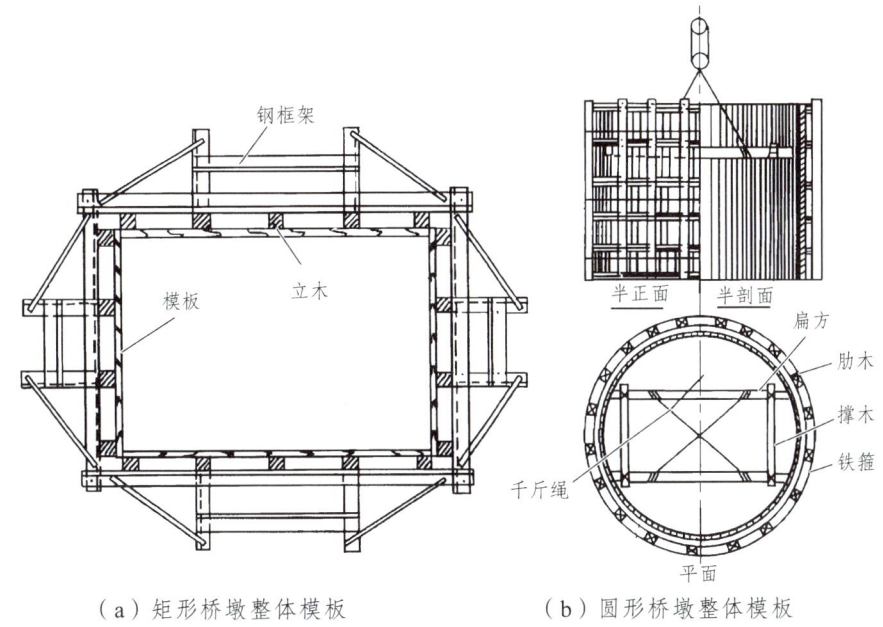

(a)矩形桥墩整体模板　　　（b）圆形桥墩整体模板

图 2.2.1-24　整体吊装模板

C. 组合钢模板。

组合钢模板由面板及支承面板的加劲肋组成，在边肋上设有 U 形卡连接孔，端肋上设有 L 形插销孔。为防止漏浆，模板接缝处应夹橡胶条或塑料条。组合钢模板具有强度高、刚度大、拆装方便、通用性强、周转次数多等优点，在实际使用中，组合钢模板可拼成大的安装板块后安装使用，这样可提高安装模板的速度。组合钢模板的类型如图 2.2.1-25 所示。不同类型的组合型钢模板的组合功能见图 2.2.1-26 所示。

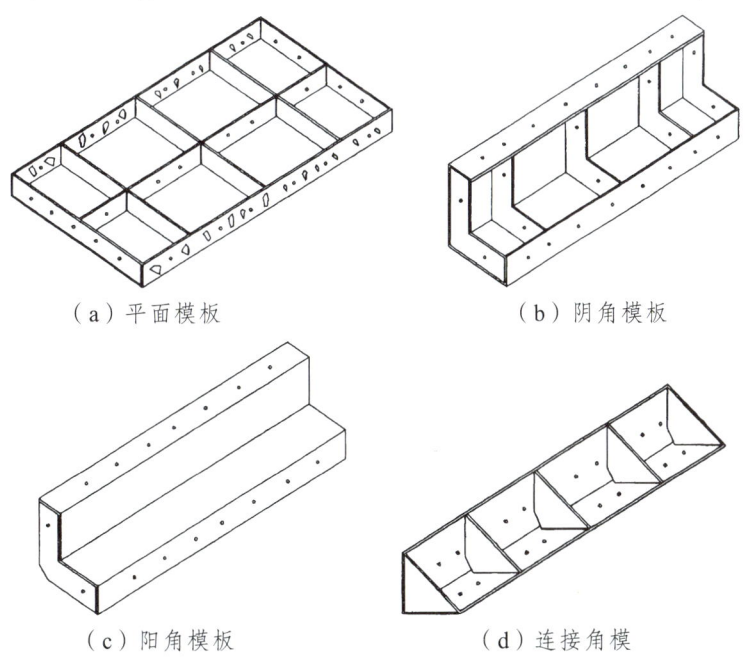

(a)平面模板　　　　　　（b）阴角模板

(c)阳角模板　　　　　　（d）连接角模

图 2.2.1-25　组合型钢模板的类型

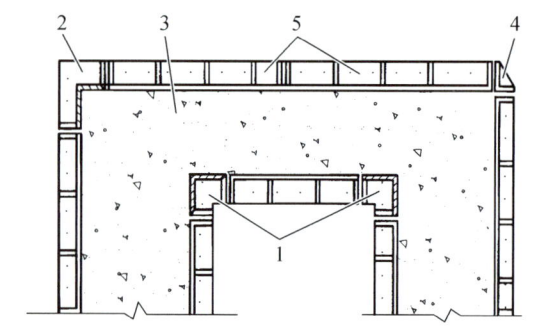

1—阴角模；2—阳角模；3—混凝土构件；4—连接角模；5—平模。

图 2.2.1-26　不同类型钢模板的不同用途

组合型钢模板精度较高，使用和搬运时要轻拿轻放，不得抛摔。使用完毕后，要及时清理整修，涂油防锈。

D. 滑动钢模板。

滑动模板利用一套滑动提升装置，将已在桥墩承台位置处安装好的整体模板连同工作平台、脚手架等，随着混凝土的灌筑，沿着已灌筑好的墩身慢慢向上提升，这样就可连续不断地灌筑混凝土直至墩顶。用滑动模板施工，速度快、结构整体性好，适用于竖立而断面变化较小的高耸结构，对高墩施工特别有利。其优点是：可实现连续灌注混凝土；可节省模板和脚手架；避免混凝土工作缝；加快施工进度。滑动模板构造如图 2.2.1-27 所示。

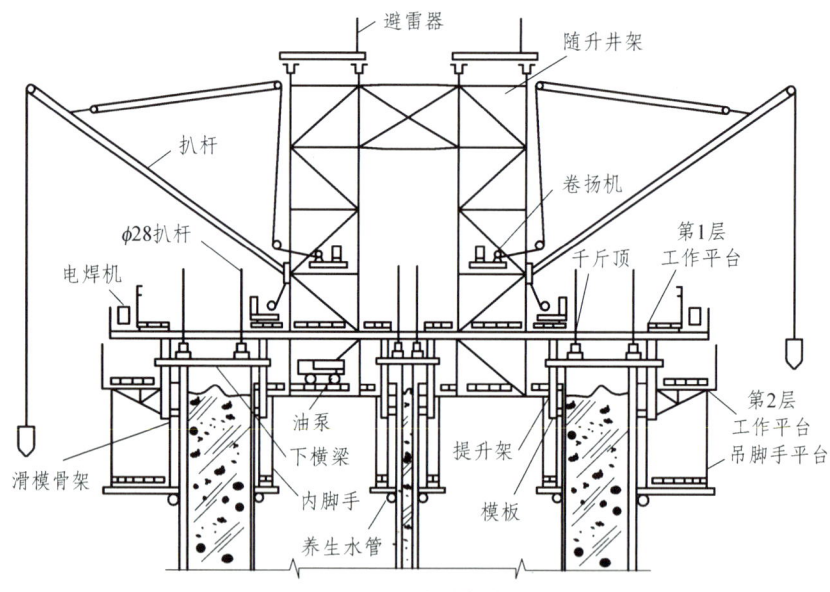

图 2.2.1-27　滑动模板构造示意

四、课外加油站

深中通道——跨越海洋

五、思想政治素质养成

（1）墩台的设计和施工需要综合考虑地形、地质、水文、上部结构等众多因素，这要求工程人员具备扎实的专业知识和严谨的科学思维，如同学生在学习中也应秉持这种态度，认真对待每一个知识点，用科学的方法分析和解决问题。

（2）墩台施工工程量大、伴有高空作业且工期长，建设者们以高度的责任感确保工程质量和安全。学生们应从中领悟到自己在学业和未来工作中的责任，对自己的行为负责，为社会作出贡献。

（3）相关规范对墩台建设提出严格要求，这就如同在学校和社会中，我们要遵守校规校纪和法律法规，不逾矩才能确保良好的秩序和发展。同时，施工工艺的不断创新，如滑模等工艺的应用，激发学生的创新思维。在学习和生活中，我们要敢于突破传统，勇于尝试新方法、新途径，提升自己的创新能力。

（4）墩台施工中的协作性凸显了团队合作精神。多个环节的紧密配合、众多人员的共同努力才能完成墩台施工，学生们也应学会与他人合作，发挥各自优势，共同攻克难题。

六、任务分组

表 2.2.1-1　学生任务分配表

班级：　　　　　　　组号：　　　　　　　组长：　　　　　　　指导老师：

组员	任务分工	组员	任务分工

表 2.2.1-2　任务工作单

姓名：	学号：	日期：
（1）高速铁路桥梁常用的墩台形式有哪些？它们分别适用于哪些情况？		
（2）空心墩的构造有何特点？空心墩和实体墩对比有何优势？		
（3）桥梁墩台施工采用的模板有哪些？各自有什么特点？		

七、评价反馈

表 2.2.1-3 评价反馈表

姓名:		组号:		组长:			指导老师:	
评价指标	评价内容	分值	个人自评（20%）	组内互评（20%）	组间互评（20%）	教师评价（40%）	综合评价
信息检索能力	能有效利用网络、图书资源查找有用的相关信息等；能将查到的信息有效地传递到学习中	10分					
课堂感知力	是否桥梁墩台的类型和特点，认同工作价值；在学习中是否能获得满足感，课堂氛围如何？	10分					
参与度、交流沟通	积极主动与教师、同学交流，相互尊重、理解、平等；与教师、同学之间是否能够保持多向、丰富、适宜的信息交流	10分					
	能处理好合作学习和独立思考的关系，做到有效学习；能提出有意义的问题或能发表个人见解	10分					
知识、能力获得情况	掌握墩台的概念和作用	10分					
	掌握墩台类型及特点	10分					
	掌握墩台组成及构造	10分					
	了解墩台的施工方法	10分					
	了解墩台模板的要求及类型	10分					
思维态度	是否能发现问题、提出问题、分析问题、解决问题、创新问题	5分					
自评反思	按时按质完成任务；较好地掌握了知识点；具有较强的信息分析能力和理解能力；具有较为全面严谨的思维能力，并能条理清楚明晰表达成文	5分					
反思改进							

任务二 普通钢筋混凝土墩台施工

一、学习目标

1. 思政目标

（1）培养学生注重细节、追求科学的精神；
（2）鼓励学生敢于突破传统，积极思考创新的理念；
（3）培养学生的规则意识和自律精神。

2. 知识目标

（1）掌握高铁桥梁墩台施工流程；
（2）明确墩台施工质量标准要求；
（3）了解特殊桥墩施工方法要点。

3. 能力目标

（1）会分析墩台施工流程；
（2）能理解施工关键要点。

二、任务重、难点

1. 重　点

（1）墩台身施工流程；
（2）墩台施工质量标准；
（3）特殊桥墩的施工流程。

2. 难　点

（1）墩台身施工流程；
（2）特殊桥墩的施工流程。

三、知识链接

高速铁路桥梁常用跨度广泛采用一般形式的墩台。桥台采用双线矩形空心台或一字形实体台，桥墩一般采用空心墩或实体墩，水中墩采用圆端形墩，旱桥采用矩形墩。本节重点介绍常用跨度一般形式的钢筋混凝土墩台施工，并简单介绍了双柱式桥墩及V形墩等特殊形式桥墩的施工工艺。

高速铁路桥梁墩台施工大多采用现场就地浇筑。墩台身施工前，应将基础顶面浮浆凿除，冲洗干净，整修连接钢筋，并在基础顶面测定中线、水平，标出墩台底面位置。

对于实体墩台，由于墩台身较低，采用大块钢模板一次整体浇筑成形。墩身模板和钢筋采用汽车起重机垂直吊装作业，混凝土通过泵送入模或吊装入模。墩身浇筑完成后先带模浇水养生，拆模后覆盖塑料膜养生。

对于空心桥台及 25 m 以下空心桥墩，墩台身外侧模板选用大块钢模板，内侧采用定型钢模板。空心桥墩如为收坡高墩，且同类型桥墩数量较多的，应采用大块成套钢模，分段支立、浇灌，在不同墩位间倒用。空心墩底部的实心部分应单独分次浇筑，墩身每次浇筑的最高高度控制在 5 m 以内，施工中加强施工组织。墩身钢筋和模板根据地形、墩高等条件由汽车起重机或自制提升架负责垂直提升，混凝土由混凝土泵或泵车泵送入模。

超过 25 m 的空心墩属于高墩，宜采用滑模、翻模、爬模工艺进行施工。

1. 墩台身施工

墩台身施工分实体墩台身、空心墩台身施工两种。

实体墩台施工流程为：清理基础顶面→测量放样出墩台底面位置→绑扎墩台身钢筋→立墩台身模板→浇筑墩台身混凝土→混凝土养护→拆模。

25 m 以下空心墩台施工工艺流程如图 2.2.2-1 所示。

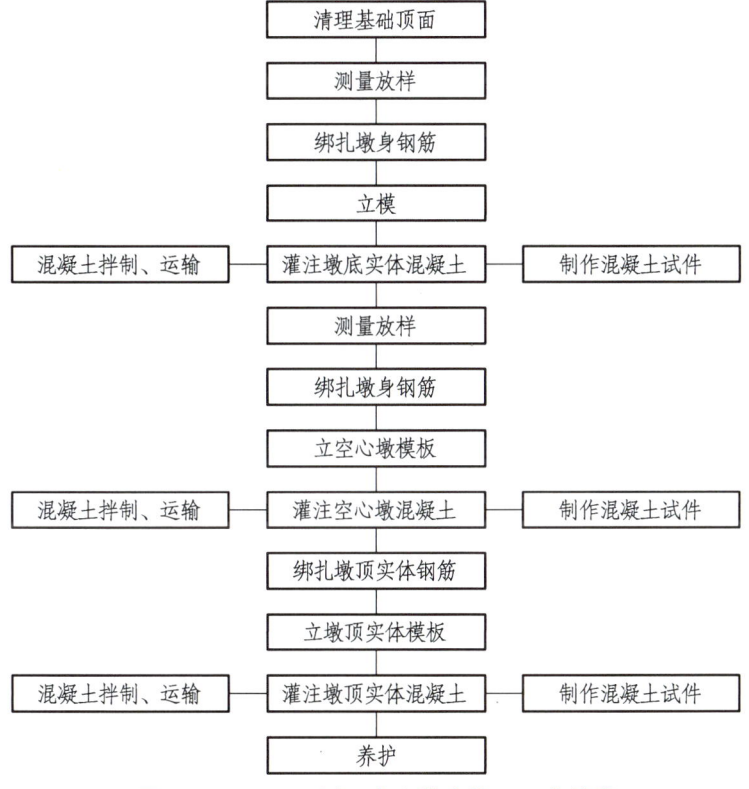

图 2.2.2-1　25 m 以下空心墩台施工工艺流程

（1）墩台身施工准备工作。

墩台身施工前，应进行基坑回填，采用原土分层回填，分层厚度为 30～40 cm，且夯填密实。回填高度不超过承台顶面高度，并做成一定的坡度，在基坑内一角集中排水，防止基坑积水。基坑四周按 1∶1.5 进行刷坡处理。

基坑回填后，应进行墩台身测量放线。采用全站仪准确测设出墩台身十字线，并将水准基点引测至承台上。按《铁路工程测量规范》（TB 10101）要求引放、埋设护桩，并记录绘制桩橛图，标识应明显准确，以供检查和指导施工。

(2)模板设计及安装、拆除。

墩台身常用模板有固定式模板、拼装式模板、整体吊装模板、组合式定型模板。模板及支架应有足够的强度、刚度与稳定性,能可靠地承受施工过程中可能产生的各项荷载,保证结构物各部分形状、尺寸准确。模板采用整体吊装时,其吊装高度视吊装能力并结合墩台施工分段而定,一般宜为3~5 m,并应有足够的整体性与刚度。

墩台施工前,应根据结构形式进行模板设计,在计算荷载作用下分别检算其强度、刚度和稳定性,并制定模板的安装、使用、拆卸及保养等有关技术安全措施和注意事项。按"尽量减少接缝,不留竖缝(圆端形平直段和圆弧段接口缝除外),整体拼装到顶帽,混凝土一次连续浇注成型"的原则设计模板,一般采用无内拉杆整体大块钢模,模板上、下、左、右接缝处均设计成阴阳接口形式。桥台尽量采用大模板施工,从节约成本的角度考虑,多采用拉杆,但对拉杆的设置有严格要求,力求混凝土外观美。

实体墩台模板采用大块整体钢模,选用$\delta \geqslant 6$ mm钢板面板。空心墩台外模模板采用大块整体钢模,采用$\delta \geqslant 6$ mm钢板面板,内模采用组合钢模。模板加工时,派专业工程师在加工厂家进行全过程跟踪,保证面板、平整度、接缝、尺寸误差的质量要求。保证模板具有足够的刚度、强度、稳定性,且拆装方便,接缝严密不漏浆。

① 墩身模板分节。

根据墩身形式和各类墩身的数量、工期等情况,统筹考虑模板形式。每桥从墩顶向下匹配,以确保墩身横向模板接缝处于同一位置(同一线路坡度),模板标准节自上而下分布,一般每节高度3~4 m,调整节放在最下端,地面以下墩身可不必采用大模板。

② 模板组拼。

墩身上下节模板、托盘及顶帽均采用螺栓桁架连接。

对于分离式圆形墩身:墩身模板设计为2块,接缝设在沿线路方向,托盘及顶帽长边方向为2块,短边方向为1块;对于分离式矩形墩身:墩身模板四周均设计为1块,托盘及顶帽长边方向为2块,短边方向为1块;对于圆端形墩身:墩身模板设计为6块,圆形端2块(两边各1块),直线端各2块,托盘及顶帽长边方向为2块,短边方向为1块。

③ 模板安装。

模板进场后,应进行清理、打磨,以无污痕为标准,检查合格后在面板上刷脱模剂,并用塑料薄膜进行覆盖。立模前需进行试拼,保证平整度小于3 mm,试拼合格后逐块编号。

安装桥墩第一节模板前,检查承台顶标高及外轮廓线,不符合要求时凿除或用砂浆找平处理,以确保墩身模板准确就位。承台顶面与模板联结面应平整无缝隙,防止浆液流失。

桥台模板先安装托盘以下部分,待托盘以下部分混凝土施工完毕后2~3 d拆除模板,将桥台基坑分层夯填密实,回填至托盘底10 cm,再将托盘、顶帽、台身模板一次安装并灌筑混凝土。

模板吊装组拼时,不得发生碰撞,由专人指挥,按模板编号逐块起吊拼装。

④ 模板调校。

模板组拼完成后进行调校,检查轴线、高程,使它们符合设计要求,对模板缝隙采用填塞材料塞缝。模板加固应经过受力检算,加劲肋采用型钢。实体墩台模板的加固,模板框架可采用 14#槽钢，加劲肋可采用 50 mm 等边角钢加固，预留加固螺栓可取 ϕ16 mm。空心墩台模板的加固，可采用内撑和外加拉杆形式，保证空心墩壁厚误差小于 5 mm。

搭设支架时，应在两个互相垂直的方向加以固定，支架支承在可靠的地基上，并能抵挡振动时的偶然撞击。空心墩台的空腔顶部采用搭设碗扣支架，ϕ50 mm 钢管加固，安装好后，检查轴线、高程，保证模板、支架在灌注混凝土中不变形、不移位。

在混凝土灌注过程中应指定专人加强对模板的检查和调整，以保证混凝土结构物形状、尺寸和相互位置的准确。

⑤ 模板拆除。

模板拆除时采用吊车配合，侧模板在混凝土强度能保证其表面及棱角不致因拆模而受损坏时方可拆除，且混凝土表面和内部的温差不大于 15～20 ℃时，方可拆模。模板拆除应遵循先支后拆，后支先拆的顺序，拆时严禁抛扔。模板拆除后，立即将模板清理干净、上油并分层堆码整齐，层间用方木支垫，避免锐器损伤模板板面。凡使用过的钢模，每次使用前，模板应认真修理平整，不平的要扎平，焊缝开焊处要补焊并磨光，上紧扣件，方能投入使用。

⑥ 模板允许偏差。

模板允许偏差和检验方法见表 2.2.2-1。

表 2.2.2-1 墩台模板允许偏差和检验方法

序号	项目	允许偏差/mm	检验方法
1	前后、左右距中心线尺寸	±10	测量检查每边不少于 2 处
2	模板内部尺寸	±15	测量检查
3	板面平整度	3	1 m 靠尺检查不少于 5 处
4	相邻模板错台	1	尺量检查不少于 5 处
5	空心墩壁厚	±3	尺量检查不少于 5 处
6	同一梁端两垫石高差	2	测量检查
7	墩台支承垫石顶面高程	0，-5	经纬仪测量
8	预埋件和预留孔中心位置	5	纵横两向尺量检查

（3）钢筋加工与绑扎。

桥梁墩台钢筋由加工厂统一下料加工，运至现场绑扎安装。钢筋的制作和安装必须符合现行规范和验标要求。

① 钢筋基本要求。

运到现场的钢筋具有出厂合格证，表面洁净。使用前将表面杂物清除干净。钢筋应平直，无局部弯折。各种钢筋下料尺寸、钢筋的弯制和末端应符合设计及规范要求。

② 钢筋绑扎安装要求。

承台与墩台基础锚固筋按规范和设计要求连接牢固，形成一体。基底预埋钢筋位置应准确，并满足钢筋保护层的要求。

钢筋分为墩台身和顶帽两部分。因墩台身钢筋规格多、数量大，为确保施工精度和绑扎质量，可采取在现场的固定胎架上绑扎成型。托盘、顶帽及垫石钢筋作为一个整体在车间加工成型，整体吊运至墩位处安装，吊装时采用扁担梁起吊，避免整体变形。钢筋骨架绑扎适量的同级混凝土垫块，以保持钢筋在模板中的准确位置和保护层厚度。钢筋现场安装允许偏差见表 2.2.2-2。

表 2.2.2-2 钢筋安装允许偏差

序号	项目	允许偏差
1	同一排中受力筋间距的局部误差	±10 mm
2	分布筋间距	±20 mm
3	箍筋间距	±20 mm
4	弯起点偏差	±20 mm
5	钢筋接头距钢筋弯曲处	≥10d

在安装顶帽、托盘钢筋的过程中，应严格控制预埋件的位置偏差。

③ 钢筋接头要求。

钢筋接头所在截面按规范要求应错开布置，同一截面钢筋接头不得超过该截面钢筋总数的 50%。钢筋加工时应采用闪光对焊或电弧焊进行连接，并以闪光对焊为主。对于以承受静力荷载为主的 ϕ28～32 mm 带肋钢筋，可采用冷挤压套筒进行连接。现场钢筋连接也可采用螺丝套筒进行连接。

（4）混凝土浇筑。

① 混凝土的拌制和运输。

墩台身混凝土强度等级可采用 C40～C60，混凝土采用自动计量、集中拌和站进行拌制，混凝土的坍落度要严格按照试验的数据进行控制。混凝土运输采用输送车运输，泵送入模。当混凝土自由倾落高度超过 2 m 时，必须用滑槽或串筒进行灌筑，串筒出口距混凝土表面 1.5 m 左右，以防止混凝土离析。

② 混凝土的浇筑。

混凝土浇筑前应对支架、模板、钢筋和预埋件进行检查，精确测放墩台身中心线和轮廓线，检查其尺寸是否符合要求，同时将结合面（承台面或桥台分层浇筑结合面）冲洗干净，凿除浮浆，敲除钢筋上黏附的浮浆。模板的缝隙填塞严密，内面涂刷脱模剂。浇筑混凝土使用的脚手架，便于人员与料具上下，并保证安全。若运至浇筑地的混凝土有离析现象或坍落度不符合要求，应重新搅拌均匀，直到满足坍落度要求方能入模。

墩台身混凝土属大体积混凝土结构，施工中要注意内外温差及混凝土核心温度最大值的控制，采取措施来降低水化热，必要时可在混凝土内部预埋一定数量的水平冷水管，使各部位的温差不超过 25 ℃，温度梯度不超过 10 ℃。浇筑时应在整个截面内按一定的厚度、顺序和方向分层、分段浇筑，分层浇筑厚度不超过 30 cm，分层应保持水平，应在下层混凝土初凝前浇筑完上层混凝土。分段灌注时，周边预埋直径不小于 16 mm 的钢筋，埋入时露出长度不小于钢筋直径的 30 倍，间距不应大于钢筋直径的 20 倍。

实体墩台身混凝土的浇筑，一次立模到顶，一次浇筑混凝土。空心墩台身混凝土浇筑分三阶段进行：墩台底实体段、墩台身空心段、墩台顶部实体段，施工中应特别注意实体段与空心段连接处的混凝土质量和外观。

混凝土的浇筑连续进行，如因故必须间断时，其间断时间应小于上层混凝土的初凝时间或能重塑的时间，并经试验确定，若超过允许间断时间，须采取保证质量措施或按施工缝处理。墩台身截面突变处不设施工缝。

施工缝的处理：混凝土墩台的施工接缝，应按设计指定的定型图规定办理。当设计无规定时，应按下列要求处理：接灌前先凿除施工接缝面上的水泥砂浆和表面上松动的石子及软弱混凝土层，并以压力水冲洗干净，使之充分湿润，不存积水，然后在施工缝表面上先铺一层与混凝土灰砂比相同而水灰比略小的水泥砂浆，厚约15 mm，再接灌新混凝土。施工接缝处的混凝土加强振捣，使新旧层混凝土结合紧密。重要部位及有抗震要求的钢筋混凝土结构，应在施工缝处补插锚固钢筋；有抗渗要求的施工缝宜做成凹形、凸形或设置止水带。施工缝为斜面时，应浇筑成或凿成台阶状。

③ 混凝土的捣固。

混凝土的捣固是保证质量的关键工序，应采用机械振捣。使用插入式振动器振捣时，移动间距不应超过振捣器作用半径的1.5倍，与侧模保持5~10 cm的距离，相邻两个插入位置的距离在50 cm以内，插入下层混凝土5~10 cm。振动时间20~30 s，操作时采取快插慢拔，每一层混凝土振捣完毕后应边振动边徐徐提出振动棒，应避免振动棒碰撞模板、钢筋及预埋件。

混凝土的振捣要适当，既要防止振捣不足，也要防止振捣过度，以混凝土不再下沉、表面平坦开始泛浆、不出现气泡为度。

浇筑混凝土过程中，应经常检查模板、钢筋、沉降观测点及预埋部件的位置、保护层的尺寸，确保其位置正确而不发生变形，若发现移位应及时校正。并注意观察模板、支架等支撑情况，如有变形、移位或沉陷应立即校正并加固。

2. 墩台顶帽施工

墩台身混凝土浇筑至墩台顶帽下30~50 cm处时应停止浇筑，将顶帽钢筋笼整体吊装就位，并绑扎墩台身伸入顶帽的箍筋。因顶帽、支承垫石钢筋较密，混凝土串筒及操作人员无法进入墩身内，采取在顶帽钢筋笼中预留孔洞（即在顶帽钢筋内预留四个洞口）作为串筒及操作人员上下通道，混凝土浇筑到洞口处再将钢筋绑扎恢复。钢筋安装完毕，吊装顶帽剩余模板就位，安装$\phi16$ mm连接螺栓，并紧固顶帽模板顶口拉杆。台帽背墙模板应注意加强纵向支撑，防止灌注混凝土时发生鼓胀，侵占梁端孔隙。混凝土施工技术要求同墩台身。

支承垫石浇筑采用定制钢模板，与墩台身模板连接牢固。采取全桥联测和跟踪测量的方法，精确控制各墩台支承垫石顶面相对和绝对标高以满足设计要求。混凝土浇筑到垫石位置后，将预埋$\phi10$~$\phi20$锚栓孔架紧固到垫石模板上，保证预留孔洞定位准确，固定牢固。

锚栓孔模板安装时，顶面可比支承垫石顶面低约5 mm，以便垫石顶面抹平。进行水准测量，控制垫石顶面标高，保证顶面平整。桥墩顶帽模板如图2.2.2-2所示。

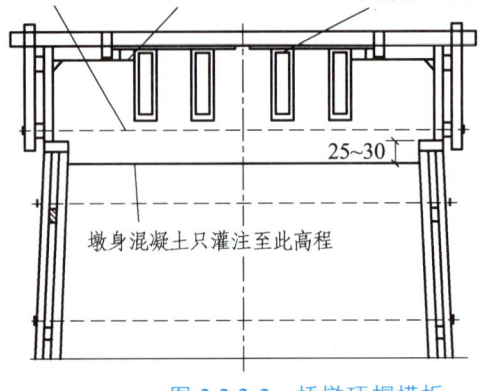

图 2.2.2-2　桥墩顶帽模板

混凝土浇筑振捣时注意不要触碰钢筋和模板，施工中进行跟踪测量模板定位。支承垫石混凝土强度达到 2.5 MPa 后，即可拆除锚栓孔模板，清理孔洞，检查锚栓孔位置、深度，进行二次处理。

3. 拆模养护

（1）拆除模板。

待混凝土强度达到设计强度的 70% 后，拆除墩身及顶帽模板，拆模按立模顺序逆向进行，由上而下人工配合吊车吊运。拆模时，要防止模板在起吊时刻划墩身或反弹，损伤墩身混凝土面及棱角，并保证模板完好。

（2）养护。

混凝土浇筑完成后，最迟不超过 12 h 进行养护，根据气候、工地具体情况等因素分别采用塑料薄膜整体围裹、洒水、喷涂养护剂等方式。夏天一般采用覆盖洒水养护，养护用水要求与混凝土拌合用水相同，洒水养护时间不少于 14 d。墩身用养生车、高压水泵巡回养护。在垫石处用塑料薄膜套住，可防止垫石预留孔内水分蒸发，保持垫石的湿润。当气温低于 5 ℃ 时，应覆盖保温，并不得向混凝土面上洒水。当昼夜平均气温低于 5 ℃ 时或最低气温低于 -3 ℃ 时，应按冬期施工处理，此时混凝土养护宜优先选用蓄热法。

墩台施工完毕，应对全桥进行中线、水平及跨度贯通测量，并标出各墩台的中心线、支座十字线、梁端线及锚栓孔位置。暂不架梁的锚栓孔或其他预留孔，应排除积水将孔口封闭，以免越冬时冰涨破坏。

4. 墩台身施工质量标准

（1）墩台混凝土表面紧密，无气泡，平整，颜色均匀一致，外型轮廓清楚、线条顺直无少角掉边等，不得有露筋、空洞和裂缝现象，表面严禁涂、刷、抹；且混凝土强度符合设计要求，混凝土表面裂缝宽度不得大于 0.2 mm。

（2）结构尺寸准确，墩台前后、左右边缘距设计中心线尺寸误差不超过 ±20 mm。

（3）支承垫石顶面高程允许偏差 0～-10 mm，平整度不大于 2 mm；每孔混凝土梁一端两支承垫石顶面高差不超过 5 mm。

（4）各种预埋件、预留孔位置正确，无漏项。

5. 桥台填土锥体防护施工

桥台后及锥体填土必须待桥台混凝土达到设计强度后方可进行。填料的种类及填筑要求应符合设计要求。锥体和台后路基填土,应在设计边坡之外适当加宽,待整修边坡时再把多余土刷去。

台后填土施工应符合下列规定:

(1) 台后填土范围应符合设计要求。设计无要求时,顺线路方向长度应自台身起,底面不小于桥台高度加 2 m,顶面不小于 2 m;拱桥台后填土长度不应小于台高的 3~4 倍。

(2) 拱桥台后填土必须与拱圈施工的程序相配合,使拱的推力与台后土的侧压力保持一定的平衡。拱桥台后填土可在拱圈安装以前完成,如设计有要求时,应按设计要求进行。

锥体填筑应与桥台过渡段同步施工,填筑材料应满足设计要求,宜用渗水土填筑。填筑前应对原地面进行处理、压实,并准确放样。锥体护坡的坡度按设计文件(或规范)办理。

锥体填筑过程中应采用机械分层填筑压实,严格控制分层厚度和压实密实。锥体填土应按高程及坡度填足,砌筑片石厚度不够时再将土挖去。不允许填土不足时采取边砌石边补填土。

锥体护面铺砌应自下而上分段进行,施工时坡面须挂线。挂线时坡顶应预先放高约 2~4 cm,使护坡能随同锥体填土沉陷,坡度仍符合规定。砌面时拉线要张紧,表面要平顺,一般采用干砌片石或铺砌大卵石,也有采用预制块砌筑。

为防止锥体土方被水浸泡变形,干砌片石背后应加设厚度不小于 10 cm 的碎石或卵石反滤(垫)层,反滤层应按规定分层做好,并应边做反滤层边砌筑,同时在护坡表面做好沉降缝和泄水孔。

片石砌筑方法:先将已挖好的基底进行夯实,铺设反滤层。砌筑时宜将较大的石块置于底层,石块间应交错咬接不得松动,所有空隙应用碎石填实,石块外露面应稍加修整。

锥体护坡砌筑的施工要点如下:

(1) 砌筑前将台尾混凝土砌块浮浆、泥土清除干净,洒水润湿;河堤护坡施工前清刷边坡浮土,修整平顺,干燥边坡洒水润湿,凹坑填平并拍实,平整度用 2.5 m 直尺测量,偏差不大于 15 mm。

(2) 用干砌片石防护,砌层厚度 35 cm,下设碎石垫层,厚度 10 cm,坡度按设计要求施工,护坡勾缝宜待锥体稳定后进行。

(3) 不使用易风化、易碎的石料,石料表面污渍要清洗干净,厚度不小于 15 cm。镶面石外露面要修凿平整,不使用有水锈的石料做镶面石。

(4) 砌缝材料严格按照规定的配合比施工,不得随意改变配合比。

(5) 砌体没有"通缝""瞎缝"。

(6) 浆砌片石采用挤浆法施工,河堤护坡分层、分段砌筑。分段位置设在沉降缝,两相邻段的砌筑高度不大于 120 cm,且各段水平砌缝大致水平。各砌块的砌缝互相错开,砌缝饱满。定位砌块表面砌缝的宽度不大于 4 cm。砌体表面与三块相邻石料相切的内切圆直径不大于 7 cm,两层间的错缝不小于 8 cm。砌体表面勾缝采用平凹缝,并及时洒水养护,避免开裂。

（7）镶面石砌缝的宽度为 2~4 cm。

（8）每 10~20 m 设一沉降缝，每 3 m 设一泄水孔。

护坡与路肩或地面的连接应平顺，便于排水，以免砌体背后冲刷或渗透坍塌。

6. 桥台防排水施工

桥台排水分台后排水和两侧排水两种方式，现多采用向两侧排水的方式，台身顶面向两侧的排水坡度不小于 3%。泄水孔应做防水，进水口设钢筋网，出水口伸出圬工面 3 cm，泄水管与防水层衔接良好。

为避免桥台圬工受侵蚀，桥台道砟槽顶面和台身被土掩埋的表面，应做防水层。待道砟槽混凝土凝固后，在其上浇筑素混凝土作保护层，并将表面整平无凹坑，同时做好排水坡度施工。保护层凝固后，先涂刷热沥青两遍，再铺防水层。防水层的施工部位、构造形式、厚度、坡度和细部做法应符合有关规定和设计要求；保护层的施工部位、构造形式、厚度、坡度和断缝处理应符合设计要求。

墩台施工时应按设计要求设置永久性高程观测点，并在施工完成、架梁前和竣工验交前进行观测。墩台施工完毕应及时对河道进行疏通清理，做好环境保护。

7. 双柱式桥墩的系梁、盖梁施工

双柱式桥墩的系梁、盖梁多采用预应力混凝土结构。某双柱式桥墩盖梁结构和墩柱结构分别如图 2.2.2-3 和图 2.2.2-4 所示，盖梁为预应力钢筋混凝土结构，其截面为矩形，横向宽度 21 m，高 3 m，纵向宽 4.0 m。盖梁两端设有接触网支架牛腿，接触网牛腿横向长 1.6 m，纵向宽 1.63 m，高 1.5 m。

预应力混凝土系梁、盖梁多采用一次浇筑成型。盖梁的施工方法有支架法（钢管支架及万能杆件拼装支架）、型钢托架法等方式。

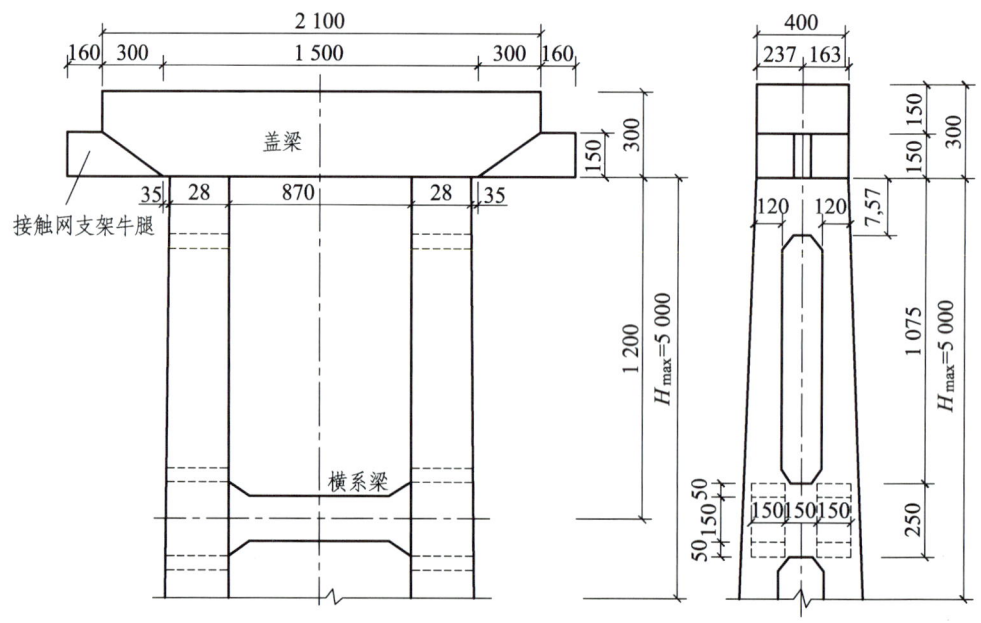

图 2.2.2-3 盖梁正面及侧面（单位：cm）

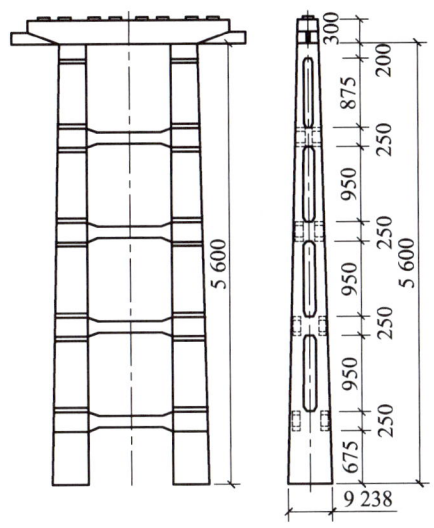

图 2.2.2-4 墩柱正面及侧面（单位：cm）

（1）支架法施工盖梁。

支架采用钢管或万能杆件拼装而成，上设型钢纵横向分配梁，作为盖梁底模平台。因支架基础受力很大，在施工前应在基础部位进行地基承载力试验，如不能满足承载力要求，则必须对地基进行加固处理，以确保支架基础受力满足设计要求。

支架拼装完成后，采用砂袋对支架进行预压，以消除支架的非弹性变形及测量其弹性变形，检验支架的强度、刚度、稳定性等。预压完后，即可进行盖梁模板、钢筋及预应力管道的安装。底模安装时，应根据支架弹性变形的大小，设置适量的预拱度。

支架法施工盖梁的优点是施工工艺成熟、材料丰富，结构相对简单。缺点是对地基的要求较高，当地质条件差时应进行地基处理；施工周期较长；当盖梁截面尺寸较大时，要求支架间距小、密度大，使得施工困难，材料用量大，经济效益差。

（2）型钢托架法施工盖梁。

型钢托架多设计为倒三角形式，托架左右幅对称地支撑于墩柱施工时预埋的型钢牛腿上，水平方向用精轧螺纹钢将托架锚固在墩柱上。墩柱之间的部分型钢托架以上部分结构依次为碗扣式支架、盖梁底模系统。盖梁悬臂端型钢托架以上部分结构依次为横梁、贝雷梁及底模系统，如图 2.2.2-5 所示。

型钢托架法的优点是型钢托架材料用量少，安装及拆除速度快，循环周期短，材料利用率高；且型钢托架基本不受地形及地质条件影响，不需要进行地基处理。缺点是安装精度要求高，杆件对吊装机械能力要求高。

型钢托架法的施工工序如下：制作牛腿、安装托架→安装横梁、贝雷梁及底模→钢筋骨架加工安装、埋设预应力管道→安装侧模→浇筑混凝土。

施工墩柱时，在墩柱顶以下约 80 cm 处预埋 ϕ100 PVC（聚氯乙烯）管，预留孔用作安装支重梁和牛腿。安装上部盖梁模板时，在孔内插入 ϕ80 钢棒作悬臂梁。牛腿多采用槽钢制作，钢棒与牛腿用螺栓紧固并紧贴于墩柱上。横梁可采用工字钢制作，工字钢与牛腿之间可按照调整升降丝杠（可用螺旋式千斤顶），以便调整标高及坡度。横梁安装完后，在其上安装贝雷梁并铺设底模。

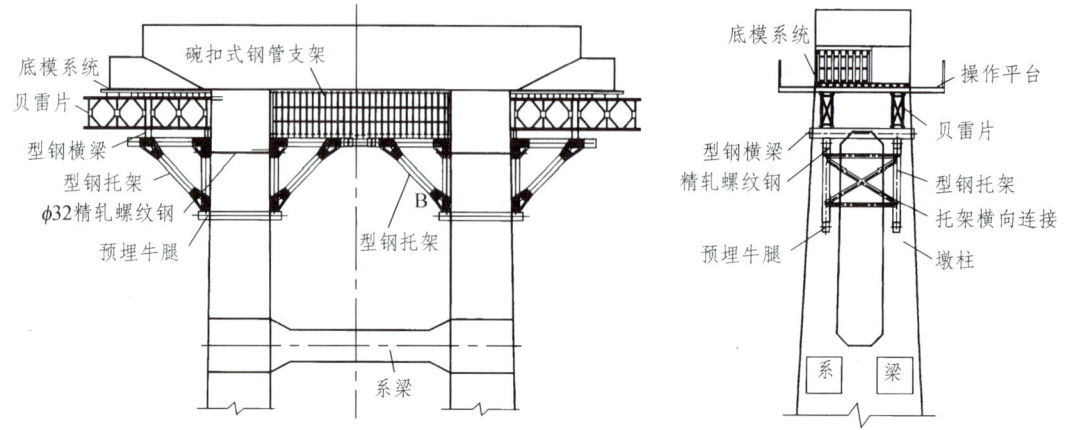

图 2.2.2-5　盖梁托架正立面及侧立面

预应力盖梁混凝土浇筑、养生及拆模后，进行钢绞线的穿束、张拉及锚固施工。因盖梁运营时负弯矩较大，预应力筋较多，若采用一次张拉的施工工艺，则在施工过程中盖梁底会产生较大的正弯矩和下缘拉应力，故预应力筋采用两次张拉的施工方法，先期束采用两端同步张拉，后期束可采用一端张拉。预应力筋张拉后应及时进行孔道压浆，并切割多样的钢绞线，绑扎封端钢筋网，浇筑封端混凝土。

8. 特殊结构的桥墩施工

鉴于现代桥梁桥墩形式的多样性，桥梁的设计除了满足功能性要求外，还考虑其造型美观，设计了一些特殊结构的桥墩形式，如 V 形、Y 形和 X 形桥墩，这些桥墩结构特殊，其施工方法与一般桥墩的施工有很大的差别。对于特殊结构的桥墩施工，其施工方法与桥梁结构体系有密切关系，下面以 V 形和 Y 形桥墩为例进行说明。

（1）V 形墩施工。

通常桥墩为 V 形的桥梁，其施工分为 V 形墩结构、锚跨结构和挂孔部分三个阶段。其中 V 形墩是全桥施工重点，它由两斜腿和其顶部主梁组成倒三角形结构。某大桥 V 形墩施工如图 2.2.2-6 所示。

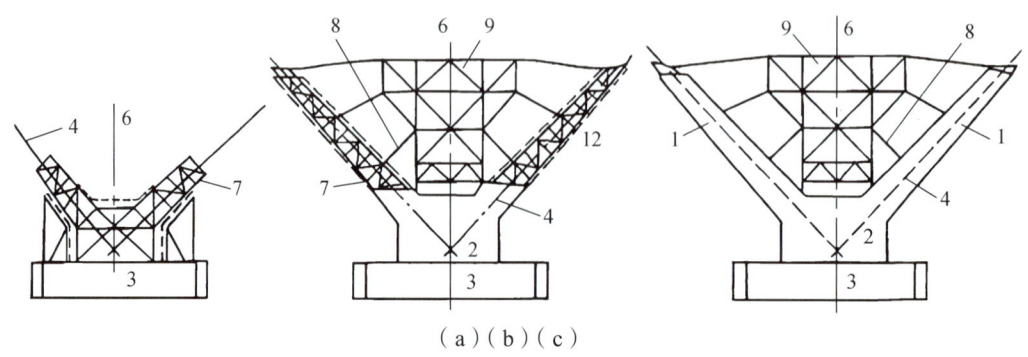

（a）（b）（c）

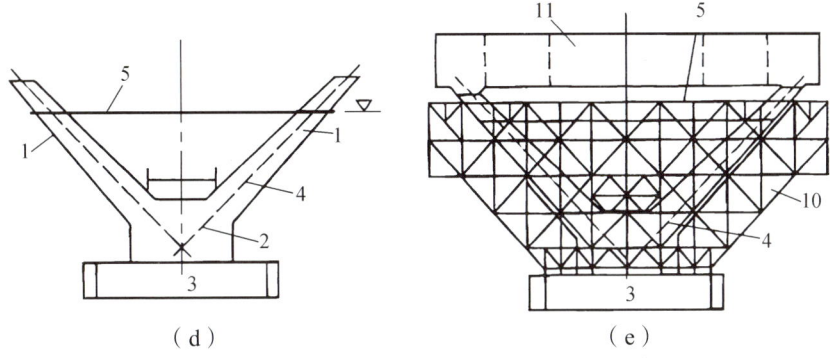

1—斜腿；2—墩座；3—承台；4—高频焊管、钢丝束；5—预应力拉杆；6—墩中心线；
7—劲性钢架（第一节）；8—角钢拉杆；9—平衡架；
10—膺架；11—梁体；12—劲性钢架。

图 2.2.2-6　V 形墩施工步骤示意

施工步骤主要如下：

① 将斜腿内的高强钢丝束、锚具与高频焊管连成一体，并和第一节劲性骨架一起安装在墩座及斜腿位置处，浇筑墩座混凝土，如图 2.2.2-6（a）所示。

② 安装平衡架、角钢拉杆及第二节劲性骨架，如图 2.2.2-6（b）所示。

③ 分两段对称浇筑斜腿混凝土，如图 2.2.2-6（c）所示。

④ 张拉临时斜腿预应力拉杆，并拆除角钢拉杆及部分平衡架构件，如图 2.2.2-6（d）所示。

⑤ 安装 V 形腿间墩旁膺架，浇筑主梁 0 号节段混凝土，张拉外腿及主梁钢丝束或粗钢筋，最后拆除临时预应力拉杆及墩旁膺架，使其形成 V 形结构，如图 2.2.2-6（e）所示。

采用劲性骨架和临时预应力拉杆的作用：一是吊挂斜腿模板及承受其他施工荷载；二是在结构中替代部分主筋及箍筋；三是可减小施工时的斜腿截面内力。一般为保证施工中结构自身的稳定性和刚度，将两侧劲性骨架用钢拉杆连接在平衡架上。两斜腿间主梁的施工，是在膺架上分三段浇筑，其大部分自重力由膺架承受并传至基础上。只有在 V 形墩顶主梁合龙时，合龙段有 1/3 自重力由斜腿承受。

（2）Y 形墩施工。

Y 形桥墩结构特殊，施工的难点主要有如下几点：一是模板的拼装和就位；二是必须保证混凝土浇捣的质量，尤其是中横梁和上节柱的交接处混凝土的密实度；三是拆模时保证 Y 形柱根部不受自重力影响。

Y 形墩台一般常规的施工顺序为：下节柱、中横梁、上节柱、盖梁。这样占用周转材料多，一次性投入大，施工周期长。对工期要求比较紧的墩台施工不宜采用。如某 Y 形墩台施工，结合现场实际情况，将 Y 形墩台分三次浇捣成型，即下节柱、中横梁和上节柱、盖梁（图 2.2.2-7）。

根据此施工方案，针对三个施工难点分别制定相应的施工措施如下：

① Y 形墩模板拼装就位。

定型钢模板先拼装好，然后用吊车套入绑扎好的斜柱钢筋，再进行斜率及垂直校正。斜柱模板的斜率及垂直度校正完毕后，在同一跨的两个斜柱之间用排架联系杆加设钢管剪力撑，并加设缆风绳，以保证排架的刚度和模板稳定性，这样既不会损伤模板又加快了施工速度。模板施工流程为：

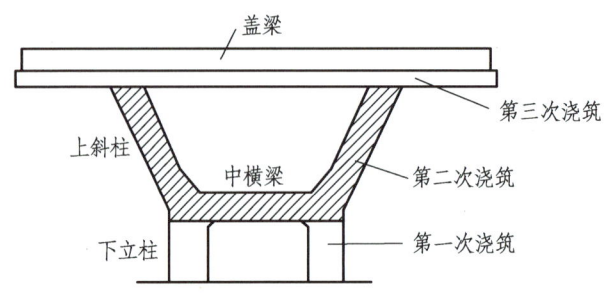

图 2.2.2-7　Y 形墩台混凝土分段浇筑示意

定位放线→下立柱施工→按照地面的定位线打设柱墩外侧排架支撑→横梁面定出斜率控制线及柱墩中心线→上节斜柱及中横梁钢筋施工及验收→上节斜柱模板吊装下滑及中横梁模板拼装→水平围檩固定→上节斜柱斜率及垂直校正→加设缆风绳→复核、校正→浇筑中横梁混凝土→上节斜柱底部浇筑并封门子板→上节斜柱继续浇筑。

② 中横梁和 Y 形墩混凝土一次性浇筑施工。

在斜柱的内侧底部开设一定大小的门子板，用于横梁及斜柱交叉的混凝土浇筑密实。具体方法是：先对斜柱的模板吊装调整，再开启钢模的门子板用手拉葫芦固定在空中。这样在进行中横梁混凝土浇捣时，施工人员就可以从此开口处将振动棒伸入中横梁与 Y 形柱连接部位，进行混凝土振捣，以确保混凝土的质量；在中横梁混凝土浇捣到面层开始进行斜柱混凝土浇捣时，迅速将门子板封上，然后进行上节斜柱的混凝土浇筑施工。

③ 整个 Y 形墩没有全部形成前，采取换撑拆模的办法不让 Y 形墩受自重力的影响。

在上节柱混凝土达到一定的强度后，用槽钢将顶上的两个 Y 形柱钢筋对拉形成约束后，拆除 Y 形柱最上部分的模板，保持根部至自重力点以上一段模板和排架不动，以承受柱自重力。同时在上部模板拆除后，立即将上部排架恢复，并利用对拔榫在柱混凝土和排架之间进行加固撑紧，以替代下部排架的受力，然后拆除 Y 形柱下部的模板。

四、课外加油站

杭州湾跨海大桥

五、思想政治素质养成

（1）高速铁路桥梁墩台施工过程中，严格按照规范和标准进行操作，从墩台身施工到顶帽施工，再到拆模养护和防护施工等环节，都体现了严谨科学的态度和对工程质量高度负责的精神。无论是模板设计安装的精确要求,还是钢筋加工绑扎的规范操作,以及混凝土浇筑养护的细致把控,都彰显了精益求精的工匠精神。

(2)特殊结构桥墩施工,如双柱式桥墩和V形桥墩、Y形桥墩的施工,既体现了创新思维在工程建设中的应用,也反映出施工团队勇于挑战复杂结构、不断探索新技术的进取精神。桥台填土锥体防护施工和防排水施工,不仅注重工程的功能性,还考虑到环境保护和长期稳定,体现了可持续发展的理念。

(3)整个施工过程启示我们在学习和工作中,要以严谨负责的态度对待每一项任务,追求卓越品质,不断创新进取,同时注重与环境的和谐共处,为国家的建设事业贡献自己的智慧和力量。

六、任务分组

表 2.2.2-3　学生任务分配表

班级：　　　　　　组号：　　　　　　组长：　　　　　　指导老师：

组员	任务分工	组员	任务分工

表 2.2.2-4　任务工作单

姓名：	学号：	日期：
（1）简述墩身混凝土施工的内容、方法及注意事项。		
（2）简述特殊墩的类型及各类型的施工流程。		

七、评价反馈

表 2.2.2-5　评价反馈表

姓名：		组号：		组长：		指导老师：		
评价指标	评价内容	分值	个人自评（20%）	组内互评（20%）	组间互评（20%）	教师评价（40%）	综合评价
信息检索能力	能有效利用网络、图书资源查找有用的相关信息等；能将查到的信息有效地传递到学习中	10分					
课堂感知力	是否熟悉普通钢筋混凝土墩台施工流程，认同工作价值；在学习中是否能获得满足感，课堂氛围如何？	10分					
参与度、交流沟通	积极主动与教师、同学交流，相互尊重、理解、平等；与教师、同学之间是否能够保持多向、丰富、适宜的信息交流	10分					
	能处理好合作学习和独立思考的关系，做到有效学习；能提出有意义的问题或能发表个人见解	10分					
知识、能力获得情况	了解普通混凝土墩台和特殊桥墩的类型	10分					
	掌握实心墩的施工流程	10分					
	掌握空心墩的施工工艺流程	10分					
	能简要说明 V 型墩的施工特点	10分					
	能简要说明 Y 型墩的施工特点	10分					
思维态度	是否能发现问题、提出问题、分析问题、解决问题、创新问题	5分					
自评反思	按时按质完成任务；较好地掌握了知识点；具有较强的信息分析能力和理解能力；具有较为全面严谨的思维能力，并能条理清楚明晰表达成文	5分					
反思改进							

任务三　钢筋混凝土高墩施工

一、学习目标

1. 思政目标

（1）培养学生严谨务实的学习态度；
（2）培养学勇于创新的精神；
（3）培养学生认真负责的工作态度。

2. 知识目标

（1）了解高墩施工的各种方法及特点；
（2）掌握高墩施工流程及关键环节；
（3）明确高墩施工要求与注意事项。

3. 能力目标

（1）能判断高墩施工各施工方法的优劣点；
（2）能准确解读高墩施工技术要求；
（3）能发现并解决高墩施工中常见的简单问题。

二、任务重、难点

1. 重　点

（1）滑模施工的模板构造及施工流程；
（2）翻模施工的模板构造及施工流程；
（3）爬模施工的模板构造及施工流程。

2. 难　点

（1）滑模施工的施工流程；
（2）翻模施工的施工流程；
（3）爬模施工的施工流程。

三、知识链接

高速铁路桥梁的高墩多采用空心墩结构。高墩施工的模板一般有滑升模板、提升模板、滑升翻模、爬升模板、翻板钢模等几种，本节重点介绍常用的滑升模板、翻板式爬模、翻升模板的高墩施工工艺。

当桥梁通过深沟宽谷或大型水库时，常采用高桥墩。高桥墩可分为实体墩、空心墩和钢架墩。墩高在 50 m 以上的高墩，如将实体墩身改为厚壁式空心墩身，可节省圬工 50% 左右。

高墩的施工设备与一般桥墩大体相同，但其模板和提升设备却另有特色。常用的高墩施工模板一般有滑升模板、提升模板、滑升翻模、爬升模板、翻板钢模等，它们的共同点都是依附于已灌注的混凝土墩壁上,随着墩身的逐步加高而向上升高。

滑模存在顶杆回收率低、设备重量大、投资大等缺点;爬模存在构造复杂、一次性投入大等问题;翻模具有结构简单、操作方便、零部件损耗小、成本低、便于加工等优点。

(一)滑模施工法

滑模施工法是将模板悬挂在工作平台的围圈上,沿着所施工的混凝土结构截面的周界组拼装配,并随着混凝土的灌筑由千斤顶带动向上滑升。滑模施工流程为:清理基础顶面→测量放线→绑扎第一节墩身钢筋→滑模组装→浇筑混凝土→提升与收坡→接长顶杆、绑扎钢筋→进入下一循环施工。

滑模施工

滑模施工的优点是施工进度快,工期短,节省劳力,工作接缝少,只需一套模板配合顶杆、千斤顶和提升混凝土设备等即可完成全部混凝土的灌筑工作。但由于滑模是在混凝土强度还较低的情况下脱模的,故有可能使混凝土表面出现变形或环向沟缝。滑模在动态下灌筑混凝土,提升操作频繁,因而对中线的水平控制要求严格,施工中稍有不当就会发生中线水平偏差。由于滑模脱模快,对混凝土防冻十分不利,故一般不适宜在冬期施工。现在桥梁施工中滑模施工法有被爬升模板取代的趋势。

1. 滑模构造

滑模的构造,因桥墩类型及提升工具的类型不同,模板构造稍有差异,但其主要部分与功能大致相同,一般主要由模板、圈梁、支承杆、操作平台、千斤顶和提升架等组成,如图2.2.3-1所示。

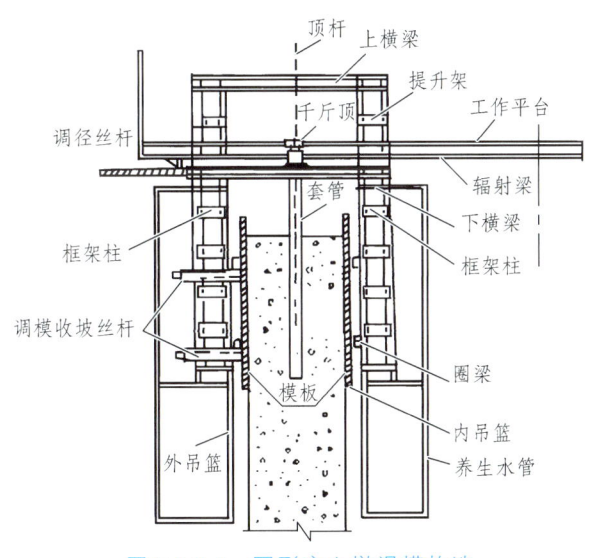

图 2.2.3-1 圆形空心墩滑模构造

(1)提升架。

提升架一般是由上、下横梁(或单根横梁)和两根立柱组成的门型刚架,是滑模系统中主要的承力结构,多采用型钢焊接而成。提升架设在墩壁周围与顶杆(爬杆)配合使用,通常每设一根顶杆就应有一个提升架,也有几根顶杆配合一个提升架。提升架的宽度、长度,由墩壁的厚度及内外模的高和厚度决定。

（2）内外模板。

模板多采用薄钢板（厚约 1.5~2 mm）制作，其上焊有纵横向角钢，可用螺栓连接成墩身所要求的形状。收坡桥墩模板分固定模板和活动模板，固定模板安装在顶架立柱或内外支架的横向圈梁上，活动模板则在模板与立柱之间安装丝杆，以移动模板位置，达到改变墩壁厚度的目的。固定模板焊成整块结构，如图 2.2.3-2（a）所示，每块活动模板由几块可拆卸的小模板组成，如图 2.2.3-2（b）所示。固定模板安装在收坡丝杆上，收坡丝杆安装在立柱上，活动模板则搭接在两块固定模板之间，支承在固定模板的横带上。

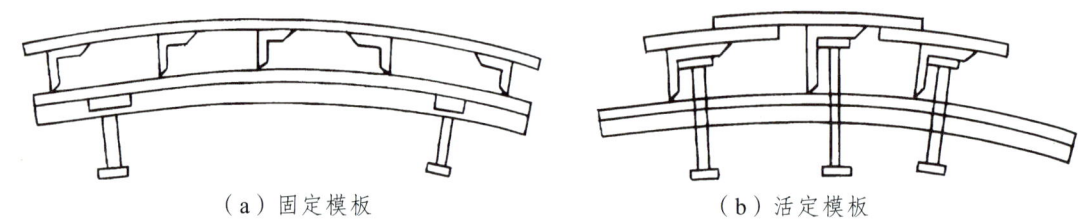

（a）固定模板　　　　　　　　　　（b）活定模板

图 2.2.3-2　内外模板

壁厚相同的斜坡空心墩的滑动模板，其内外模板固定在立柱上，但支架通过滚轴悬挂在辐射梁上，可利用调径丝杆移动支架，达到调节桥墩坡度的目的。

（3）工作平台。

工作平台由内外钢环、辐射梁、栏杆和步板等组成，是整个模板结构的骨架。工作平台与提升架连接起来，使整个滑模结构通过提升架支承在顶杆上，同时也是施工操作的场所，因此工作平台应有足够的强度和刚度。

（4）提升系统。

提升系统由千斤顶、顶杆与套管、液压操纵台等组成。千斤顶是提升模板的动力装置，常用的是电动液压千斤顶。顶杆是液压千斤顶的爬行杆，又是整个模板的支承杆，顶杆分节接长，其接头应错开。套管的作用是防止混凝土与顶杆黏结，以便桥墩竣工后，将顶杆拔出再用。

2. 滑模组装

滑模的使用和施工，应遵循相关的技术规程，以免发生事故。在墩位上就地组装滑模，其安装顺序应遵循的原则为先内后外，先上后下。组装前应进行试拼，检查各部分尺寸与模板坡度，合格后才能正式组拼。模板高度宜为 1.0~1.2 m，并应有 0.5%~1.0%的锥度。滑模安装步骤大致如下：

（1）在基顶搭设支架或枕木垛，定出桥墩中心线，按设计图放出内外模板上下口的坡影，标出模板位置。

（2）在枕木垛上先安置内钢环，并准确定位。再依次安装辐射梁、外钢环、立柱与收坡丝杆、模板、千斤顶、套管、安插顶杆等。

（3）按设计要求及组装质量进行全面检查及验收。

（4）提升整个装置，拆除支架或枕木垛，落下滑模就位，工作吊篮等应在滑模升至一定高度后再及时安装。

3. 滑模收坡

滑模收坡主要靠转动收坡丝杆移动模板，使内、外模板在提升的同时，根据墩内外半径缩小的情况，在辐射方向变更模板位置。在提升过程中，随着墩身直径缩小，模板的周长也相应缩短；因此，各块固定模板之间的活动模板，相互搭叠（图 2.2.3-3），随着墩身截面周长的缩短，模板搭叠范围将不断增大，待搭叠增大至一定限制时，可抽出部分活动模板，再继续提升收坡。

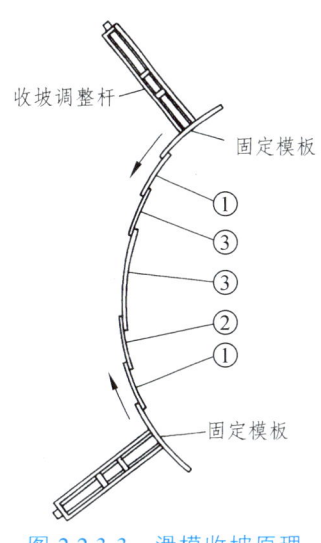

图 2.2.3-3　滑模收坡原理

4. 施工过程

滑模施工的主要内容有钢筋绑扎、混凝土灌筑、模板提升和混凝土养护等，施工过程分为初滑、正常滑升、停滑和空滑四个阶段。

（1）钢筋绑扎。

模板每提升到一定高度，就需要接长支承顶杆和绑扎钢筋，为了不影响提升时间，钢筋接头均应事先配好，最后采用冷压式套筒连接。钢筋连接如采用焊接，则应安置好电焊机在工作平台上的适当位置。钢筋长度一般不超过 6 m，竖直主筋下端就位焊接后，上端应用限位支架临时固定，要及时绑扎水平筋或箍筋。

支承顶杆接长应顺直平整，在支承杆穿过较高洞口时，应及时加固以防失稳。顶杆接长应分批对称轮流进行，一次不能超过全部顶杆的半数，使模板始终均匀支承在顶杆上。

（2）混凝土灌筑。

高墩多采用泵送混凝土施工，宜选用低流动度或半干硬性混凝土，坍落度可为 10～30 mm，水灰比 0.5～0.65，初凝时间控制在 2 h 左右。在底层混凝土强度达到 0.2～0.3 MPa 时，即可开始模板的初升和墩身混凝土的灌筑工作。混凝土应连续施工，不得中途停止，灌筑时应严格执行分层分圈、对称均匀的原则，做到快灌快震。振捣采用插入式振动器，振捣时不得提升模板。混凝土灌筑速度应满足滑模提升速度的要求，正常灌筑后，应使每次提升高度等于每层灌筑厚度，各段混凝土浇筑到距模板上口不小于 10～15 cm 时停止灌筑。

混凝土停工后处理：在滑模施工中，由于工序的改变，或发生意外事故，使混凝土灌注工作停止较长时间，在此情况下，要注意进行停工处理。例如，每隔半小时提升模板一次，一般提升 3~4 次即可，以免模板与混凝土黏结，但模板提升后应与混凝土保持不少于 30 cm 的搭接高度；同时在混凝土表面插入短钢筋，以加强新老混凝土的连接，复工时要将混凝土表面凿毛并清除干净。

混凝土达到拆模强度后，应及时拆除模板，拔出支承顶杆，以砂浆封孔。

（3）模板提升。

模板提升可分为初滑、正常滑升、停滑和空滑四个阶段。

① 初滑。为克服提升模板的摩阻力，减少提升设备的损耗，在混凝土达到较低的出模强度（0.2~0.5 MPa）时，缓慢提升模板 20~50 mm，观察混凝土凝固情况，用手指按刚脱模的混凝土表面，若留有指痕，砂浆不黏乎，则认为混凝土已达到要求强度，这一过程为试升阶段。试升时模板内混凝土未灌满（仅 0.7~0.9 m 高），试升阶段每次模板提升高度应稍小于每层混凝土灌筑厚度，直到混凝土灌筑至距模板顶面不少于 0.1 m 左右的距离，这一过程为初升阶段。

② 正常滑升。初滑后，经全面检查合格后即可进入正常滑升。正常滑升时应每灌筑一层模板高度的混凝土提升一次模板，这样不间断地进行，每次模板提升的高度与灌筑的混凝土厚度基本一致。在正常气温条件下，滑升间隔时间不应超过 1 h。随着不断向上滑升，应将千斤顶支承杆不断接长，并转动收坡丝杆，调整墩壁曲面的半径，使之符合设计要求的收坡坡度。

③ 停滑。在混凝土灌筑至需要高度不再继续灌筑，或因墩身横隔板施工需要，混凝土灌筑至要求标高后，即停止滑升。停滑后，为防止混凝土粘模，模板应继续提升，可每隔 1 h 提升模板一次，每次提升一个行程（5~10 cm），提升 3~4 次，直至模板不与混凝土黏结为止。

④ 空滑。当滑模滑升至横隔板处需将滑模向上空滑 1 m，以便安装下节外侧模板，绑扎横隔板钢筋，浇筑横隔板混凝土。由于空滑时千斤顶支承杆自由长度大，为避免失稳，需对支承杆进行加固。

滑模提升应做到垂直、均衡一致，顶架横梁或千斤顶顶座间的水平允许高差不大于 20 mm，位移允许偏差为 30 mm，允许扭转角为 2°。模板纠偏，不得一次调整过多，每滑升 1 m，纠正位移值不大于 10 mm。纠偏时一般应先调整平台水平，再纠正位移和扭转。

（二）翻模施工法

工作原理：翻模是一种自下而上逐层上翻循环施工的特殊钢模，由三层模板组成一个基础单元，并配有随模板升高的工作平台。当灌筑完上层模板的混凝土后，将最下层模板拆除翻上来装在第三层模板上而成为第四层模板，如此循环反复，直至桥墩施工完毕。翻模可采用小块模板，每节模板高度约为 1.5~2.0 m，宽度根据桥墩截面形状、尺寸及起吊能力决定。

翻模施工流程为：清理基础顶面→测量放线→绑扎一、二节墩身钢筋→安装一、二节模板→浇筑两节混凝土→安装桁架及起重设备→用起重设备安装第三节模板→浇筑第三节混凝土→安装提升桁架→拆除第一节模板（作为第四节模板）→用扒杆起吊安装第四节模板→进入下一循环施工。

翻模施工的优点是对于桥墩变坡、变厚，翻模均可适用。模板质量轻、拆装方便，可用人工操作。缺点是立模次数多，混凝土接缝多。

1. 翻模构造

翻模施工的模板提升方式有吊机提升法和液压穿心千斤顶提升法。图 2.2.3-4 所示的是桥梁高墩施工的专用液压自升式翻模，由工作平台、提升架（顶杆与导管）、内外吊架、模板系统、液压提升设备、中线控制系统及附属设备等组成。

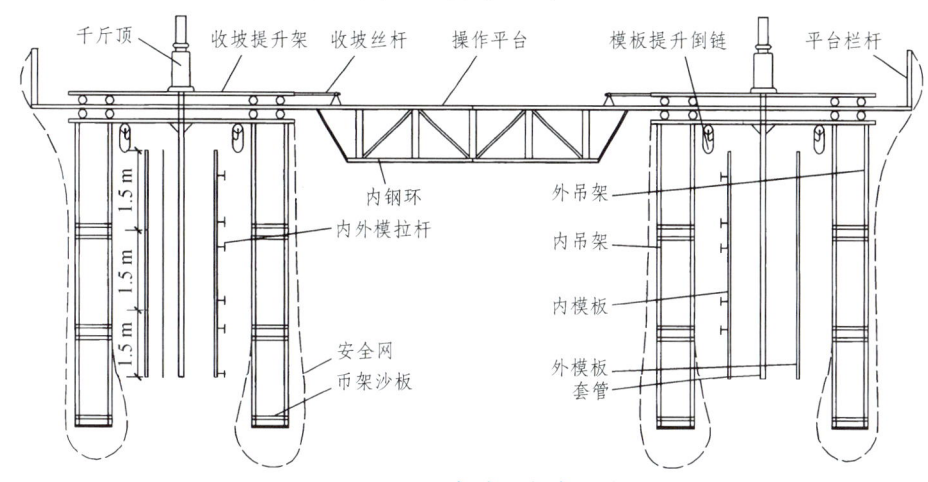

图 2.2.3-4　自升平台式翻模

工作平台由万能杆件拼装而成，通过顶杆支撑在达到一定强度的墩身混凝土上，随千斤顶的爬升而提升到一定高度后悬挂吊架。工作人员在吊架上进行模板的拆卸、提升、安装及绑扎钢筋等作业，混凝土灌筑、捣固、中线控制等作业也都在工作平台上进行。内外模板分 3 层，循环交替拆卸、提升、安装。第三层混凝土灌筑完成后提升工作平台，拆卸第一层模板移装至第三层模板上方，安装校正后浇筑混凝土，循环往复，直至工作完整个墩身。模板的拆卸、提升、安装由人力借助倒链提升完成。

2. 翻模施工

翻模施工的工艺流程为：施工准备→组装翻模→绑扎钢筋→灌筑混凝土→提升工作平台→模板翻升→施工到墩顶拆除模板→拆除平台。其中模板翻升、钢筋绑扎、混凝土灌筑和平台提升等工序是循环进行的，直到墩顶，在其间还要进行平台对中调平、接长顶杆、混凝土养护和埋设预埋件等多项工作。

（1）下部实心段施工。

外模支立的效果好坏直接关系到以后的施工，要求尺寸正确，外模顶水平，否则在空心段施工时，造成模板不平整。

翻模施工

翻模法施工高墩，中线的控制是比较关键的一环。首先在制作模板时，要保证模板的几何尺寸要满足精度要求，否则模板误差的积累将会造成墩柱施工时垂直度难以保证。其次，要保证模板的定位准确，采用全站仪在承台或基础顶面墩柱外侧 20 cm 处放出四个面的定位点。在安装第一次模板前，施工完墩底实体段后，在其中心预埋一块铁板，利用纵横方向护桩交会出墩身中心。制作一个滑轮架，缠上细钢丝绳，下吊一个 10 kg 大垂球，将滑轮架安装在工作平台中心,使垂球对准墩底中心,误差控制在±5 mm以内。墩身高程控制采取每5 m测一次相对标高,使模板顶面基本保持在一个水平面上。每次模板安装好后,均要用全站仪对模板进行垂直度校核。

(2)翻模组装。

① 搭设平台吊装的脚手架:利用短钢管在实心段上及墩身四周搭设一脚手架平台,安放整体吊装的平台。

② 平台的组装、吊装:组装按由内到外的顺序,在平地上进行组装;组装时,内外钢环按圆心对称安装在辐射梁上,不得有偏心;辐射梁均匀分布在半个圆周,采用丁顺结合布置,安装好后将所有螺丝拧紧,并涂上黄油;利用塔吊进行整体吊装,每侧辐射梁下设2台千斤顶。

③ 安装预埋件及液压设备:预埋靴子的位置要特别准确,它是为整个平台的顶杆预先造孔,使套管能顺利提升,保证平台的平衡;平台安装就位后安装千斤顶,插入顶杆套管,并采取措施保护套管不与混凝土粘连。

④ 组装翻模:内外模板各设2层,翻模按顺序、部位进行组装。组装时,模板间缝隙要严密,内外模板间按设计尺寸进行校正,并安设拉筋和撑木。

(3)绑扎钢筋。

钢筋绑扎严格按照设计图进行绑扎。焊接和绑扎钢筋时应先接长竖向钢筋,然后绑扎水平环筋,最后绑扎内外钢筋网体之间的拉筋。钢筋安装时严格控制钢筋保护层厚度,钢筋交叉点绑扎时的绑扎方向呈梅花形布置。箍筋与主筋相垂直,主筋间距偏差不大于6 mm,箍筋间距偏差不大于10 mm。

(4)灌注混凝土。

混凝土由拌和站集中拌制,混凝土搅拌运输车运至墩下,混凝土输送泵泵送入模,分层对称均匀浇筑,一般每层厚度不超过30 cm。

混凝土灌注到模板顶时,要低于模板口1~2 cm,为下一次方便组装翻模,防止有错台。当混凝土的强度大于1.2 MPa时清除浮浆,凿毛混凝土表面,绑扎钢筋进行第二、三节段施工。

每浇筑5~10节墩身混凝土,用经纬仪、水准仪对中心和高程进行核对一次利用吊挂锤球方法检查控制桥墩中心和方位时,应专人负责,跟踪观测,发现偏差及时纠正。

(5)提升工作平台。

翻模组装后,第一次提升平台在混凝土灌入达到一定高度后进行,时间宜在混凝土初凝后,终凝前,提升高度以千斤顶的1~2个行程为限(一个行程3 cm)。平台的提升操作人员应选派责任心强、素质较高的工人,培训后上岗。

平台提升总高度以能满足一节模板组装高度为准,同时控制在终凝后达到设计高度,切忌空提过高。第二次及以后每次提升(终凝前),每小时提升一次,当混凝土表面发硬时,每半小时提升一次,当混凝土表面发白时,再提升1~2个行程。

混凝土终凝后,每4~6小时提升一次;模板组装完毕后,在灌混凝土前提升一次,以检查套管是否被粘住,在浇筑下一板混凝土前把套管擦干净,并涂油。

平台提升过程中注意随时进行纠偏、调平。收坡在平台提升至总行程一半后进行,终凝前完成,就位后专人检查。

(6)模板翻升。

① 模板解体。模板可视情况分为若干个大块整体翻升,此工作在灌注最上层模板混凝土

过程中提前进行。解体前先用挂钩吊住模板,然后拆除拉筋、围带等。

② 模板翻升。待平台提升到位后,用倒链将最下层模板吊升至安装位置。提升过程中(包括平台的提升)有专人检查,以防模板与固定物挂碰。

检查模板组装质量,符合桥墩设计要求。检查合格后安放撑木,拧紧拉筋。

(7)顶杆的抽换倒用。

高度超过40 m的桥墩,可把支撑顶杆分段分批抽换倒用。当顶杆分节接高至20 m时,宜开始逐批抽换倒用。抽换的顶杆每批不得超过总组数的15%,且至少间隔3组。抽换方法是先将平台提升一段高度,抽出顶杆,然后从混凝土面割断套管、卸下混凝土面以上的一段套管。

(8)墩顶实心段及托盘、顶帽的施工。

墩顶实心段施工时,先拆除内模及内吊架,然后安装实心段的过梁和底模,再安装实心段外模。

墩帽施工时,托盘与顶帽分两次进行施工;每次将平台升至所装模板高度后,再安装托盘或顶帽模板,然后绑扎钢筋、灌注混凝土。

(9)翻模拆除。

拆除翻模时按照与组装的相反顺序进行。先拆除模板,后拆除平台。

拆除平台时,在墩顶用短钢管搭设一个脚手架平台,使液压平台稳放于脚手架平台上,将套管与平台的螺栓松开(不要卸掉),将千斤顶倒置套在顶杆上,反向爬升,将顶杆依次抽出;完后,拆除平台上所有设备,将套管与平台的螺栓全部松掉,利用双索吊同时起吊,整体吊装,最后拔出套管,灌孔。

图2.2.3-5所示的是吊机提升式翻模,施工方法基本同上,与液压提升式翻模不同点:安装和拆卸模板,提升工作平台以及钢筋等物品的垂直运输均由塔吊完成。

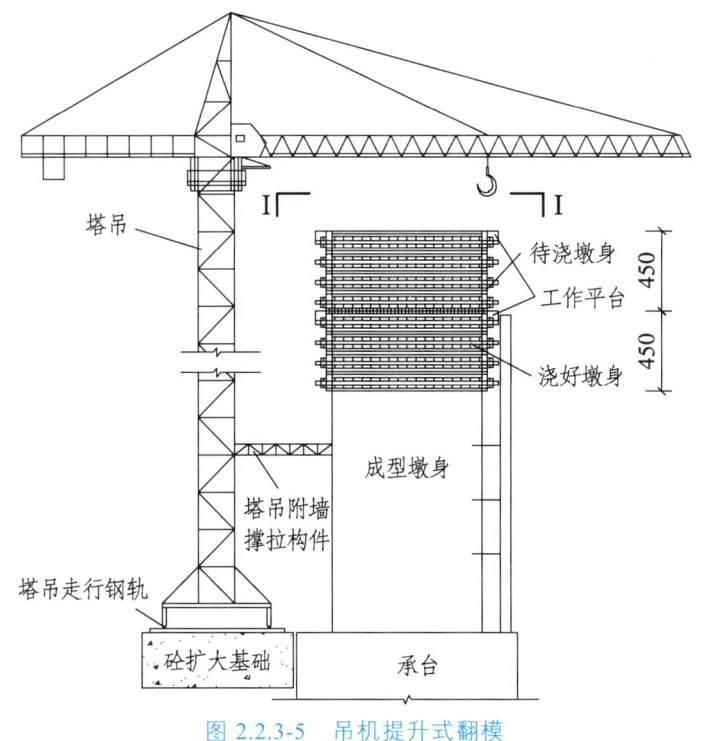

图 2.2.3-5 吊机提升式翻模

（三）爬模施工法

爬模施工与滑模施工相似，不同的是支架通过千斤顶支承于预埋在墩壁中的预埋件上，待浇筑好的墩身混凝土达到一定强度后，将模板松开，千斤顶上顶，把支架连同模板升到新的位置，模板就位后，再继续浇筑墩身混凝土，如此往复循环，逐节爬升，每次升高约 2 m。爬模主要适用于 30～100 m 高的空心高墩施工。其优点是拆装方便，有时可以只采用一套模板即可完成全部混凝土的灌筑工作，而且施工中无须另外的吊装机具。

爬模施工

爬模的工作原理：以达到一定强度的混凝土墩壁为承力主体，内爬支腿机构的上下爬架及液压顶升油缸为爬升设备主体，油缸的活塞杆与下爬架铰接，缸体与上爬架铰接，上爬架与外套架连接，外套架与网架工作平台连接，支撑整个爬模结构。通过油缸活塞杆与缸体一个固定一个上升，上下爬架间也是一个固定一个相对运动，达到上爬架和外套架、下爬架和内套架交替爬升，从而完成爬模结构整体的爬升、就位、校正等工序。内爬架支腿机构的上下爬架与墩壁的支点方式采用在墩壁上预埋穿墙螺栓，然后在其上连接支撑托架，上下爬架的爬靴支在托架上，以此为支撑点向上爬升。

爬模施工流程为：清理基础顶面→测量放线→绑扎第一节墩身钢筋→组装爬模两节→浇筑第一节模板混凝土→（经约 10 h 养生）爬升架开始爬升，就位→拆除下部一节模板，并移装在上节模板上→绑扎钢筋→灌筑混凝土→混凝土养生→进入下一循环施工。

1. 爬模构造

爬模从形式上可分为内爬式和外爬式两种。内爬式爬模采用双层框架两套支腿，爬升时以下支腿顶紧，用外框架顶升内框架、内外模板和上支腿，然后顶紧上支腿，将外框架及下支腿提升上来，这样完成一次爬升循环。外爬式爬模只用一套支架，靠预埋在墩壁中的预埋件（锚固螺栓或拉杆）来固定框架及内外模板，利用模板。框架的相互交替顶升完成混凝土的灌筑施工。

爬模的施工荷载都由预埋在墩壁中的预埋件（锚固螺栓或拉杆）来承受，这与滑模和翻模不同，它们靠钢模或模板与混凝土的黏结力来传递施工荷载。

图 2.2.3-6 为一种"内模爬外模挂分离式爬模"，采用整体双壁双吊钩塔吊，液压爬升法施工。整体系统主要由网架工作平台、双悬臂双吊钩塔吊、内外套架、上下爬架、外挂 L 形支腿、液压顶升及控制系统、模板及支撑系统等组成。

（1）网架工作平台。

网架工作平台为整个爬模设备的工作平台，主要承受塔吊重量和运料时的冲击力，采用空间网架结构，重量轻，承载能力强。在其上面安装中心塔吊，下面安装内外套架、上下爬架、内吊脚手架，四周安装 L 形支架，中间安装各种操纵控制及配电设备。整个网架结构采用万能杆件和连接板用螺栓拼组而成，构件的运输、拆装方便。

（2）内外套架。

内外套架是爬模系统的顶升传力机构。爬模靠内外套架间的相对运动来实现爬升，为保证升降平稳，在内外套架间设有导向轮。内外套架采用型钢杆件拼装，拆装方便，工艺性能好。

（3）上下爬架。

上下爬架是爬模的爬升机构，依靠上下爬架的交替上升，达到爬模的升高。上下爬架采用箱形结构,受力状态好,可以调整以适应不同截面,操作方便。

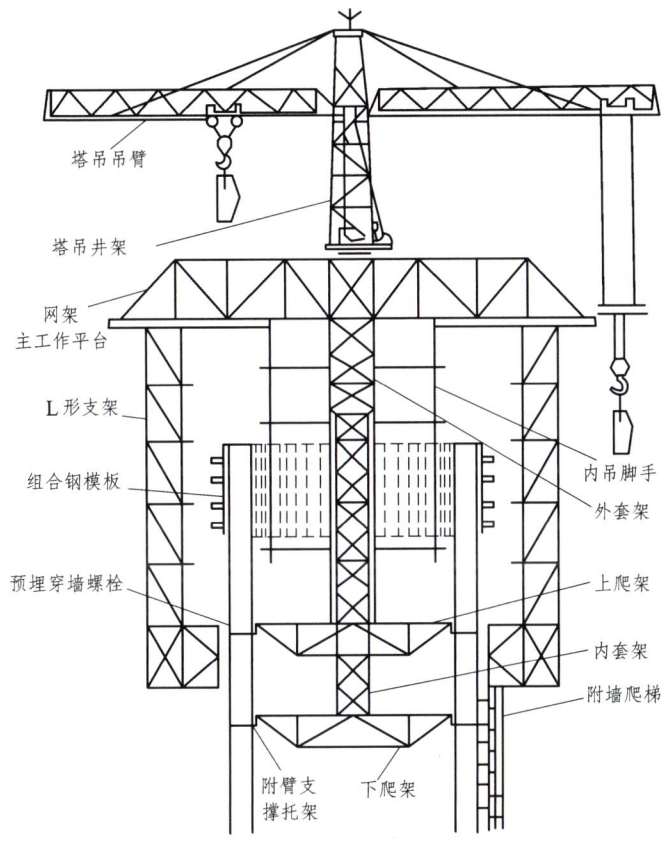

图 2.2.3-6　内爬外挂分离式爬模构造

（4）模板体系。

为加快立模、拆模速度,提高混凝土表面质量,爬模模板一般采用大块钢模。

（5）L 形支架。

L 形支架的上部连接于网架平台四周,下部与已经凝固的墩壁连接,以增加爬模的整体稳定性,并可作为墩身养护、表面补修及施工墩帽的脚手架。其结构采用型钢杆件和连接板拼组,拼拆方便。

（6）中心塔吊。

中心塔吊连接在网架平台中心处,随爬模一起上升,采用双悬臂双吊钩形式,以减少配重,可双向上料并能旋转,也可单向单斗上料,另一端挂配重。

2. 爬模施工

（1）爬模组装。

先在桥墩下部灌筑 4 m 高左右混凝土,然后安装爬模设备。组装时应注意顺序,确保精度要求和连接牢固。

（2）模板倒用。

模板配置为两层 1.5 m 高的钢模,按一循环灌筑一节模板混凝土的要求施工,当上一节模板内混凝土灌筑完并经养生达到要求的强度后，爬架开始爬升。爬架就位后，拆下面一节模板，同时对待灌筑一节的钢筋进行绑扎，并把拆下的模板立在上节模板之上，再进行混凝土灌筑、养护、爬架爬升等工序，如此往复循环，两节模板连续倒用，直至完成整个墩身的混凝土灌筑。

（3）钢筋绑扎。

按设计要求布置墩身护壁钢筋，钢筋接长在前次混凝土顶面1.6 m范围内进行，大于1.6 m的钢筋暂不接长，每次接长3 m左右。在竖直钢筋的接长和绑扎过程中不得损坏内外模板，并注意预埋穿墙螺栓和套筒位置。

（4）拆立模板。

在绑扎钢筋的同时，进行第二节模板的拆除和倒用，拆模时注意不要硬撬。拆模后要及时进行检查整修，清除模板表面的灰浆污垢并涂刷脱模剂。

（5）灌筑混凝土。

在爬模施工中，墩身通过穿墙螺栓承受全部施工荷载，故一定要保证混凝土的质量。浇筑前，要先对模板的各部位特别是预埋穿墙螺栓的位置进行认真检查，混凝土应严格执行对称分层灌筑、分层振捣、均匀浇圈的要求。混凝土入模时要均匀倒入模板内，注意不要冲击模板和平台杆件。每次浇筑混凝土面距模板顶面不应少于 5 cm，混凝土浇筑后，强度达到2.5 MPa以上方可拆模翻倒。

在实际工程中还可利用墩身主筋或劲性骨架作为承力骨架，用来悬挂和爬升工作平台，随着钢筋骨架的接高，逐节完成墩身混凝土的灌筑施工（图 2.2.3-7）。应用这种方法施工，墩身的竖直主筋，除应有较大的直径和较多根数外，还应有水平钢筋和斜置钢筋，以便牢固绑扎，形成具有较大承载力的劲性骨架。然后利用夹紧器、扁担梁和导链滑车组成的提升系统，提升支架和工作平台等。

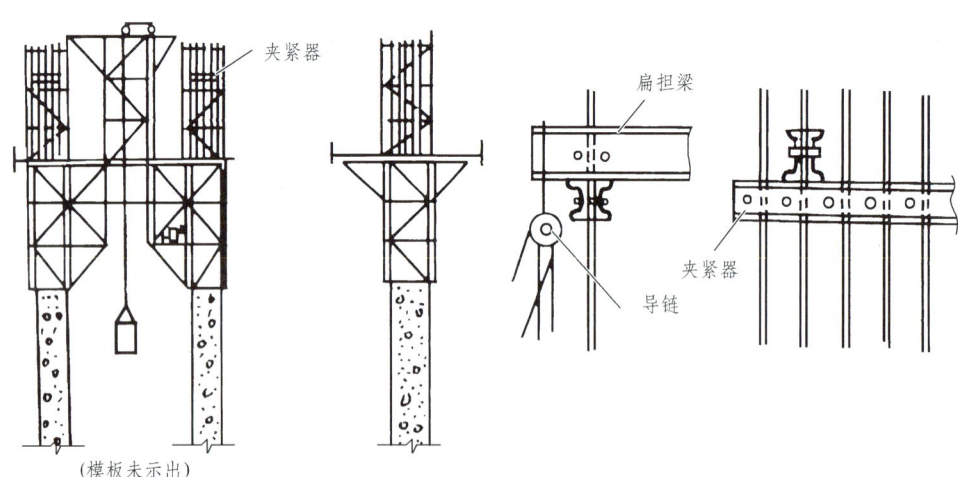

图 2.2.3-7 承力骨架构造

（6）爬升。

先将上爬架的4个支腿（爬靴）部分收缩，然后操纵液压顶升油缸活塞杆支撑在下爬架上，两缸体同时向上顶升带动整个爬模结构向上爬升。待爬升达1.5 m时停止，调节专门丝杆，伸出4个支腿，使爬靴就位，支在爬升支架上。然后在操纵液压控制台，使活塞杆收回，带动下爬架、内套架上升就位，并把下爬架支腿支撑好。在爬升工序中还包括接长外挂爬梯、放钢丝绳、拆穿墙螺栓及其倒用等。

墩身混凝土脱模部分应及时用水泥砂浆堵塞对拉螺栓孔并修补表面缺陷。混凝土可采用覆盖保湿养生，当桥墩过高供水困难时，可采用混凝土养生液进行养生。

爬模施工过程中，应经常检查中线、水平，发现问题及时纠正。

（7）墩帽施工。

无论是滑模施工还是爬模施工，当混凝土灌筑至墩顶设计标高以下 30 cm 时停止，都需要对工作平台重新进行改装，以便墩帽混凝土的灌注。通常的办法是按需要的高度预留牛腿孔洞，安装承托及过载梁，将平台托架下落，支承于牛腿过载梁上，拆除提升系统及其他不需要的附属设施后，即可立模绑扎钢筋并灌筑墩帽混凝土。然后利用墩帽，吊起托架，拆除牛腿，将整个工作平台徐徐下落至地面回收。

墩帽施工前后均应复测其跨度及支承垫石标高。施工中应确保支承垫石钢筋网及锚栓孔位置正确，垫石顶面要求平整，高程符合设计要求。

（8）爬模拆除。

爬模分两部分拆除，第一部分是位于墩身内部的内爬升机构，包括内外套架、上下爬架、油缸等；第二部分包括网架工作平台、吊车机构、外挂架等所有外部结构。拆卸过程中必须设置安全保护措施，并按照拆卸顺序和高空作业安全规则进行。各部分的拆除应严格对称，边拆边运。外部机构可利用爬模塔吊拆除，此时应保证吊车井架底部与墩顶的连接牢固可靠。最后塔吊用墩顶上临时安装的简易扒杆来拆除。对拆除后的爬模零部件应进行检查、维修、分类存放，以备再用。

四、课外加油站

JP200 爬模安装及使用

五、思想政治素质养成

（1）高墩施工方法多样，其中滑模施工虽有优势但也有不足，其施工过程对中线水平控制严格，反映出对精度的高要求，体现精益求精的工匠精神。翻模施工通过循环作业克服工程难题，各工序紧密配合，展现施工人员的耐心与协作精神。爬模施工借助预埋件爬升，施工过程需精准操作，体现对技术的严格把控和创新探索。

（2）高墩泵送混凝土施工要求严格遵循规程规范，合理选定配合比、注重养护等，体现对工程质量的高度负责。高墩施工注意事项涵盖设备选用、施工连续性、模板设计、安全施工等，强调全面考虑各种因素确保工程顺利进行，是对国家基础设施建设和人民生命财产安全的负责。

（3）整个施工过程启示我们在学习和工作中，要秉持严谨负责的态度，勇于创新探索，注重团队协作，以高度的责任感为国家建设贡献力量。同时，要不断追求卓越，提高自身专业素养，在面对困难和挑战时，积极寻找科学有效的解决方法，确保各项任务高质量完成。

六、任务分组

表 2.2.3-1　学生任务分配表

班级：　　　　　　　组号：　　　　　　　组长：　　　　　　　指导老师：

组员	任务分工	组员	任务分工

表 2.2.3-2　任务工作单

姓名：	学号：	日期：

（1）混凝土高墩施工的模板有哪些类型？各有什么特点？

（2）高墩混凝土施工与一般墩台混凝土施工有何差异？应注意哪些问题？

（3）特殊外形的混凝土墩台施工应注意哪些技术要求？

七、评价反馈

表 2.2.3-3　评价反馈表

姓名：	组号：		组长：			指导老师：	
评价指标	评价内容	分值	个人自评（20%）	组内互评（20%）	组间互评（20%）	教师评价（40%）	综合评价
信息检索能力	能有效利用网络、图书资源查找有用的相关信息等；能将查到的信息有效地传递到学习中	10分					
课堂感知力	是否熟悉高墩施工的方法及要点，认同工作价值；在学习中是否能获得满足感，课堂氛围如何？	10分					
参与度、交流沟通	积极主动与教师、同学交流，相互尊重、理解、平等；与教师、同学之间是否能够保持多向、丰富、适宜的信息交流	10分					
	能处理好合作学习和独立思考的关系，做到有效学习；能提出有意义的问题或能发表个人见解	10分					
知识、能力获得情况	知道高墩施工的常用施工方法	10分					
	掌握滑模施工的流程及特点	10分					
	掌握翻模施工的流程及特点	10分					
	掌握爬膜施工的流程及特点	10分					
	明确高墩施工的注意事项	10分					
思维态度	是否能发现问题、提出问题、分析问题、解决问题、创新问题	5分					
自评反思	按时按质完成任务；较好地掌握了知识点；具有较强的信息分析能力和理解能力；具有较为全面严谨的思维能力，并能条理清楚明晰表达成文	5分					
	反思改进						

项目三　高速铁路桥梁上部结构施工

任务一　高速铁路梁式桥施工

一、学习目标

1. 思政目标

（1）培养严谨的职业操守；
（2）培养吃苦耐劳的工作态度。

2. 知识目标

（1）了解高速铁路桥梁的受力特性及其对施工的影响，梁式桥的设计原理和结构特点；
（2）熟悉各种高速铁路梁式桥施工方法，预制法、悬臂法、顶推法等；
（3）掌握不同施工方法的具体操作步骤、技术要求和施工难点。

3. 能力目标

（1）能够根据工程特点、环境条件和资源情况，设计合理的施工方案；
（2）能够掌握各种施工工艺；
（3）能够按照施工图纸和技术规范进行精确施工；
（4）能够根据实际情况进行技术改造和创新。

二、任务重、难点

1. 重　点

（1）梁桥预制拼装施工特点；
（2）梁桥预制拼装施工过程。

2. 难　点

预制梁的安装。

三、知识链接

（一）固定支架整体浇筑施工

固定支架整体就地浇筑施工是一种传统的施工方法，就是在桥位处搭设支架，支架要有足够的刚度和承载能力，在支架上立模板、绑钢筋、浇筑混凝土和张拉预应力钢筋完成梁桥的施工过程，待混凝土的强度达到设计的规定后，逐渐卸落支架的施工过程。

由于施工过程需要大量的支架和模板，其一般仅在中、小跨径的桥梁中使用。但随着桥梁施工机具设备的进步和发展，例如贝雷梁和万能杆件的使用。目前，支架现浇施工越来越多地应用于大、中型桥梁的施工过程中。

固定支架整体浇筑施工具有不需要大型吊装、预制场地，受力主筋不中断，整体性好，适应性强等优点；但是，这种施工方法的工期较长，在施工过程中需要大量的模板和支架，不利于材料的迅速周转。

1. 施工工艺流程

固定支架整体就地浇筑施工的主要工序有：施工场地整理、支架和模板设立、钢筋的绑扎和预应力钢筋的孔道留设；混凝土的制备、浇筑和养护，预应力钢筋的张拉；模板、支架的拆除等。图 2.3.1-1 为就地浇筑钢筋混凝土简支梁桥的施工工艺流程。

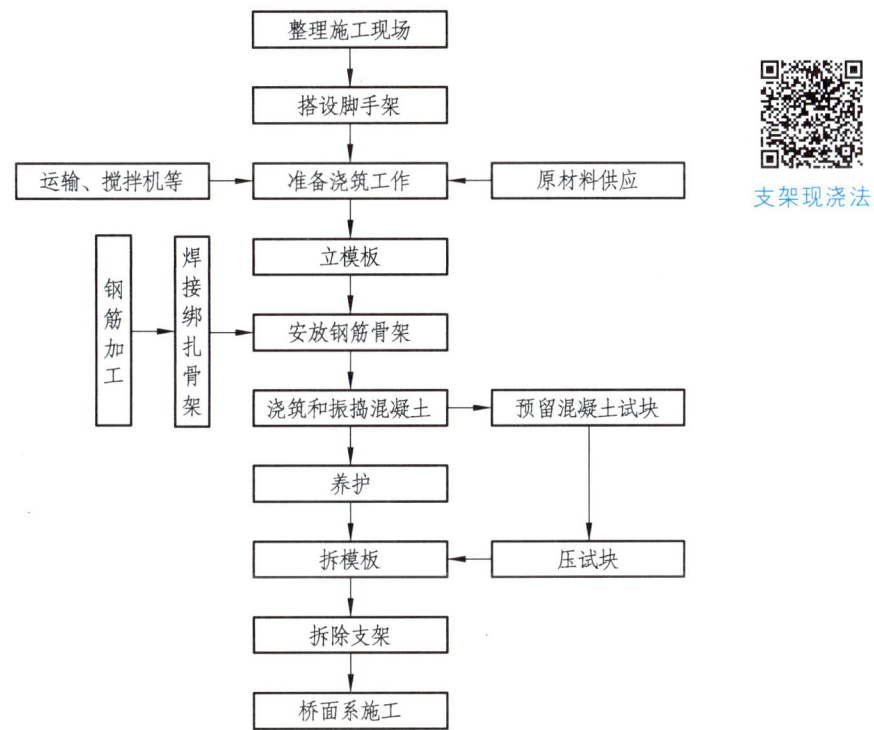

图 2.3.1-1 钢筋混凝土简支梁桥的支架现浇施工工艺流程

2. 施工方法

支架现浇施工混凝土的浇筑量较大，且一般不允许中断。混凝土的浇筑必须依据施工支架类型的不同，制订合适的混凝土浇筑方案进行施工。当混凝土工程量较大，混凝土浇筑质量将受支架变形、混凝土收缩等影响时，桥梁施工规范允许设置临时工作缝。

（1）施工工作缝的设置。

① 设置工作缝的原因。

悬臂梁、连续梁及刚架桥的上部结构在支架上浇筑时，由于桥墩为刚性支点，桥跨下的支架为弹性支撑，在混凝土浇筑时支架会产生不均匀沉降。因此，在浇筑混凝土时，必须采取有效措施，防止上部结构在桥墩处产生裂缝。除了采取预压支架的方法外，另一个常用的方法是设置临时工作缝。当浇筑混凝土时，在桥墩附近设置临时工作缝，待梁体混凝土浇筑完成、支架稳定、上部结构沉降停止后，再将此工作缝填筑起来。根据同样原因，当支架中有较大跨径的梁式构造时，在该梁的两端支点上也应设置临时工作缝。

另外，受混凝土收缩的影响，如果一次浇筑时间过长，则在梁体中会发生收缩裂缝（纵向分布钢筋和主筋仅能部分避免收缩裂缝）。因此，在施工中采取设工作缝并分段浇筑即可避免收缩裂缝的产生。

② 工作缝的构造。

工作缝两端以模板与主梁体隔开，并留出分布加强钢筋通过的孔洞。由主梁底一直隔到桥面板顶部，模板外侧用垂直木条钉牢。工作缝宽度一般为 80~100 cm。工作缝两端穿过隔板设置长 65 cm、直径 8~12 mm 的分布钢筋，上下间距为 10 cm，其布置如图 2.3.1-2 所示。

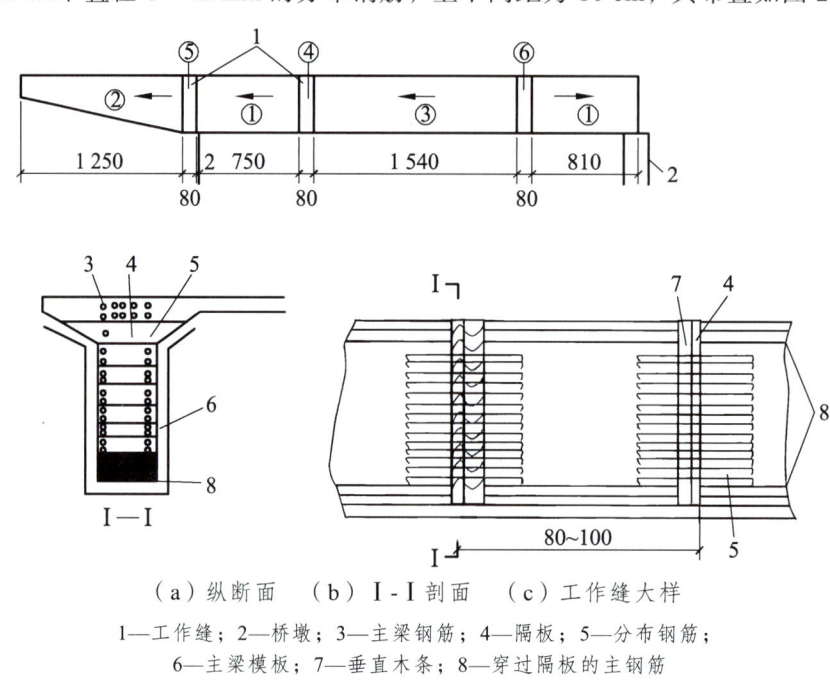

（a）纵断面　（b）Ⅰ-Ⅰ剖面　（c）工作缝大样

1—工作缝；2—桥墩；3—主梁钢筋；4—隔板；5—分布钢筋；
6—主梁模板；7—垂直木条；8—穿过隔板的主钢筋

图 2.3.1-2　钢筋混凝土简支梁桥的支架现浇施工工艺流程

（2）混凝土的浇筑顺序。

在考虑主梁混凝土浇筑顺序时需遵循的原则是都不应使模板和支架产生有害的下沉。同时对不同的支架形式，混凝土的浇筑方案应结合实际情况制订。

混凝土的浇筑方法一般有分层浇筑法、斜层浇筑法和单元浇筑法。实际施工时考虑到对浇筑的混凝土进行振捣等，往往采用几种方法的组合。

支架现浇施工

① 简支梁。

对于跨径不大的简支梁桥，可在钢筋全部绑扎完成后，沿一跨全长分层浇筑，在跨中合龙。为避免支架不均匀沉降的影响，浇筑速度应尽量快，确保在混凝土失去塑性之前完成。

用斜层浇筑法进行混凝土浇筑时，应从主梁的两端对称地向跨中斜层浇筑，在跨中合龙。其中，混凝土的适宜倾斜角与混凝土的稠度有关，一般可用 20°~25°（图 2.3.1-3）。采用这一浇筑方法的最典型示例即为在固定台座上预制 T 形和箱形简支梁,如图 2.3.1-4(a)。

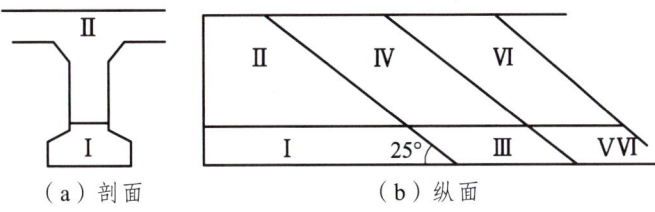

图 2.3.1-3　每段梁体纵向浇筑顺序

当采用梁柱式支架,支点不设在跨中时,则应在支架下沉量大的位置先浇混凝土,使应该发生的支架变形及早完成,其浇筑顺序如图 2.3.1-4(b)。

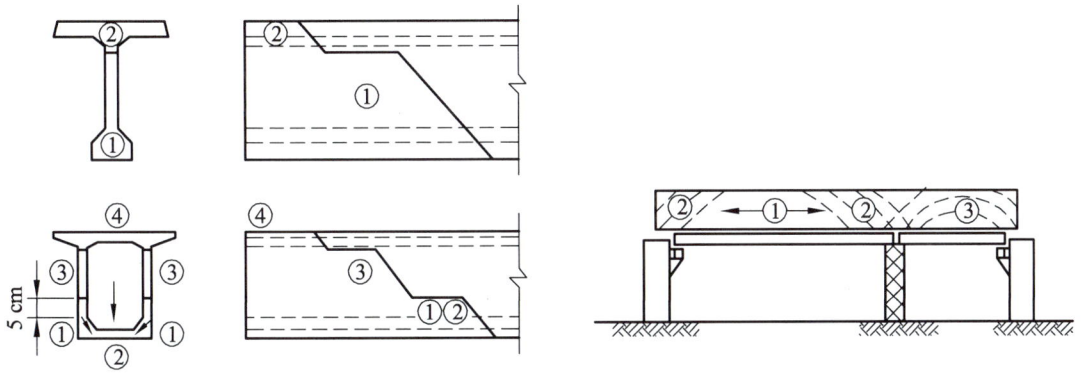

(a)斜层浇筑法浇筑顺序　　　　　　(b)采用梁柱式支架的浇筑顺序

图 2.3.1-4　简支梁桥在支架上的浇筑顺序

当桥梁跨径较大时,可先浇筑纵横梁,待纵横梁完成浇筑后,再沿桥的全宽浇筑桥面混凝土,在桥面与纵横梁间应按设置工作缝处理。

当桥面较宽且混凝土数量较大时,可分成若干纵向单元分别浇筑。每个单元可沿其长度分层浇筑,在纵梁间的横梁上设置连接缝,并在纵横梁浇筑完成后填缝连接。之后桥面板可沿桥全宽一次浇筑完成。桥面与纵横梁间设置水平工作缝。

② 悬臂梁。

悬臂梁混凝土的浇筑顺序、方向如图 2.3.1-2 中圆圈内数字和箭头所示。① 段由桥墩以远向墩身进行,可减少支架下沉所产生的应力的影响;因主梁底板有坡度,② 段由墩身向桥墩以远进行,避免浇筑时水泥浆流失;③段从⑥段开始浇筑,因为浇筑③段时,⑥段右边的①段已终凝,不至于因使用振捣器而影响①段的凝结。

分段浇筑混凝土时,应将每一段的全部高度连同桥面板一起,沿上部结构整个横断面以斜坡层向前推进。斜坡层倾斜角为 20°~25°(图 2.3.1-3)。

浇筑④⑤⑥段工作缝混凝土时,先将两侧隔板拆除,再将接头混凝土面的浮浆清洗干净,并凿毛,以增强图新旧混凝土的黏结。

对悬臂梁桥孔中的挂梁如采用就地浇筑施工,则须待悬臂梁混凝土浇筑完成且其强度达到设计规定的强度后才能进行。

③ 连续梁。

连续梁桥的上部结构在支架上浇筑时，由于桥墩为刚性支点，桥跨下的支架为弹性支撑，在浇筑时支架会产生不均匀沉降，因此在浇筑混凝土时，应从跨中向两端进行。在桥墩处设置接缝，待支架沉降稳定后，再浇筑墩顶处梁的接缝混凝土。连续梁的浇筑顺序见图2.3.1-5所示。大跨径梁桥，除在桥墩处设置接缝外，还可在支架的硬支点附近设置接缝。

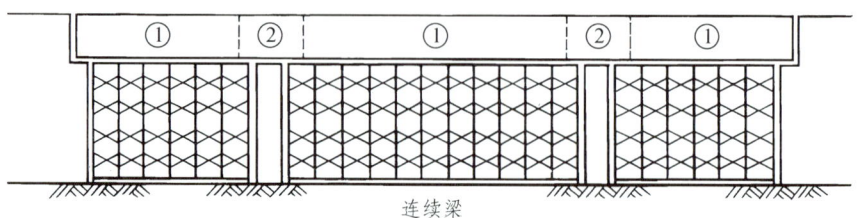

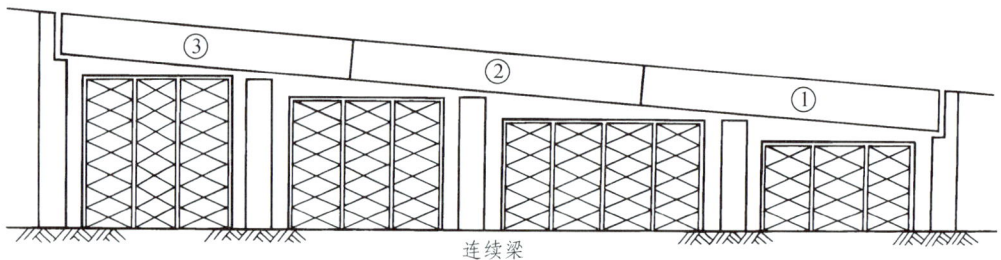

图2.3.1-5　连续梁在支架上的浇筑程序

④ 预应力混凝土箱形梁。

大跨径预应力混凝土连续梁桥常采用箱形截面，其混凝土的浇筑方法往往是水平分层法和分段分层法的结合。水平分层方法，即为先浇筑底板，待达到一定强度后进行腹板施工，或直接先浇筑成槽形梁，然后浇筑顶板。当工程量较大时，各部位可分数次完成浇筑。分段分层法，即根据施工能力，每隔20～45 m设置工作缝，该工作缝一般设在梁的弯矩较小的区域，工作缝宽约1 m，待各段混凝土浇筑完成后，最后在接缝处施工合龙。为使接缝处结合紧密，通常在梁的腹板上做成齿形或留企口缝。对分段分层法，大部分混凝土重量在梁合龙之前已作用，可减少因支架早期变形而引起梁的开裂。

（二）预制拼装施工

预制拼装施工是在预制梁场或施工现场，预制整孔梁或预制按横向及纵向划分的梁节段。再通过机具设备将预制好的构件起吊、运输并安装就位，并采用适当的方法将各节段连成整体，完成预制拼装施工的主要过程。

梁体预制时，可以按照整孔梁进行预制。但当起吊、运输机械能力有限时，也可以将梁体按横向或纵向进行划分，按节段进行预制，最后吊装就位后采用适当的方法连接形成整体结构。

预制拼装施工法可以用于简支梁桥和连续梁桥施工。尤其在我国高速铁路的建设过程中，因"以桥代路"的设计理念，桥梁占线路总长的比例较大，桥梁施工任务重，工期紧。为保证工程进度，大量采用整体预制，整体吊装的预制拼装施工法。

1. 预制拼装施工的特点

采用预制拼装法施工的装配式梁桥与就地浇筑的整体式梁桥相比较有下列特点：

预制拼装法施工

（1）加速施工进度：由于装配式梁桥的梁片预制可与桥梁下部结构同时实施，对加速施工进度，缩短工期效果明显。

（2）节省支架、模板：装配式桥常采用无支架或少支架施工，预制场采用钢模板浇筑预制件，模板反复使用，达到节约木材的目的。高桥采用无支架安装可省去大量现场支架，节省工程投资。

（3）提高工程质量：装配式梁桥的预制梁片可以标准化，采取钢模板使梁体表面光洁美观，生产流程可以达到自动化、机械化、梁体混凝土计量自动化、振捣及养生均能达到理想要求，对梁体质量有较高保证率。

（4）需要吊装设备：预制梁片一般采用汽车吊、履带吊机、浮吊进行吊装架设，桥梁较长可采用架桥机架设。

（5）结构用钢量略微增大。

（6）对于采用分节段预制的桥梁，结构整体性稍差。

预制拼装施工由于其工期短，混凝土质量好等特点，其应用范围越来越广，尤其是简支梁的整孔预制施工。目前，我国铁路施工中，已将标准跨径桥梁编制成定型化、标准化图集，更拓宽了预制安装施工的适用范围。

2. 预制构件的形式

装配式桥梁在设计时就应考虑将每孔桥梁分割成若干构件。预制构件形式随桥型不同而变化，一般可分为以下几种类型。

（1）横截面方向分段。

按桥横截面方向划分构件的方法是板、梁桥常用的方法。装配式梁桥在横截面方向上由若干个构件组成，在桥的纵向则是整片的。这时构件之间需有纵向接缝。

无中间横隔板 T 型梁的横向连接，一般采用翼缘边之间的钢板焊接和桥面铺装层内的钢筋网来形成铰缝。具有中间隔板的 T 型梁桥，横隔板连接采用钢板焊接，并用水泥砂浆填嵌接缝，操作时需用专门吊篮，如图 2.3.1-6 所示。

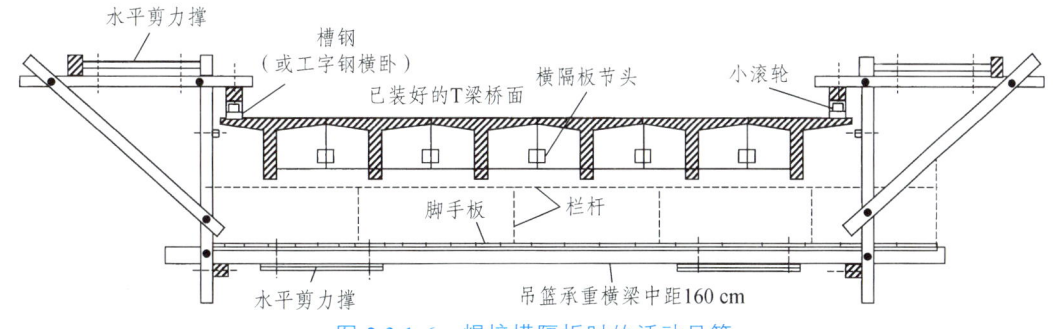

图 2.3.1-6　焊接横隔板时的活动吊篮

装配式箱梁桥的预制构件，按跨径和构件重量限制采用不同的划分方案。例如箱梁桥沿横向的分割可有如图 2.3.1-7 所示的几种情况。

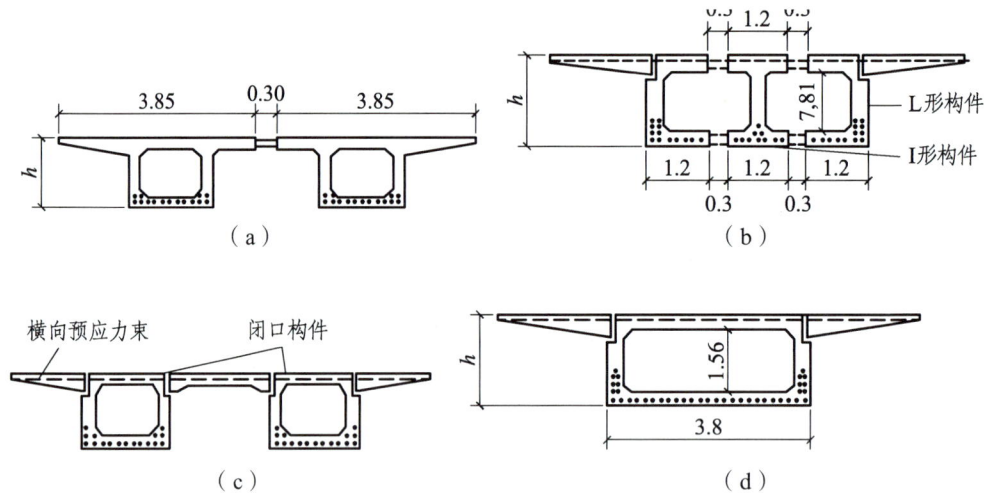

图 2.3.1-7　箱梁桥的构件断面划分方案

沿横截面进行梁体划分，一般适用于跨度不大，截面宽度较大的梁体，主要是公路桥梁。

（2）纵向分段。

纵向分段是沿梁的纵向划分为若干节段，分节段进行预制、起吊、运输和安装，最后采用适当的连接方法将各节段连接成整体受力的桥跨结构，完成预制安装施工。

纵向分段适用于跨度较大，截面宽度较小的桥梁结构。

预制拼装法施工工艺

（3）整体预制。

当预制场地，吊装、运输设备有足够能力时，可以将整孔梁体不划分节段进行整体预制。这种方法可以缩短工期，提高构建的整体性，减小接头的处理工作，是目前采用最多的梁体预制形式。

3．预制的接头形式

分节段预制的构件，吊装就位以后，为了保证各节段能够形成一个共同受力的整体，需要对节段间的接头进行有效的处理。

预制块件间的接头有三种方式：湿接头、干接头及干湿混合接头。湿接头就是现浇混凝土接头、必须在有支架的情况下实施。干接头如钢板电焊接头、法兰螺栓接头、环氧树脂水泥胶涂缝的预应力接头等。干湿混合接头先由干接头受力，待现浇接头混凝土获得强度后共同受力。

（1）现浇混凝土接头（湿接头）。

如图 2.3.1-8 所示，构件的端头需有主筋伸出，互相焊接，并布置箍筋后浇筑混凝土。接头长度一般为 0.2～0.5 m，接头混凝土标号一般采用比构件的混凝土标号高一级或采用超早强混凝土，以达到尽快拆除支架的目的。

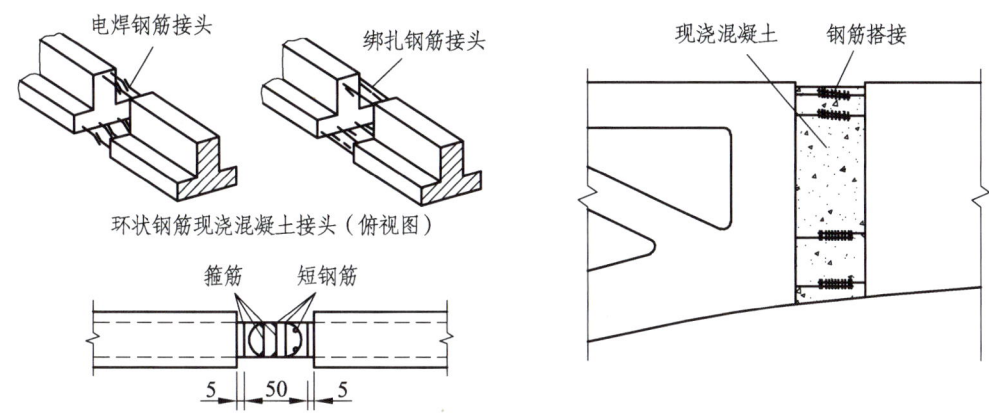

图 2.3.1-8　现浇混凝土接头

（2）干接头。

① 钢板电焊接头。

如图 2.3.1-9 所示，在构件接头端部预埋钢板，在构件就位后将钢板焊接起来。接头形式有如图所示三种形式，第一种采用在端面预埋钢板，接头时在钢板四周焊接；第二种采用在构件侧面预埋钢板，与搭接钢板焊接；第三种在构件端部与侧面均预埋钢板，先焊接端部钢板，再加搭接钢板与侧面预埋钢板焊接。所有预埋钢板均要与锚固钢筋或与主筋相焊接。

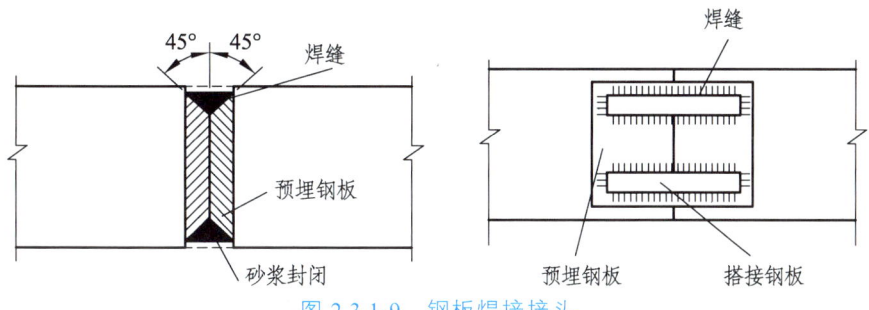

图 2.3.1-9　钢板焊接接头

② 法兰螺栓接头。

如图 2.3.1-10 所示，在构件接头端埋法兰盘，待构件就位后用螺栓将法兰连接起来。构件预制时，为了保证安装精度，应将两构件接头端法兰盘先用螺栓连好再将法兰盘与主筋焊接，浇筑构件混凝土。这样，有助于构件安装连接时的对准就位。

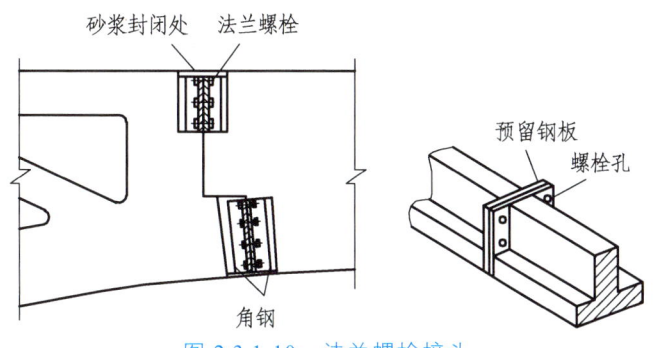

图 2.3.1-10　法兰螺栓接头

（3）干湿混合接头。

如图 2.3.1-11 所示，即在同一接头处既用现浇连接又用钢板电焊接头或法兰螺栓接头。干湿混合接头，利用干接头部分尽快使构件拼接就位，现浇部分在拼装后再浇筑，这样使接头用钢量不致太多，又不影响施工进度。

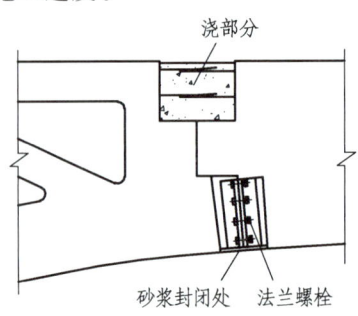

图 2.3.1-11　干湿混合接头

（4）预应力接头。

如图 2.3.1-12 所示，当预应力混凝土箱梁或 T 梁由节段预制构件组成时，可利用结构所需要的预应力筋或预应力束联成整体。拼接时在构件拼接端上涂环氧树脂水泥胶浆薄层，在胶浆硬化前拼接构件，使构件接头接触密贴，整体性好。

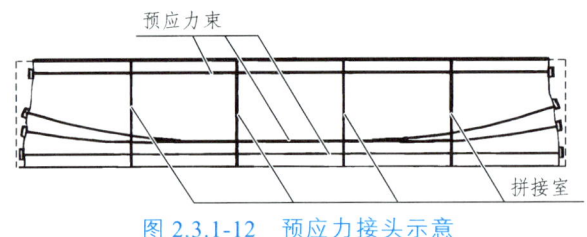

图 2.3.1-12　预应力接头示意

4. 预制梁的安装

预制梁体制作完成后，经运输设备运至桥位处，就可以进行梁体的安装了。在实际工程中，常见的安装方法有如下几种。

（1）自行式吊车安装。

陆地桥梁、城市高架桥预制梁安装常采用自行吊车安装。一般先将梁运到桥位处，采用一台或两台自行式汽车吊机或履带吊机直接将梁片吊起就位，方法便捷。

（2）缆索起重机架设法。

缆索起重机架设法是通过在缆索起重机的主缆上设置的起吊设备将预制梁起吊提升、牵拉运行、就位、安装。该方法的最大优点是不受桥孔下的地基、河流水文状态等条件限制，也不需要导梁、龙门吊机等重型吊装设备，而且无扒杆移动等问题。

（3）跨墩式龙门架架设法。

跨墩式龙门架架设法适用于岸上和浅水滩以及不通航浅水区域安装预制梁。两台跨墩龙门吊机分别设于待安装孔的前、后墩位置，预制梁由平车顺桥向运至安装孔的一侧，移动跨墩龙门吊机上的吊梁平车，对准梁的吊点放下吊架，将梁吊起。当梁底超过桥墩顶面后，停止提升，用卷扬机牵引吊梁平车慢慢横移，使梁对准桥墩上的支座，然后落梁就位，接着准备架设下一片梁。

在水深不超过 5 m、水流平缓、不通航的中小河流上的小桥孔，也可采用跨墩龙门吊机架梁。这时必须在水上桥墩的两侧架设龙门吊机轨道便桥，便桥基础可用木桩或钢筋混凝土桩。

在水浅、水流较缓而无冲刷的河上，也可用木笼或草袋筑岛来做便桥的基础。便桥的梁可用贝雷组拼。

（4）浮运架设法。

在通航河道或水深河道上架桥，可采用浮吊安装预制梁。该方法的施工速度快，高空作业较少，吊装能力强，是大跨多孔河道桥梁的有效施工方法。采用浮吊架设要配置运输驳船，岸边设置临时码头，同时在浮吊架设时应有牢固锚碇，要注意施工安全。

预制拼装法施工要点

利用浮船进行预制梁安装的另两种方法是：浮船充排水架设法和浮船支架拖拉架设法。前者将预制梁装载在浮船上的支架枕木垛上，使梁底的高度高于墩台支座顶面 0.2~0.3 m，然后将浮船拖运至架设孔，充水入浮船，使浮船吃水加深，降低梁底高度使预制梁安装就位。后者是将预制梁拖拉滚移到岸边，并将其一端拖至浮船支架上，再利用浮船将预制梁拖至对岸，用龙门架就位。

（5）架桥机架设法。

架桥机就是将预制好的梁片放置到桥墩上去的设备。属于起重机范畴，因为其主要功能是将梁片提起，然后运送到位置后放下。但其与一般意义上的起重机有很大的不同。要求的条件苛刻，并且存在梁片纵移的过程。架桥机分为架设公路桥，常规铁路桥，客专铁路桥等几种。

架桥机架梁因其施工速度快，质量好，机械化程度高等优点，是我国高速铁路、客运专线桥梁建设中采用最多的一种预制梁架设方法。

除了以上几种在高速铁路桥梁架设过程中常用的施工方法外，下面介绍一些其他的架梁方法。

（6）支架便桥架设法。

该方法系在桥孔内或墩台旁顺桥向用钢梁或木料搭设便桥作为运送梁、板构件的通道。在通道上面设置走板、滚筒或轨道平车，从对岸用卷扬机将梁、板牵引至桥孔后，再横移就位。

（7）移动式支架架设法。

该方法是在架设孔的地面上，顺桥轴线方向铺设轨道，其上设置可移动的支架，梁的前端搭在支架上，通过牵引支架，将梁移运到要求的位置后，用龙门架吊装或在桥墩上组成枕木垛，用千斤顶卸下，横移就位。

（8）摆动式支架架设法。

该方法是将预制混凝土梁沿路基牵引到桥台或已经架成的桥孔上并稍悬出一段，从桥孔中心河床上至悬出的梁端底下设置人字扒杆或木支架，前方用牵引绞车牵引梁端，此时支架随之摆动而使梁运至对岸。

（三）高速铁路梁式桥悬臂施工

悬臂施工法也称分节段施工法。是以桥墩为中心向两岸对称的，逐节悬臂接长的施工方法。这一施工方法最早由德国的工程师提出，并应用于钢结构梁桥的施工中。随着预应力技术的发展，悬臂施工方法现已被广泛应用于预应力钢筋混凝土结构的悬臂梁桥、连续梁桥及 T 型刚构桥的施工中。

1. 悬臂施工法的特点

（1）施工不影响桥下通行。

如图 2.3.1-13 所示。悬臂法施工过程中，桥跨间不需要搭设支架，因此可应用于通航河流及跨线立交大跨径桥梁。

悬臂施工法简介

图 2.3.1-13　悬臂施工不影响桥下通行

（2）施工临时荷载由已建梁段承担。

（3）多孔桥跨结构可同时施工，加快施工进度。

如图 2.3.1-14 所示。当连续梁跨数较多时，可以使用多套悬臂施工设备同时进行桥跨结构施工，缩短工期。

图 2.3.1-14　多孔桥跨可同时施工

（4）适合变截面桥梁施工。

（5）悬臂设备可重复使用，降低成本。

（6）施工过程中要进行结构体系的转换。

梁体悬臂施工时，梁、墩采取临时固结，结构为 T 形刚构，合龙前，撤销梁墩临时固结，结构呈悬臂梁受力状态，待结构合龙后形成连续梁体系。设计时应对施工状态进行验算。

2. 悬臂施工法的分类

悬臂施工法主要有悬臂拼装法和悬臂浇筑法两种。

（1）悬臂拼装法施工。

悬臂拼装法是利用移动式悬拼吊机将预制梁段起吊至桥位，然后采用环氧树脂胶及钢丝束预施应力连接成整体。采用逐段拼装，一个节段张拉铺固后，再拼装下一节段。悬臂拼装的分段，主要决定于悬拼吊机的起重能力，一般节段长 2～5 m。节段过长则自重大，需要悬拼吊机起重能力大，节段过短则拼装接缝多，工期也延长。一般在悬臂根部，因截面积较大，节段长度一般较短，以后向端部逐渐增长。

（2）悬臂浇筑法施工。

悬臂浇筑采用移动式挂篮作为主要施工设备，以桥墩为中心，对称向两岸利用挂篮逐段浇筑梁段混凝土，待混凝土达到要求强度后，张拉预应力束，再移动挂篮，进行下一节段的施工。悬臂浇筑每个节段长度一般 2~6 m，节段过长，将增加混凝土自重及挂篮结构重力，而且要增加平衡重及挂篮后锚设施；节段过短，影响施工进度。所以施工时应根据设备情况及工期，选择合适的节段长度。

（3）悬臂拼装法与悬臂浇筑法的比较。

① 施工进度方面。

A. 利用挂篮进行悬臂浇筑时，混凝土中加入早强剂，每个节段施工周期通常 5~7 天。

B. 悬臂拼装施工时，预制节段可以在进行桥梁下部结构的同时进，拼装时仅占用吊装定位、环氧胶粘贴和穿束张拉等工序。一个节段拼装时间仅 1~1.5 天。

② 结构整体性方面。

A. 采用悬臂浇筑法施工时，因梁体钢筋采用焊接相连，已建梁体表面混凝土凿毛等处理，结构整体性较好。

B. 悬臂拼装法施工时，块件在预制场预制，块件本身质量较易保证，但组拼时采用环氧胶粘接，预应力束在预留孔道中穿束张拉连接，比起悬臂浇筑法来说，结构整体性要差一些。

③ 施工变形控制。

A. 悬臂浇筑法施工时，施工变形易控制，可采用计算机程序控制，逐段进行底模标高的调整。

B. 悬臂拼装施工时，施工变形控制难度较大，需从施工中摸索控制办法，以达到合龙精度要求。

④ 施工适应性。

A. 悬臂浇筑施工时，遇冬季寒冷气候施工，混凝土蒸汽养护难度较大，所以受地域季节条件影响，但不受桥下地形、水文或建筑物影响。

B. 悬臂拼装施工时，由于节段块件在预制场预制，养生条件较好，拼装时采用环氧树脂胶接缝。如采用干接缝则不受低温影响。但悬臂拼装时，一般从桥下运输节段，再由悬拼吊机吊起就位，所以对桥下地形及水文等情况有一定要求。

⑤ 起重能力要求。

A. 悬臂浇筑法施工时，悬浇起重能力要求不高，仅起吊钢筋骨架及混凝土。

B. 悬臂拼装法施工时，需起吊节段块件，所以要求悬拼吊机起吊能力较大。悬拼吊机一般采用贝雷桁架或万能杆件拼装。

C. 当选用悬臂法进行桥跨结构施工时，总的施工顺序是：墩顶 0 号块施工；悬臂节段的预制拼装或挂篮现浇；各桥跨间合龙段施工及相应的结构体系转换；最后进行桥面系施工。下面详细介绍悬臂法的每一个施工步骤及其要求。

3. 墩顶梁段（0 号块）施工

在悬臂法施工中，墩顶 0 号块一般均在墩顶托架上立模现浇，除刚构桥外，连续梁、悬臂梁桥均需在施工过程中设置临时梁墩锚固或支承措施，使 0 号块梁段能承受两侧悬臂施工时产生的不平衡力矩。

施工托架有扇形、门式等形式，托架可采用万能杆件、贝雷梁、型钢等构件拼装，也可采用钢筋混凝土构件做临时支承。根据墩身高度、承台形式和地形情况，施工托架可分别支承在墩身、承台或经过加固的地面上。托架的总长度视拼装挂篮的需要而决定，其横桥向宽度要考虑箱梁外侧模板的要求，托架顶面应与箱梁底面纵向线形一致。扇形施工托架与门式施工托架形式如图 2.3.1-15 所示。

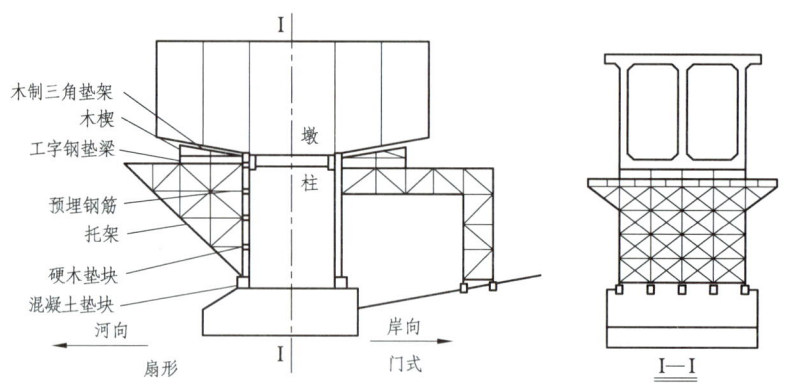

图 2.3.1-15 扇形与门式托架示意

为保证在托架上浇筑混凝土的施工质量，应有效防止和减少由于托架变形所产生的不良影响。因此，在设计托架时，除考虑强度要求外，还须尽可能增大托架主桁的刚度和整体性，采用大型型钢、板梁、贝雷梁或节点较少的组合体系进行拼装，并采用预压、抛高（预留沉降度）及调整措施以减少托架变形对混凝土质量的影响。

4. 梁墩临时固结措施

大跨径预应力混凝土桥梁采用悬臂施工法施工，如结构采用 T 型刚构，因墩身与梁本身采用刚性连接，所以不存在梁墩临时固结问题。悬臂梁桥及连续梁桥采用悬臂施工法，为保证施工过程中结构的稳定可靠，必须采取 0 号块梁段与桥墩间临时固结或支承措施。

临时固结措施或支承措施有下列几种形式。

（1）将 0 号块梁段与桥墩钢筋或预应力筋临时固结，待需要解除固结时切断，如图 2.3.1-16 所示。

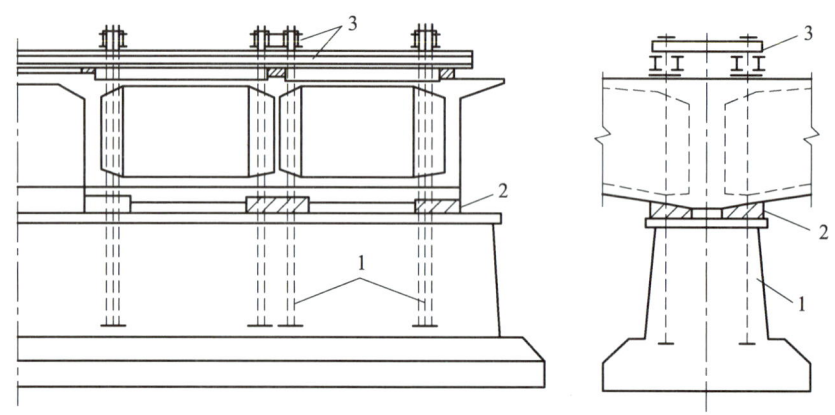

1—预埋临时锚固预应力筋；2—支座；3—工字钢。

图 2.3.1-16 0 号块件与桥墩的临时固结构造

（2）在桥墩一侧或两侧加临时支承或支墩，如图 2.3.1-17 所示。

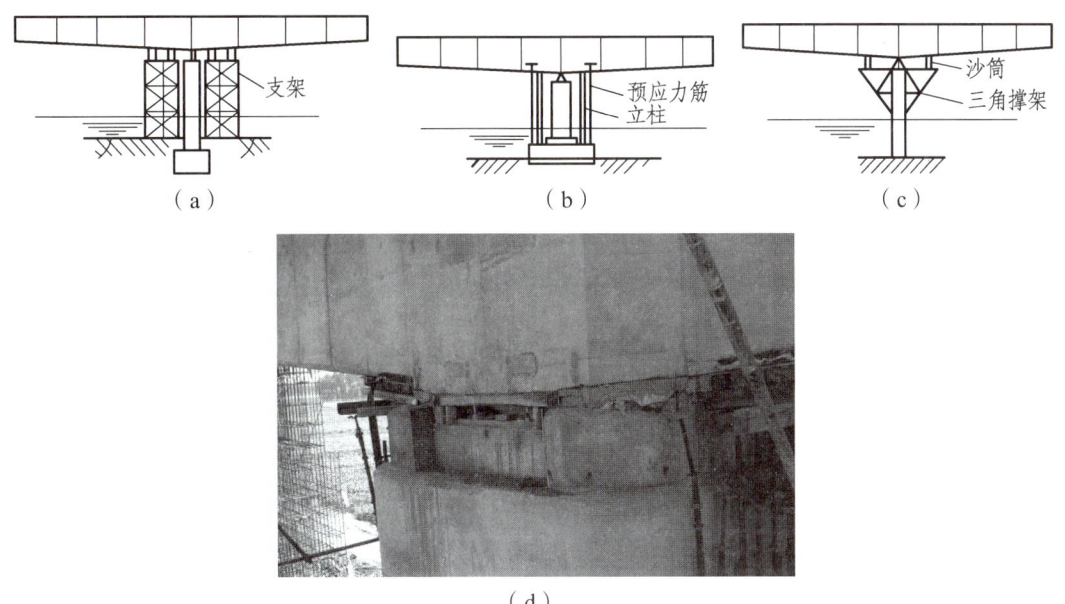

图 2.3.1-17　临时支承措施

（3）将 0 号块梁段临时支承在扇形或门式托架的两侧；

（4）临时支承可用硫黄水泥砂浆块，砂筒或混凝土块等卸落设备，以使体系转换时，较方便地撤除临时支承，如图 2.3.1-17 所示。

在临时墩固结或支承的构造设计中，一般应考虑最大悬臂状态时悬臂结构一侧有一梁段施工超前而产生的不平衡力矩，验算临时构件的强度、刚度和稳定性及相应的桥墩强度指标，稳定系数不小于 1.5。

当采用硫磺水泥砂浆块作临时支承的卸落设备，要采取高温熔化撤除支承时，必须在支承块之间设置隔热措施，以免损坏支座部件。

无论悬臂拼装还是悬臂浇筑施工，0 号块一般均采用现浇施工。0 号块完成后，就可以进入悬臂节段施工过程。下面，分别介绍悬臂拼装施工和悬臂浇筑施工。

5．悬臂拼装施工

悬臂拼装施工包括块件的预制、运输、拼装。下面主要介绍预应力混凝土箱形 T 构采用悬臂拼装法施工的过程。

（1）块件预制。

① 预制方法。

箱梁块件通常采用长线浇筑法或短线浇筑的立式预制方法。桁架梁段采用卧式预制方法。

A．长线预制。

长线预制是在预制厂或施工现场按桥梁底缘曲线制作固定的底座，在底座上安装底模进行块件预制工作。形成梁底缘的底座有多种方法，它可以利用预制场的地形堆筑土胎，经加固夯实后铺砂石层并在其上面做混凝土底板；山区有石料的地区可用石砌圬工筑成所需的梁底缘的形状；地质条件较差的预制场地，需采用打短桩基础，再搭设排架形成梁底曲线。排架可用木材或型钢组成。图 2.3.1-18 为预应力混凝土 T 型刚构桥的箱梁预制台座的构造。

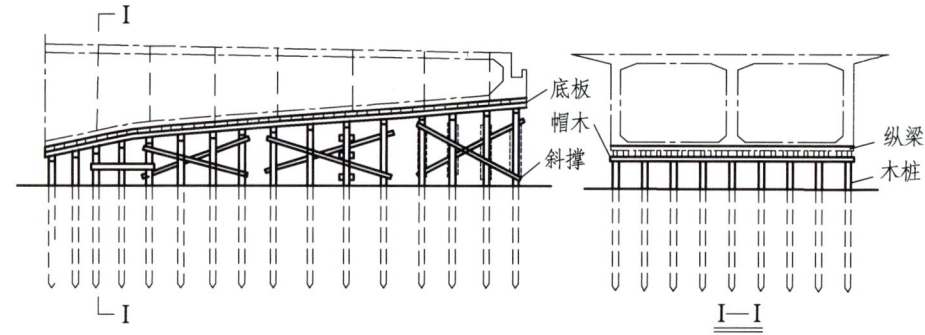

图 2.3.1-18　长线法预制箱梁块件台座

箱梁节段的预制在底板上进行。模板常采用钢模，每段一块，以便于装拆使用。为加快施工进度，保证节段之间密贴，常采用先浇筑奇数节段，然后利用奇数节段混凝土的端面弥合浇筑偶数节段，如图 2.3.1-19 所示。也可以采用分阶段的预制方法。当节段混凝土强度达到设计强度 70%以上后，可吊出预制场地。

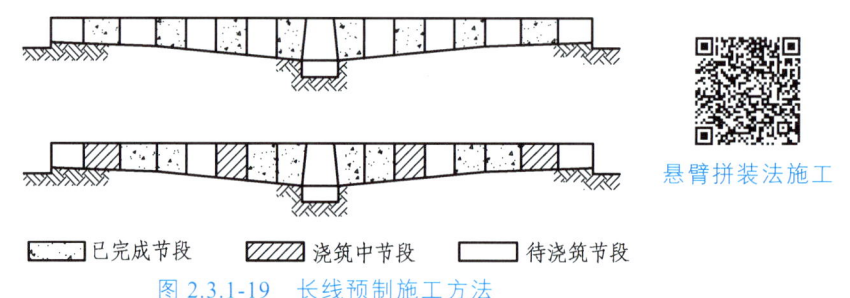

图 2.3.1-19　长线预制施工方法

B. 短线预制。

短线预制箱梁块件的施工，是由可调整外部及内部模板的台车与端模架来完成，如图 2.3.1-20 所示。第一节段混凝土浇筑完成后，在其相对位置上安装下一层模板，并利用第一节段的端面作为第二节段的端模完成混凝土的浇筑工作。

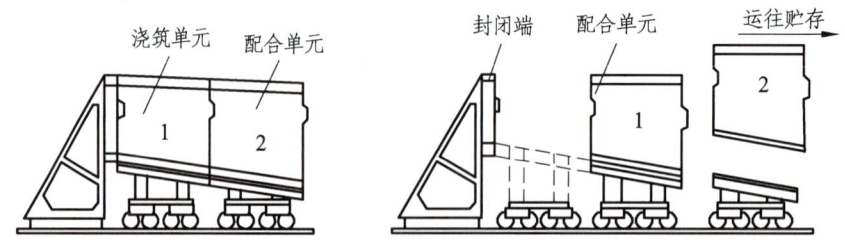

图 2.3.1-20　短线预制施工方法

短线预制适合工厂节段预制，设备可周转使用，每条生产线平均 5 天可生产 4 块，但节段的尺寸和相对位置的调整要复杂一些。此法亦称活动底座法。

为保证悬臂拼装顺利进行，在预制节段起吊运输前需进行块件整修。即湿接缝两侧的块件端面混凝土必须凿毛；胶接缝块件端面，先清洗掉隔离剂，将突出端面的混凝土凿平，使端面平整、清洁，以免影响环氧树脂的黏结效果；检查各锚头垫板是否与预应力孔道垂直，不垂直者则在锚垫上加焊模型垫板纠正；检查相邻梁段孔道接头是否正位，对错位严重者要分别凿打予以调整；压水检查预应力束孔道是否串孔，凡有串孔现象的要进行修补。

为使预制梁块在拼装时能准确而迅速地安装就位，在预制节段的端面（箱梁的顶板、腹板）设有定位器。有的定位器不仅能起到固定位置的作用，而且能承受剪力，这种定位装置称抗剪楔或防滑模。

块件预制时，除注意预埋定位器装置外，尚需注意按正确位置预埋孔道形成器和吊点装置（吊环或竖向预应力粗钢筋）等。

（2）块件运输。

箱梁块件自预制底座上出坑后，一般先存放于存梁场，块件拼装时由存梁场运至桥位处，预制块件的运输方式一般可分为场内运输、块件装船和浮运三个阶段。

① 场内运输。

当存梁场或预制台座布置在岸边，又有大型悬臂浮吊时，可用浮吊直接从存梁场或预制台座将块件吊放到运梁驳船上浮运。

当预制底座垂直于河岸时，存梁场往往设于底座轴线的延长线上，此时，块件的出坑和运输一般由预制场上的龙门吊机担任，块件上船也可用预制场的龙门吊机。

预制底座平行于河岸时，场内运输应另备运梁平车进行。栈桥上也必须另设起重吊机，供吊运块件上船。

块件的运输，当预制场与钱桥距离较远时，应首先考虑采用平车运输。起运前要将块件安放平稳，地面坡度不同的块件要使用不同厚度的楔形木来调整。块件用带有花篮螺丝的缆索险。

当采用无转向架的运梁平车时，运输轨道不能设平曲线，纵坡一般应为平坡。当地形条件限制时，最大纵坡也不得大于1%。下坡运行时，平车后部要用钢丝绳牵引保险，不得溜放。

块件的起吊应该配有起重扁担。每块箱梁四个吊点，使用两个横扁担用两个吊钩起吊。如用一个主钩以人字千斤起吊时，还必须配一根纵向扁担以平衡水平分力。

② 块件装船。

块件装船在专用码头上进行。码头的主要设施是施工栈桥和块件装船吊机。栈桥的长度应保证在最低施工水位时驳船能进港起运，栈桥的高度要考虑在最高施工水位时栈桥主梁不应被水淹，栈桥宽度要考虑到运梁驳船两侧与钱桥之间需有不少于 0.5 m 的安全距离。栈桥起重机的起重能力和主要尺寸（净高和跨度）应与预制场上的吊机相同。

③ 浮运。

浮运船只应根据块件重量和高度来选择，可采用铁驳船、坚固的木船、水泥驳船或用浮箱装配。

为了保证浮运安全，应设法降低浮运重心。开口舱面的船应尽量将块件置于船舱底板。必须置放在甲板面上时，要在舱内压重。

块件的支垫应按底面坡度用碎石子堆成，满铺支垫或加设三角形垫木，以保证块件安放平稳。块件一般较大，还需以缆索将块件系紧固定。

（3）悬臂拼装。

① 悬拼方法。

预制块件的悬臂拼装可根据现场布置和设备条件采用不同的方法来实现。当靠岸边的桥跨不高且可在陆地或便桥上施工时，可采用自行式吊车、门式吊车来拼装。对于河中桥孔，也可采用水上浮吊进行安装。如果桥墩很高，或水流湍急而不便在陆上、水上施工时，就可利用各种吊机进行高空悬拼施工。

A. 悬臂吊机拼装法。

悬臂吊机由纵向主桁架，横向起重桁架、锚固装置、平衡重、起重系、行走系和工作吊篮等部分组成，如图 2.3.1-21 所示。

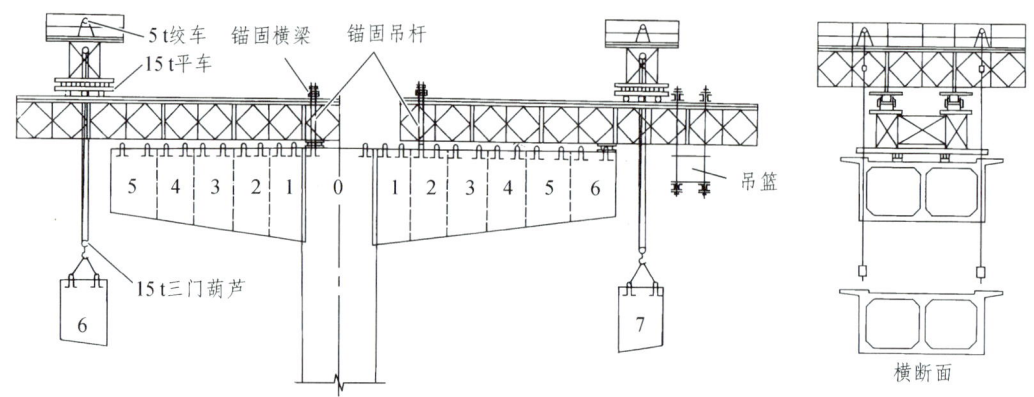

图 2.3.1-21　悬臂吊机构造

纵向主桁为吊机的主要承重结构，可由贝雷片、万能杆件、大型型钢等拼制。一般由若干桁片构成，用横向联结系联成整体，前后用两根横梁支承。

横向起重桁是供安装起重卷扬机直接起吊箱梁块件之用的构件。纵向主桁的外荷载就是通过横向起重桁传递给它的。横向起重桁支承在轨道平车上，轨道平车搁置于铺设在纵向主桁上弦的轨道上，起重卷扬机安置在横向起重桁上弦。

设置锚固装置和平衡重的目的是防止主桁架在起吊块件时倾覆翻转，保持其稳定状态。对于拼装墩柱附近块件的双悬臂吊机，可用锚固横梁及吊杆将吊机锚固于零号块上。对称起吊箱梁块件，不需要设置平衡重。单悬臂吊机起吊块件时，也可不设平衡重，而将吊机锚固在块件吊环上或竖向预应力筋的螺丝端杆上。

起重系一般是由电动卷扬机、吊梁扁担及滑车组等组成。起重系的作用是将由驳船浮运到桥位处的块件提升到拼装高度以备拼装。滑车组要根据起吊块件的重量来选用。

吊机的整体纵移可采用钢管滚筒在木走板上滚移，由电动卷扬机牵引。牵引绳通过转向滑车系于纵向主桁前支点的牵引钩上。横向起重桁架的行走采用轨道平车，用倒链滑车牵引。

工作吊篮悬挂于纵向主桁前端的吊篮横梁上，吊篮横梁由轨道平车支承以便工作吊篮的纵向移动。工作吊篮供预应力钢丝穿束、千斤顶张拉、压注灰浆等操作之用。可设上、下两层，上层供操作顶板钢束用，下层供操作肋板钢束用。也可只设一层，此时，工作吊篮可用倒链滑车调整高度。

这种吊机的结构较简单，使用最普遍。当吊装墩柱两侧附近块件时，往往采用双悬臂吊机的形式，当块件拼装至一定长度后，将双悬臂吊机改装成两个独立的单悬臂吊机。

但在桥的跨径不太大，孔数也不多的情况下，有的工地就不拆开墩顶桁架而在吊机两端不断接长进行悬拼，以免每拼装一对块件就将对称的两个单悬臂吊机移动和锚固一次。

当河中水位较低，运输箱梁块件的驳船船底标高低于承台顶面标高，驳船无法靠近墩身时，双悬臂吊机的设计往往要受安装一号块件时的受力状态所控制。为了不增大主桁断面以节约用钢量，对这种情况下的双悬臂吊机必须采取特别措施，例如斜撑法和对拉法。

斜撑法即以临时斜撑增加纵向主桁的支点以改善主桁的受力状况。斜撑的下端支于墩身牛腿上，上端与主桁加强下弦杆铰接。当块件从驳船上吊起并内移至安全距离以后，将块件临时搁置于承台上的临时支架上，再以千斤顶顶起吊机，除去斜撑，继续起吊块件，内移就位。

用斜撑法起吊块件安全可靠，但增加了起吊工序和材料用量。

对拉法即将横向起重桁架放置于起吊安全距离内，将块件直接由船上斜向起吊，两横向起重桁架用钢丝绳互相拉住以平衡因斜向起吊而产生的水平分力，防止横向起重桁架向悬臂端滚移。

对拉法不需附加任何构件，起吊程序简单，但必须确保块件与承台不致相撞。这个方法一般使用在起吊钢丝绳的斜向角度很小的情况下。

岸孔T构的安装常采用的方案是在墩柱岸边一侧疏出一条运梁驳船航道，使装载块件的驳船能停靠到岸边一侧墩柱旁。这时对悬臂吊机的吊装方案要进行相应的改变。

改变方法有二：一是在块件向前拼装时，吊机不向前移动，只是连续向前接拼纵向主桁。块件在墩柱旁起吊，由横向起重桁架悬吊着块件外移至待拼位置就位，顺次安装伸入河岸上的块件。二是在吊机拼装好一个块件后，吊机仍按正常程序向前移动，只是从起吊位置起，在桥面铺设轨道供下台车行驶。操作程序是：将上、下台车放在起吊位置，由上台车吊起块件，下台车连同上台车和悬吊着的块件向前移动，直至与吊机尾衔接。接通下台车上弦的轨道，再向前移动上台车到安装位置。

B. 连续桁架（闸式吊机）拼装法。

连续桁架悬拼施工可分移动式和固定式两类。移动式连续桁架的长度大于桥的最大跨径，桁架支承在已拼装完成的梁段和待拼墩顶上，由吊车在桁架上移运块件进行悬臂拼装。固定式连续桁架的支点均设在桥墩上，而不增加梁段的施工荷载。

图 2.3.1-22 表示移动式连续桁架，其长度大于两个跨度，有三个支点。这种吊机每移动一次可以同时拼装两孔桥跨结构。

C. 起重机拼装法。

尚可采用伸臂吊机、缆索吊机、龙门吊机、人字扒杆、汽车吊、履带吊、浮吊等起重机进行悬臂拼装。根据吊机的类型和桥孔处具体条件的不同，吊机可以支承在墩柱上、已拼好的梁段上或处在栈桥上、桥孔下。

不管是利用现有起重设备或专门制作，悬臂吊机需满足如下要求：

a. 起重能力能满足起吊最大块件的需要；

b. 吊机便于作纵向移动，移动后又能固定于一个拼装位置；

c. 吊机处在一个位置上进行拼装时，能方便地对起吊块件作竖向提升和纵、横向移动，以便调整块件拼装位置；

d. 吊机的结构尽量简单，便于装拆。
② 接缝处理及拼装程序。

梁段拼装过程中的接缝有湿接缝、干接缝和胶接缝等几种。不同的施工阶段和不同的部位，将采用不同的接缝形式。

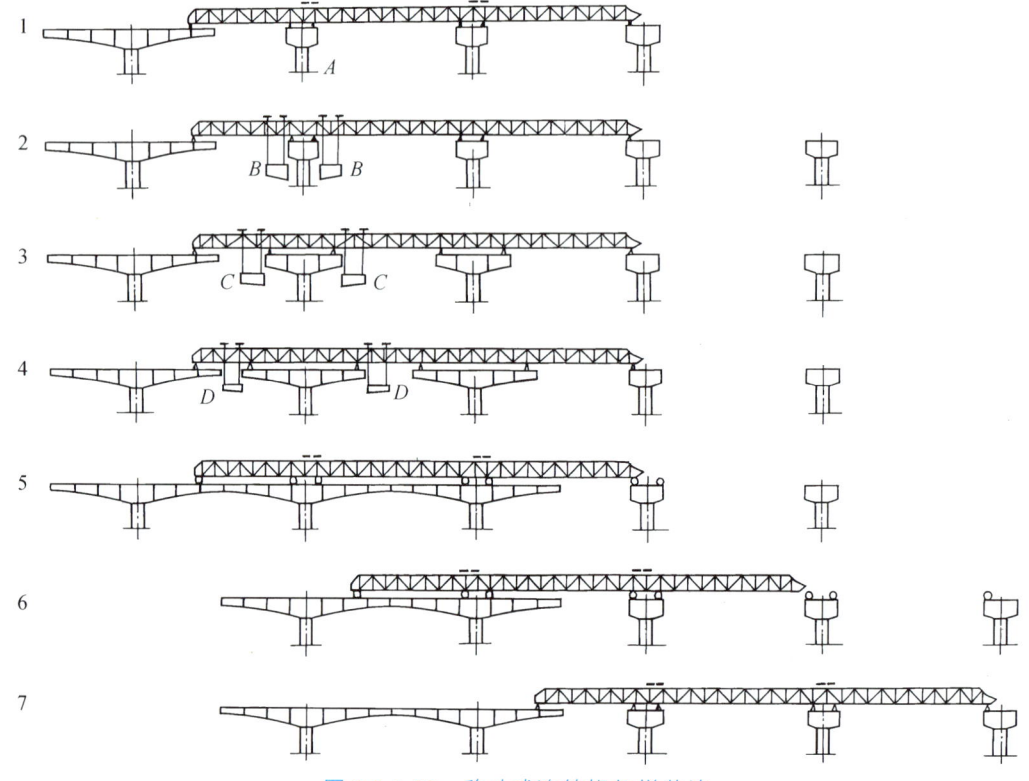

图 2.3.1-22　移动式连续桁架拼装法

A. 一号块和调整块用湿接缝拼装。

一号块件即墩柱两侧的第一块，一般与墩柱上的零号块以湿接缝相接。一号块是两侧悬臂箱梁的基准块件。悬拼施工时，防止上翘和下挠的关键在于一号块定位准确，因此，必须采用各种定位方法确保一号块定位的精度。定位后的一号块可由吊机悬吊支承，也可用下面的临时托架支承。为便于进行接缝处管道接头操作、接头钢筋的焊接和混凝土振捣作业，湿接缝一般宽 0.1~0.2 m。

一号块件拼装和湿接缝处理的程序：
a. 块件定位，测量中线及高程；
b. 接头钢筋焊接及安放制孔器；
c. 安放湿接缝模板；
d. 浇筑湿接缝混凝土（用高标号砂浆或小石子混凝土）；
e. 湿接缝混凝土养护脱模；
f. 穿一号块预应力筋（束），张拉锚固。

跨度大的桥，由于悬臂很长，往往在伸臂中部设置一道现浇箱梁横隔板，同时设置一道湿接缝。这道湿接缝除了能增加箱梁的结构刚度外,也可以调整拼装位置。

在拼装过程中,如拼装上翘的误差很大,难以用其他办法补救时,也可以增设一道湿接缝来调整。但应注意,增设的湿接缝宽度必须用凿打块件端面的办法来提供。

B. 其他块件用胶接缝或干接缝拼装。

其他块件的拼装程序:

a. 利用悬拼吊机将块件提升,内移就位,进行试拼;

b. 移开块件,与已拼块件保持约 0.4 m 的间距;

c. 穿束;

d. 涂胶(双面涂胶);

e. 块件合拢定位(利用定位器并施加压力),测量中线及高程,检查块件出坑前所作跨缝弹线是否吻合;

f. 张拉预应力筋,观察块件是否滑移,然后锚固。

C. 环氧树脂胶。

块件接缝采用环氧树脂胶,厚度 1.0 mm 左右。环氧树脂胶接缝可使块件连接密贴,可提高结构抗剪能力、整体刚度和不透水性。一般不宜采用干接缝。干接缝块件密贴性差,接缝中水气浸入导致钢筋锈蚀。

环氧树脂胶由环氧树脂、固化剂、增塑剂、稀释剂、填料等组成。一般对接缝混凝土面先涂底层环氧树脂底胶(环氧树脂底层胶由环氧树脂、固化剂、稀释剂按试验决定比例调配)然后再涂加入填料的环氧树脂胶。环氧树脂胶随用随配调制。

③ 穿束及张拉。

A. 穿束。

悬臂施工的桥梁,纵向预应力钢筋的布置有两个特点:① 较多集中于顶板部位;② 钢束布置对称于桥墩。因此拼装每一对对称于桥墩块件用的预应力钢束须按锚固这一对块件所需长度下料。

明槽钢丝束通常为等间距排列,锚固在顶板加厚的部分(这种板俗称"锯齿板")。加厚部分预制时留有管道(图 2.3.1-23)。穿束时先将钢丝束在明槽内摆放平顺,然后再分别将钢丝束穿入两端管道之内。钢丝束在管道两头伸出长度要相等。

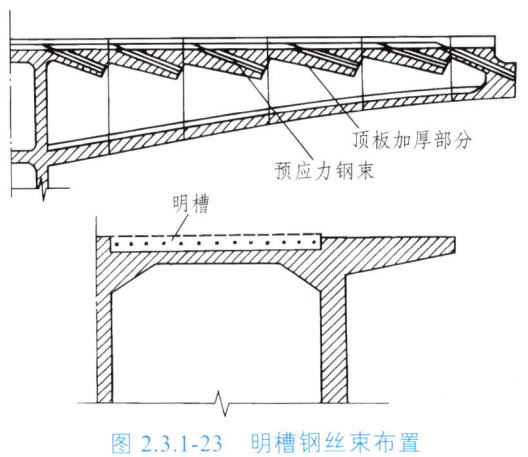

图 2.3.1-23　明槽钢丝束布置

暗管穿束比明槽难度大。经验表明，60 m 以下的钢丝束穿束一般均可采用人工推送。较长钢丝束穿入端，且可点焊成箭头状缠裹黑胶布。60 m 以上的长束穿束时，可先从孔道中插入一根钢丝与钢丝束引丝连接，然后一端以卷扬机牵引，一端以人工送入。

B．张拉。

钢丝束张拉前要首先确定合理的张拉次序，以保证箱梁在张拉过程中每批张拉合力都接近于该断面钢丝束总拉力重心处。

钢丝束张拉次序的确定与箱梁横断面形式、同时工作的千斤顶数量、是否设置临时张拉系统等因素关系很大。在一般情况下，纵向预应力钢丝束的张拉次序按以下原则确定：

a．对称于箱梁中轴线，钢束两端同时成对张拉；

b．先张拉肋束，后张拉板束；

c．肋束的张拉次序是先张拉边肋，后张拉中肋（若横断面为三根肋，仅有二对千斤顶时）；

d．同一肋上的钢丝束先张拉下边的，后张拉上边的；

e．板束的次序是先张拉顶板中部的，后张拉边部的。

6．悬臂浇筑施工

悬臂浇筑施工是桥梁施工中难度较大的施工工艺，需要一定的施工设备及一支熟悉悬臂浇筑工艺的技术队伍。首先介绍悬臂浇筑施工的机具设备。

（1）施工挂篮。

挂篮是悬臂浇筑施工的主要机具。挂篮是一个能沿着轨道行走的活动脚手架，它悬挂在已经张拉锚固的箱梁梁段上，悬臂浇筑时，箱梁梁段的模板安装、钢筋绑扎、管道安装、混凝土浇筑、预应力张拉、压浆等工作均在挂篮上进行。当一个梁段的施工程序完成后，挂篮解除后锚，移向下一梁段施工。所以挂篮既是空间的施工设备，又是预应力筋未张拉前梁段的承重结构。

① 挂篮形式。

挂篮主要有梁式挂篮、斜拉式挂篮及组合斜拉式挂篮三种。

A．梁式挂篮。

梁式挂篮形式如图 2.3.1-24 所示，由底模板、悬吊系统、承重结构、行走系统、平衡重、锚固系统、工作平台等部分组成。

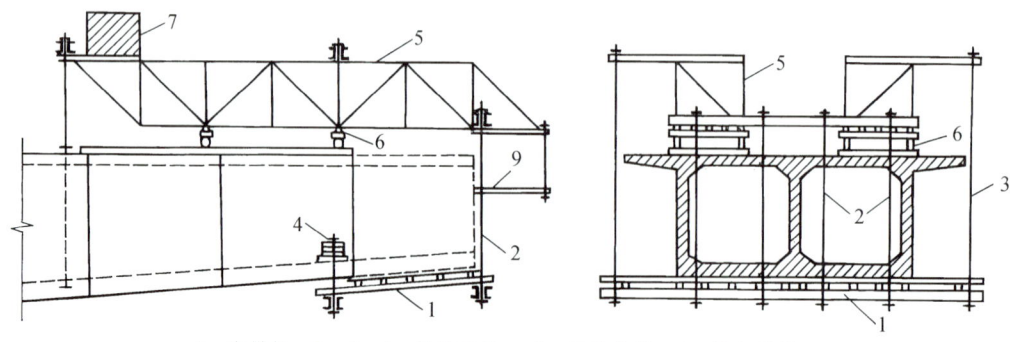

1—底模板；2、3、4—悬吊系统；5—承重结构；6—行走系统；
7—平衡重；8—锚固系统；9—工作平台

图 2.3.1-24　梁式挂篮结构简图

a. 挂篮承重结构是挂篮主要受力构件，可以采用万能杆件或贝雷梁拼装的钢桁架，也可采用钢板梁或大号型钢作为承重结构；

b. 悬吊系统其作用是将底模板、张拉工作平台的自重及其上面的荷重传递到承重结构上，悬吊系统可采用钻有销孔的扁钢或两端有螺纹的圆钢组成；

c. 设置锚固系统装置及平衡重目的是防止挂篮在行走状态及浇筑混凝土梁段时倾覆失稳。在挂篮行走状态时解除铺固系统，依靠平衡重作用防止行走时挂篮失稳。在进行检算时，稳定系数不应小于 1.5；

d. 挂篮整体纵移采用电动卷扬机牵引，挂篮上设上滑道，梁上铺设下滑道，中间可用滚轴、也可采用聚四氟乙稀板做滑道。目前现场常采用上滑道覆一层不锈钢薄板，下滑道采用槽钢，槽钢内放聚四氟乙稀板，行走方便、安全、稳定性较好；

e. 工作平台设于挂篮承重结构的前端，用于张拉预应力束、压浆等操作用的脚手架；

f. 底模板供立模板、绑扎钢筋、浇筑混凝土、养生等工序用。

用梁式挂篮施工初始几对梁段时，由于墩顶位置限制，施工中常将两侧挂篮的承重结构临时联结在一起，如图 2.3.1-25（a）所示，待梁段浇筑到一定长度后，再将两侧承重结构分开，如图 2.3.1-25（b）所示。

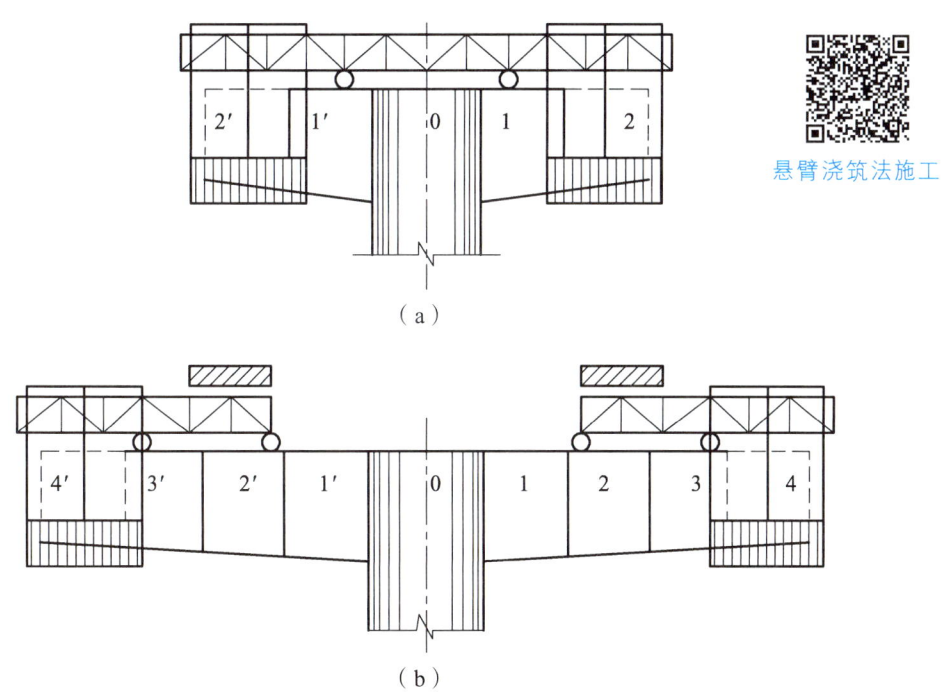

悬臂浇筑法施工

图 2.3.1-25　挂篮的两种施工状态

梁式挂篮在悬臂浇筑刚开始应用时采用较多，其特点可以充分利用施工单位备有的万能杆件或贝雷梁作挂篮的承重结构，所以挂篮本身的投资较少，挂篮设计时受力明确，施工时装拆较方便。

B. 斜拉式挂篮。

斜拉式挂篮也称为轻型挂篮。随着桥梁跨径越来越大，为了减轻挂篮自重，以达到减少施工阶段增加的临时钢丝束，在梁式挂篮的基础上研制了斜拉式挂篮。

斜拉式挂篮承重结构采用纵梁、立柱、前后斜拉杆组成，杆件少，结构简单，受力明确，承重结构轻巧。其他构造系统与梁式挂篮相似。斜拉式挂篮构造如图 2.3.1-26 所示。

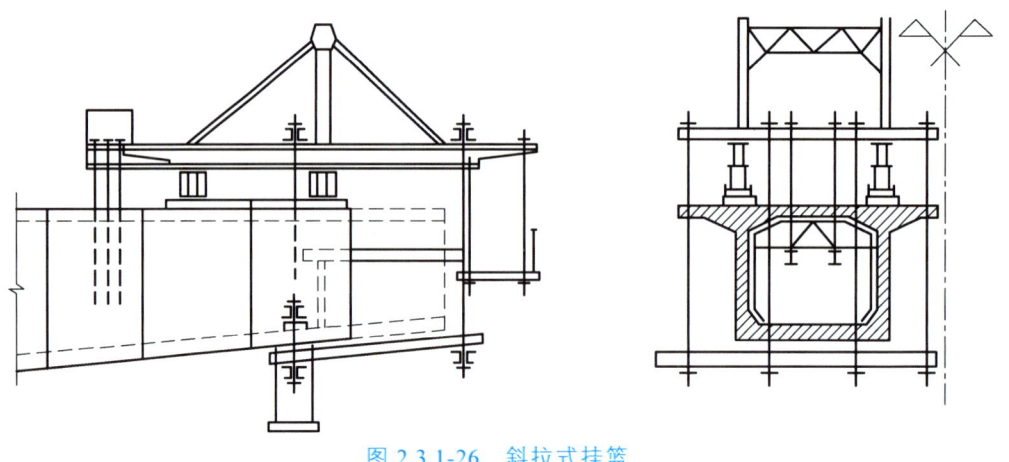

图 2.3.1-26　斜拉式挂篮

C. 组合斜拉式挂篮。

组合斜拉式挂篮是在斜拉式挂篮的基础上加以改进的一种新的结构形式。挂篮自重更轻，变形量小，走行方便，箱梁段施工周期更短。组合斜拉式挂篮构造如图 2.3.1-27 所示。

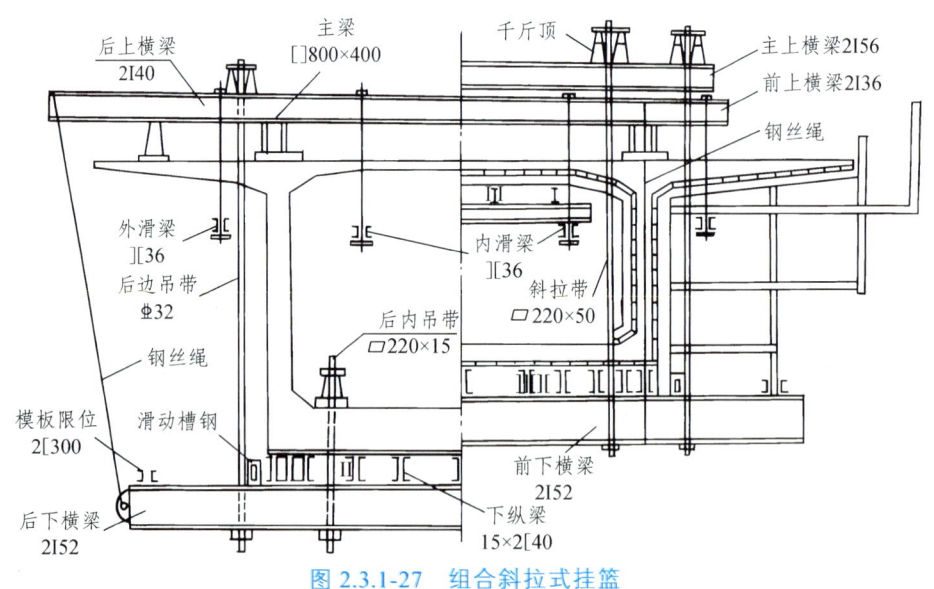

图 2.3.1-27　组合斜拉式挂篮

② 挂篮的安装。

A. 挂篮组拼后，应全面检查安装质量，并做载重试验，以测定其各部位的变形量，并设法消除其永久变形；

B. 在起步长度内梁段浇筑完成并获得要求的强度后，在墩顶拼装挂篮。有条件时，应在地面上先进行试拼装，以便在墩顶熟练有序地开展拼装挂篮工作，拼装时应对称进行；

C. 挂篮的操作平台下应设置安全网，防止物件坠落，以确保施工安全，挂篮应呈全封闭，四周设围护，上下应有专用扶梯，方便施工人员上下挂篮；

D. 挂篮行走时，须在挂篮尾部压平衡重，以防倾覆，浇筑混凝土梁段时，必须在挂篮尾部将挂篮与梁进行锚固。

（2）悬臂浇筑梁段混凝土。

悬臂浇筑梁段混凝土时需注意以下几点：

① 挂篮就位后，安装并校正模板吊架，此时应对浇筑预留梁段混凝土进行抛高，以使施工完成的桥梁符合设计标高。抛高值包括施工期结构挠度，因挂篮重力和临时支承释放时支座产生的压缩变形等；

② 模板安装应核准中心位置及标高，模板与前一段混凝土面应平整密贴；如上一节段施工后出现中线或高程误差需要调整时，应在模板安装时予以调整；

③ 安装预应力预留管道时，应与前一段预留管道接头严密对准，并用胶布包贴，防止灰浆渗入管道，管道四周应布置足够定位钢筋，确保预留管道位置正确，线形和顺；

④ 浇筑混凝土时，可以从前端开始，应尽量对称平衡浇筑，浇筑时应加强振捣，并注意对预应力预留管道的保护；

⑤ 为提高混凝土早期强度，以加快施工速度，在设计混凝土配合比时，一般加入早强剂或减水剂，为防止混凝土出现过大的收缩、徐变，应在配合比设计时按规范要求控制水泥用量；

⑥ 梁段拆模后，应对梁端的混凝土表面进行凿毛处理，以加强接头混凝土的连接；

⑦ 箱梁梁段混凝土浇筑，一般采用一次浇筑法，在箱梁顶板中部留一窗口，混凝土由窗口注入箱内，再分布到底模上，当箱梁断面较大时，考虑梁段混凝土数量较多，每个节段可分二次浇筑，先浇筑底板到肋板倒角以上，待底板混凝土达一定强度后，再支内模，浇筑肋板上段和顶板，其接缝按施工缝要求进行处理；

⑧ 箱梁梁段分次浇筑混凝土时，为了不使后浇混凝土的重力引起挂篮变形，导致先浇混凝土开裂，要有消除后浇混凝土引起挂篮变形的措施，一般可采取下列方法：

A. 水箱法：浇筑混凝土前先在水箱中注入相当于混凝土重量的水，在混凝土浇筑中逐渐放水，使挂篮负荷和挠度基本不变；

B. 浇筑混凝土时根据混凝土重量变化，随时调整吊带高度；

C. 将底模梁支承在千斤顶上，浇筑混凝土时，随混凝土重量的变化，随时调整底模梁下的千斤顶，抵消挠度变形；

当挂篮就位后，即可在上面进行梁段悬臂浇筑施工的各项作业，其施工工艺流程如图2.3.1-28所示。

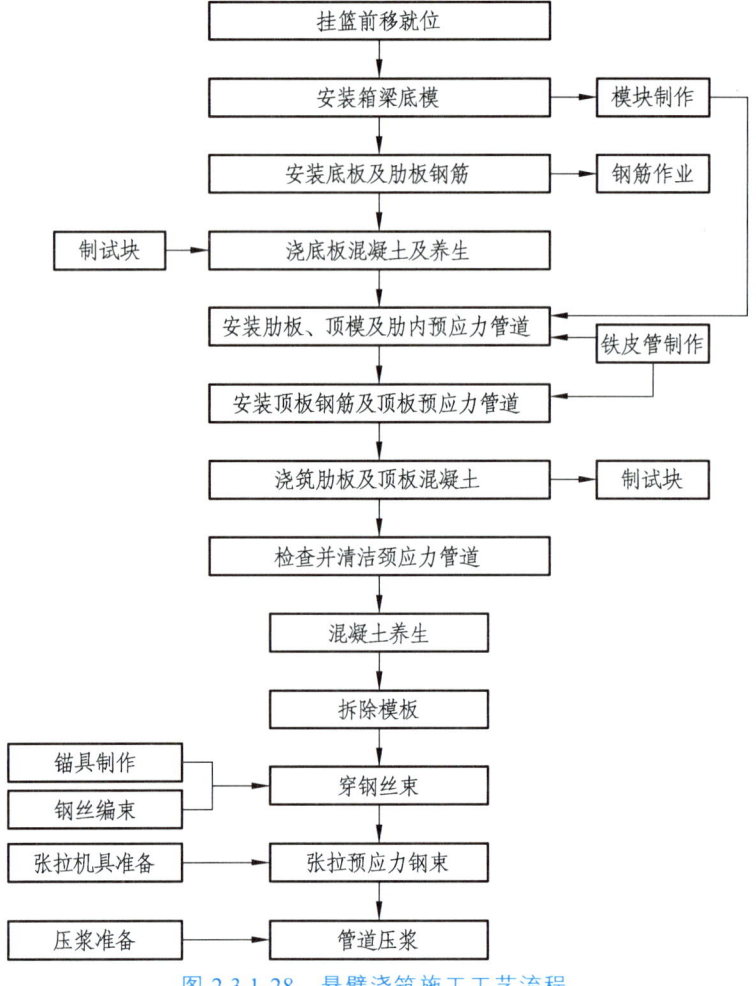

图 2.3.1-28 悬臂浇筑施工工艺流程

7. 结构体系转换

连续梁桥采用悬臂浇筑施工时，因施工程序不同，有以下三种基本方法：包括逐跨连续悬臂施工法、T构—单悬臂梁—连续梁施工法、T构—双悬臂梁—连续梁施工法。

（1）逐跨连续悬臂施工法（图 2.3.1-29）。

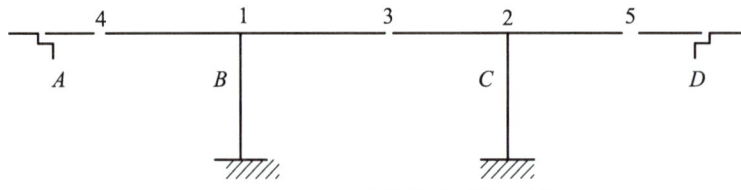

图 2.3.1-29 逐跨连续悬臂施工法

① 首先从 B 墩开始将梁墩临时固结，进行悬臂施工；
② 岸跨边段合龙，B 墩临时固结释放后形成单悬臂梁；
③ 从 C 墩开始，梁端临时固结，进行悬臂浇筑施工；
④ BC 跨中间合龙，释放 C 墩临时固结，形成带悬臂的两跨连续梁；

⑤ 从 D 墩开始，D 墩进行梁墩固结进行悬臂施工；
⑥ CD 跨中间合龙，释放 D 墩临时固结，形成带悬臂的三跨连续梁；
⑦ 按上述方法以此类推进行；
⑧ 最后岸跨边段合龙，完成多跨一联的连续梁施工。

上述逐跨连续悬臂法施工，从一端向另一端逐跨进行，逐跨经历了悬臂施工阶段，施工过程中进行了体系转换。逐跨连续悬臂法施工可以利用已建成的桥面上进行机具设备、材料、混凝土运输，方便了施工。该法每完成一个新的悬臂并在跨中合龙后，结构稳定性、刚度不断加强，所以逐跨连续悬臂法常在多跨连续梁及大跨长桥上采用。

（2）T 构-单悬臂梁-连续梁施工法（图 2.3.1-30）。
① 首先从 B 墩开始，梁墩固结，进行悬臂施工；
② 岸跨边段合龙，释放 B 墩临时固结，形成单悬臂梁；
③ C 墩进行施工，梁墩固结，进行悬臂施工；
④ 岸跨边段合龙，释放 C 墩临时固结，形成单悬臂梁；
⑤ BC 跨中段合龙，形成三跨连续梁结构。

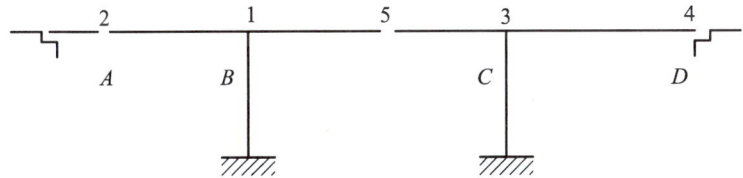

图 2.3.1-30　T 构—单悬臂梁—连续梁法施工程序

本法也可以采用多增设两套挂篮设备，B、C 墩同时悬臂浇筑施工，在两岸跨边段合龙，释放 B、C 墩临时固结，最后中间合龙，成三跨连续梁，以加速施工进度，达到缩短工期目的。

多跨连续梁施工时可以采取几个合龙段同时施工，以加速施工进度。也可以逐个进行。本法在 3~5 跨连续梁施工中是常用的施工方法。

（3）T 构—双悬臂梁—连续梁施工法（图 2.3.1-31）。
① 首先从 B 墩开始，梁墩固结后，进行悬臂施工；
② 再从 C 墩开始，梁墩固结后，进行悬臂施工；
③ BC 跨中间合龙，释放 B、C 墩的临时固结，形成双悬臂梁；
④ A 端岸跨边段合龙；
⑤ D 端岸跨边段合龙，完成三跨连续梁施工。

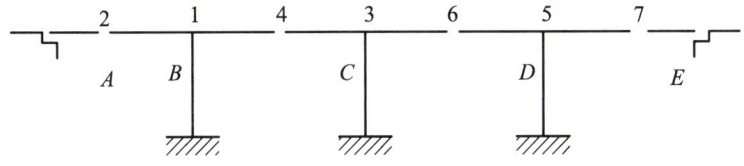

图 2.3.1-31　T 构—双悬臂梁—连续梁法施工程序

本方法当结构呈双悬臂梁状态时，结构稳定性较差，所以一般遇大跨径或多跨连续梁时不采用。

上述连续梁采用的三种悬臂施工方法是悬臂施工的基本方法，遇到具体桥梁施工时，可结合实际工程情况选择合适的一种方法，也可综合各种方法优点选用合适的施工程序。

悬臂梁桥及连续梁桥采用悬臂施工法，在结构体系转换时，为保证施工阶段的稳定，一般边跨先合龙，释放梁墩锚固，结构由双悬臂状态变成单悬臂状态，最后跨中合龙，成连续梁受力状态。这中间就存在体系转换。

（4）施工时应注意以下几点：

① 结构由双悬臂状态转换成单悬臂受力状态时，梁体某些部位的弯矩方向发生转换。所以在拆除梁墩锚固前，应按设计要求，张拉一部分或全部布置在梁体下部的正弯矩预应力束。对活动支座还需保证解除临时固结后的结构稳定，如需控制和采取措施限制单悬臂梁发生过大纵向水平位移。

② 梁墩临时锚固的放松，应均衡对称进行，确保逐渐均匀地释放。在放松前应测量各梁段高程，在放松过程中，注意各梁段的高程变化，如有异常情况，应立即停止作业，找出原因，以确保施工安全。

③ 对转换为超静定结构，需考虑钢束张拉、支座变形、温度变化等因素引起结构的次内力。若按设计要求，需进行内力调整时，应以标高、反力等多因素控制，相互校核。若出入较大时，应分析原因。

④ 在结构体系转换中，临时固结解除后，将梁落于正式支座上，并按标高调整支座高度及反力。支座反力的调整，应以标高控制为主，反力作为校核。

8. 合龙段施工

合龙段施工时通常由两个挂篮向一个挂篮过渡，所以先拆除一个挂篮，用另一个挂篮走行跨过合龙段至另一端悬臂施工梁段上，形成合龙段施工支架。也可采用吊架的形式形成支架。

在合龙段施工过程中，由于昼夜温差影响，现浇混凝土的早期收缩、水化热影响，已完成梁段混凝土的收缩、徐变影响，结构体系的转换及施工荷载等因素影响，因此，需采取必要措施，以保证合龙段的质量。

（1）合龙段长度选择：合龙段长度在满足施工操作要求的前提下，应尽量缩短，一般采用 1.5～2.0 m。

（2）合龙温度选择：一般宜在低温合龙，遇夏季应在晚上合龙，并用草袋等覆盖，并加强接头混凝土养护，使混凝土早期结硬过程中处于升温受压状态。

（3）合龙段混凝土选择：混凝土中宜加入减水剂、早强剂，以便及早达到设计要求强度，及时张拉预应力束筋，防止合龙段混凝土出现裂缝。

（4）合龙段采用临时锁定措施，采用劲性型钢或预制的混凝土柱安装在合龙段上下部作支撑，然后张拉部分预应力束筋，待合龙段混凝土达到要求强度后，张拉其余预应力束筋，最后再拆除临时锁定装置。

为方便施工，也可将劲性骨架作预应力束筋的预留管道打入合龙混凝土内，将劲性钢管安装在截面顶板和底板管道位置，钢管长度可用螺纹套管调节，两端支承在梁段混凝土端面上，并在部分管道内张拉预应力筋，待合龙段混凝土达强度要求后，再张拉其余预应力束筋。也可在合龙段配置加强钢筋或劲性管架。

（5）为保证合龙段施工时混凝土始终处于稳定状态，在浇筑之前各悬臂端应附加与混凝土质量相等的配重（或称压重），加配重要依桥轴线对称加载，按浇筑重量分级卸载。如采用多跨一次合龙的施工方案，也应先在边跨合龙，同时需经大量计算，进行工艺设计和设备系统的优化组合。

（四）高速铁路梁式桥逐孔施工

逐孔施工是中等跨径预应力混凝土连续梁中的一种施工方法，它使用一套设备从桥梁的一端逐孔施工，直到对岸。逐孔施工法有用临时支承组拼预制节段的逐孔施工法、移动支架逐孔现浇施工法，以及整孔吊装或分段节段施工法等。逐孔施工技术主要体现了省和快，它可使施工单一标准化、工作周期化，最大限度地减少工费的比例，降低造价。

1. 逐孔施工法的主要特点

（1）不需要设置地面支架，不影响通航和桥下交通，施工安全、可靠。

（2）有良好的施工环境，保证施工质量，一套模架可多次周转使用，具有在预制场生产的优点。

（3）机械化、自动化程度高，节省劳力，降低劳动强度，上下部结构可以平行作业，缩短工期。

（4）通常每一施工梁段的长度取用一孔梁长，接头位置一般可选在桥梁受力较小的部位。

（5）移动模架设备投资大，施工准备和操作都较复杂。

（6）宜在桥梁跨径<50 m的多跨长桥上使用。

2. 用临时支承组拼预制节段逐孔施工

对于多跨长桥，在缺乏起重能力较大的设备时，可将每跨梁分成若干段，在预制场进行分段生产；在架设时采用一套临时支承梁来承担组拼节段的自重，并在支承梁上张拉预应力筋，同时保证将安装跨的梁与施工完成的桥梁结构按照设计的要求连接，完成安装跨的架梁工作。随后移动临时支承梁，进行下一桥跨的施工。

（1）节段划分。

采用节段组拼逐孔施工的桥梁，为了便于组拼，通常组拼的梁跨在桥墩处接头，即每次组拼长度为桥梁的跨径。

在组拼长度内，可根据起重能力沿桥梁纵向划分节段。对于桥宽在10~12 m，采用单箱截面的桥梁，分节段时在横向不再分隔。节段长一般取4~6 m，每跨内的节段通常可分两种类型。

① 桥墩节段。

由于桥墩节段要与前一跨连接，需要张拉钢索或钢索接长，为此对墩顶节段构造有一定要求。此外，在墩顶处桥梁的负弯矩较大，梁的截面还要符合受力要求。

② 标准节段。

除两端桥墩顶节段外，其余节段均可采用标准节段，以简化施工。节段的腹板设有齿键，顶板和底板设有企口缝，使接缝剪应力传递均匀，并便于拼装就位。前一跨墩顶节段与安装跨第一节段间可以设置就地浇筑混凝土封闭接缝，用以调整安装跨第一节段的准确程度，但也可不设。封闭接缝宽 15~20 cm，拼装时由混凝土垫块调整。在施加初预应力后用混凝土封填，这样可调整节段拼装和节段预制的误差，但施工周期要长些。采用节段拼合可加快拼装速度，但对预制和组拼施工精度要求较高。

（2）支承梁的类型。

① 钢桁架导梁。

导梁长按桥墩间跨长取用，支承在设置于桥墩上的横梁或横撑上，钢桁架导梁的支承处设有液压千斤顶用于调整高程。通过在导梁上设置不锈钢轨与放在节段下面的聚四氟乙烯板形成滑动面，方便节段在导梁上移动。为保证每跨箱梁节段全部组拼之后，钢导梁上弦符合桥梁纵断面高程要求，钢梁需设置预拱度。同时还需准备一些附加垫片，用于临时调整高程。

节段就位可从已完成的桥面上由轨道运送至安装孔，也可由驳船运至桥位用吊车安装。由于钢桁架导梁需要多次转移逐孔拼装，因此要求导梁要便于装拆和移运。

当节段组拼就位，封闭接缝混凝土达到一定强度后，张拉预应力筋与前一跨桥组拼成整体。

② 下挂式高架钢桁架。

采用一对高架桁架吊挂节段组拼时，为了加强桁架的刚度，可采用一对或数对斜缆索加劲。高架桁架长度大于两倍桥梁跨径，由三个支点支撑，支点分别设置在已完成孔和安装孔的桥墩上。高架桁架可独立设有行走系统，由支脚沿桥面轨道自行驱动。吊装时，支脚落下，用液压千斤顶锚固于桥墩处桥面上。预制节段由平板车沿已安装的桥孔或由驳船运至桥位后，借助架桥机前部斜缆悬臂梁吊装，并将第一跨梁的各节段分别悬吊在架桥机的吊杆上。当各节段位置调整准确后，完成该跨设计的预应力张拉工艺。并在张拉过程中，逐步顶高架桥机的后支腿，使梁底落在桥墩上的油压千斤顶上。千斤顶高出支座顶面 100 mm，在拆移千斤顶的前一天将支座周围加设模板并压注膨胀砂浆，凝固后，再卸千斤顶使支座受力。

在节段组拼过程中，架桥机前臂必然下挠，安装桥跨第一块中间节段的挠度倾角调整是该跨架设的关键，因此要求当一跨节段全部由架桥机空中吊起后，第一个中间节段与墩上节段的接触面应全部吻合。如在吊装中心出现节段横向偏移，而不相吻合的现象时，应在节段下方利用倒链调整；对于竖直上下方的调整，可借助架桥机下方的钢缆吊索油缸调整。

采用预制节段组拼逐孔架设的施工方法，施工速度快，安全、可靠，起吊能力可以控制在 100 t 以内，所需机具设备和临时器件不多，但需有足够的预制场地。

3. 用移动支架逐孔现浇施工（移动模架法）

与在支架上现场浇筑施工相比，逐孔现浇施工的不同点在于施工时仅在一跨梁上设置支架，当预应力筋张拉结束后移动支架，再进行下一跨逐孔施工；而在支架上现浇施工，通常需在连续梁的一联桥跨上布设支架连续施工。因此在逐孔现浇施工过程中有结构的体系转换问题，混凝土徐变对结构产生次内力。

中小跨径连续梁桥或建造在陆地上的桥跨梁体施工时，可以使用落地式或梁式移动支架。梁式支架的承重梁支承在锚固于桥墩的横梁上，也可支承在已施工完成的梁体上，现浇施工的接头最好设在弯矩较小的部位,常取离桥墩 1/5 处。逐孔就地浇筑施工需要一定数量的支架,但比起在支架上现场浇筑施工所需的支架数量要少得多,而且周转次数多,利用效率高。逐孔现浇的施工速度也比在支架上现浇快,但相对预制梁段组拼逐孔施工要长些,同时后支点位于桥梁的悬臂端处,现浇孔施工重量对已完成桥跨将产生较大的施工弯矩,特别是在已完成桥跨的混凝土龄期还很短的情况下。

采用落地式或轨道移动式支架逐孔施工,可用于预应力混凝土连续梁桥,也可在钢筋混凝土连续梁桥上使用,每跨梁施工周期约两周,支架的移动较方便,但在河中架设较为困难。

当桥墩较高、桥跨较长或桥下净空受到约束时,可以采用非落地支承的移动模架逐孔现浇施工,称为移动模架法。这种施工方法近年来发展较快,由于它的机械化、自动化程度较高,给施工带来较好的经济效益。

(1) 移动悬吊模架施工。

移动悬吊模架的形式很多,其基本结构包括三部分:承重梁、从承重梁上伸出的肋骨状的横梁、吊杆和承重梁的固定及活动支承,如图 2.3.1-32 所示。承重梁也称支承梁,通常采用钢梁,并依据桥宽来确定采用单梁或是双梁。承重梁的前段作为前移的导梁,总长度要大于桥梁跨径的两倍。承重梁是承受施工设备自重、模板和悬吊脚手架系统的重力和现浇混凝土重力的主要构件。承重梁的后段通过可移式支承落在已完成的梁段上,它将重力传给桥墩或直接应落在墩顶。承重梁的前端支承在前方墩上,导梁部分悬出,因此其工作状态呈单悬臂梁。移动悬吊模架也称为上行式移动模架、吊杆式或挂模式移动模架。

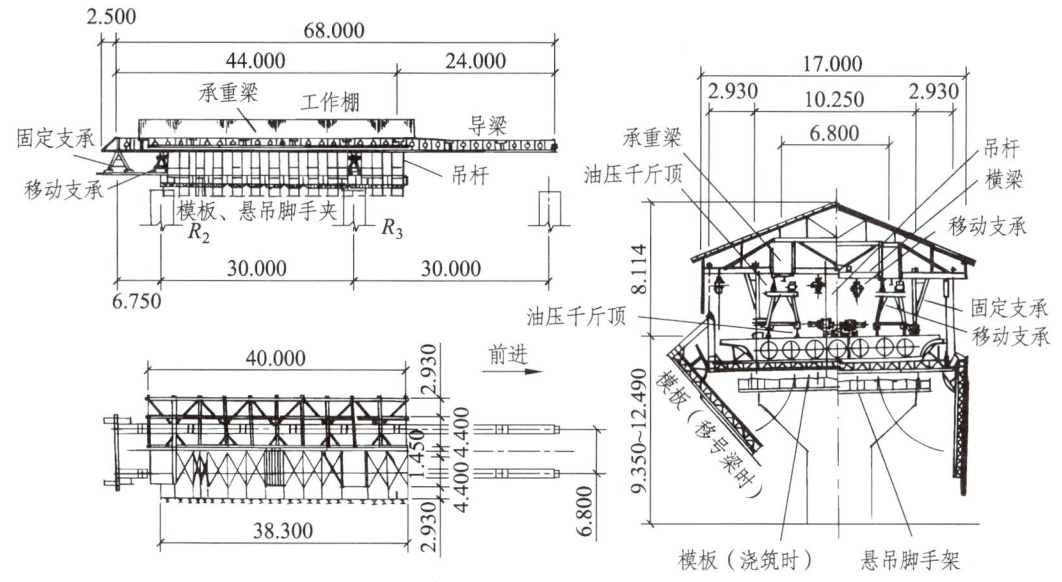

图 2.3.1-32 移动悬吊模架的构造

承重梁除起承重作用外,在一孔梁施工完成后,作为导梁带动悬吊模架纵移至下一施工跨。承重梁的移位以及内部运输由数组千斤顶或起重机完成,并通过中心控制室操作。承重梁的设计挠度一般控制在 1/500~1/800。钢承重梁制作时要设置预拱度,并在施工中加强观测。

从承重梁两侧悬出的许多横梁覆盖桥梁全宽，横梁由承重梁上左右各 2～3 组钢束拉住，以增加其刚度。横梁的两端悬挂吊杆，下端吊住呈水平状态的模板，形成下端开口的框架并将主梁（待浇制的）包在内部。当模板支架处于浇混凝土的状态时，模板依靠下端的悬臂梁和锚固在横梁上的吊杆定位，并用千斤顶固定模板。当模板需要向前运送时，放松千斤顶和吊杆，模板固定在下端悬臂梁上，并转动该梁，使在运送时的模架可顺利地通过桥墩。

（2）支承式活动模架施工。

支承式活动模架的构造形式较多，现列举其中一种，其构造形式是由承重梁、导梁、台车和桥墩托架等构件组成，如图 2.3.1-33 所示。在混凝土箱形梁的两侧各设置一根承重梁，支撑模板和承受施工重力。承重梁的长度要大于桥梁跨径，浇筑混凝土时承重梁支承在桥墩托架上。导梁主要用于运送承重梁和活动模架，因此需要有大于两倍桥梁跨径的长度。当一孔梁施工完成后进行脱模卸架，由前方台车（在导梁上移动）和后方台车（在已完成的梁上移动）沿桥纵向将承重梁和活动模架运送至下孔，承重梁就位后导梁再向前移动。支承式活动模架的另一种构造是采用两根长度大于两倍跨径的承重梁分设在箱梁截面的翼缘板下方，兼有支承和移运模架的功能，因此不需要再设导梁。两根承重梁置于墩顶的临时横梁上，两根承重梁间用支承上部结构模板的钢螺栓框架连接起来，移动时为了跨越桥墩前进，需先解除连接杆件，承重梁逐根向前移动。

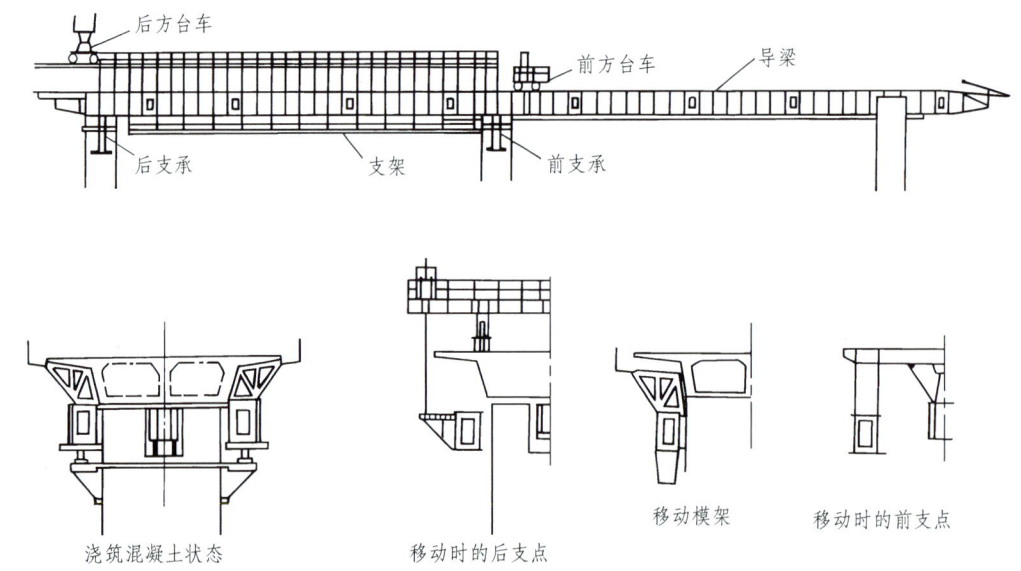

图 2.3.1-33 上承式活动模架的构造

施工中的体系转换包括固定支座与活动支座的转换。如跨中为固定支座，但施工时为活动支座，施工完成后转为固定式。每个支座安装时所留的提前量按施工时的气温，混凝土的收缩、徐变，混凝土的水化热等因素仔细计算，并在施工中加强观测。

移动模架需要一整套机械动力设备、自动装置和大量钢材，一次投资相对较高。为了提高使用效率，必须解决装配化和科学管理的问题。装配化就是设备的主要构件能适用不同的桥梁跨径、不同的桥宽和不同形状的桥梁，扩大设备的使用面，降低施工成本。科学管理的目的在于充分发挥设备的使用能力，注意设备的配套和维修养护，如果备有专业队伍固定操作，并能持久地使用到它所适用的桥梁施工上，必将取得较好的效益。

4. 整孔吊装或分段吊装逐孔施工

整孔吊装和分段吊装（图 2.3.1-34）需要先在工厂或现场预制整孔梁或分段梁，再进行逐孔架设施工。由于预制梁或预制段较长，通常采用二次张拉法施加预应力，即在预制时先进行第一次预应力索的张拉，拼装就位后进行二次张拉。因此，在施工过程中需要进行体系转换。吊装的机具有浮吊、龙门起重机、汽车吊等多种，可根据起吊物重力、桥梁所在的位置以及现有设备和掌握机具的熟练程度等因素决定。

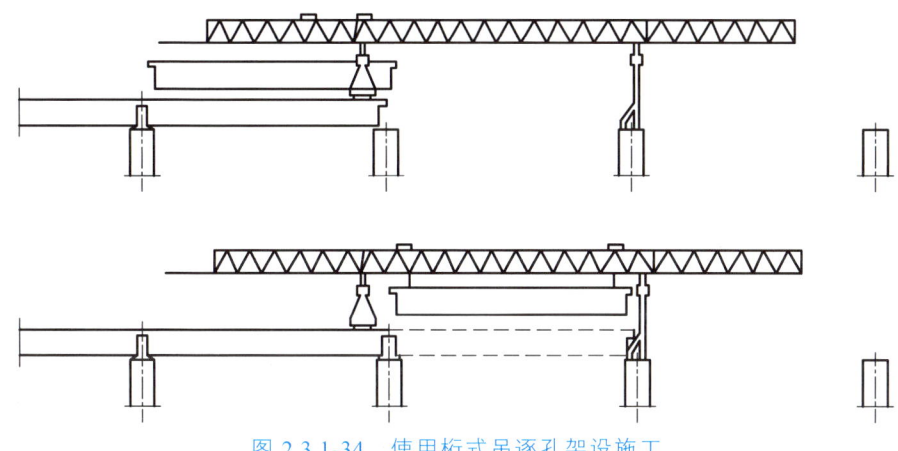

图 2.3.1-34　使用桁式吊逐孔架设施工

整孔吊装和分段吊装施工与装配式桥的预制与安装大致相同，但逐孔吊装施工应注意以下几个问题：

（1）采用分段组装逐孔施工的接头位置可以设在桥墩处，也可以设在梁的 1/5 附近。前者多为由简支梁逐孔施工连接成连续梁桥；后者多为悬臂梁转换为连续梁。在接头位置处可设有 0.5～0.6 m 现浇混凝土接缝，当混凝土达到足够强度后张拉预应力筋，完成连续梁桥的施工。

（2）桥的横向是否分隔，主要根据起重能力和截面形式确定。当桥梁较宽、起重能力有限的情况下，可以采用 T 梁或工字梁截面，分片架设之后再进行横向整体化。为了加强桥梁的横向刚度，常采用梁间翼缘板有 0.5 m 宽的现浇接头。采用大型浮吊横向整体吊装将会简化施工和加快安装速度。

（3）对于先简支后连续的施工方法，通常在简支梁架设时使用临时支座，待连接和张拉后期钢索完成连续时拆除临时支座，放置永久支座。为使临时支座便于卸落，可在橡胶支座与混凝土垫块之间设置一层硫磺砂浆。

（4）在梁的反弯点附近设置接头，在有可能的情况下，可在临时支架上进行接头。结构各截面的恒载内力根据各施工阶段进行内力叠加计算。

（五）高速铁路梁式桥顶推施工

顶推法施工是在沿桥纵轴方向设立预制场，采用无支架的方法推移就位。此法可用在水深、桥高以及高架道路等情况下进行施工，避免大量施工脚手架，不中断现有交通及可在较小的场地上施工，安全可靠。可以使用简单的设备建造长、大桥梁。

它的主要施工工序是在台后开辟预制场地，分节段预制梁身并用纵向预应力筋将各节段连成整体，然后通过顶推装置，并借助不锈钢板与聚四氟乙烯模压板组成的滑动装置，将梁逐段向对岸推进，待全部顶推就位后落梁，更换正式支座，完成桥梁施工。

顶推法施工，不仅用于连续梁桥（包括钢桥），同时也可用于其他桥型，如结合梁桥中的预制桥面板可在钢梁架设后，采用纵向顶推就位，此法在1969年首先在瑞士使用，简支梁则可先连续顶推施工，就位后解除梁跨间的连接，顶推法还可在立交箱涵、地道桥和房屋建筑中使用。

1. 顶推法分类

顶推施工法的分类方式很多，一般按顶推力的施加位置和推装置的类型进行划分，即顶推装置集中设置在桥台上或某一桥墩上时称为单点顶推；在多个墩（台）顶上设置顶推装置的称为多点顶推。按顶推装置类型则有水平-竖向千斤顶法或拉杆千斤顶法之分。上述两点的组合又形成了多种顶推方式。

2. 顶推施工设备

在梁体顶推施工过程中所需的设备有两类，一是主梁的顶推和支承设备；二是减小顶推过程中主梁内力而增设的临时设施。

顶推法施工接简介

（1）主梁的顶推和支承设备。

① 水平-竖向千斤顶顶推装置。

此类装置由水平和竖直千斤顶组成。

它每一顶推行程的施工程序为顶梁、推移、落下竖直千斤顶和收回水平千斤顶的活塞杆，如图 2.3.1-35 所示。顶推时，升起竖直顶活塞，使临时支承卸载，开动水平千斤顶去顶推竖直顶，由于竖直顶下面设有滑道，顶的上端装有一块橡胶板，在前进过程中可带动梁体向前移动。当水平千斤顶达到最大行程时，降下竖直顶活塞，使梁体落在临时支承上，收回水平顶活塞，带动竖直千斤顶后移，回到原来位置，如此反复不断地将梁顶推到设计位置。

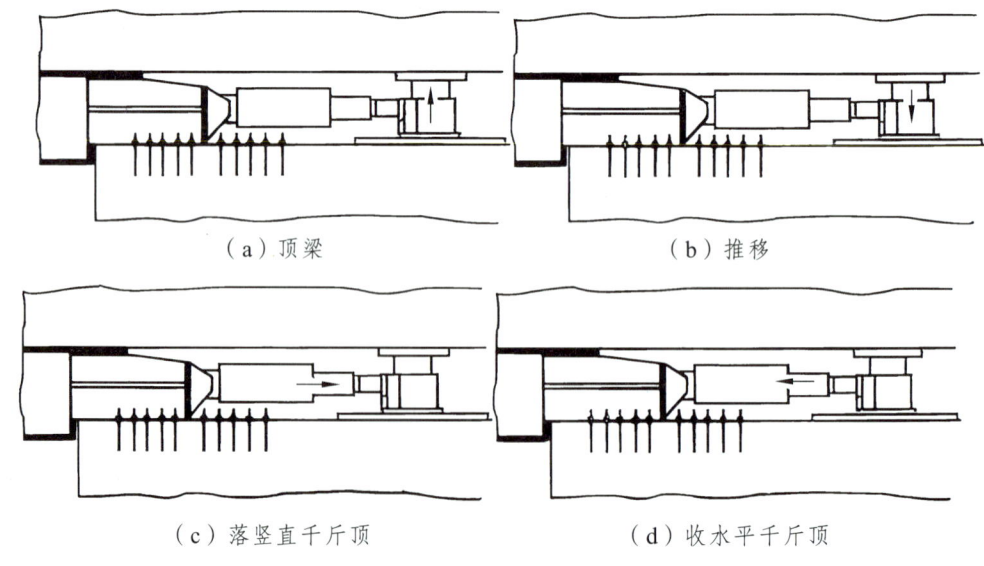

图 2.3.1-35 水平千斤顶与竖直千斤顶联用的装置图

② 拉杆千斤顶顶推装置。

图 2.3.1-36 为此类装置的一种布置形式。水平千斤顶设置在桥墩前侧支架上或墩顶支架上，主梁与千斤顶之间通过拉杆相连，拉杆一端由楔形夹具固定，另一端则锚固在设置于梁侧的锚固设备上，通过千斤顶的牵引作用，带动梁体向前运动。千斤顶回程时，固定在油缸上的刚性拉杆便从楔形夹具上松开，在锚头中滑动，随后重复下一循环。

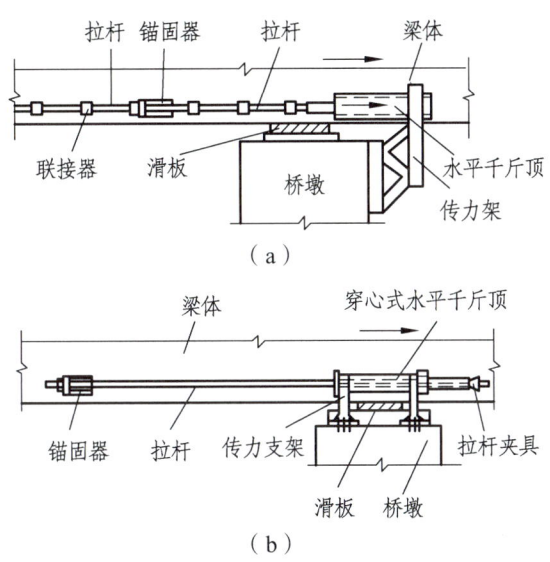

图 2.3.1-36 拉杆式顶推装置

顶推装置的另一种布置形式是在桥墩前侧的主梁底部设置支架并固定千斤顶，在梁体顶、底板预留孔内插入强劲的钢锚柱，锚柱下端通过钢横梁连接，牵引梁体前进的拉杆两端分别固定于千斤顶和钢横梁上。

③ 常用滑道装置。

滑道支承设置在桥墩顶上的混凝土临时垫块上，它由光滑的不锈钢板与组合的聚四氟乙烯滑块组成，其中的滑块由四氟板与具有加劲钢板的橡胶块构成，外形尺寸有 420 mm × 420 m、200 mm × 400 mm、500 mm × 200 mm 等数种，厚度也有 40 mm、31 mm、21 mm 之分。顶推时，组合的聚四氟乙烯滑块在不锈钢板上滑动，并在前方滑出，通过在滑道后方不断喂入滑块，带动梁身前进，如图 2.3.1-37 所示。

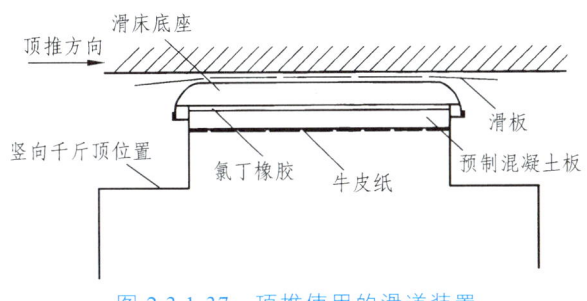

图 2.3.1-37 顶推使用的滑道装置

④ 使用与永久支座兼用的滑动支承装置。

这是一种利用施主时的临时滑动支承与竣工后的永久支座兼用的支承进行顶推施工的

163

方法。它将竣工后的永久支座安置在桥墩的设计位置上，施工时通过改造作为顶推施工时的滑道，主梁就位后不需要进行临时滑动支座的拆除作业，也不需要用大吨位千斤顶将梁顶起。

国外把这种施工方法定名为 RS（Ribben Sliding）施工法。它的滑动装置由 RS 支承、滑动带、卷绕装置组成。RS 支承的构造与时如图 2.3.1-38 所示。RS 顶推装置的特点是采用兼用支承，滑动带自动循环，因而操作工艺简单、省工、省时，但支承本身的构造复杂，价格较高。

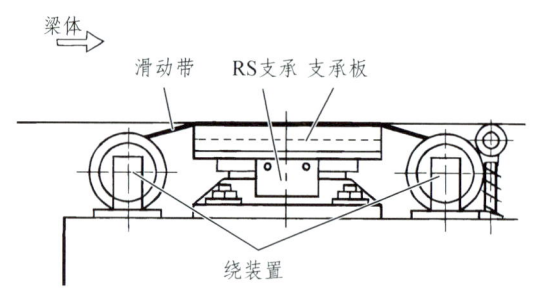

图 2.3.1-38　RS 支承的构造图

⑤ 横向导向设施。

为了使顶推能正确就位，施工中的横向导向是不可少的。通常在桥墩（台）上主梁的两侧各安置一个横向水平千斤顶，千斤顶的高度与主梁的底板位置平齐，由墩（台）上的支架固定千斤顶位置（图 2.3.1-39）。在千斤顶的顶杆与主梁侧面外缘之间放置滑块，顶推时千斤顶的顶杆与滑块的聚四氟乙烯板形成滑动面，顶推时由专人负责不断更换滑块。

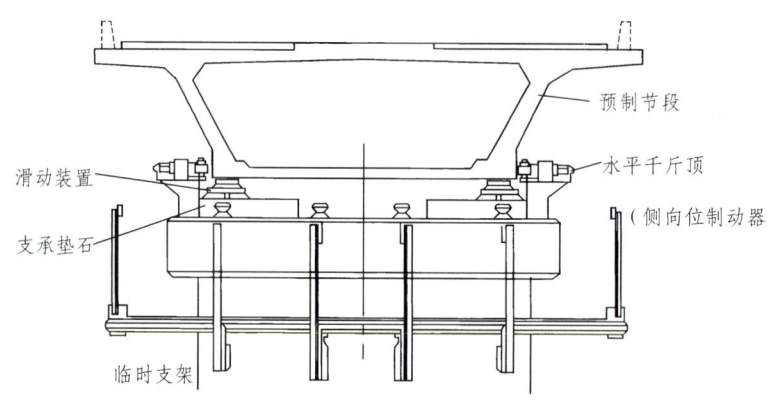

图 2.3.1-39　顶推施工的横向导向设施

（2）顶推施工中的临时设施。

为了减少顶推施工中主梁的内力，扩大顶推施工的使用范围，同时从安全施工、方便施工出发，在施工过程中常使用一些临时设施，如设临时墩减小顶推跨径、主梁前端设置导梁或主梁上设索塔以减小主梁的悬臂弯矩和梁端挠度等。

① 导梁。

导梁（图 2.3.1-40）设置在主梁的前端，为等截面或变截面的钢桁梁或钢板梁，主梁前端装有预埋件与钢导梁栓接。导梁在外形上其底缘与箱梁底应在同一平面上，前端底缘呈向上圆弧形，以便于顶推时顺利通过桥墩。

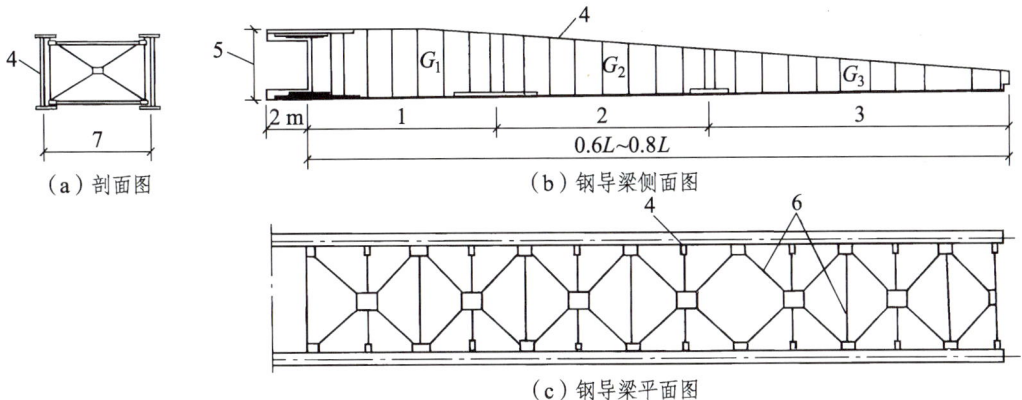

(a) 剖面图　　(b) 钢导梁侧面图

(c) 钢导梁平面图

1—第一节；2—第二节；3—第三节；4—导梁主桁；5—箱梁高；
6—钢管（型钢）横撑杆；7—主桁宽

图 2.3.1-40　钢导梁示意

导梁的长度、抗弯刚度和重量对主梁在顶推过程中的受力有较大的影响。导梁长度一般取用顶推跨径的 0.6～0.8 倍，较长的导梁可以减小主梁悬臂负弯矩，但过长的导梁也会导致导梁与箱梁接头处负弯矩和支点反力的相应增加；导梁过短（0.4L），则要增大主梁的施工负弯矩值；合理的导梁长度应使主梁最大悬臂负弯矩与运营状态时的支点负弯矩基本相近。导梁的抗弯刚度和重量的取值应使主梁在顶推过程中产生的应力变化最小。导梁的刚度过小，主梁内就会引起多余应力；刚度过大，则支点处主梁负弯矩将急增。

② 临时墩。

临时墩由于仅在施工中使用，在符合要求的前提下，应造价低，便于拆装。目前用得较多的是用滑升模板浇筑的混凝土薄壁空心墩、混凝土预制板或预制板拼砌的空心墩、混凝土板和轻便钢架组成的框架临时墩。临时墩的基础依地质和水深诸多因素决定，可采用桩基础等。为了减小临时墩承受的水平力和增加临时墩的稳定性，在顶推前将临时墩与永久墩用钢丝绳拉紧；也可采用在每墩的上、下游各设一钢束进行张拉，效果较好，施工也很方便。通常在临时墩上不设顶推装置而仅设置滑移装置。

③ 索塔加劲系统。

索塔加劲系统由钢制塔架、连接构件、竖向千斤顶和钢索组成，设置在主梁的前端（图 2.3.1-41）。拉索的加劲范围为两倍顶推跨径左右；塔架通过钢铰连接并支承在主梁的混凝土固定块上；设置在塔架下端的竖向千斤顶则用于调节索力，适应顶推过程中不断变化的主梁内力。

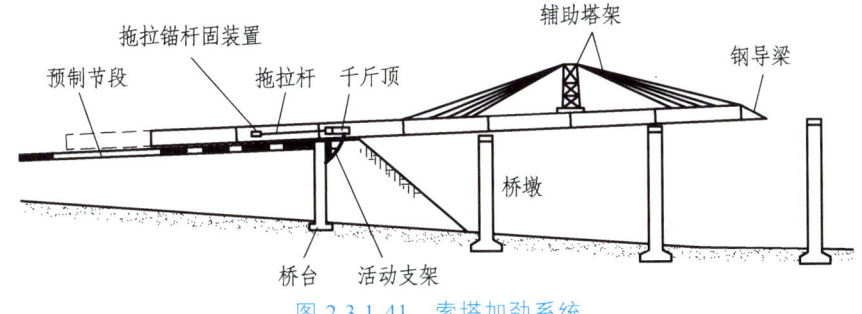

图 2.3.1-41　索塔加劲系统

需注意的是，采用此种方式加劲主梁，应格外注意塔位处的主梁截面，必要时应对该处的主梁进行加固，以承受塔架的集中竖向力。

3. 顶推法施工工艺

顶推法施工主要包括预制场准备、箱梁的预制和拼装、安装顶推装置和滑移装置、顶推梁体、落梁就位、施加预应力等。其工艺流程如图 2.3.1-42。

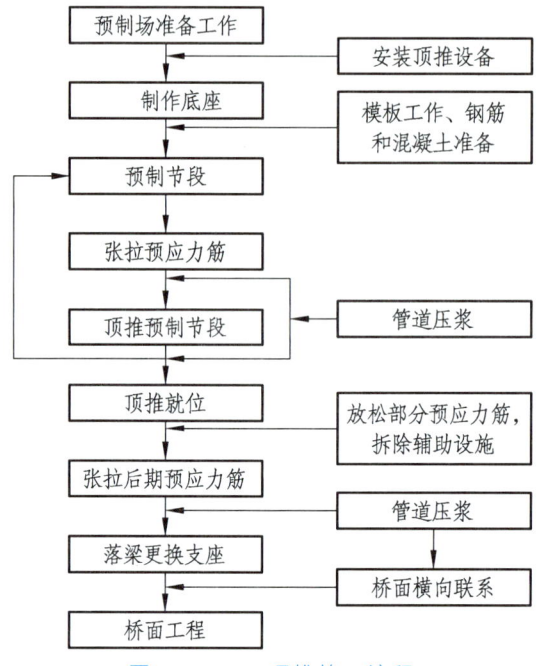

图 2.3.1-42　顶推施工流程

为使主梁顶推顺利进行，施工中应注意以下几个问题：

（1）主梁的节段长度划分。

主梁的节段长度划分主要考虑段间的连接处不要设在连续梁受力最大的支点与跨中截面。同时要考虑制作加工容易，尽量减少分段，缩短工期。因此一般常取节段长 10~30 m。

（2）主梁节段类型。

顶推施工的主梁节段类型有两种，一种是在梁轴线的预制场上连续现浇制作逐段顶推；另一种是在工厂制成预制块件，运送到桥位连接后进行顶推，这种制梁方法带来的问题是节段长度和重量取决于运输条件，并且增加了施工中的接头工作。因此，梁体节段制作多以现浇为主，并对桥梁施工质量和施工速度起着决定作用。

（3）预制场地准备。

预制场的设置应考虑到顶推过程中抗倾覆和抗滑移稳定的安全度、主梁的预制台座、材料堆放场以及辅助施工所需的场地要求等。

在顶推初期，当导梁或箱梁尚未进入前方桥墩，主梁呈最大悬臂状态时，如预制场上无足够长的主梁节段，则会发生倾覆失稳；再则，在水平力作用下梁体发生滑移失稳也是值得重视的一方面，特别是地震区的桥梁和具有较大纵坡的桥梁。故一般顶推施工的预制场地包括预制台座和从预制台座到标准顶推跨之间的过渡段。

主梁预制台座的长度取决于主梁预制方案是节段的全截面一次浇筑完成再顶推，还是分次浇筑分次顶推。如主梁预制方案为前者，预制台座长仅需与节段长相当；如为后者，在一个预制台座上完成箱梁底板的浇筑，张拉部分预应力筋后顶推至第二个预制台座浇筑箱梁的腹板和顶板，或者是底板和腹板第一次预制，顶板部分第二次预制，则预制台座长需有两个节段长。

另外，钢导梁的拼装、模板、钢筋、钢束的加工，混凝土搅拌站以及砂、石、水泥的堆放等都需用地。

所以，顶推施工的预制场一般设在桥台后，长度需要有预制节段长的三倍以上。图 2.3.1-43 为预制平台的纵向布置图。

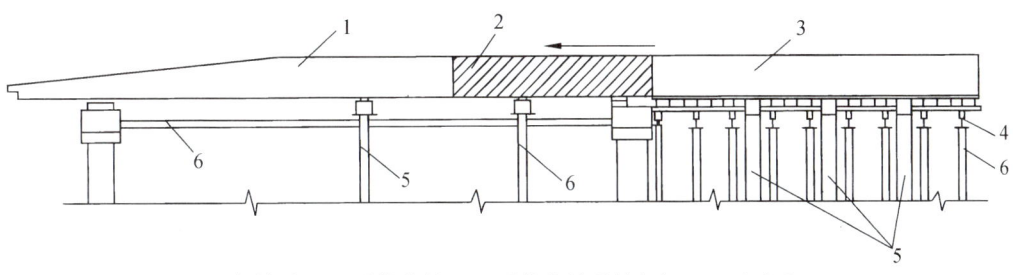

1—钢导梁；2—顶推箱梁；3—顶推箱梁预制台座；4—千斤顶；
5—钢管临时滑道支承墩；6—钢管

图 2.3.1-43　预制平台纵向布置图

（4）节段的预制工作。

对采用现场预制主梁节段，由于预制工作固定在一个位置上进行周期性生产，所以完全可以仿照工厂预制桥梁的条件设临时厂房、吊车，使施工不受气候影响，减轻劳动强度，提高工效。

箱梁模板由底模、侧模和内模组成。一般来说，采用顶推法施工多选用等截面梁，模板可以多次周转使用。因此宜使用钢模板，以保证预制梁尺寸的准确性。

底模板安置在预制平台上，平台的平整度必须严格控制，因为顶推时的微小高差就会引起梁内力的变化，而且梁底不平整将直接影响顶推工作。通常预制平台要有一个整体的框架基础，要求总下沉量不超过 5 mm，其上是型钢及钢板制作的底模和在腹板位置的底模滑道，在底模和基础之间设置卸落设备，要求底模的重量要大于底模与梁底混凝土的黏结力，当千斤顶及木楔的卸落设备放下时，底模能自动脱模，将节段落在滑道上。

节段预制的模板构造与是否为全断面浇筑有关，图 2.3.1-44 为二次预制的模板构造。

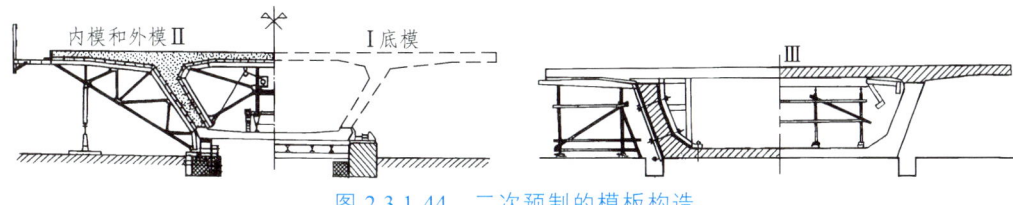

图 2.3.1-44　二次预制的模板构造

桥梁采用顶推施工时，其工期主要取决于梁体预制周期。据统计资料显示，梁段预制工作量占上部结构总工作量的 55%～65%，加快预制工作的速度对缩短工期具有十分重要的意义。

为缩短预制周期，在预制时可考虑采取如下措施：

① 组织专业化施工队；

② 前期钢束采用直束，加快张拉速度；

③ 在混凝土中加入减水剂，提高混凝土的早期强度，增加施工和易性，是加快施工速度的有效措施；

④ 采用大型模板，提高机械化和装配化的程度。

（5）预应力钢束的张拉。

顶推施工的预应力混凝土连续梁桥有三种预应力钢束，一种是兼顾营运与施工要求所需的钢束；第二为施工阶段要求配置的钢束；第三是在施工完成之后，为满足营运阶段需要而增加的钢束。

这三类预应力钢束的构造布置特点：对于兼顾营运与施工要求的力筋，通常采用墩头锚，并用连接器接长，为了不致使接头集中在同一截面，钢束的长度取用两个主梁节段的长度，交错排列，使一半数量的钢束通过某一接头位置，而另一半钢束在该截面接头；对于施工需要而临时配置的力筋，一般选用短索，在施工完成后拆除；为便于施工，此两类顶推施工中所需钢束常采用直索，布置在截面的上下缘，对梁施加一个近似于中心受压的预应力；为满足营运阶段需要而增设的钢束有直索和弯索，锚在箱梁内的齿板上。

三种钢束应严格按照设计规定进行布置、张拉、接长和拆除，不得随意增加或漏拆，更不得漏张拉。钢束张拉时应注意：张拉顺序宜采用先临时束后永久束、先长束后短束、先直束后弯束；为防止因水平扭矩而产生附加内力，顶底板钢束应上下交替、左右对称地进行；对主梁顶推就位后需拆除的临时钢束，张拉后不应灌浆，锚具外露多余钢材不必切除；对梁段间需联结的永久束，应在节段间留出适当供连接器联结的空间。

（6）施工中的稳定问题。

顶推过程中的稳定问题包括倾覆稳定和滑动稳定。

① 主梁顶推时的倾覆稳定。

施工时可能发生倾覆失稳的最不利状态发生在顶推初期，导梁或箱梁尚未进入前方桥墩，呈最大悬臂状态时。要求在最不利状态下的倾覆安全系数不小于 1.3。当不能保证有足够的安全系数时，应考虑采取加大稳定段长度或在跨间增设临时墩的措施。

② 主梁顶推时的滑动稳定。

在顶推初期，由于顶推滑动装置的摩擦系数很小，抗滑能力很弱，当梁受到一个不大的水平力时，很可能发生滑动失稳，特别是地震区的桥梁和具有较大纵坡的桥梁，更要注意计算各阶段的滑动稳定，安全系数应不小于1.20。

（7）施工挠度控制。

随着顶推施工进行，桥梁结构的受力体系不断变化，主梁挠度也发生相应的变化，主梁挠度的大小将直接影响到施工是否能正常，因此要随时根据设计提供的挠度数值校核施工精度，并调整施工时梁的高程。当计算结果与施工观测结果出现较大不符时，必须要查明原因，确定对策，以保证施工顺利进行。

（8）落梁。

在全梁顶推到位后，需进行落梁工作，将主梁安置在永久支座上。

落梁前的准备工作有：解除梁体外的一切约束，清理永久支座并在支座垫石顶面、滑道旁边就位，在支座垫石上放样画线；在墩上清理千斤顶安放工作面，并准确安装千斤顶；复测墩顶、支座垫石顶面高程。

全桥落梁步骤如图 2.3.1-45 所示。

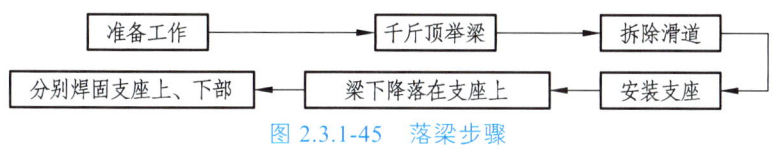

图 2.3.1-45　落梁步骤

四、课外加油站

架桥"巨无霸"——架桥机

五、思想政治素质养成

（1）通过收集近代世界梁桥资料，结合中国梁桥的发展情况，给身边的同学讲述梁桥的发展过程，在这些世界领先的技术水平里，其中有哪些技术是中国领先的。在收集资料的过程中培养学生的职业精神和爱国情怀。

（2）铁路梁桥的施工方法有预制法、悬臂法、顶推法等。要求学生掌握不同施工方法的具体操作步骤、技术要求和施工难点。能够根据工程特点、环境条件和资源情况，设计合理的施工方案。在掌握各种施工工艺以及养护维修的教学过程中应加强培养学生时刻保持科学的设计理念和严谨的设计态度，时刻把结构安全性、可靠性、适用性牢记在心，贯穿在设计的每一步中，树立工程人应有的责任心和担当。在按照施工图纸和技术规范进行精确施工过程中应秉持精益求精的工匠精神，根据实际情况进行技术改造和创新。

（3）桥梁工程课程不仅涉及理论知识，还包括大量的实践内容，如桥梁施工技术和维护管理等方面。课程内容涵盖多个学科领域，包括力学、材料科学、结构工程、地质工程等，要求学生具备跨学科的知识和技能，旨在培养学生解决复杂工程问题的能力，并树立终身学习的理念，以适应不断发展的桥梁工程领域。

六、任务分组

表 2.3.1-1　学生任务分配表

班级：　　　　　　　组号：　　　　　　　组长：　　　　　　　指导老师：

组员	任务分工	组员	任务分工

表 2.3.1-2　任务工作单

姓名：	学号：	日期：

（1）简要叙述固定支架整体浇筑施工的工艺流程。

（2）铁路梁式桥悬臂施工法的分类？

（3）预制安装施工的特点有哪些？

七、评价反馈

表 2.3.1-3 评价反馈表

姓名：		组号：		组长：		指导老师：		
评价指标	评价内容		分值	个人自评（20%）	组内互评（20%）	组间互评（20%）	教师评价（40%）	综合评价
信息检索能力	能有效利用网络、图书资源查找有用的相关信息等；能将查到的信息有效地传递到学习中		10分					
课堂感知力	是否熟悉梁桥的各种施工方法，认同工作价值；在学习中是否能获得满足感，课堂氛围如何？		10分					
参与度、交流沟通	积极主动与教师、同学交流，相互尊重、理解、平等；与教师、同学之间是否能够保持多向、丰富、适宜的信息交流		10分					
	能处理好合作学习和独立思考的关系，做到有效学习；能提出有意义的问题或能发表个人见解		10分					
知识、能力获得情况	明确梁桥施工的分类		10分					
	掌握梁桥施工的各种方法		10分					
	能说出梁桥各种施工方法的流程		10分					
	能说出常见梁桥施工方法有哪些		10分					
	能辨识各种梁桥施工的方法及适用条件		10分					
思维态度	是否能发现问题、提出问题、分析问题、解决问题、创新问题		5分					
自评反思	按时按质完成任务；较好地掌握了知识点；具有较强的信息分析能力和理解能力；具有较为全面严谨的思维能力，并能条理清楚明晰表达成文		5分					
反思改进								

任务二 高速铁路拱桥施工

一、学习目标

1. 思政目标

（1）培养学生责任意识与担当精神；

（2）激发学生创新思维与进取意识；

（3）树立学生团队合作与奉献观念。

2. 知识目标

（1）掌握拱桥分类及构造知识；

（2）理解拱桥施工的方法及流程。

3. 能力目标

（1）能准确区分拱桥的类型；

（2）能简要说出拱桥常用的施工方法及大致施工流程。

二、任务重、难点

1. 重　点

（1）高速铁路拱桥的分类及特点；

（2）高速铁路拱桥常用施工方法及原理。

2. 难　点

高速铁路拱桥常用施工方法及原理。

三、知识链接

中国拱桥的建设历史悠久，最早可以追溯到东汉中后期。最具代表性的莫过于公元 605 年建成的赵州桥，它是全世界首座敞肩石拱桥，跨径 37.02 m，其创新的敞肩设计减轻了上部结构自重，改善了拱脚受力，为增大跨径提供了正确路径。随着时间的推移，拱桥的形式和结构不断发展和创新，适应了不同的需求和环境。特别是近 30 年来，中国在钢拱桥、混凝土拱桥及钢管混凝土拱桥等各类拱桥的建造上取得了世界领先的成就。2024 年 2 月 1 日通车的天峨龙滩特大桥（图 2.3.2-1）跨径达到 600 m，将混凝土拱桥的世界纪录一次性提升了 155 m。

图 2.3.2-1　天峨龙滩特大桥

（一）高速铁路拱桥的分类及特点

1. 高速铁路拱桥的分类

（1）按照结构形式分类。

拱桥按照结构形式可分为上承式拱桥、中承式拱桥和下承式拱桥。

① 上承式拱桥。

桥面位于拱圈之上。这种结构形式的拱桥，拱圈一般直接承受竖向荷载，然后通过拱脚将力传递给基础。其优点是桥面系构造简单，施工方便，且拱圈和墩台的受力明确。由于桥面位置较高，视野开阔，有利于排水，但也使得桥梁的建筑高度较大，在一些地形受限的地区可能会受到限制。

② 中承式拱桥。

桥面在拱圈中部位置。这种拱桥结合了上承式和下承式拱桥的一些特点，拱圈既承受竖向荷载，又要承受一定的水平推力。中承式拱桥的建筑高度相对适中，造型较为美观，通常适用于城市景观桥梁或对桥梁高度有一定要求的场合。在结构上，它需要设置较为复杂的吊杆或立柱来支撑桥面，增加了施工和维护的难度。

③ 下承式拱桥。

桥面位于拱圈之下。下承式拱桥的拱圈主要承受压力，通过吊杆将桥面的荷载传递给拱圈。这种结构形式的桥梁建筑高度较低，对桥下净空要求较小，有利于通航和交通。但其桥面系和吊杆系统的构造相对复杂，需要较高的施工精度和维护成本。此外，由于吊杆的存在，对吊杆的耐久性要求较高，以确保桥梁的长期安全使用。

（2）按照材料分类。

拱桥按照材料可分为钢筋混凝土拱桥、钢拱桥和组合拱桥。

① 钢筋混凝土拱桥。

钢筋混凝土拱桥以钢筋混凝土为主要材料。钢筋混凝土拱桥具有造价相对较低、耐久性好、施工工艺成熟等优点。它可以根据设计要求浇筑成各种形状和尺寸的拱圈，适应不同的跨度和地形条件。钢筋混凝土拱桥的自重大，对基础要求较高，但通过合理的设计和施工，可以充分发挥混凝土的抗压性能和钢筋的抗拉性能，使桥梁具有较好的承载能力和稳定性。

② 钢拱桥。

钢拱桥主要采用钢材建造。钢拱桥具有强度高、重量轻、跨越能力大等优点。钢材的可加工性好，可以制作成各种复杂的形状和结构形式，如桁架拱、箱形拱等，以满足不同的设计需求。钢拱桥的施工速度较快，但钢材的耐腐蚀性较差，需要采取有效的防腐措施，增加了维护成本。此外，钢拱桥的造价相对较高，在一些经济条件有限的地区应用可能会受到一定限制。

③ 组合拱桥。

组合拱桥由多种材料组合而成，常见的有钢-混凝土组合拱桥。这种拱桥结合了钢材和混凝土的优点，如钢拱圈可以减轻自重，提高跨越能力，而混凝土桥面可以增加桥梁的刚度和稳定性，同时降低造价。组合拱桥的施工工艺相对复杂，需要合理安排钢材和混凝土的施工顺序和连接方式，以确保结构的整体性和协同工作性能。

2. 高速铁路拱桥的特点

（1）基础施工要求高。

高速铁路对线路的平顺性和稳定性要求极高，这就使得拱桥的基础必须具备足够的承载能力和稳定性。在施工过程中，需要对基础的地质情况进行详细勘察，选择合适的基础形式，如桩基础、扩大基础等。桩基础施工时，要确保桩的深度和直径符合设计要求，保证桩的承载力。扩大基础则需要严格控制开挖尺寸和基底的平整度，防止基础不均匀沉降。

拱桥的施工方法

（2）拱圈施工难度大。

① 模板安装。

高速铁路拱桥的拱圈通常具有较大的跨度和曲线形状，这给模板的安装带来了很大的挑战。模板的设计和制作需要精确计算拱圈的尺寸和弧度，确保模板的平整度和密封性。在安装过程中，要严格控制模板的位置和垂直度，防止出现偏差。

② 钢筋安装。

拱圈的钢筋布置复杂，需要根据设计要求进行精确的下料和加工。钢筋的连接方式要牢固可靠，确保拱圈在受力时不会出现钢筋断裂或松动的情况。同时，钢筋的保护层厚度也要严格控制，以防止钢筋生锈影响结构的耐久性。

③ 混凝土浇筑。

高速铁路拱桥的拱圈混凝土浇筑量大，且需要保证混凝土的质量和密实度。混凝土的配合比要经过严格的试验和调整，确保其强度和耐久性满足要求。浇筑过程中，要采用分层分段的方式进行，避免出现冷缝。同时，要使用振捣器对混凝土进行充分振捣，确保混凝土密实。

（3）施工精度要求高。

高速铁路对桥梁的线形和高程控制要求非常严格，这就要求拱桥的施工精度必须达到很高的标准。在施工过程中，需要采用先进的测量技术和设备，对拱圈的位置、高程、轴线等进行精确测量和监控。一旦发现偏差，要及时进行调整，确保拱桥的线形和高程符合设计要求。此外，拱桥的各个构件之间的连接也要保证精度，如拱脚与基础的连接、拱圈节段之间的连接等，以确保结构的整体性和稳定性。

（4）施工安全风险大。

高速铁路拱桥的施工通常涉及高空作业、大型机械设备的使用等，施工安全风险较大。在施工过程中，需要制定严格的安全管理制度和操作规程，加强对施工人员的安全教育和培训。同时，要设置完善的安全防护设施，并对施工过程中的机械设备进行定期检查和维护，防止发生机械故障引发安全事故。

（5）施工周期较长。

高速铁路拱桥的施工过程复杂，涉及多个环节和工序，施工周期相对较长。在施工过程中，需要合理安排施工进度，确保各个环节的施工能够顺利进行。同时，要考虑到天气、地质等因素对施工的影响，提前做好应对措施，避免因不可抗力因素导致施工延误。此外，拱桥的施工还需要进行严格的质量检测和验收，确保桥梁的质量符合要求，这也会增加施工周期。

(二) 高速铁路拱桥施工

因具体桥型、跨度、地形地质情况、工期要求等条件的不同,高速铁路拱桥的施工方法也各有不同。常用的施工方法如下:

1. 就地浇筑法

跨径不大、拱圈净高较小或孔数不多的钢筋混凝土拱桥,可以采用就地浇筑方法施工,结构整体性好。

(1) 拱架。

拱架是拱桥有支架施工必不可少的辅助结构。在整个施工期间,拱架支承全部或部分拱圈和拱上建筑的重量,并保证拱圈的形状符合设计要求。因此,要求拱架具有足够的强度、刚度和稳定性。

① 拱架的种类很多,按其使用材料可分为木拱架、钢拱架以及土牛胎拱架等多种形式。

② 拱架的构造,有满布式拱架、撑架势木拱架和三铰木桁架以及钢拱架与钢木组合拱架等。如图 2.3.2-2 ~ 图 2.3.2-4。

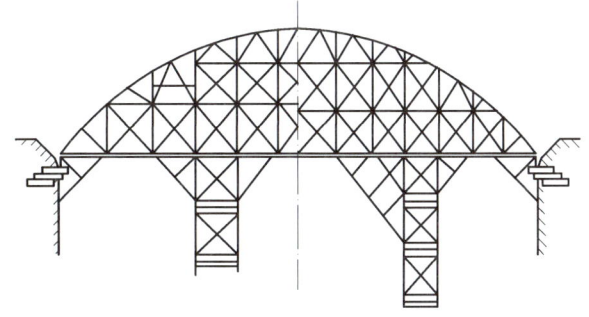

图 2.3.2-2 撑架势拱架

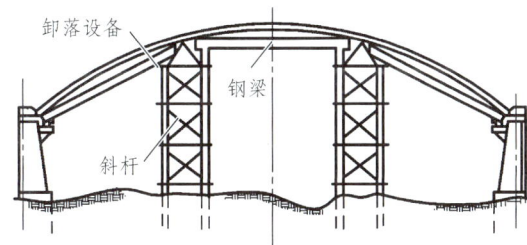

图 2.3.2-3 钢木组合拱架

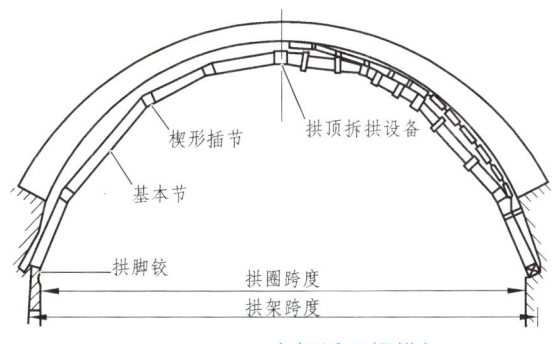

图 2.3.2-4 工字钢活用钢拱架

钢桁架拱架的结构类型通常有常备拼装式桁架形拱架（图 2.3.2-5）、万能杆件拼装式拱架等类型。

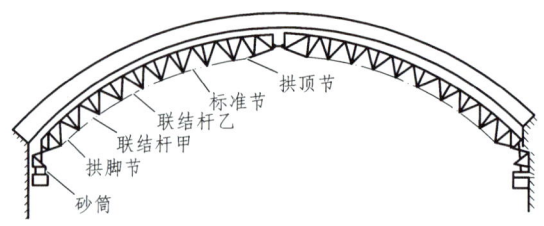

图 2.3.2-5　常备拼装式桁架拱架

（2）拱圈模板。

① 板拱模板。

板拱拱圈模板（底模）厚度应根据弧形木或横梁间距的大小来确定。一般有横梁的底模板厚度为 4~5 cm，直接搁在弧形木上时为 6~7 cm。

② 肋拱拱肋模板。

拱肋模板（图 2.3.2-6），底模与混凝土或钢筋混凝土板拱拱圈底模基本相同。拱肋之间及横撑间的空位也可不铺底模。

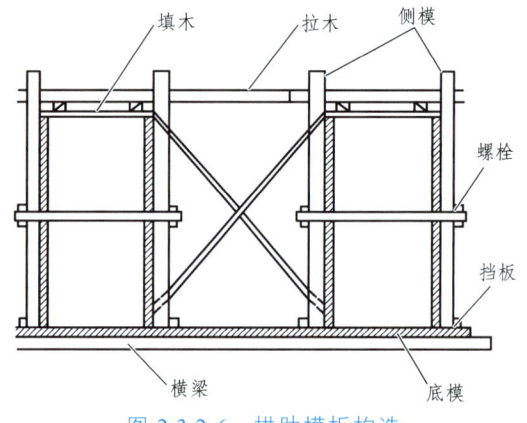

图 2.3.2-6　拱肋模板构造

拱肋侧面模板，一般应预先按样板分段制作，然后拼装在底模上，并用拉木、螺栓拉杆及斜撑等固定。安装时，应先安置内侧模板，等钢筋入模后再安置外侧模板。模板宜在适当长度内设一道变形缝（缝宽约 2 cm）。

拱肋间的横撑模板与上述侧模构造基本相同，处于拱轴线较陡位置时，可用斜撑支撑在底模板上。

（3）现浇混凝土。

① 分阶段浇筑。

先浇筑拱圈（或拱肋）及拱上立柱的底座混凝土，再浇筑拱上立柱、联结系及横梁等处的混凝土，最后浇筑桥面系。

② 连续浇筑。

跨径小于 16 m 的拱圈（或拱肋）混凝土，应按拱圈全宽度、自两端拱脚向拱顶对称地连续浇筑，并在拱脚处混凝土初凝前全部完成。如预计不能在限定时间内完成，则需在拱脚处预留一个隔缝并最后浇筑隔缝混凝土。

（4）卸拱架。

拱架必须在拱圈浇筑完成后 20~30 d，待混凝土强度达到设计强度的 75% 后方可拆除。此外还必须考虑拱上建筑、拱背填料、连拱等因素对拱圈受力的影响，尽量选择对拱体产生最小应力的时候卸落拱架。卸落按一定的程序进行。常用的卸架设备有砂筒、木模和千斤顶。

（5）拱上建筑施工。

拱上建筑施工，应对称均衡地进行。拱上建筑施工的内容包括伸缩缝及变形缝、拱上防水设施等。其中拱上防水设施包含拱圈混凝土自防水、拱背防水层、拱围排水处理及拱背填充等内容，均按设计要求办理。

2. 转体法

转体法一般适用于单孔或三孔拱桥，也适合钢管混凝土拱桥的施工。基本原理是：将拱圈或整个上部结构分为两个半跨，分别在河流两岸利用地形或简单支架现浇或预制装配半拱，然后利用一些机具设备和动力装置将其两半跨拱体转动至桥轴线位置（或设计高程）合龙成拱。

转体的方法可以采用平面转体（图 2.3.2-7）、竖向转体（图 2.3.2-8）或平竖结合转体。转体法施工拱桥的特点是结构合理，受力明确，节省施工用材，减少安装架设工序，变复杂的、技术性强的水上高空作业为岸边陆上作业，施工速度快，不但施工安全、质量可靠，而且在通航河道或车辆频繁的跨线立交桥的施工中可不干扰交通，不间断通航，减少对环境的损害，减少施工费用和机具设备。

除拱桥外，梁桥、斜拉桥、斜腿刚架桥等不同桥型上部结构的施工也可以使用此法。

（1）平面转体。

在桥墩台的拱脚处向对岸方向搭设拱架，与桥轴线呈一定角度，然后现浇拱（肋）箱或组拼箱段，完成二分之一跨拱，拱顶高程与设计高程相同（应设置预留高度），如图 2.3.2-7 所示，利用转动体系，将两岸拱箱相继旋转合龙就位，要使得拱箱平衡稳定旋转就位，拱箱的平衡是平转法的关键。本法适用于深谷、河岸较陡峭、预制场地狭窄或无法采用现浇或吊装的施工现场。

图 2.3.2-7 平面转体（有平衡重）

图 2.3.2-8 竖向转体（向上预制，向下转体）

平面转体可分为有平衡重转体和无平衡重转体。

① 有平衡重的拱桥平面转体施工。

转体施工法简介

有平衡重转体一般以桥台背墙作为平衡重，并作为桥体上部结构转体用拉杆的锚碇反力墙，用以稳定转动体系和调整重心位置。平衡重部分不仅在桥体转动时作为平衡重量，而且也要承受桥梁转体重量的锚固力。

有平衡重转体施工的特点是转体重量大，施工的关键是转体。要把数百吨重的转动体系顺利、稳妥地转到设计位置，主要依靠以下两项措施实现：正确的转体设计；制作灵活可靠的转体装置，并布设牵引驱动系统。目前国内使用的转体装置有两种，都是通过转体实践考验，行之有效的。第 1 种是以聚四氟乙烯作为滑板的环道平面承重转体，第 2 种是以球面转轴支承辅以滚轮的轴心承重转体，见图 2.3.2-9。

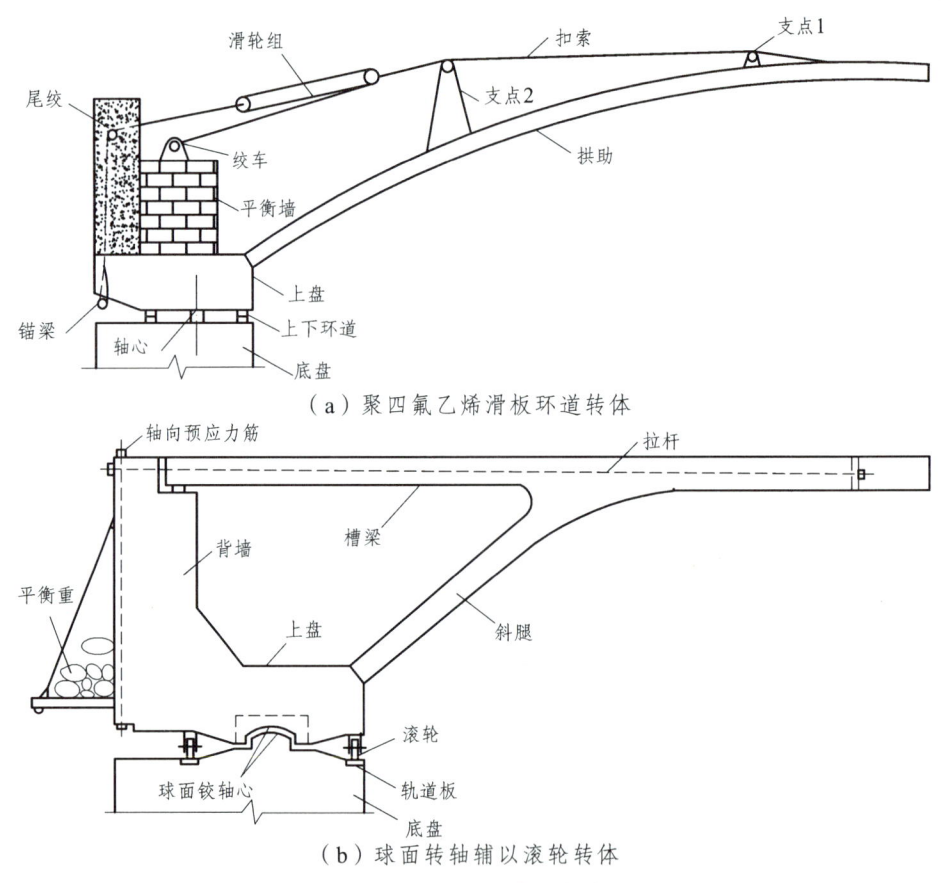

图 2.3.2-9　转动体系构造

牵引驱动系统通常由卷扬机（绞车）、倒链、滑轮组、普通千斤顶等机具组成。近来又出现了采用自动连续顶推系统作为转体动力设备的实例，其特点是：转体能连续同步、匀速、平稳且一次到位，结构紧凑，占地少，施工方便。

有平衡重平面转体施工主要程序如下：制作底盘→制作上转盘→试转上转盘到预制轴线位置→浇筑背墙→浇筑主拱圈上部结构→张拉拉杆，使上部结构脱离支架，并且和上转盘、背墙形成一个转动体系，通过配重基本把重心调到磨心处→牵引转动体系，使半拱平面转动合龙→封上下盘，夯填桥台背土，封拱顶，松拉杆，实现体系转换。

② 无平衡重的平面转体施工。

转体施工法工艺流程

随着桥梁跨径的增大，采用有平衡重转体施工时需要的平衡重量急剧增加，但桥台无巨大坞工，且转体重量太大也增加了转体困难，因此通常选用无平衡重施工。它的特点是以两岸山体岩土锚洞作为锚碇来锚固半跨桥梁悬臂状态时产生的拉力，并在立柱上端做转轴，下端设转盘，通过转动体系进行平面转体，从而节省了庞大的平衡重。宜在山区地质条件好或跨越深谷急流处建造大跨桥梁时选用。刚构梁式桥、斜拉桥、钢筋混凝土拱桥及钢管拱桥均可用此法施工。

根据桥位两岸的地形，无平衡重转体可以把半跨拱圈分为上、下游两个部件，同步对称转体；或在上、下游分别在不对称的位置上预制，转体时先转到对称位置，再对称同步转体，以使扣索产生的横向力互相平衡；或直接做成半跨拱体（桥全宽），一次转体合龙。

拱桥无平衡重转体施工是采用锚固体系代替平衡重平转法施工，利用了锚固、转动、位控3大体系构成平衡的转体系统，其一般构造如图 2.3.2-10 所示。

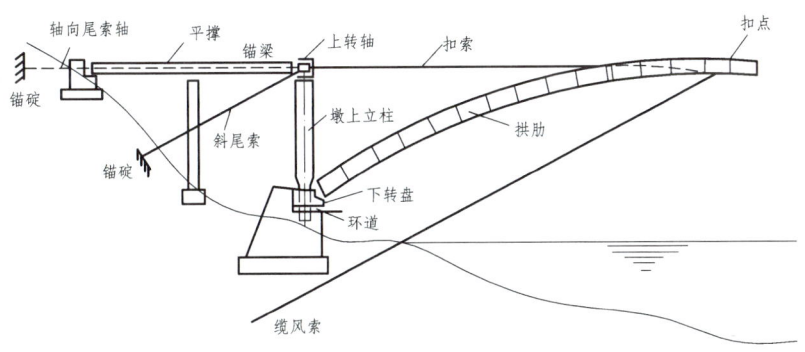

图 2.3.2-10　拱桥无平衡重转体一般构造图

无平衡重平面转体施工主要程序如下：

A. 转动体系施工，包括：安装下转轴、转盘及浇筑下环道；浇筑转盘混凝土；安装拱脚铰、浇筑铰缝混凝土；拼装拱体；设必要的支架、模板，设置立柱；安装扣索；安装锚梁、上转轴、轴套、环套。

B. 锚碇系统施工，包括：制作桥轴线上的开口地锚；设置斜向洞锚；安装轴向、斜向平撑；尾索张拉；扣索张拉。

C. 转体施工，拱箱的转体是靠上、下转轴事先预留的偏心值形成的转动力矩来实现的。

D. 合龙卸扣施工。拱顶合龙后的高差，通过张紧扣索提升拱顶，放松扣索降低拱顶来调整到设计位置。封拱宜选择低温时进行。先用钢楔锲紧拱顶，焊接主筋、预埋铁件，然后先封桥台拱座混凝土，再浇封拱顶接头混凝土。当混凝土达到70%设计强度后，即可卸扣索，卸索应对称、均衡、分级进行。

（2）竖向转体。

本法适用于桥址地势平坦、桥孔下无水或水浅的情况，在一孔中的两端桥墩、台从拱座开始顺桥向各搭设半孔拱架，在其上现浇或组拼拱肋，利用敷设在两岸桥台（或墩）上的扣索（扣索一端系在拱顶端，另一端通过桥台或墩顶进入卷扬机），先收紧一端扣索，拱箱（肋）

即以拱座铰为中心,竖直旋转,使拱顶达设计高程,同法收紧另一端扣索,合龙,如图 2.3.2-8 所示。

转动体系由转动铰、提升体系(动、定滑车组,牵引绳等)、锚固体系(锚索、锚碇等)等组成,如图 2.3.2-11。

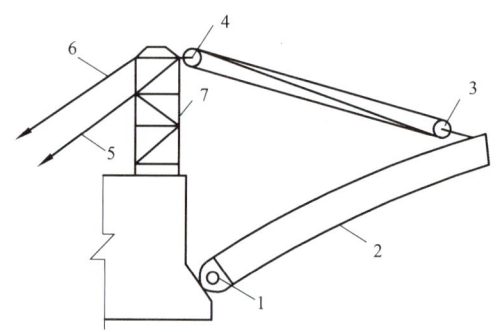

1—转动铰;2—桥体;3—动滑车;4—定滑车;5—牵引车;6—锚索;7—塔架

图 2.3.2-11 竖转施工转动体系示意

(3)平竖组合转体。

由于受到河岸地形条件的限制,拱桥采用转体施工时,可能遇到既不能按设计高程处预制半拱,也不可能在桥位竖平面内预制半拱的情况(如在平原区的中承式拱桥)。此时,拱体只能在适当位置预制后既需平转又需竖转才能就位。这种平竖结合转体基本方法与前述相似,但其转轴构造较为复杂。当地形、施工条件适合时,混凝土肋拱、钢架拱、钢管混凝土拱桥可选用此法施工。

3. 缆索吊装法

对装配式拱桥,如桁架拱、钢架拱、箱形拱、钢管混凝土拱等,可先预制构件,然后采用缆索吊装施工(图 2.3.2-12)。缆索吊具有跨越能力大、水平和垂直运输机动灵活、施工速度快和施工稳妥方便等优点,因而广泛使用于跨越深谷、深水、通航河道或施工时不能中断交通时。

图 2.3.2-12 缆索吊装施工

下面以普通钢管混凝土拱桥为例讲述缆索吊装施工。

钢管混凝土拱桥是以钢管为外壁，在钢管内浇筑混凝土形成的拱圈结构。管壁内填满混凝土，能够提高钢管壁受压稳定性；混凝土受钢管约束，又能提高抗压强度和延性。钢管本身重量轻、刚度大、吊装方便，可以作为拱圈施工的劲性骨架和模板，同时钢管混凝土拱桥断面尺寸较小，结构轻巧，钢管外壁可以涂抹色彩美丽的油漆，提供极佳的造型，因而被广泛应用。

（1）钢管混凝土拱桥构造特点。

① 截面形式。

按钢管的概数及布置形式，有单管型、哑铃型以及桁架式三种。单管型按其截面形式，有圆形、椭圆形和矩形等。当跨度较小时可以采用单管型[图 2.3.2-13（a）]；跨度在 150 m 以内时采用哑铃形[图 2.3.2-13（b）]，跨度超过 150 m，采用桁式截面[图 2.3.2-13（c）、（d）、（e）]较合理。

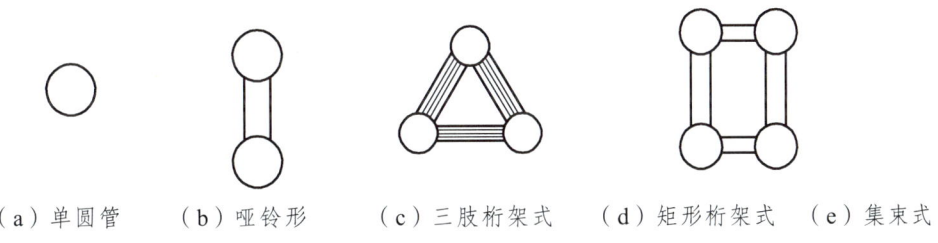

（a）单圆管　　（b）哑铃形　　（c）三肢桁架式　　（d）矩形桁架式　　（e）集束式

图 2.3.2-13　钢管混凝土拱桥的拱肋截面

② 结构形式。

在钢管混凝土拱桥的结构形式中，常用的是中承式肋拱桥。其桥面可以随引桥两端接线的高度上下调整，适应性很强，适合地质条件较好时采用；当地质条件较差，桥墩不能承受较大水平推力时，或受地形条件限制，可以采用中承式带两个半跨的自锚结构形式。

（2）下承式钢管混凝土拱桥。

① 施工程序：分段制作钢管及加工腹杆、横撑等→在样台上拼接钢管拱肋，先端段后顶段→吊装钢管拱肋就位合龙→从拱顶向拱脚对称施焊→封拱脚使钢管拱肋转为无铰拱→从拱顶向拱脚对称安装肋间横梁、横撑等→浇筑钢管内混凝土→安装吊杆、拱上立柱及纵横梁和桥面板→浇筑桥面混凝土。

其主要施工工艺如下：

A. 拱肋制作。

钢板准确下料，卷制成筒体，焊接成 120～180 cm 直管节，成管直径误差控制在 ± 2 mm。然后接头、弯制，按预先绘制的施工详图（包括零件图、单元构件图、节段单元图及组焊、拼装工艺流程图），在 1∶1 的放样台上进行拼装，形成拱肋，如图 2.3.2-14 所示。

拱肋制作的关键在于精确放样和严格控制焊接质量，同时尽量减少高空焊接。

B. 拱肋安装。

我国已建成的钢管混凝土拱桥中采用最多的方法为少支架或无支架缆索吊装（图 2.3.2-15）、转体施工等。

图 2.3.2-14 钢管拱肋预拼

图 2.3.2-15 钢管拱肋缆索吊装施工

以七段吊装的拱肋为例,一般吊装程序为:边段拱肋吊装及悬挂→次边段拱肋吊装及悬挂→中段拱肋吊装及拱肋合龙→拱上构件的吊装或砌筑安装等。

在拱肋无支架施工中,边段拱肋及次边段拱肋均用扣索悬挂。按支撑的结构物的位置和扣索本身的特点分为:天扣、塔扣、通扣、墩扣等类型,可根据具体情况选用,也可混合使用。边段拱肋悬挂方法如图 2.3.2-16 所示。

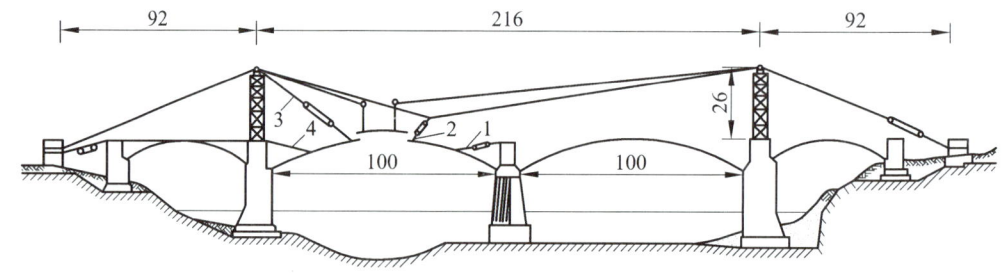

1—墩扣;2—天扣;3—塔扣;4—通扣

图 2.3.2-16 边段拱肋悬挂方法

边段拱肋悬挂固定后,吊运中段拱肋进行合龙。合龙的方式有单基肋合龙、悬挂多段拱脚段或次拱脚段拱肋后单基肋合龙、双基肋同时合龙和留索单肋合龙等,可以根据拱肋自身的纵向与横向稳定性、跨位大小、分段多少、地形和机具设备条件等不同情况,选用不同的合龙方式。

拱肋合龙后,通过接头、拱座的联结处理,使拱肋由铰接状态逐步成为无铰拱。

钢管拱肋成拱过程中,应同时安装横向联结系,未安装联结系的不得多于一个节段,否则应采取临时横向稳定措施。节段间环焊缝应对称进行,施焊前需保证节段间有可靠的临时连接并用定位板控制焊缝间隙,不得堆焊。

C. 拱肋混凝土浇筑。

拱肋混凝土通常采用泵送顶升法浇筑。具体操作如下:先用压力水冲洗输送管内壁,再用水泥砂浆通过。混凝土输送泵设于两岸拱脚,然后对称均衡地泵送混凝土,一次连续浇筑完成,不得中断。浇筑顺序按设计规定进行,无规定时按有利于拱肋受力和稳定性为原则进行,也可分段分仓浇筑,严禁从中部或顶部抛灌(图 2.3.2-17)。如桁式钢管拱肋混凝土按先下管后上管再腹箱的顺序浇筑。为减小混凝土凝结时收缩,提高密实度,可在混凝土施工时加入适量的减水剂和微膨胀剂，振捣密实。浇筑完成时间不宜超过第一盘入管混凝土的初凝时间。钢管上每隔一定距离开设气孔，以减小管内空气压力。

施工中严格控制拱肋变位。为保证空间桁架拱肋在施工中的纵横向稳定性，拱肋间应设置横梁、横撑、八字浪风索，调整管内混凝土的浇筑程序等措施。

钢管混凝土达到设计强度后才能进行桥面系的安装。

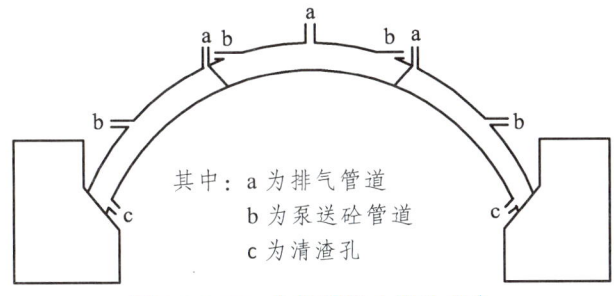

图 2.3.2-17　主拱混凝土灌注分仓

② 质量检测。

钢管混凝土填充的密实度是保证钢管混凝土拱桥承载能力的关键问题。钢管内混凝土是否灌满，混凝土收缩后与钢管壁形成空隙往往是问题所在。混凝土密实度的检测方法是以超声波检测为主，人工敲击为辅。检测中发现有空隙的部位必须进行钻孔压浆补强。

4. 梁拱组合体系

梁拱组合体系又称为系杆拱，是一种组合体系桥梁，它是将主要承受压力的拱肋和主要承受拉力的系杆（梁）组合起来，由拱、系杆（梁）、吊杆和桥面系等协同工作的结构体系。与其他桥型相比，具有跨越能力大、建筑高度小、美观经济等优点，在铁路上得到广泛的应用。特别是当高架线路斜交跨越城市干道、高速公路、通航河流等需要的桥梁跨度较大、桥面至结构底高度较小时，更具独特的优势。

（1）系杆拱桥的分类。

系杆拱桥按照桥梁上下部结构联结方式的不同，可分为两种：一种是上部结构简支于墩台上，通常情况下系杆即是大尺寸的预应力梁，属于刚性系杆，墩台无水平推力；另一种是上、下部结构为刚性联结，系杆由体外预应力钢束组成，属于柔性系杆，墩台承受水平推力，适用于地质条件较好的情况。

（2）系杆拱的构造。

系杆拱主要构造由拱肋（主拱）、系梁（或纵梁）、横梁（端横梁、主横梁和次横梁）、吊杆、横撑和桥面系等组成，具体组成见图 2.3.2-18。

（3）主拱结构形式。

① 主拱矢跨比：随着钢系杆拱桥矢跨比的增大，用钢量增加，横向稳定性下降，拱水平位移产生的附加应力增大，温度引起的结构变形也加大；矢跨比 f/L 较小时，外形较美观，但挠度引起的附加应力增大。综合考虑，下承式系杆拱桥主拱矢跨比 f/L 取 1/5 左右。

② 拱肋内倾角：内倾角取值在 10°左右时，结构的稳定性和动力特性较好。但是随着倾角的增大，桥面宽度增大，下部结构及桥面工程数量相应增大，倾斜的拱肋也会增加施工困难。因此，目前国内的钢系杆拱桥均采用了平行拱肋。

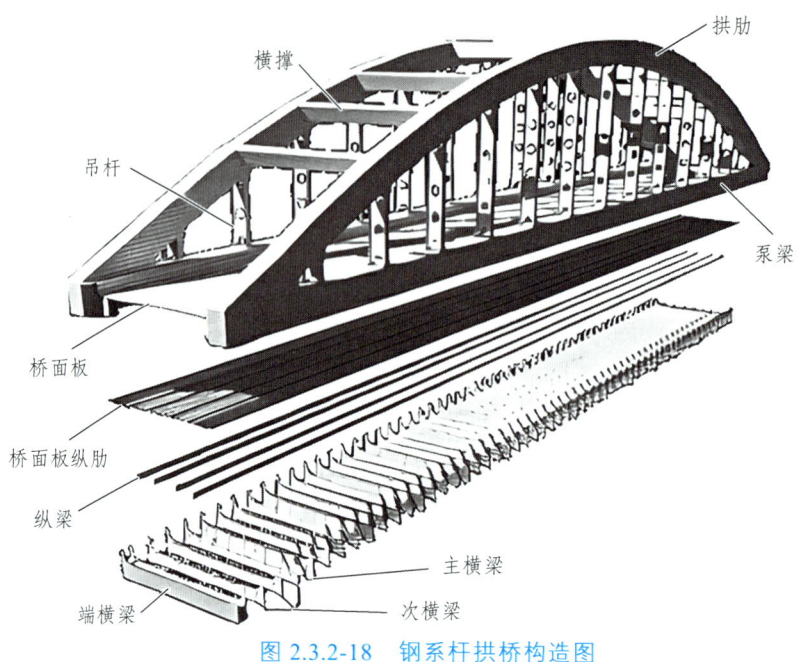

图 2.3.2-18　钢系杆拱桥构造图

③ 吊杆形式：有刚性吊杆和柔性吊杆两种。两者对拱肋和系梁的受力和竖向刚度基本没有影响，但刚性吊杆的结构整体稳定系数比柔性吊杆大，两者失稳形态也有很大的不同。同时，刚性吊杆与拱肋、系梁的联结更简单、成熟、可靠，并能适应多种施工方法，运营后维修也较方便。

④ 横向联系：钢系杆拱桥的拱肋及桥面横向联系应满足整体稳定性要求。失稳包括两个方面：一是桥面扭曲，故一般采用刚度较大的正交异性钢桥面或钢－混结合桥面；二是拱肋屈曲，故拱肋间采用一字形或 K 字形横向联结。

（4）系杆拱的施工。

系杆拱的施工可以先系杆（梁）后主拱，也可先主拱后系杆（梁）法进行施工。

① 系杆（梁）施工。

采用刚性系杆的拱桥，系杆的施工方法同梁的施工方法。

采用柔性系杆的拱桥，因系杆钢束穿过钢管拱肋，故在拱肋相应位置处预留孔道，做成一只封闭的钢箱，便于钢束穿过，锚于拱脚后面的钢筋混凝土锚固块上。由于柔性系杆与拱肋和桥墩均是刚性连接，桥墩需承受弯矩，为加强系杆锚固块的强度，在锚固块的垂直方向应加预应力钢筋。柔性系杆的防护一般采用 PE 护套。柔性系杆的拱桥，结构自身的抗推能力很小，施工中要注意保持加载的数量和系杆预应力钢束的张拉力基本平衡。因此柔性系杆拱桥的施工加载和系杆预应力钢束张拉及锚固块垂直预应力钢筋张拉必须严格按计算要求进行，以保证结构施工安全。由于施工加载分阶段进行，系杆的预应力钢束和锚固块垂直预应力钢筋也分阶段、分批张拉。系杆钢束全部张拉完成后，将拱肋和锚固块预留孔压浆封闭。

② 主拱施工。

施工程序：搭架浇筑两边跨半拱→拱肋制作、吊装→系杆安装→拱肋合龙后安装横撑，穿系杆钢绞线，安装张拉设备→张拉部分系杆以平衡钢管拱助产生的水平推力→浇筑拱肋钢管内混凝土→安装桥面系（吊杆、横梁、纵梁及桥面板）并同步张拉系杆→封固系杆→拆除边跨支架→安装边跨支座

常用施工方法：缆索吊装施工，又称斜拉悬臂施工，施工方法前文已经叙述。

③ 注意事项。

A. 钢管拱肋合龙时，系杆（梁）因无法马上张拉，故主墩必须能承受空钢管拱肋产生的水平推力或采取临时措施使柱墩能承受此水平推力；如为单跨系杆拱桥，则在钢管拱肋吊装合龙且安装好横撑后，在封拱脚同时，浇筑拱脚两端的系杆锚墩，完成主拱拱脚固结。

B. 对拱肋加载应与系杆张拉同步进行，施工中应严格控制主墩（或锚墩）的水平位移，以确保施工安全。

C. 加载程序为：先灌注拱肋钢管内混凝土，然后施工桥面系，张拉竖向吊杆及水平向系杆钢束。

D. 钢管内混凝土可通过压浆、微膨胀混凝土、泵送连续浇筑等措施保证管内混凝土的密实性及与钢管的紧密结合，完成后检查其质量及密实度。

E. 桥面系施工、吊杆安装程序等应按设计程序对称、均匀施工。

F. 应采取措施使吊杆与后浇筑的系杆混凝土隔离。

四、课外加油站

天峨龙滩特大桥

五、思想政治素质养成

（1）从基础施工要求高便能看出，施工人员需对基础地质详细勘察，确保桩基础深度、直径及扩大基础尺寸等符合要求，这使学生明白在未来的工作中要对每一个细节负责，担当起保障工程质量的责任。

（2）不同施工条件采用不同的施工方法启示学生要勇于创新，不断探索新的技术和方法，以适应各种复杂的工程情况，在面对困难时积极进取，寻找解决问题的最佳途径。

（3）拱桥施工涉及众多环节和工序，需要各部门人员紧密配合。例如拱上建筑施工要对称均衡进行，系杆拱施工中各部分的协同作业等，教导学生要学会团队协作，明白个人的力量是有限的，只有团结协作才能完成复杂的任务。同时，施工人员在艰苦环境中作业，默默奉献，让学生懂得在工作中要有奉献精神，为实现目标不畏艰辛。

（4）严格的质量检测和验收环节强调了质量和诚信的重要性，让学生明白要坚守质量底线，以诚信对待工作。而施工中对安全的重视和环保施工方法的采用，培养学生尊重生命、注重安全以及保护环境的意识，使学生在学习专业知识的同时，树立正确的价值观和职业道德观。

六、任务分组

表 2.3.2-1　学生任务分配表

班级：　　　　　　　组号：　　　　　　　组长：　　　　　　　指导老师：

组员	任务分工	组员	任务分工

表 2.3.2-2　任务工作单

姓名：	学号：	日期：
（1）钢筋混凝土拱桥有哪些优缺点？		
（2）简述拱桥转体法施工的主要步骤。		
（3）简述缆索吊装法的适用条件。		

七、评价反馈

表 2.3.2-3 评价反馈表

姓名：		组号：		组长：		指导老师：		
评价指标	评价内容		分值	个人自评（20%）	组内互评（20%）	组间互评（20%）	教师评价（40%）	综合评价
信息检索能力	能有效利用网络、图书资源查找有用的相关信息等；能将查到的信息有效地传递到学习中		10分					
课堂感知力	是否熟悉拱桥的构造特点，认同工作价值；在学习中是否能获得满足感，课堂氛围如何？		10分					
参与度、交流沟通	积极主动与教师、同学交流，相互尊重、理解、平等；与教师、同学之间是否能够保持多向、丰富、适宜的信息交流		10分					
	能处理好合作学习和独立思考的关系，做到有效学习；能提出有意义的问题或能发表个人见解		10分					
知识、能力获得情况	能准确指出拱桥的组成部分		10分					
	掌握拱桥的分类及特点		10分					
	理解拱桥的施工方法及原理		10分					
	能准确区分拱桥的类型		10分					
	能简要说出拱桥常用的施工方法及大致施工流程		10分					
思维态度	是否能发现问题、提出问题、分析问题、解决问题、创新问题。		5分					
自评反思	按时按质完成任务；较好地掌握了知识点；具有较强的信息分析能力和理解能力；具有较为全面严谨的思维能力，并能条理清楚明晰表达成文		5分					
	反思改进							

任务三　高速铁路刚构桥施工

一、学习目标

1. 思政目标

（1）培养学生精益求精的工作态度；
（2）培养学生遵守规范的职业素养和安全生产的意识。

2. 知识目标

（1）熟悉刚构桥的结构类型、构造特点；
（2）了解刚构桥与梁式桥的差别；
（3）掌握刚构桥的常用施工方法。

3. 能力目标

（1）掌握铁路刚构桥施工关键技术要点；
（2）能绘制刚构桥的主要工艺流程。

二、任务重、难点

1. 重　点

（1）刚构桥的结构类型；
（2）刚构桥的构造特点；
（3）刚构桥与梁式桥的差别。

2. 难　点

（1）刚构桥的常用施工方法；
（2）刚构桥的主要工艺流程。

三、知识链接

刚构桥的主要承重结构是梁（板）与桩柱（墩）整体结合在一起的刚架结构。它是介于梁与拱之间的一种结构体系，由受弯的上部梁（板）结构与承压的下部桩柱（墩）整体结合在一起，梁和柱的联结处具有很大的刚性，起承担负弯矩的作用。由于梁与柱的刚性联结，梁因柱的抗弯刚度而得到卸载作用，整个体系是压弯结构，也是推力结构。

连续刚构桥的特点是：跨越能力大，受力合理，变形小，结构整体性好，抗震能力强，抗扭潜力大，造型简单，维护方便；主梁连续和梁墩固结，保证了无伸缩缝、行车平顺、不设支座、施工时不需临时固结的优点，便于悬臂施工，并有很大的顺桥向抗弯刚度和横桥向抗扭刚度，能很好地满足较大跨径桥梁的受力要求；双薄壁墩的柔性对桥梁承受温度变形、减少墩身材料、削减墩顶负弯矩及增加施工稳定性都有一定的益处。因此，连续刚构特别适合于跨径在 100～300 m 的预应力混凝土桥梁。

大跨度预应力混凝土桥梁优缺点比较，见表 2.3.3-1 所示。

表 2.3.3-1 大跨度预应力混凝土桥梁优缺点比较

桥 型	优 点	缺 点
T 型刚构桥	1. 主墩无支座。 2. 施工时无体系转换。 3. 带挂孔的 T 型刚构为静定结构，所以不会因温度徐变而产生附加内力导致收缩	1. 伸缩缝多，行车不舒适。 2. 跨中可能产生较大的挠度。 3. 顺桥向抗弯刚度和横桥向抗扭刚度小，不利于悬臂施工和横向抗风的要求
连续梁	1. 伸缩缝少，行车舒适。 2. 使用滑动支座时温度、收缩徐变产生的附加内力较小。 3. 使用滑动支座可增大连续长度。 4. 有较好抗震性能	1. 有支座。 2. 施工时需要墩梁固结，有体系转换。 3. 顺桥向抗弯刚度和横桥向抗扭刚度小，也不利于悬臂施工和横向抗风的要求
连续刚构桥	1. 墩无支座。 2. 施工时体系转换方便。 3. 伸缩缝少，行车舒适。 4. 顺桥向抗弯刚度和横桥向抗扭刚度大，受力性能好。 5. 顺桥向抗推刚度小，对温度、收缩徐变及地震影响有利	1. 上部结构连续长度有一定限制，长度再增加时应改为连续刚构与连续梁组合体系。 2. 抗撞击能力较弱

图 2.3.3-1 为南龙铁路闽江特大桥，全长 1 066.41 m，主跨最大跨度达 216 m，是目前世界最大跨度的铁路连续刚构桥。

图 2.3.3-1 南龙铁路闽江特大桥

（一）结构类型

刚构桥是一种梁与立柱（或墩）整体固结的结构，梁与立柱（或墩）固结处具有很大的刚性，起承担负弯矩的作用。按照结构形式不同，刚构桥可分为门式刚构、斜腿刚构、T 形刚构和连续刚构，如图 2.3.3-2 所示。

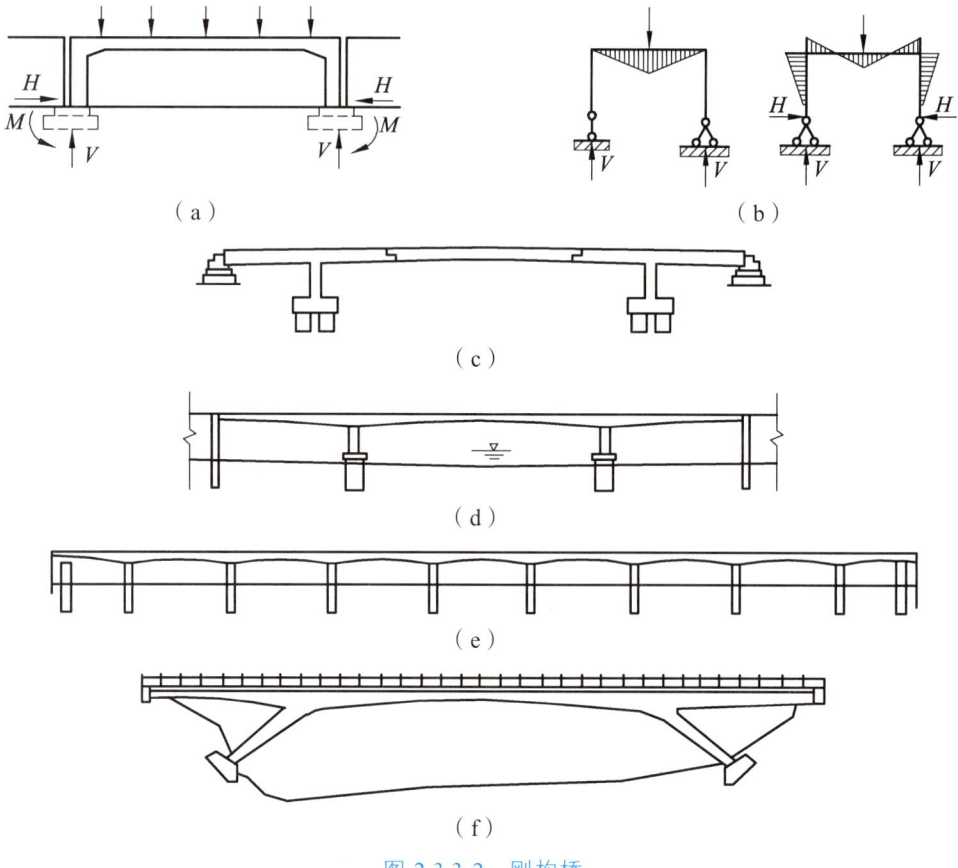

图 2.3.3-2 刚构桥

刚构桥的分类如下：

（1）门式刚构，如图 2.3.3-2（a）所示，在竖向荷载作用下，受力状态介于梁桥与拱桥之间，见图 2.3.3-1（b）。

（2）T 型刚构，T 型悬臂结构在跨中用剪力铰或跨径较小的挂梁连成一体，在修建较大跨径混凝土桥梁时曾采用过的一种桥型，如图 2.3.3-2（c）所示。

（3）连续刚构，跨中采用预应力钢筋和现浇混凝土连成整体，如图 2.3.3-2（d）。对于很长的桥，则做成数座相互分离的主梁连续式刚构，这种情况多用于城市高架。或者为了降低结构的附加内力，在两侧的一个或数个边跨上设置滑动支座，形成刚构-连续组合体系，如图 2.3.3-2（e）。

（4）斜腿刚构，桥下净空比拱桥大，在同样净空要求下可获得较大的跨度或较小的桥高，如图 2.3.3-2（f）。

1. 门式刚构

门式刚构，腿和梁垂直相交呈门形，在竖向荷载作用下，门式刚构的受力状态介于梁桥与拱桥之间。按构造可分为单跨门构、双悬臂单跨门构、多跨门构和三跨两腿门桥。

单跨门构［如图 2.3.3-3（a）］一般会产生较大的水平反力。为了抵抗水平反力，可用拉杆连接两根支柱的底端，或做成封闭式刚构［如图 2.3.3-3（b）］。双悬臂单跨门构［如图 2.3.3-3

(c)]两端带有悬臂,可减小水平反力,改善基础的受力状态,也有利于和路基的连接,但增加了主梁的长度。

单跨门构、双悬臂单跨门构、多跨门构的跨越能力不大,适用于跨线桥,要求地质条件良好,可用钢和钢筋混凝土结构建造。三跨两腿门构桥,在两端设有桥台,采用预应力混凝土结构建造时,跨越能力可达 200 多米。

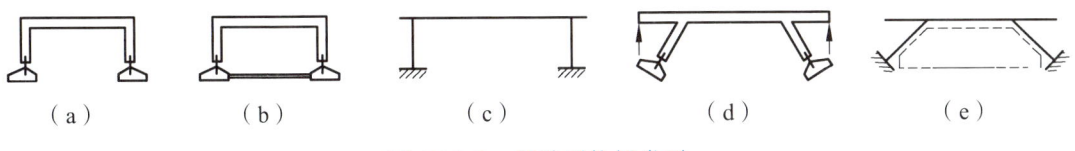

图 2.3.3-3 单跨刚构桥类型

为了减小跨中的正弯矩和挠度,并有利于采用悬臂法施工,也可做成两端带斜拉杆的形式,如图 2.3.3-4 所示。

图 2.3.3-4 两端带斜拉杆的刚构桥

为减小斜腿肩部的负弯矩峰值,可将支柱做成 V 形墩形式,如图 2.3.3-5 所示。

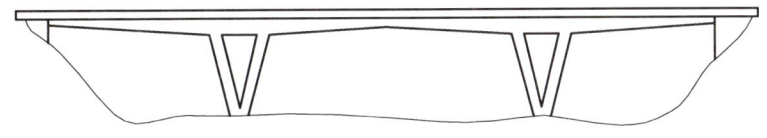

图 2.3.3-5 V 形墩身的刚构桥

2. 斜腿刚构

斜腿刚构,指的是桥墩为斜向支撑的刚构桥 [如图 2.3.3-3(d)],腿和梁所受的弯矩比同跨径的门式刚构桥显著减小,而轴向压力有所增加。斜腿刚构的压力线和拱桥相近 [如图 2.3.3-3(e)],但桥下净空比拱桥大,在同样净空要求下可修建较小的跨径,施工也较拱桥简单。因此,当同其他线路立交或跨越陡峭河岸和深谷时,修建斜腿刚构既经济合理又造型美观。例如,1982 年建成的安康汉江桥(如图 2.3.3-6 所示),是我国第一座铁路钢斜腿刚构桥,主跨长 176 米。

图 2.3.3-6 安康汉江桥钢斜腿刚构桥

3. T 型刚构

T 型刚构，是在预应力简支梁桥和大跨径钢筋混凝土简支箱梁桥的基础上，在悬臂施工的影响下产生的。其上部结构可为箱梁、桁架或桁拱，与墩固结成 T 形，桥型美观、宏伟、轻型，适用于大跨悬臂平衡施工，可无支架跨越深水急流，避免下部施工困难或中断航运，也不需要体系转换，施工简便。按其发展过程可分为早期 T 构桥、挂孔 T 构桥、单铰连续 T 构桥和反弯点设铰连续 T 构桥。

（1）早期 T 构桥。

悬臂法施工主梁时，将墩和梁用预应力固结起来形成一个 T 构，在跨中设置永久性剪力铰。它的缺点是在剪力铰处易产生附加剪力，使梁承受附加内力，且在活载作用下设铰处产生较大的转折角，对高速行车不利。

（2）挂孔 T 构桥。

在两个 T 构之间设一挂孔，这样可以部分地克服早期 T 构桥的缺点。

（3）单铰连续 T 构桥。

对边跨较短、中跨较长的桥，只在中跨中央设永久性铰，而在其余各跨的 T 构不设永久性铰，并以另一套配筋将合龙的梁端连成整体，形成连续 T 构。

（4）反弯点设铰连续 T 构桥。

对于跨度相等的多跨桥，将 300~600 m 长度之内的各跨按一联连续 T 构布置，再将各联之间所需的伸缩缝设置在某一跨度的反弯点附近以铰相连，可使梁在受到活载时的挠度及转折角比其在跨中设铰时改善很多。

4. 连续刚构

连续刚构，分主跨为连续梁的多跨刚构桥和多跨连续-刚构桥，两者均采用预应力混凝土结构，有两个以上主墩采用墩梁固结。其中，主跨为连续梁的多跨刚构桥其上部构造为连续梁，跨越能力大，施工难度小，行车舒顺，养护简便，造价较低；多跨连续-刚构桥则在主跨跨中设铰，两侧跨径为连续体系，可利用边跨连续梁的重量使 T 构做成不等长悬臂，以加大主跨的跨径。如图 2.3.3-7。

图 2.3.3-7 容桂水道预应力混凝土连续刚构桥

多跨连续-刚构桥是墩梁固结的结构，它对温度变化、混凝土收缩徐变、行车制动力等因素产生的次内力敏感，所以通常选择抗压刚度较大、抗推刚度较小的双薄壁式柔性墩。因此设计墩身尺寸应自对连续刚构的抗推刚度进行分析比较后确定。立柱厚度约 $l/70\sim l/80$，个别可达 $l/100$，但与墩身高度也有一定关系。

（二）构造特点

1．一般构造

刚构桥的桥面构造和梁式桥相同。

主梁截面形式与梁桥略同，可做成如图 2.3.3-8 所示的各种形式。根据主梁截面在纵向的变化可做成等截面、等高变截面和变高度 3 种。变高度主梁的底缘形状可以是曲线型、折线型、曲线加直线型等，这主要应根据主梁内力的分布情况，按等强度原则选定。在下缘转折处，为保证底板的刚度，一般均宜设置横隔墙。

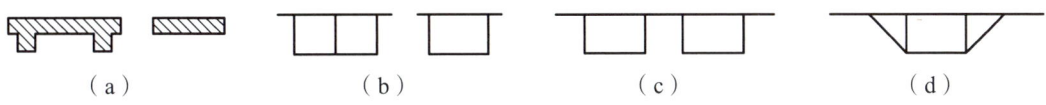

（a）　　　　　　（b）　　　　　　（c）　　　　　　（d）

图 2.3.3-8　主梁截面形式

支柱有薄壁式和立柱式，如图 2.3.3-9 所示。立柱式中又可分为多柱和单柱。多柱式的柱顶通常都用横梁相连，形成横向框构，以承受侧向作用力。当立柱较高时，应在其中部用横撑将各柱连接起来。支柱的横截面可以做成实体矩形、工字形或箱形等。对于单柱式，其截面要与主梁截面相配合，腹板要尽可能与主梁腹板布置一致，以利于传力。

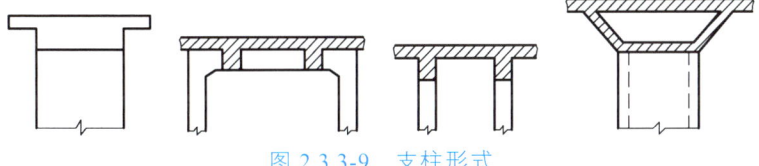

图 2.3.3-9　支柱形式

2．单跨刚构的节点构造

单跨刚构桥的节点是指立柱（斜支撑腿）与主梁相连接的部位，又称角隅节点。该节点必须具有很大的刚性，以保证主梁和立柱的可靠连接。角隅节点和主梁（立柱）相连接的截面受有很大的负弯矩，因此节点内缘的混凝土会产生很高的压应力，而节点外缘的拉力则由钢筋承担，于是压力和拉力形成一对巨大的对角压力，对节点产生不利劈裂作用，如图 2.3.3-10 所示。

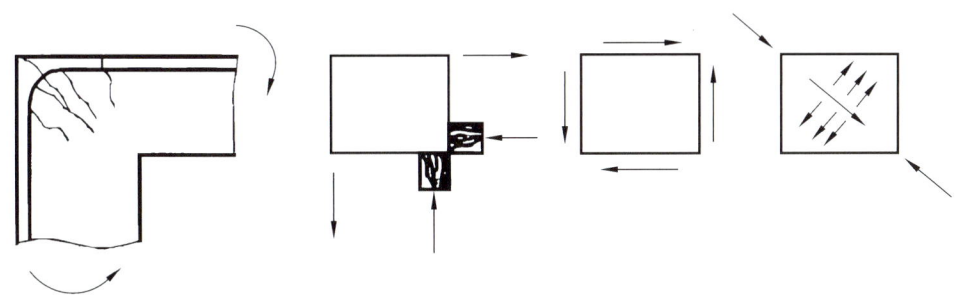

图 2.3.3-10　隅节点受力示意

当主梁和立柱都是箱形截面时，节点可做成如图 2.3.3-11 所示的 3 种形式：（a）式仅在箱形截面内设置斜隔板，斜隔板抵抗对角压力最为有效，传力直接，施工简单，但（a）式中主筋的布置不如（b）式和（c）式方便；（b）式设有竖隔板和平隔板，其传力间接，受力情况较差，但构造和施工较简单；（c）式兼有竖隔板、平隔板和斜隔板，节点刚强，布置主筋也较方便，但施工很麻烦。采用（a）式时，斜隔板应有足够的厚度。有时为了使角隅节点有强大的刚性，并简化施工，也可将它做成实体。

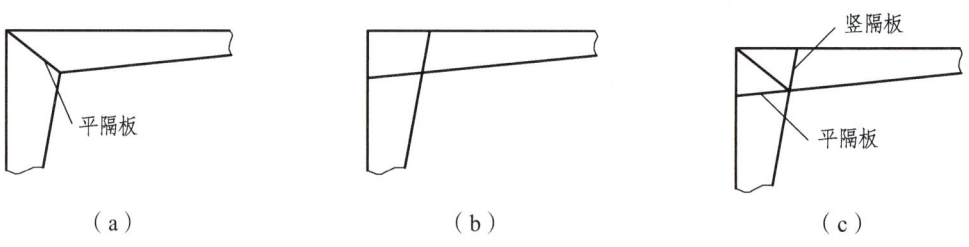

图 2.3.3-11　箱形截面刚构角隅节点形式

斜腿刚构桥的斜支柱与主梁相交的节点，根据截面形式的不同，可以做成如图 2.3.3-12 所示的（a）和（b）两种形式。图 2.3.3-13 所示为图 2.3.3-12（b）的预应力钢筋布置。

关于角隅节点的配筋，当采用普通钢筋混凝土时，一定要有足够的连续钢筋绕过角隅节点外缘（图 2.3.3-14），否则，外缘混凝土会因为受拉而产生裂缝。

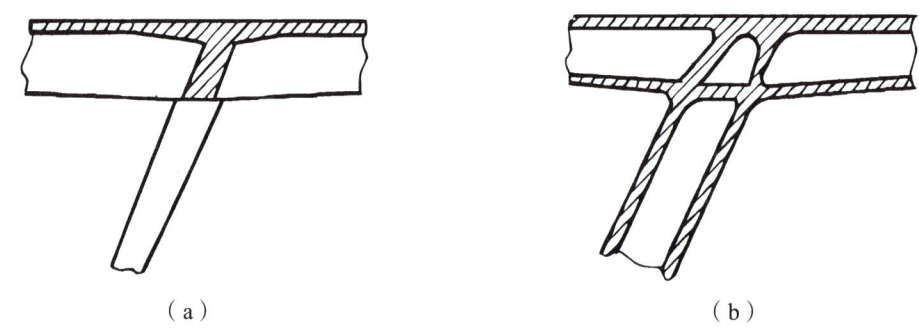

图 2.3.3-12　斜支柱与主梁相交的节点形式

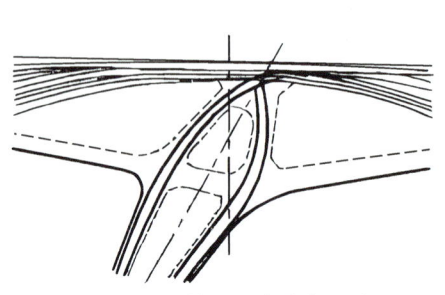 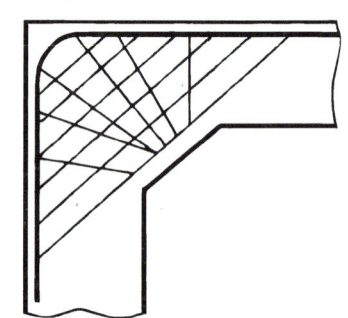

图 2.3.3-13　节点预应力钢筋布置　　　　图 2.3.3-14　角隅节点普通钢筋的设置

对于受力较大的节点，在对角力的方向要设置受压钢筋，在和对角力相垂直的方向要设置防劈钢筋。如果是预应力混凝土刚构桥，与角隅节点相邻截面的预应力钢筋宜贯穿角隅节点，并在隅角内交叉后锚固在梁顶和端头上。预应力钢筋锚头下面的局部应力区段内尚应设置箍筋或钢筋网，用以承受局部拉应力。对于加设梗肋的角隅节点，要设置与梗肋外缘相平行的钢筋。

（三）铁路连续刚构桥施工

我国大部分铁路连续刚构桥采用悬臂浇筑的施工方法。悬臂施工法是大跨径预应力混凝土悬臂梁、连续梁及刚构桥中最常用的施工方法之一。它不仅在施工期间不影响桥下通航或行车，同时密切配合设计和施工的要求，充分利用了预应力混凝土承受负弯矩能力强的特点，将跨中正弯矩转移为支点负弯矩，提高了桥梁的跨越能力。

由于刚构桥悬臂施工方法与连续梁桥悬臂施工法类似，具体施工工艺流程及相关技术要求可参考本模块任务1相关内容。

四、课外加油站

解密波形钢腹板刚构桥构造创新路

五、思想政治素质养成

连续刚构桥的施工是一项复杂的工作，要做好其质量控制需要从多方面进行努力，对于发现的问题要及时采取相应的补救措施，确保桥梁的施工安全和施工质量。教学过程中应着重引导学生按照规范及设计要求进行施工，时刻保持科学、严谨的工作态度，时刻把结构安全性、可靠性、适用性牢记在心，贯穿在施工的每一步中，树立工程人应有的责任心和担当。

六、任务分组

表 2.3.3-2　学生任务分配表

班级：　　　　　　组号：　　　　　　组长：　　　　　　指导老师：

组员	任务分工	组员	任务分工

表 2.3.3-3　任务工作单

姓名：	学号：	日期：
（1）简述刚构桥的类型。		
（2）理解并简述刚构桥与梁式桥的差别。		
（3）绘制刚构桥的主要工艺流程。		

七、评价反馈

表 2.3.3-4　评价反馈表

姓名:		组号:		组长:			指导老师:	
评价指标	评价内容		分值	个人自评(20%)	组内互评(20%)	组间互评(20%)	教师评价(40%)	综合评价
信息检索能力	能有效利用网络、图书资源查找有用的相关信息等；能将查到的信息有效地传递到学习中		10分					
课堂感知力	是否熟悉刚构桥的施工工艺，认同工作价值；在学习中是否能获得满足感，课堂氛围如何？		10分					
参与度、交流沟通	积极主动与教师、同学交流，相互尊重、理解、平等；与教师、同学之间是否能够保持多向、丰富、适宜的信息交流		10分					
	能处理好合作学习和独立思考的关系，做到有效学习；能提出有意义的问题或能发表个人见解		10分					
知识、能力获得情况	知道刚构桥的概念及特点		5分					
	掌握刚构桥的施工要求		5分					
	掌握钢构桥的施工工艺流程		10分					
	理解并能分析刚构桥施工中遇到的施工质量问题		10分					
	能进行刚构桥的施工		20分					
思维态度	是否能发现问题、提出问题、分析问题、解决问题、创新问题		5分					
自评反思	按时按质完成任务；较好地掌握了知识点；具有较强的信息分析能力和理解能力；具有较为全面严谨的思维能力，并能条理清楚明晰表达成文		5分					
反思改进								

任务四　高速铁路斜拉桥施工

一、学习目标

1. 思政目标

（1）培养学生团队协作精神；
（2）培养学生在施工实践中勇于探索、敢于创新的创新意识。

2. 知识目标

（1）熟悉斜拉桥的组成、结构体系和构造特点；
（2）了解斜拉桥施工中的常用机具和主要设备；
（3）掌握斜拉桥索塔、主梁、斜拉索及桥面系的常用施工方法。

3. 能力目标

（1）能绘制斜拉桥的主要工艺流程；
（2）能识读铁路斜拉桥施工图纸与关键构造。

二、任务重、难点

1. 重　点

（1）斜拉桥的结构体系；
（2）斜拉桥的构造特点；
（3）斜拉桥的施工方法。

2. 难　点

（1）斜拉桥的常用施工方法；
（2）斜拉桥的主要工艺流程。

三、知识链接

随着施工工艺、材料工艺和设计理念的不断发展，斜拉桥在铁路桥梁中的应用越来越广泛。相对于梁式桥其跨越能力更大，相对于悬索桥其具有更佳的抗变形能力。目前国内已经建成的部分铁路斜拉桥见表 2.3.4-1。

表 2.3.4-1　国内已经建成的部分铁路斜拉桥

桥　名	主梁形式	最大跨度/m	建成年分	类　型
芜湖长江大桥	钢桁结合梁	312	2000	公铁
武汉天兴洲长江大桥	钢桁梁	504	2009	公铁
石郑客运专线郑州黄河大桥	钢桁梁	168	2010	公铁
沪昆高铁上跨京广高铁斜拉桥	混凝土槽形梁	112	2013	高铁

续表

桥　名	主梁形式	最大跨度/m	建成年分	类　型
宁波铁路枢纽甬江（左线）特大桥	钢箱梁	468	2014	铁路
宁安城际铁路安庆长江大桥	钢桁梁	580	2015	高铁
赣州赣江特大桥	箱型钢-混凝土结合梁	300	2018	高铁

（一）构造特点

斜拉桥是一个由拉索、主塔、主梁三种基本构件组成的超静定组合结构体系，其中由高强钢材制成的斜拉索给主梁提供多点弹性支承，并将主梁的恒载和车辆荷载传至塔柱，再通过塔柱基础传至地基。主梁因拉索的作用而成为具有若干弹性支撑点的连续梁，结构尺寸可以大大减小，自重减轻，大幅度地增大了桥梁的跨越能力。此外，这种体系还有受桥下净空和桥面高程的限制小、抗风稳定性较悬索桥好、无须昂贵的地锚基础等优点。

1. 主　塔

斜拉桥的主塔主要承受通过拉索传递给塔柱的压力和弯矩，主塔是拉索对梁体施加弹性支承的一个重要构造。

主塔几何形式有独塔、双塔和多塔斜拉桥。

主塔形状有 A 形、倒 V 形、H 形、双柱形、单柱形、门形、斜腿门形、倒 Y 形等，塔身一般为钢筋混凝土或预应力混凝土和钢塔柱。

从整体形式看，塔柱的截面可采用实心截面和空心截面两种，如图 2.3.4-1 所示，沿塔高又可采用等截面或变截面布置。一般实心等截面塔适用于小跨径斜拉桥，中等跨径斜拉桥可采用实心变截面塔柱，对于大跨径斜拉桥的主塔，一般采用空心变截面塔柱。

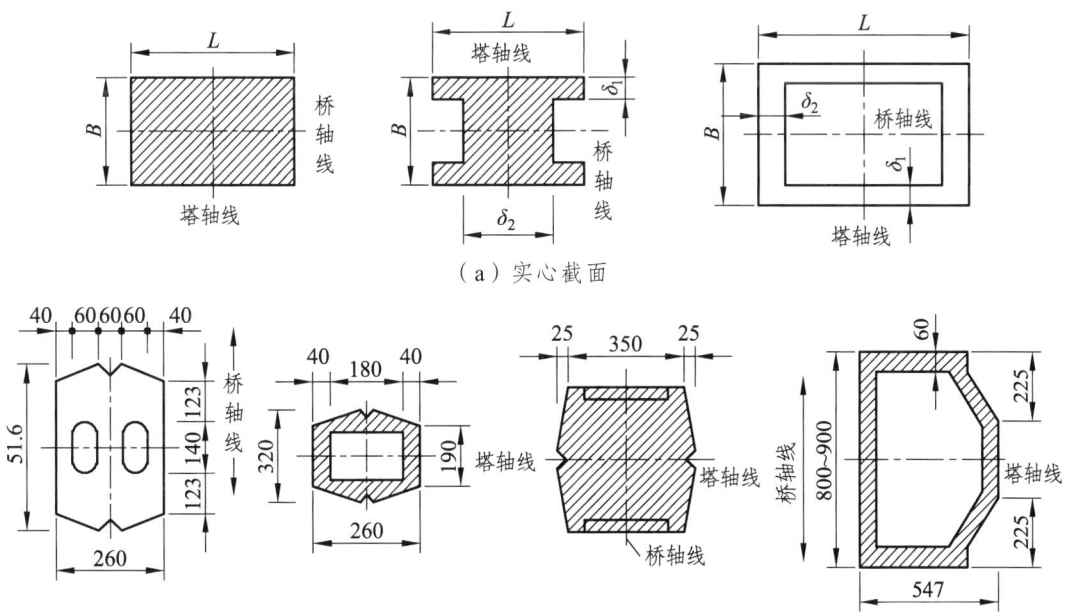

图 2.3.4-1　塔柱的截面

综上所述，斜拉桥的主塔结构形式、高度、截面尺寸以及塔底的支承形式，应该根据桥位处的地质情况、环境条件、斜拉桥的跨度、桥面的宽度、斜拉索布置以及建筑等因素决定，并结合拉索在桥塔上的锚固构造要求和桥梁美学上的要求来确定。

2. 主　梁

主梁直接承受车辆荷载，是斜拉桥主要承重构件之一。由于受拉索的弹性支承作用，主梁具有跨越能力大、建筑高度小，而且能够借助拉索的预应力对主梁内力进行调整，因此主梁的受力性能除自身的结构体系外，还与主塔的刚度、梁塔连接方式、索的刚度和索形等密切相关。

按主梁截面材料斜拉桥可以分为四类，分别是：钢梁斜拉桥、预应力混凝土梁斜拉桥、钢-混凝土结合梁（又称叠合梁）斜拉桥和钢-混凝土混合梁斜拉桥。

钢主梁自重相对较轻，跨越能力比较大，施工速度快，质量可靠程度高。由于优势明显，我国近年来也有越来越多的桥梁采用钢主梁，如武汉天兴洲大桥、南京大胜关大桥以及石郑客运专线的郑州黄河大桥等。但钢梁的缺点是价格较贵，耐腐蚀性和耐疲劳性差，后期养护工作量大，抗风稳定性较差。不同的钢主梁横截面构造如图2.3.4-2所示。

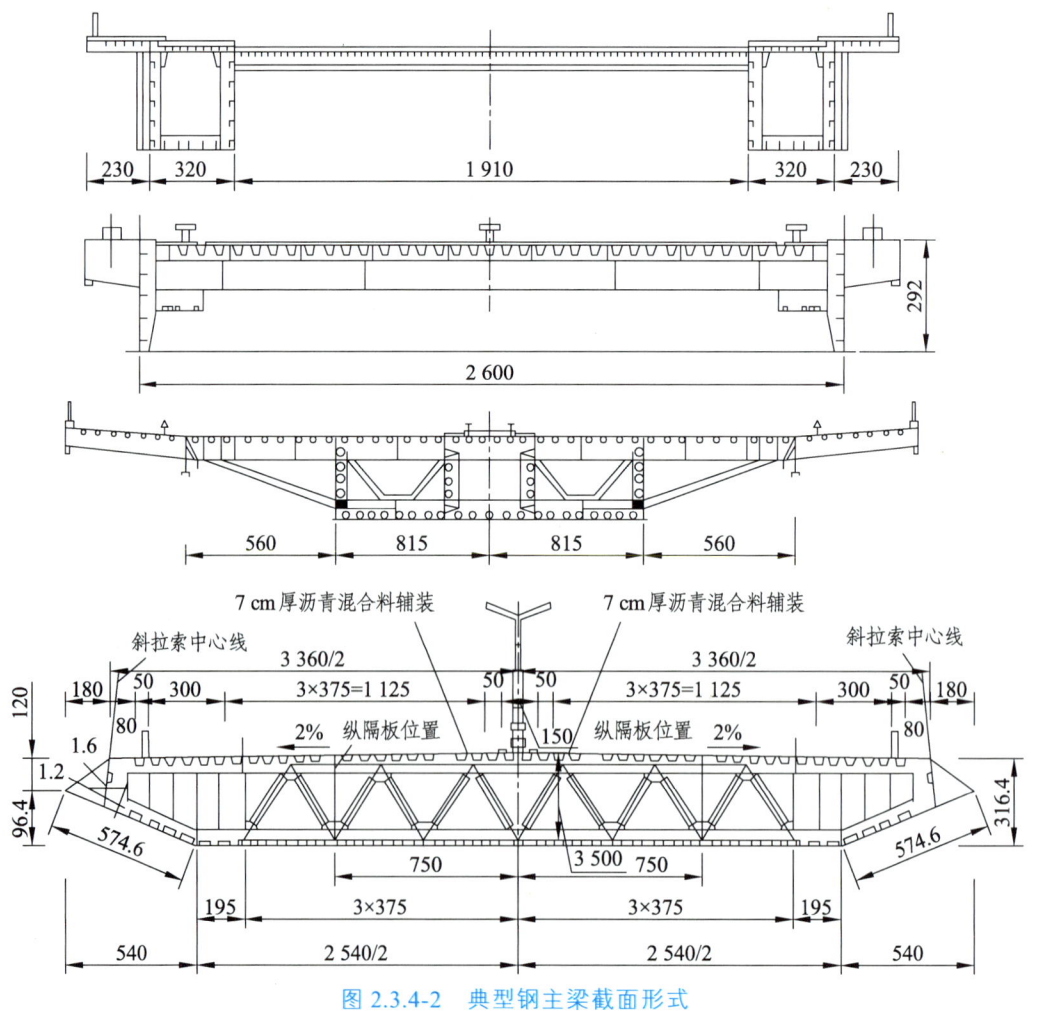

图 2.3.4-2　典型钢主梁截面形式

混凝土主梁主要有箱式、板式和边箱中板式三种（钢梁主要以正交异性极钢箱为主，也有边箱中板式）。混凝土梁的优点是刚度大，挠度小，抗风稳定性好，且造价低，原材料丰富，施工也比较成熟，后期养护比钢桥简单便宜；缺点是与钢结构相比跨越能力小，施工速度慢。图 2.3.4-3 是典型混凝土梁截面形式。

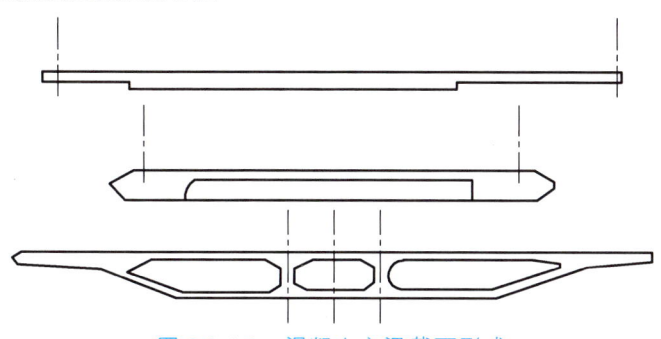

图 2.3.4-3　混凝土主梁截面形式

钢-混凝土结合梁（叠合梁）（图 2.3.4-4）的主梁结构如下：腹板、底板为钢结构，桥面板为混凝土结构，可以降低主梁的自重，发挥钢材和混凝土各自的受力性能。但这种结构中钢梁和混凝土桥面板结合部分的耐久性和抗腐蚀性能弱，应力问题也有待解决。

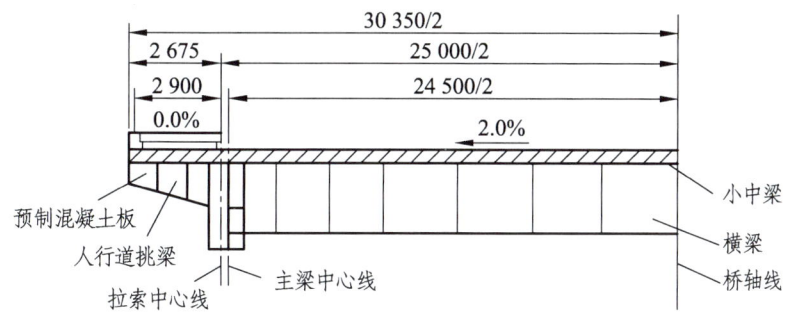

图 2.3.4-4　南浦大桥主桥截面图（结合梁）（尺寸单位：mm）

钢-混凝土混合梁（图 2.3.4-5）的主跨结构为钢结构，边跨为混凝土结构。这种结构能够减轻主跨自重，增强跨越能力，同时还能降低整体造价。但是，钢梁和混凝土梁结合部分（图 2.3.4-6）也存在着应力、耐久性和抗腐蚀性能等问题。

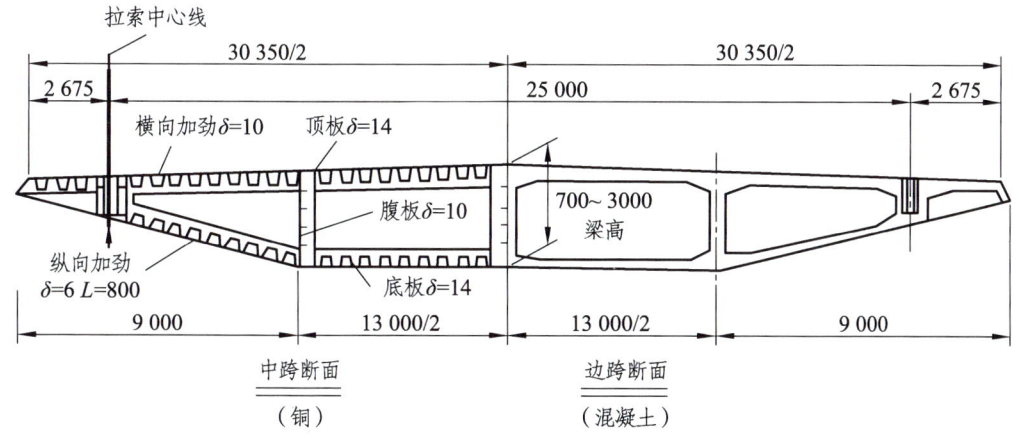

图 2.3.4-5　杨浦大桥混合式主梁（尺寸单位：mm）

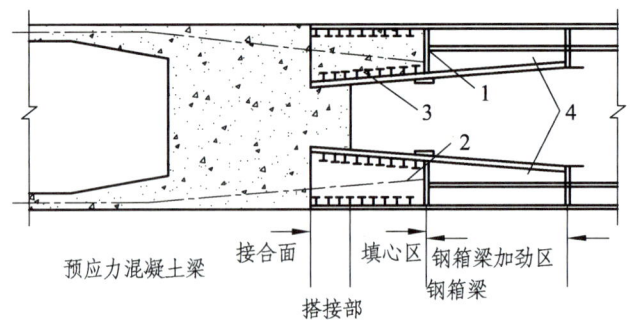

图 2.3.4-6 结合部构造立面图

主梁是以承受压力和弯矩为主的偏心受压构件，力学体上可以分为连续体系和非连续体系。梁式桥主梁的不少横截面形式都可以用于斜拉桥。但是，由于主梁在跨间支承在一排或者两排斜索支点上，所以要求横截面的抗扭刚度比较好，而方便与拉索和主梁的链接。主梁横截面形式的最终选用，取决于斜拉索布置、主梁与斜拉索之间的力、扭矩传递、施工工艺和抗风稳定性等因素。主梁高度一般可以取跨度的 1/100～1/300，纵断面通常采用等高度布置。

3. 拉 索

拉索是斜拉桥的重要组成部分，并显示了斜拉桥的特点。桥跨结构的自重和桥上荷载，绝大部分或全部通过斜拉索传递到塔柱上。

拉索由两端的锚具、中间的拉索传力件（钢索）及防护材料三部分组成，称为拉索组装件。钢索承受拉力，锚具用来传递拉力。钢索的材料有钢丝绳、粗钢筋、高强钢丝、钢绞线等。

索面布置有单索面、双索面和三索面等，其中双索面又有双斜和双平行两种形式（图 2.3.4-7）。宽桥面斜拉桥不宜采用单索面，以免产生较大的剪滞效应。

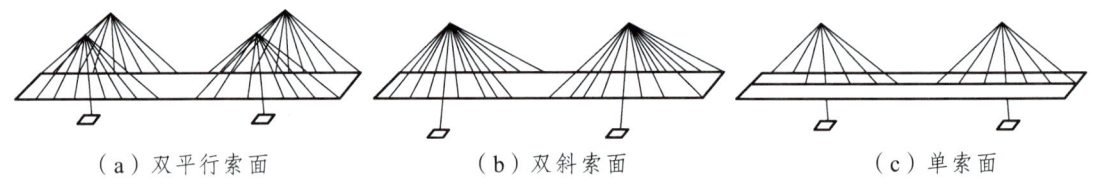

（a）双平行索面　　　　　　（b）双斜索面　　　　　　（c）单索面

图 2.3.4-7 索面布置

索面形式有辐射形、竖琴形（平行形）和扇形等，如图 2.3.4-8 所示。

辐射形布置的拉索沿着主梁为均匀分布，而在索塔上则集中在塔顶的一点，斜拉索的垂直分力对主梁的支承效果较大，与竖琴布置相比能节约 15%～20%的拉索材料，但是塔顶的锚固点构造过于复杂，处理起来比较困难。

竖琴形布置中的拉索呈平行排列，各索倾角相同，外形美观，在索数较少时显得比较简洁，并能简化拉索与索塔的连接构造，对索塔的受力有利，但是由于拉索的倾角较小，拉索的总拉力大，钢索用量相对较多。

扇形布置是介于辐射形和平行形之间的一种形式，它兼有上面两种布置方式的优点而减少其缺点，具有充分的优势，在设计中得到广泛应用。

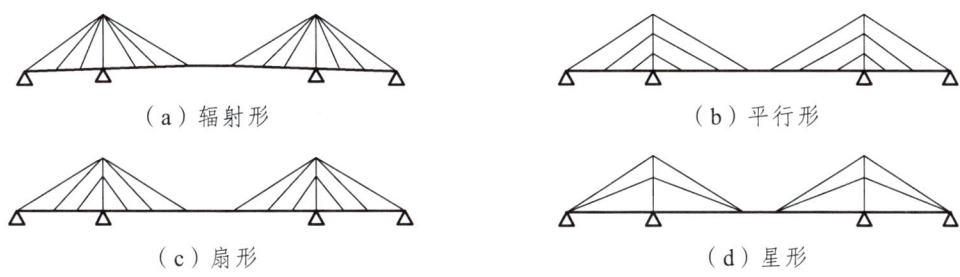

图 2.3.4-8　索面形式

拉索的技术经济指标主要有强度、刚度、耐疲劳性、耐锈蚀性、施工难易和价格。拉索技术研究一般围绕三个方面的目标展开，一是如何使拉索与锚具的组装件能在斜拉桥整个使用年限内经受得起高幅度的应力变化，即锚具应具备优良的抗疲劳性能；二是如何保证拉索组装件具备绝对可靠的、永久性的防护；三是在保证斜拉桥组装件可靠、耐久的前提下，力争施工方便，造价低廉。

（二）斜拉桥施工

斜拉桥的施工，一般可分为基础、墩塔、主梁、拉索等四部分。其中基础施工同其他类型的桥梁，墩塔和主梁的施工也类似于桥墩和梁，仅拉索的施工，包括拉索的制造、架设和张拉具有其特殊性。但是斜拉桥作为一个整体，它的塔、梁、索的施工必须互相配合，服从工程设计意图。

1. 主梁施工

主梁的施工同梁式桥类似，常用的方法有：在支架上施工、顶推法、转体法、悬臂浇筑、悬臂拼装等。

2. 主塔施工

斜拉桥的主塔（又称索塔），是全桥的主要承重构件，具有造型富于变化、建筑高度大、空间结构复杂等特点。其结构形式、建筑高度、截面尺寸大小和塔底支承形式由桥位处的地质条件、环境条件、斜拉桥的跨径、桥面宽度、拉索布置及建筑造型要求等因素决定。

（1）钢塔施工。

钢塔一般采用预制拼装的办法施工。在自然环境条件下，钢材容易锈蚀，绝大部分都采用涂油漆装的办法防锈，可使用十年。

（2）混凝土塔施工。

我国已建和在建的斜拉桥大都采用混凝土塔。混凝土塔多采用现浇法施工，如固定支架现浇，滑模、爬模以及翻转模板等分节段施工，每节 1~6 m。施工顺序为：基础→承台→下塔柱→下横梁→中塔柱→上横梁→上塔柱拉索锚固区段→塔顶建筑。

3. 拉索施工

（1）拉索结构形式。

拉索在构造上可分为刚性索和柔性索两大类。在现代斜拉桥发展中，密索薄梁是发展方向，所以大量采用柔性索。近年来使用较多的主要有平行钢丝索和平行钢绞线索。

（2）拉索制作与防护。

① 平行钢丝索。

平行钢丝索又称为挤包护层扭纹型拉索，索体由若干根高强度钢丝并拢，大节距扭绞，缠包高强复合带，然后热挤包黑色高密度聚乙烯（PE）防护层形成。其优点是可以工厂化生产，质量可靠，运输方便，到工地后不再有制作要求。它的缺点是 PE 护套硬度较低，在放索及安装过程中容易被刮坏划破，挂索后需用小缆车校查、修补。

② 平行钢绞线索。

平行钢绞线索是使用单根钢绞线上逐根外包 PE 护套，然后在工地逐根穿挂、逐根张拉，以夹片固锁，组合成束后再整体小行程张拉、调整索力，以螺帽锚固。其优点是，拉索制作、穿索、牵引、张拉全过程均"化整为零"，避免了大型成品索的起重、运输、吊装、穿挂、牵引方面的困难，无须大型施工设备，施工便捷，大幅度降低了拉索造价。

（3）拉索引架。

拉索的引架作业是将拉索引架到主塔锚固点和主梁锚固点之间的位置上。作业方法一般有如下几种：

① 利用卷扬机或吊机直接引架。

这是最简捷的方法，特别适合于密索体系悬臂施工。当主塔很高时，吊机没有那么高，可以在浇筑主塔时，先在塔顶预埋扣件，挂上滑轮组，利用桥面上的卷扬机和牵引绳通过转向滑轮和塔顶滑轮将斜拉索起吊，一端塞进箱梁，一端塞进主塔。

② 单根钢绞线安装。

1995 年建成的澳大利亚悉尼格莱贝岛桥跨度 140 m + 345 m + 140 m，按照"等拉力法"，用轻型的张拉设备每次提升一根钢绞线（7Φ5），其承载力 225 kN。一根斜拉索中有 25～74 根这样的钢绞线，这样一根根地提升、张拉、锚固，直至一根斜拉索中的全部钢绞线安装完成。"平行钢绞线"就适用于这种安装方法。

③ 在待引架的斜拉索之上先安装一根临时钢索，称为导向索，斜拉索拉在沿导向索滑动并与牵引索相连接的滑动吊钩上，用绞车引架就位，如 1978 年建成的美国帕斯科—肯尼威克桥就是采用这个方法。

④ 利用吊装天线引架。

我国 1981 年建成的广西红水河铁路斜拉桥采用此方法：主索是 Φ22 mm 的钢丝绳，用 Φ13 mm 钢丝绳做牵拉索，通过单门滑车和吊环与主索系在一起，每个单门滑车上穿入一根 Φ19 mm 的白棕绳，用来捆绑并提升斜拉索。

（4）拉索锚固。

拉索与主塔、主梁联结结构的功能是将拉索力可靠地传递给主塔及主梁，其结构形式根据拉索布置、根数、主塔及主梁的结构等情况确定。一般情况下，可根据拉索的张拉方式确定安装顺序，张拉端位于塔部时可先安装梁部拉索锚固端，后安装塔部拉索锚固端；反之，先安装塔部，后安装梁部。对于两端皆为张拉端的斜拉索，可选择其中适宜的方法。

① 拉索在主塔上锚固。

拉索在主塔上的联结有两种方式，一是直接锚固，二是通过塔顶索鞍而延伸到主塔另一侧主梁上锚固。鞍座设在每一对索的连接处，为了阻止由于中孔和边孔的索力不相等而产生的滑动，使用螺栓对盖在其上的压板施加夹紧力，使索在鞍座上无法滑动，达到锚固的目的。

拉索在塔顶部的锚固形式主要有：交叉锚固（图 2.3.4-9），中小跨度斜拉桥的拉索较多采用；对称锚固（图 2.3.4-10），现代大跨径斜拉桥大多采用。施工时应注意拉索锚固区的结构安全，应根据不同的锚固形式来选择合理的方案。

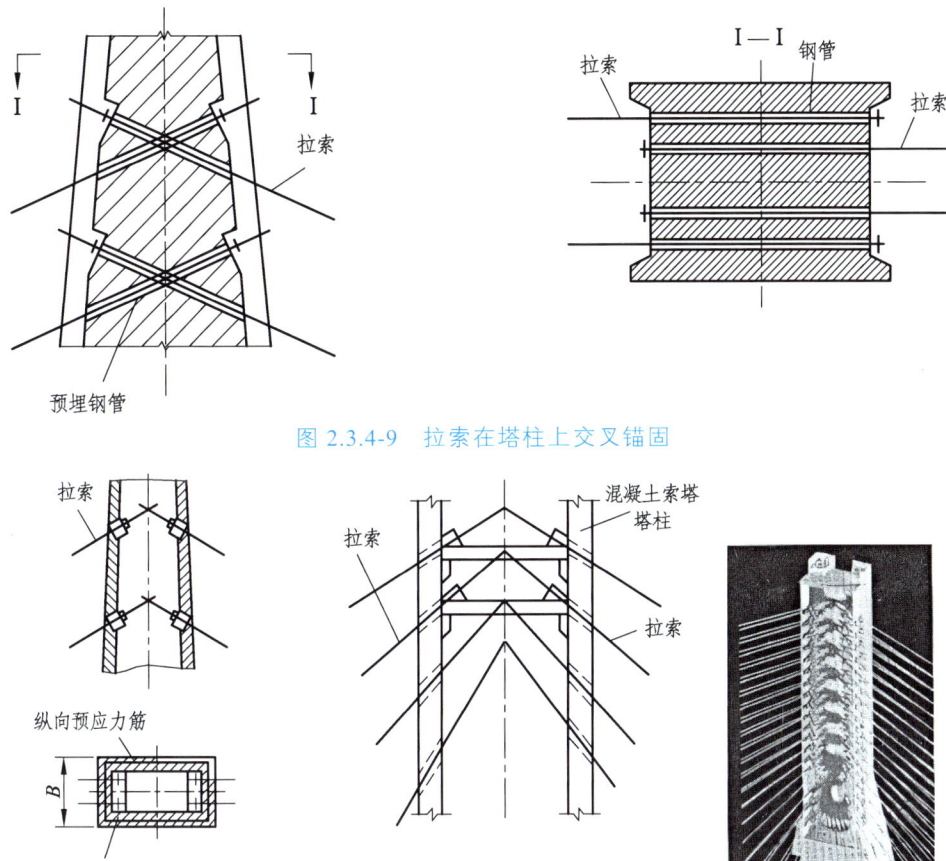

图 2.3.4-9　拉索在塔柱上交叉锚固

图 2.3.4-10　拉索在主塔上对称锚固

② 拉索在主梁上锚固。

拉索在钢箱梁上的锚固，可以联结在钢梁上翼缘板上（图 2.3.4-11）或通过锚箱来实现。

拉索在混凝土箱梁上的锚固，可以通过箱梁顶板预设的锚固块锚固在顶板底部（图 2.3.4-12），也可以通过预设的锚固块或斜隔板锚固在箱梁内部或底部（图 2.3.4-13），或是锚于箱梁边缘锚固块上（图 2.3.4-14）。

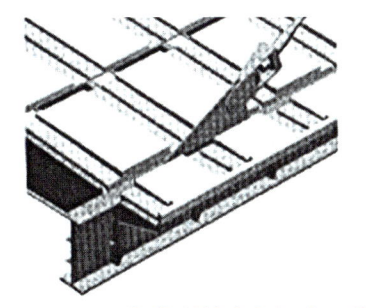

图 2.3.4-11　拉索联结在钢梁上翼缘

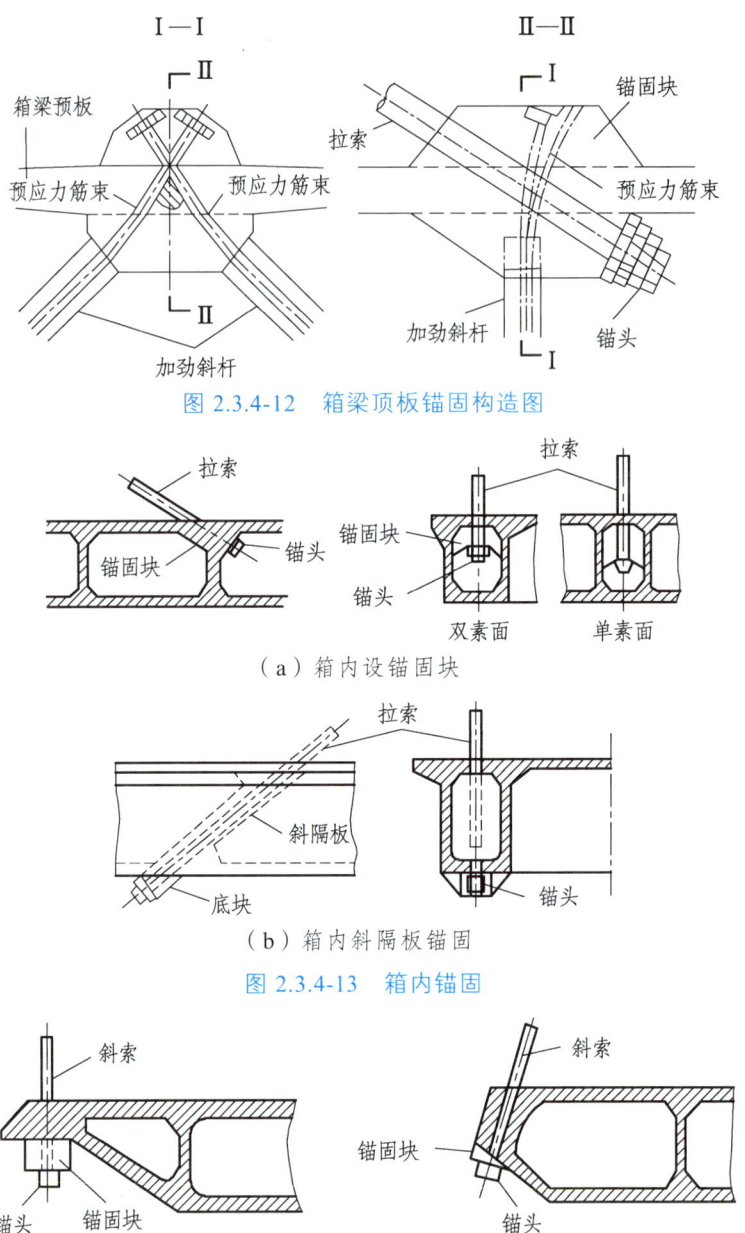

图 2.3.4-12　箱梁顶板锚固构造图

（a）箱内设锚固块

（b）箱内斜隔板锚固

图 2.3.4-13　箱内锚固

图 2.3.4-14　箱梁边缘锚固构造图

（5）拉索张拉。

张拉最常用的设备是千斤顶；最方便的张拉方法是直接张拉，按次数可分一次张拉和多次张拉。

一次张拉法是指在施工过程中每一根索都是一次张拉到设计索力，对于施工中出现的梁端挠度和塔顶的水平位移不用索力调整，任其自由发展，或保持索力为设计值条件下通过下一块件接续转角进行调整，直至跨中合龙时挠度的偏差采用施加外力（如压重）的方法强迫合龙。一次张拉法简单易行，应用很广，但对构件的制作要求较高。

多次张拉法指在整个施工过程中对拉索进行分期分批张拉，其目的是使施工各阶段的索力较为合理，竣工后索力也基本达到期望值，并且能在索力补拉过程中调整主梁的轴线位置。多次张拉法成桥后的线形和内力状态优于一次张拉法，但施工比较复杂。

（6）索力量测。

拉索的索力是斜拉桥设计的一个重要参数，必须确保准确可靠。根据国内外多座斜拉桥的施工实践，目前比较常用且成熟的索力量测方法有以下三种：

① 压力表测定法：利用张拉千斤顶的液压与张拉力之间的直接关系，通过测定张拉过程中的油压，然后换算成索力。采用此法测定索力时，需使用 0.3~0.5 级精密压力表，使得压力表测定的索力精度达到 1%~2%。此法测量索力简单易行，是斜拉桥施工过程中最为常用的一种索力测量方法。

② 压力传感器测定法：是在张拉连接杆套一个穿心式压力传感器，张拉时处在千斤顶和张拉螺母之间的传感器受压发出电讯号，在配套的二次仪表上读出千斤顶张拉力，从而得到索力值。采用此法精度较高，可达到 1% 以下，但价格比较昂贵，只能在特定条件下使用。

③ 频率法：是利用斜拉索振动频率和索力之间的关系，通过测定频率，间接换算索力。采用此法量测索力时，首先要根据不同工况及拉索相应的约束条件准确设定拉索的计算长度，其次要准确测定拉索频率，特别是低阶频率。当前，随着科技发展，测定拉索频率的电子仪器日趋成熟化，整套仪器携带、安装都十分方便，测量结果也比较可信。故采用此法量测索力比较普遍。

（三）拉索减振

拉索在风、雨、雪等的作用下会发生振动。拉索的振动会导致拉索根部出现反复挠曲，拉索中的钢丝产生附加的挠曲应力，应力的反复作用会加速钢丝的疲劳，使拉索的使用寿命缩短；同时拉索的持续振动会使人们对桥梁的可靠度及稳定性产生怀疑，因此对拉索的振动应予以防止。

拉索早期的防振方法，是用钢索或杆件将同一索面的各根拉索联系在一起，使具有不同频率的各根拉索在出现振动时相互干扰，从而抑制振动。事实证明这种方法并不理想。索面内设置了横向联系后，还破坏了拉索的景观。

随着人们对斜拉索振动的成因及条件的认识进一步加深，逐渐采用了黏弹性高阻尼衬套的办法防止斜拉索振动，效果比较好。设置阻尼衬套后，拉索振动能量被吸收，同时整根拉索被分作中间长、两边短的三段，使得拉索的固有频率有所提高，对防振有利。黏弹性高阻尼衬套构造比较简单，可以隐蔽地安装在拉索钢套筒内，对拉索外观无不良影响。

黏弹性高阻尼衬套安装于斜拉索钢套管内，对斜拉索安装精度要求较高，施工难度大，若斜拉索安装误差偏大，可能会导致黏弹性高阻尼衬套难以正常安装，甚至需要经过加工处理，使得拉索周边黏弹性高阻尼衬套厚度不一致，特别是出现斜拉索"涡振"现象时梁部衬套还会出现中途滑落现象，从而降低减振效果。为克服这种现象，近年来人们采取了两种以上减振措施结合的办法防止斜拉索振动，也取得了一些成绩，如安徽铜陵大桥和江西湖口大桥就是采用了一种名为"VSD"的减振器与黏弹性高阻尼衬套相结合的办法防止斜拉索振动，效果比较理想。

四、课外加油站

北盘江第一桥

五、思想政治素质养成

（1）斜拉桥施工是一个复杂的系统工程，需要多工种、多部门协同作业。通过项目实践，让学生体验团队合作的力量，学会沟通协调、相互支持，共同解决施工中的难题，培养他们的团队协作精神和集体荣誉感。

（2）面对施工中的技术难题和挑战，引导学生运用所学知识，结合实际情况，提出新颖的解决方案，培养他们的创新思维和实践能力。

六、任务分组

表 2.3.4-2　学生任务分配表

班级：　　　　　　组号：　　　　　　组长：　　　　　　指导老师：

组员	任务分工	组员	任务分工

表 2.3.4-3　任务工作单

姓名：	学号：	日期：
（1）简述斜拉桥的构造特点。			
（2）理解并简述斜拉桥的索面形式。			
（3）绘制斜拉桥的主要工艺流程。			

七、评价反馈

表 2.3.4-4　评价反馈表

姓名：	组号：		组长：		指导老师：	
评价指标	评价内容	分值	个人自评（20%）	组内互评（20%）	组间互评（20%）	教师评价（40%）	综合评价
信息检索能力	能有效利用网络、图书资源查找有用的相关信息等；能将查到的信息有效地传递到学习中	10分					
课堂感知力	是否熟悉斜拉桥的施工流程，认同工作价值；在学习中是否能获得满足感，课堂氛围如何？	10分					
参与度、交流沟通	积极主动与教师、同学交流，相互尊重、理解、平等；与教师、同学之间是否能够保持多向、丰富、适宜的信息交流	10分					
	能处理好合作学习和独立思考的关系，做到有效学习；能提出有意义的问题或能发表个人见解	10分					
知识、能力获得情况	知道斜拉桥的概念及特点	5分					
	掌握斜拉桥的施工要求	5分					
	掌握斜拉桥的施工工艺流程	10分					
	理解并能分析斜拉桥施工中遇到的施工质量问题	10分					
	能进行斜拉桥的施工	20分					
思维态度	是否能发现问题、提出问题、分析问题、解决问题、创新问题	5分					
自评反思	按时按质完成任务；较好地掌握了知识点；具有较强的信息分析能力和理解能力；具有较为全面严谨的思维能力，并能条理清楚明晰表达成文	5分					
反思改进							

任务五　高速铁路钢桥施工

一、学习目标

1. 思政目标

（1）培养学生吃苦耐劳的工作态度；
（2）培养学生的安全与质量意识。

2. 知识目标

（1）了解我国钢结构桥梁的发展概况；
（2）熟悉钢桥的结构类型及构造要求；
（3）掌握钢构件的制作流程。

3. 能力目标

（1）能辨识铁路钢桥构件；
（2）掌握钢桥常用的连接工艺。

二、任务重、难点

1. 重　点

（1）钢桥的类型；
（2）钢桥的构造组成；
（3）钢桥的连接方式。

2. 难　点

（1）钢构件的制作；
（2）连续钢桁架桥主桁中间支承节点的构造特点。

三、知识链接

（一）概　述

1. 我国铁路钢桥的发展

钢桥是指桥梁上部结构采用钢材（钢板、型钢和高强度钢索）制成的桥梁结构。在我国的铁路桥梁中，钢桥有近万座，其中超过100年的钢桥就有160多座。早期的钢桥梁多是外国人建造的。1937年，以茅以升为代表的中国科技人员设计并监造的钱塘江大桥（图2.3.5-1），开创了我国自行设计和建造钢桥梁的历史。

图 2.3.5-1 钱塘江大桥

图 2.3.5-2 京沪客专济南黄河大桥（钢桁拱桥）

90年代以后，大跨度桥梁快速涌现，钢桥因自重轻、跨越能力大而被广泛采用。著名的铁路桥梁如九江长江大桥、芜湖长江大桥、武汉天兴州长江大桥和南京大胜关长江大桥等。其主要结构形式有钢桁梁（拱）桥（图 2.3.5-2）、钢管混凝土拱桥、钢箱梁（拱）桥和钢桁（箱）梁斜拉桥等。

表 2.3.5-1 所列为我国近几十年来建设的主要桥梁。

表 2.3.5-1 我国主要铁路钢桥梁一览

序号	年代	桥　名	类别	桥型	结构	主跨/m
1	1937	钱塘江大桥	公铁	简支梁桥	单跨桁梁	65.84
2	1957	武汉长江大桥	公铁	连续梁桥	三跨连续桁梁	128
3	1969	南京长江大桥	公铁	连续梁桥	三跨连续桁梁	160
4	1970	迎水河大桥	铁路	系杆拱桥	刚性梁	112
5	1993	九江长江大桥	公铁	系杆拱桥	三跨连续	216
6	1995	孙口黄河大桥	铁路	连续梁桥	四跨连续桁梁	108
7	1997	香港青马大桥	公铁	悬索桥	三跨箱梁	1377
8	2000	芜湖长江大桥	公铁	斜拉桥	三跨桁梁	312
9	2001	北盘江大桥	铁路	钢管拱桥	钢管混凝土	236
10	2009	大胜关大桥	高铁	钢桁拱桥	六跨连续钢桁拱	336
11	2013	安庆长江大桥	高铁	斜拉桥	连续	580
12	2014	铜陵长江大桥	公铁	斜拉桥	五跨连续	630
13	2016	五通岷江特大桥	铁路	连续梁桥	三跨连续桁梁	224
14	2018	新白沙沱长江特大桥	铁路	双层六线钢桁梁斜拉桥	五跨连续桁梁	432
15	2024	沪通长江大桥	铁路	连续钢衍梁	五跨连续钢衍梁	1092

2. 钢桥的应用及特点

钢桥常用于实腹梁桥及大跨度的桁架桥、拱桥、斜拉桥和悬索桥。目前世界上的大跨径桥梁大部分是钢桥。

（1）钢桥的优点。

① 跨越能力强：适合于建造大跨度的桥梁，跨度已经超过 500 m。

② 用悬臂施工法特别方便，安装速度快：上、下部结构可以同时施工，有成套的设备可用，拼装工艺成熟，大幅度缩短工期。

③ 适合于工业化制造：构件在工厂制作，不受季节的限制，速度快，精度高，质量容易得到控制。

④ 便于运输：特别是在交通不便的山区等地，更适合于汽车运输。

⑤ 上部结构的自重小，相应减小下部结构的造价。

⑥ 钢材韧性好，有利于桥梁抗震。

⑦ 钢桥构件易于修复和更换，造桥梁的钢材可以在拆除后重新回炉冶炼，实现资源的回收和利用。

（2）钢桥的缺点。

① 钢材易锈蚀，易生锈，要定期涂油漆，养护费用比混凝土高。

② 钢构件全部预制，制作精度要求高。

③ 钢结构在高温下强度急速下降，必须注意防火。

④ 在列车通过时噪声和振动大，不适合在市区建造。

⑤ 用钢量大，造价较高。

（3）钢桥的分类。

钢桥可以根据不同条件建成多种多样的形式。按照不同的分类其主要有以下几种：

① 按受力体系划分为：梁式桥（简支梁、连续梁、悬臂梁）、刚架桥、系杆拱桥、斜拉桥和悬索桥。本任务仅介绍梁式桥。

② 按梁构造划分为：板式结构、桁式结构、箱式结构、板桁混合结构、钢混结合结构。

③ 按连接方式分为：铆接、铆焊、栓接、栓焊、全焊接。

④ 按线路位置分为：下承式、上承式（图 2.3.5-3）。

⑤ 按承重性质划分：铁路桥、公铁两用桥。

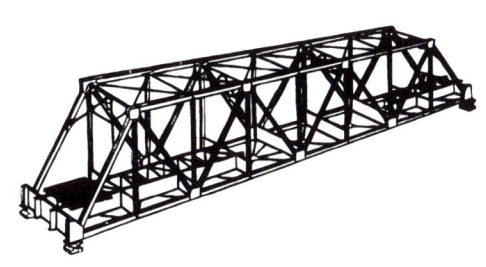
（a）下承钢桁梁桥

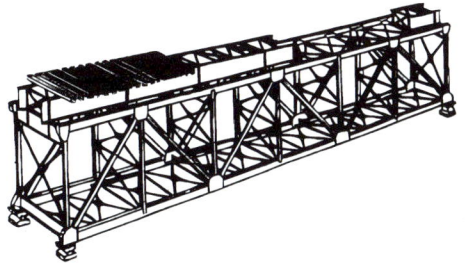
（b）上承钢桁梁桥

图 2.3.5-3　钢桁架桥

(二) 钢桥的主要结构形式及构造

1. 钢桁梁

以下承式简支栓焊钢桁架桥（图 2.3.5-4）为例，上部结构主要由主桁架、联结系、制动联结系（制动撑架）、桥面系和桥面等组成。

（1）主桁架。

主桁架是钢桁架桥的主要承重结构，主要承受竖向荷载。主桁架由左右两幅桁架组成，每幅桁架中有上弦杆、下弦杆及腹杆（竖杆和斜杆）。主桁杆件交汇处称为节点，竖杆和弦杆交汇的称为小节点，有斜杆交汇的称为大节点。大节点受力及构造较复杂，节点板尺寸也较大。节点之间的距离称为节间长度，一般也桥面系横梁的间距及纵梁的跨度。

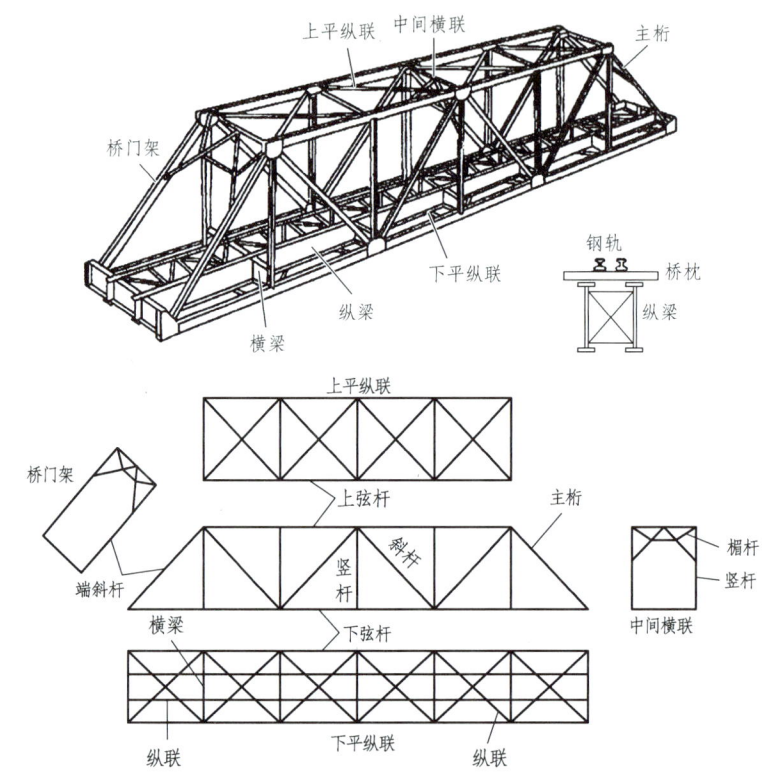

图 2.3.5-4 下承式简支梁桥的组成部分

（2）联结系。

联结系联系主桁架，并与主桁架一起结成几何形状稳定的空间结构。联结系分为纵向和横向两种。

① 纵向联结系设在主桁架的上、下弦杆平面内，分别称为上平纵联与下平纵联（图 2.3.5-4）。主要承受作用于桥跨结构上的横向水平荷载，包括作用于主桁架、桥面系和列车上的横向风力、列车摇摆力及曲线桥上的离心力等。

② 横向联结系设在桥跨结构的横向平面内，分为端横联和中间横联。

端横联（或桥门架）位于桥梁端部，设在主桁架端斜杆平面内。上平纵联所承受的横向荷载，绝大部分通过端横联（或桥门架）传给支座。

中间横联设在主桁架竖杆（或斜杆）平面内，间距一般不大于 2 个节间长度。它的作用是增加桥跨结构的抗扭刚度。当桥跨结构受到不对称的竖向和横向荷载时，中间横联还可适当调节两片主桁或两片纵向联结系的受力不均匀性，把一小部分横向荷载由上平纵联传至下平纵联。

（3）制动联结系。

制动联结系（制动撑架），它的作用是把作用在纵梁上的纵向水平制动力传至主桁架，再由主桁架传给支座，从而减小纵向荷载对桥面系杆件特别是横梁的不利影响。制动联结系通常由四根短杆组成，设置在与桥面系相邻的平纵联的中部（图 2.3.5-5）。对跨度不超过 48 m 的桥，可以不设制动撑架。

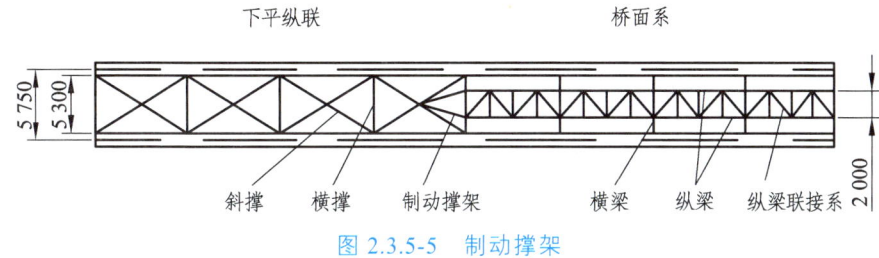

图 2.3.5-5　制动撑架

（4）桥面系。

桥面系包括纵梁、横梁及纵梁之间的联结系。由桥面传来的荷载先作用于纵梁，由纵梁传至横梁，再由横梁传至主桁节点。纵梁之间的联结系将两片纵梁连成整体，纵梁间距通常为 2 m。下承式钢桁架桥的桥面系位于主桁的下平纵联平面上。为了争取较小的建筑高度，下承式钢桁架桥的纵梁和横梁通常布置在同一平面上。

（5）桥面。

桥面是供车辆和行人行走的部分。铁路桥面有明桥面、正交异性板桥面和道砟桥面。

（6）主桁的结构形式及基本尺寸。

① 主桁几何图样。

主桁是桁架桥的主要组成部分。根据腹杆几何图形的不同，主桁架常见的几何图式有以下几种类型：

图 2.3.5-6（a）为三角形桁架，适用于各类跨度的下承式桁梁。构造简单，部件类型较少，适应设计定型化，有利于制造与安装，应用非常广泛。

图 2.3.5-6（b）和（c）为上承式桁梁的几何图式，（b）适合中等跨度，（c）适合小跨度。

图 2.3.5-6（d）为再分式，图 2.3.5-6（e）为米字形图式，均用作大跨度或特大跨度桁梁。

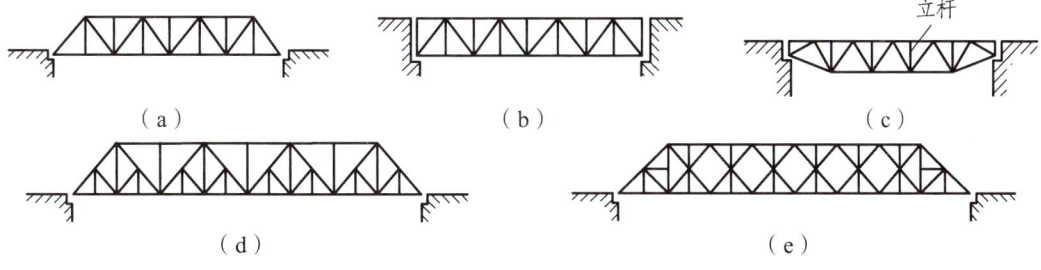

图 2.3.5-6　主桁架类型

② 主桁基本尺寸。

主桁的基本尺寸主要包括主桁高度（桁高）、节间长度、斜杆倾角及主桁中心距。

A. 主桁高度。

桁架高度大，弦杆受力较小，截面也小，可以减少弦杆的用钢量，但腹杆增长，用钢量会有所增加；桁架高度小，则与之相反。一般来讲，主桁架高度通常从用钢量、桁架刚度以及容许建筑高度三个方面综合考虑。

B. 节间长度。

中等跨度较为经济的节间长度是 6~8 m，标准设计取 8 m。小跨度桁梁桥节间长度可以为 4 m，大跨度桁架桥节间长度可以为 15 m。

C. 斜杆倾角。

斜杆倾角会影响腹杆的用钢量和节点的构造。倾角过小，腹杆数少，但腹杆长度增大，内力较大；倾角过大，腹杆内力小，但腹杆数量增多。所以，合理的倾角，在有竖杆的桁架桥中约为 50°，在无竖杆的桁架桥中约为 60°。

D. 主桁中心距。

下承式桁架桥，主桁中心距要满足桥梁建筑限界的要求。标准设计中，单线铁路桥取 5.75 m，双线铁路桥取 9.7 m。

上承式桁架桥，主桁中心距的选取还要考虑横向倾覆稳定性的要求，抗倾覆稳定安全系数不得小于 1.3。

③ 主桁杆件截面形式。

主桁焊接杆件的截面形式主要有两类：H 形截面和箱型截面（图 2.3.5-7）。

H 形截面构造简单，焊接容易，安装方便，适用于内力不很大的杆件或长细相对较小的压杆。

箱型截面承受压力方面优于 H 形杆件，制造比较费工，焊接变形也较难控制和修整，适用于内力较大和长细比较大的压杆或拉压杆件。

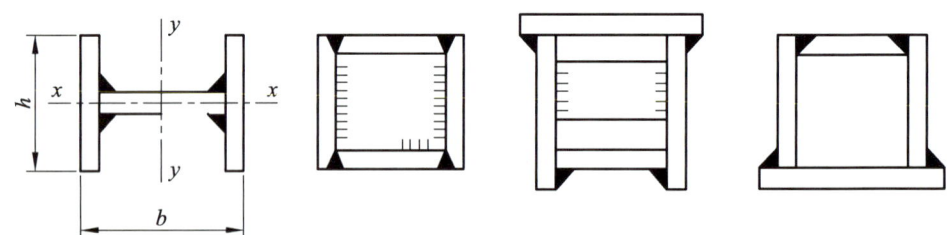

图 2.3.5-7　主桁杆件截面形式

④ 我国铁路钢桁架桥标准设计的主桁几何图样及其基本尺寸。

我国单线铁路简支钢桁架桥标准设计共有 3 组图式和 6 种跨度。

第Ⅰ组：上承式钢桁梁，跨度高 48 m、64 m、80 m 三种，主桁几何图样式为带端竖杆的三角形腹杆体系，主桁高度为 8 m，节间长度也为 8 m，主桁中心距为 4 m，如图 2.3.5-8 所示。

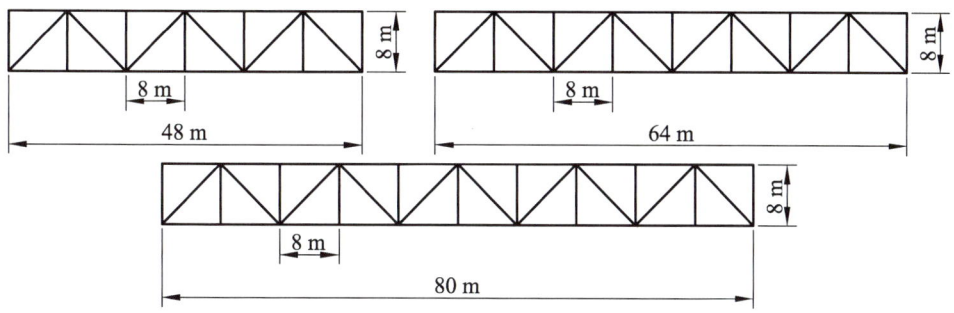

图 2.3.5-8　上承式钢桁梁标准设计的几何图样

第Ⅱ组：下承式钢桁梁，跨度为 48 m、64 m、80 m 三种，主桁几何图式样为三角形腹杆体系，主桁高度为 11 m，节间长度为 8 m，主桁中心距为 5.75 m，如图 2.3.5-9 所示。

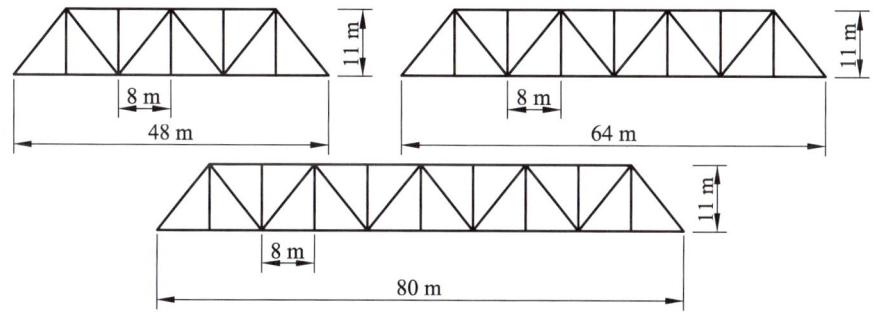

图 2.3.5-9　下承式钢桁梁标准设计的几何图样（三角形腹杆体系）

第Ⅲ组：下承式钢桁梁，跨度 96 m、112 m、128 m 三种，主桁几何图式为米字形，主桁高度为 16 m，节间长度为 8 m，主桁中心距为 5.75 m，如图 2.3.5-10 所示。

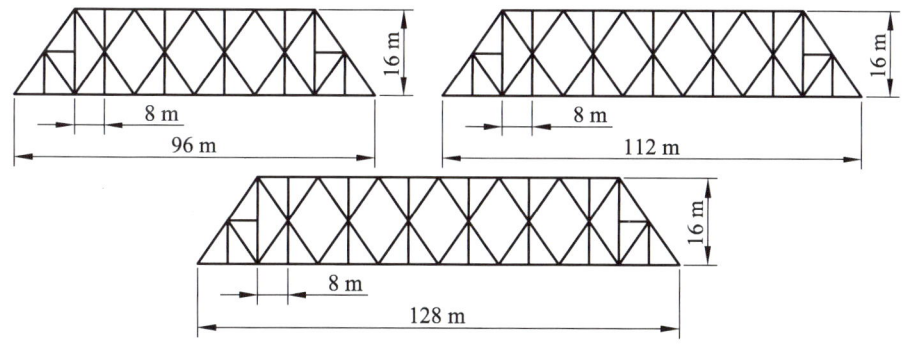

图 2.3.5-10　下承式钢桁梁标准设计的几何图样（米字形）

2. 钢板梁

钢板梁桥是指由钢板或型钢等通过焊接、螺栓或铆钉等连接而成的工字形实腹式钢梁作为主要承重结构的桥梁。钢板梁桥是中小跨径桥梁最常用的钢桥形式，同时也是构成其他形式钢桥构件的一部分。钢板梁桥的主梁通常采用工字钢、H 型钢、焊接工形梁等结构形式，主梁与主梁之间采用横梁和纵梁相连形成整体受力结构。钢板梁分为上承式和下承式 2 种，上承式钢板梁的桥面位于主梁之上，两主梁间距小，用钢量较小，故使用较为广泛，下承式钢板梁适用于桥下净空受限制的情况。

（1）上承式钢板梁。

上承式钢板梁［图 2.3.5-11（a）］构造简单，主梁是两片工字形截面的板梁，是主要承重结构，两主梁的中心距离为 2 m。为了使两片主梁形成稳定的空间结构并承受横向水平力，在两片主梁间设置联系杆件。上侧杆件与主梁的上翼缘组成一个水平桁架，称为上水平纵向联结系（上平纵联），下侧的则为下平纵联。在两片主梁间还设有竖向交叉杆，为上下横撑及主梁的加劲肋组成一个横向系，简称横联。位于主梁中间的称为中横联，位于两端的称为端横联，联结系构件采用角钢或槽钢。

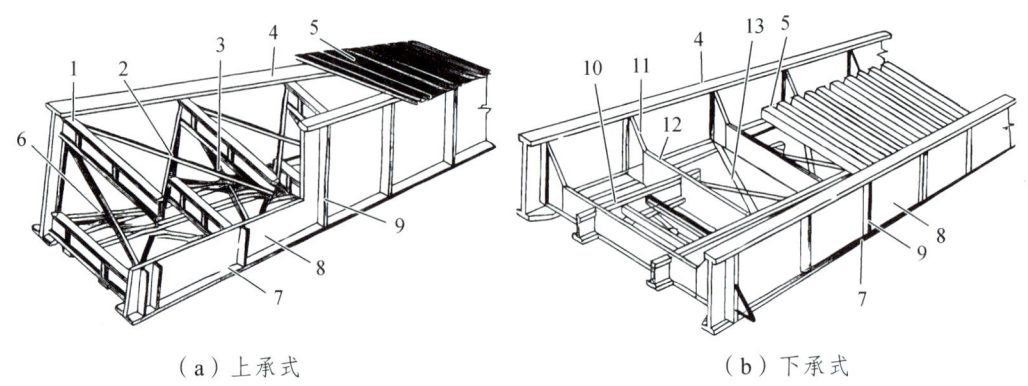

（a）上承式　　　　　　　　　（b）下承式

1—端横联；2—上平纵联；3—下平纵联；4—上翼缘；5—桥枕；6—中横联；7—下翼缘；
8—腹板；9—加劲肋；10—纵梁；11—肱板；12—横梁；13—下平纵联。

图 2.3.5-11　钢板梁

（2）下承式钢板梁。

下承式钢板梁的桥面铺设在纵梁上，纵梁由横梁支承，横梁又由主梁支承［图 2.3.5-11(b)］。

下承式钢板梁的缺点为：桥面系复杂，用料多，制造费工，宽度大，无法整孔运送，增加了装运和架梁的工作。

3. 钢箱梁

钢箱梁桥是指主梁为薄壁闭合截面形式的钢梁桥，适合跨径较大（大于 60 m）时采用。在一定跨度范围内比桁梁和板梁节省钢材 10 – 20%，抗扭刚度和横向刚度较大。截面形式有矩形和梯形两种。

钢箱梁一般由顶板（桥面板）、腹板、底板、纵横向加劲肋和横隔板构成（图 2.3.5-12），顶板下缘有纵横向加劲肋，形成正交异性板，其力学性能在顺桥向、横桥向有很大的差异。

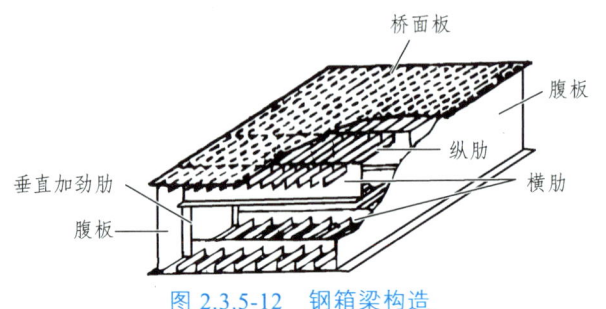

图 2.3.5-12　钢箱梁构造

（三）连续钢桁架桥

1. 连续桁架桥的几何图式和主要尺寸

（1）连续桁架桥的几何图式。

和简支桁架桥一样，连续桁架桥最简单的几何图式是平行弦桁式。图 2.3.5-13（a）为武汉长江大桥采用的三跨连续桁梁的米字形平行弦桁式，图 2.3.5-13（b）为三跨连续桁梁的三角形平行弦桁式。

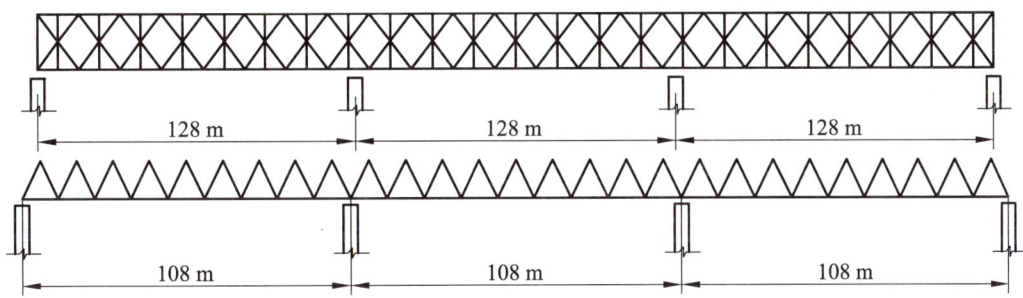

图 2.3.5-13　连续桁架桥的几何图样（平行弦桁梁）

由于连续梁内，中间支点附近的弯矩值变化急剧，若采用桁高相等的平行弦桁架，则该处弦杆内力变化很大。为此，可以让中间支点附近的桁高局部加大（这种图式称为曲线弦桁式）或加设第三弦式，从而使弦杆中的内力变化较为均匀。如图 2.3.5-14 是在中间支承处加大桁高的两跨连续桁架桥。但是，这样会使杆件长度变化较多，也使架梁时架桥机难于在上弦行走。较好的方法是在下弦设第三弦杆，如图 2.3.5-15 所示，南京长江大桥就采用这个方法。

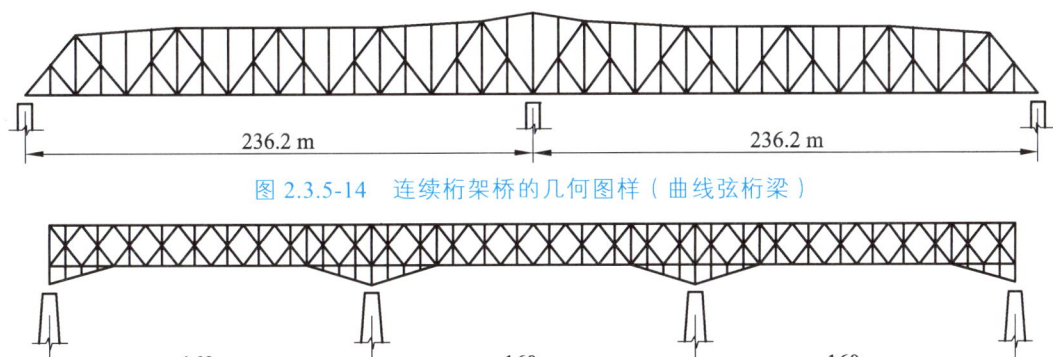

图 2.3.5-14　连续桁架桥的几何图样（曲线弦桁梁）

图 2.3.5-15　连续桁架桥的几何图样（加劲弦桁梁）

连续桁架桥和简支桁架桥的腹杆体系基本相同，可根据不同的跨度、桁高和节间长度可分别采用三角形、米字形、再分式以及其他形式等。

（2）跨联布置。

连续桁架桥的每一联，一般包括两跨或三跨。当采用两跨连续时，一般做成两跨相等；当采用三跨连续时，从用料经济方面考虑，可让边跨的长度等于中间跨长的 0.75～0.8 倍左右，使边跨所受的弯矩和中跨所受的弯矩大致相近。当全桥有多联的三跨连续梁时，为使桥梁从总体上看比较匀称美观，也可使三跨相等。

219

考虑到用伸臂法架梁的方便和能减少水中桥墩圬工数量的因素，连续桁架桥也有做成四跨连续或五跨连续的。但随着连续跨度数目的增加，梁端因温度变化而引起的水平位移将加大，这就使梁端伸缩处的构造比较复杂，同时，固定支座所传递的制动力也大大增加，因而使制动墩的工程数量也会增大。另外，用钢量方面，四跨或五跨连续与三跨连续相比，差别很小。

（3）主要尺寸。

① 桁高：从省料和刚度要求方面考虑，连续桁架桥的桁高可以比简支小些。对下承式连续桁梁，大致可取跨长的（1/7～1/8）左右。

② 主桁中心距：连续桁架桥不仅具有较大的竖向刚度，而且具有较大的横向刚度。因此，在其他条件相同的情况下，下承式连续桁架桥的主桁中心距可较简支桁架桥稍小些。

③ 主桁节间长度：我国设计的连续桁架桥主桁节间长度一般均采用 8 m。考虑到大跨度连续桁架桥的杆件截面大，若仍用 8 m 的节间长度，则因节点刚性所生的次应力较高，而且，由于主桁的高度较大，为了维持适当的斜杆倾角，采用较大的节间长度也有必要。所以，对于大跨度的连续桁架桥，如钢厂供料无问题，可考虑采用大于 8 m 的节间长度。图 2.3.5-16 所示的三角形桁式的双线铁路连续桁架桥，桁高 15 m，节间长度为 9.5 m。

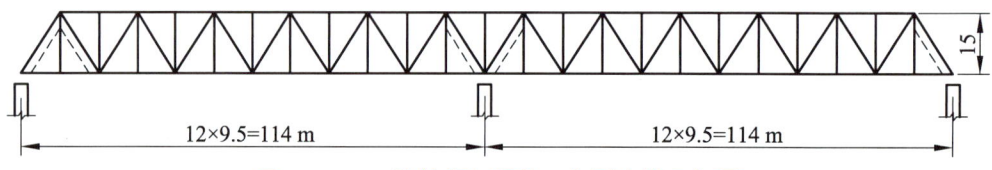

图 2.3.5-16　连续桁架桥的三角形主桁几何图

为使连续桁架桥具有较大的横向刚度，其平纵联也必须是连续的。为此，在端支承及中间支承处均需设置桥门架，以传递横向水平力。

对于连续桁架桥主桁杆件的截面形式和截面选择，与简支桁架桥基本相同。

2. 支座的布置

连续桁梁的几个支点中只有一个支点设置固定支座，而作用在梁上的制动力却较同跨度的简支桁梁大几倍，其制动力的绝大部分是通过固定支座传递到墩台上去的。因此，最好是将固定支座布置在高度较低而基础较好的墩台之上，以使墩台和基础的用料可以得到节省。

固定支座根据具体情况，可以布置在端支点或桥台处同，也可布置在中间支点上，应从各个方面综合考虑。

3. 主桁中间支承节点的构造特点

图 2.3.5-17 所示为 3×80 m 某单线铁路下承式连续桁梁中间支点处主桁节点的示意图。该节点有 5 根杆件在此交会，水平面内连接有横梁及平纵联斜杆，平纵联斜杆的截面通常采用工字形。因此，它有上下两块节点板，主桁节点板下缘磨光并与平纵联的下节点板顶紧。在平纵联的下节点板之下设有座板，它是 730 mm × 20 mm × 800 mm 的钢板，直接支承在支座的上摆顶面上。支座反力通过座板传到节点板上，再通过节点板与各杆件的内力相平衡。在主荷载作用下，支座反力相当大。为了加强传递支座反力的板束刚度，在节点中央处弦杆内加应设横隔板。

为了安装和维修时顶、落梁的需要,中间支点处的主桁节点应考虑设置千斤顶的需要。3×80 m 连续桁梁的中间支点安装反力达 4390 kN,若起顶横梁的截面采用普通横梁的截面尺寸,则它只能承受 1500 kN 左右的起顶反力。因此,必须在节点板下支座两旁各安装一个千斤顶。为了传递千斤顶作用力,千斤顶布置处各设一块座板,与主桁节点板顶紧并用连接角钢Ⅱ连接,同时在主桁节点板外侧加设角钢 Ⅰ,其下端与角钢Ⅱ顶紧。这样每侧主桁共布置三个千斤顶,每个顶点的控制起顶力按 1500 kN 计,即可满足起顶要求。

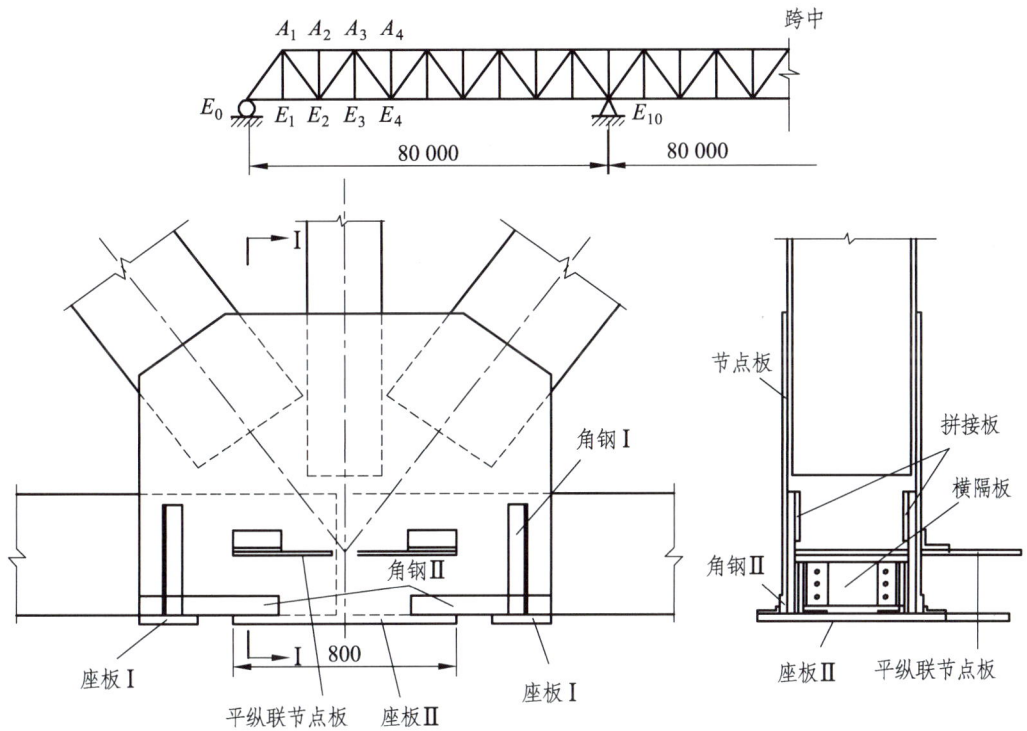

图 2.3.5-17　3×80 m 单线铁路下承式连续桁梁中间支点处主桁节点示意

4. 整体焊接节点的构造

近年来,整体焊接节点新结构在连续桁架桥和简支桁架桥中都得到了广泛的应用,推动了我国钢桥向整体、轻型、大跨方向的发展。如图 2.3.5-18 所示。这种节点的特点是节点与侧弦杆直接焊连,其余杆件在节点外拼接,有效地增强了节点的整体性,减少了工地连接螺栓,也减轻了桥跨自重。

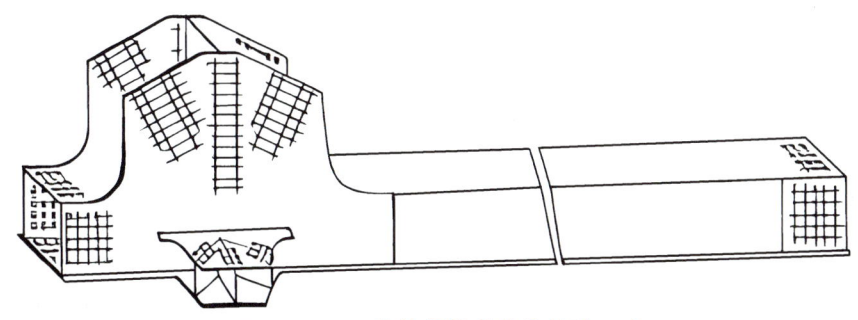

图 2.3.5-18　整体焊接节点的构造示意

(四)钢构件的制造

钢构件的制造工艺过程主要包括:作样、号料、切割、零件矫正及弯曲、号孔及制孔、组装、焊接、杆件矫正、结构试拼装、除锈和涂漆等。

下面以栓焊钢桁梁为例,介绍钢构件的制造。

(1)料件加工。

料件加工是将钢板下料后切割成所需要的形状,其主要步骤如下:

① 作样。

制作样板或样条的工作,叫做作样。作样的样板是用一块薄铁皮制成的板,它的外形与尺寸和实物一样,有时上面还需钻制小眼,以示栓孔位置。样条是一条带形的薄铁皮,上面标着零件的切割线及栓孔位置。钢桥结构的次要部分,如人行道及检查设备,常用样板来号料及号孔。钢桥结构的主要部分如主桁及其节点板、桥面系、联结系等,在工地栓孔时要求精确,常采用机器样板钻制栓孔。

作样应准确无误,严格按施工图和工艺文件的规定制作。对于形状复杂的零部件,在图中不易确定尺寸的,应先通过放样校对后再确定(数控下料者除外),样板、样条上栓孔位置的偏差应符合《铁路钢桥制造规范》(Q/CR 9211—2015)所规定的容许值。钢料的切割长度按工艺规定要留出边缘加工预留量和焊接收缩量。同时,样板、样条上应注明有关内容,如产品名称、杆件编号、如号、规格、数量、栓孔直径、起线等。

② 号料。

利用样板或样条,在钢料上将零件的切割线画出,叫作号料。号料时应严格按配料单执行,主要杆件下料时一定要保证主应力方向与钢板轧制方向一致。

③ 切割。

号料完成后即在钢料上沿切割线进行切割,钢料的切割方法有焰切、剪切和锯切三种方法。焰切是用乙炔与氧混合燃烧的火焰把钢料切断。焰切设备成本低,使用简便,可切的钢料厚度大,并可切成任何形状。采用半自动、自动及数控焰切机较手工焰切能提高切割质量,切后的零件边缘整齐,同时还可减轻人工强度。机械剪切是用剪板机台上的一对剪刀片进行剪切的,如图 2.3.5-19 所示,常用于切割厚度不大的钢板。一般尺寸的角钢可用联合冲剪机进行切割,如图 2.3.5-20 所示。锯切是用圆锯机进行切割,切割后应对切割面根据需要进行修磨。

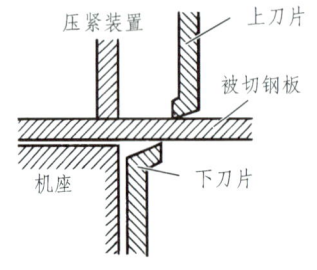 

图 2.3.5-19 剪板机剪切示意　　图 2.3.5-20 角钢剪切示意

④ 钢料矫正。

钢材由于在轧制、切割等过程中可能产生变形，故《铁路钢桥制造规范》（Q/CR 9211—2015）要求对料件进行矫正。凹凸不平、弯、扭和翘曲的钢板常采用辊压机矫正，如图 2.3.5-21 所示。但对型钢弯扭的调直及外形的矫正，可用型钢矫正机或压力机进行矫正。对形成马刀形变形的宽扁钢及长钢板可用顶弯机进行矫正，如图 2.3.5-22 所示。如果变形超出上述机具的矫正能力，则需采用火焰矫正，火焰矫正的温度应控制在 600~800 ℃。

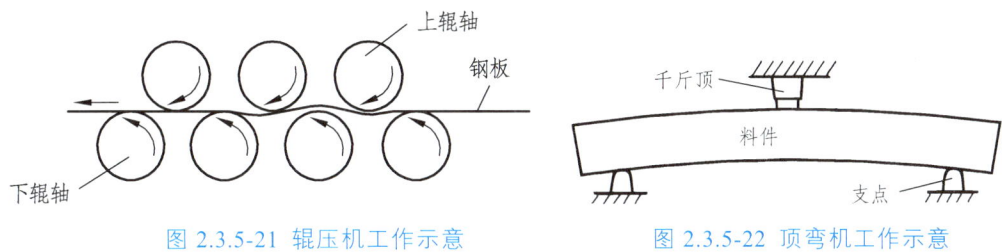

图 2.3.5-21 辊压机工作示意　　　图 2.3.5-22 顶弯机工作示意

⑤ 号孔和制孔。

号孔是借助样板或样条，用样冲在钢料上打上冲点，以标示钉孔的位置。如果采用机器样板则不必进行号孔。

钻孔方式一般有画线钻孔、扩孔套钻、机器样板钻孔、数控程序钻床钻孔等。

使用机器样板钻孔可以使杆件达到互换使用的效果，但对于不同规格的单构件则不能使用同一样板来钻孔（如钉孔排列不同或钉孔的间距不同），因此设计者应尽量使结构物的设计标准化、模数化，以减少机器样板的数量，提高机器样板的利用率。

钻孔时可将几块板材与覆盖式机器样板一同卡牢，然后用摇臂钻床一次性在钻孔套内套钻钻透各层。

用数控坐标式钻床钻孔可达到很高的精度，也可以使工字型杆件的工地栓孔一次钻成。组装件可预钻小孔，组装后进行扩钻，预钻孔径至少应较设计孔径小 3 mm。

制成的孔应呈正圆柱形，孔壁光滑，孔缘无损伤、不平，最后将碎屑清除干净。

采用准确、高效的数控钻床来钻制工地栓孔，也可配套使用传统的旋臂钻床制孔；在不适宜采用旋臂钻床的场合下，则需用手持式风钻或电钻制孔。

目前，钢桥结构主要部分的工地栓孔均用机器样板钻孔。机器样板是由母体和钻孔套组成的，如图 2.3.5-23 所示。母体用不小于 12 mm 厚的钢板加工而成，其上有孔，钻孔套按设计位置嵌固在母体孔内。钻孔时，将这样的机器样板覆盖在料件上，板束对齐后，用卡具卡紧，钻头透过机器样板上的钻孔套钻孔，从而保证制孔的高度准确性。机器样板与号料、号孔用的样板不同，是钻孔用的样板。

⑥ 边缘加工。

钢料因剪切或焰切（精密切割者除外）而使边缘钢材组织受损，切口不平，因此，必须采用刨（铣）边机进行刨（铣）加工，加工深度应为 2~4 mm。加工后的钢料边缘应平直、光洁。

223

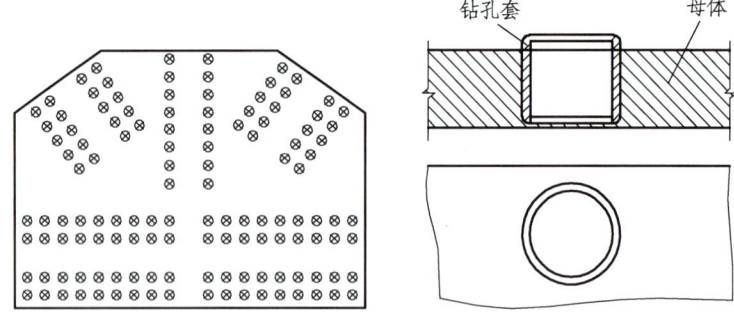

图 2.3.5-23　覆盖式机器样板及钻孔套

（2）杆件组焊。

杆件组焊是将切割成型的料件进行组装并焊接成钢桥的基本构件，其主要步骤如下：

① 杆件组装。

栓焊钢桥的基本构件都是由几块板件共同组成的，如轴心（或偏心）受力的 H 形杆件、箱形杆件以及受弯构件的桥面系纵横梁等，这些基本构件的组装都是在工厂的机器胎型上进行的。另外，为了便于定位焊，组装胎型通常为转动式，如图 2.3.5-24 所示。

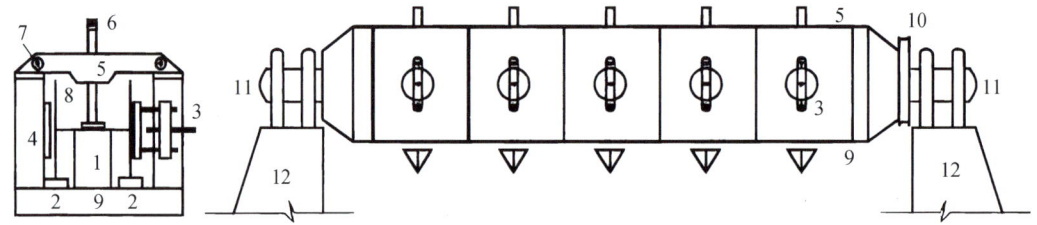

1—水平板座；2—竖板座；3—三杆螺栓顶；4—挡板；5—横梁；6—螺栓顶杆；
7—横梁插销；8—H 形杆件；9—梁底；10—转动轮；11—转轴；12—台座。

图 2.3.5-24　转动式 H 形杆件组装胎型示意

构件正确就位并已顶紧之后，即可进行定位焊以固定其相对位置。定位焊焊缝长度每段为 50～70 mm，各段之间的距离不得大于 600 mm。为了保证焊接质量，在杆件进行拼装前需在焊缝区进行除锈、除油及除尘等工作。另外，在焊接前组装杆件时，应在杆件两端焊上一块引弧板以便焊接时在引弧板端部起弧和熄弧。

② 焊接。

焊接方法有埋弧自动焊、半自动焊及手工焊三种。其中，埋弧自动焊是目前最先进的焊接方法，由于其焊接效率高、质量稳定、劳动强度低，因而在钢桥主要构件的焊接中应用最广。但埋弧自动焊只能焊接直长焊缝，对于钢桥中的短焊缝及曲线焊缝通常用半自动焊接，对仅用于定位焊及其他难于采用半自动焊的焊缝则采用手工焊。

焊接件的质量主要取决于材料的品质、焊接工艺参数的选择及焊接的技术水平等。首先，被焊接的母材要具有良好的可焊性，这样可使焊缝具有一定的机械性能，不产生裂纹、夹渣、气孔等焊接缺陷，并具有良好的工艺性能。由此必须严格控制焊丝的质量，同时，要求其化学成分应符合现行国家标准。其次，焊接电流、电压、输入线能量、焊道数等均应符合行业标准，施焊时必须严格遵守技术规则的规定；同时，为减小焊接变形，应正确选择施焊顺序。最后，焊接完成后还要进行焊缝质量检验，对所有的焊缝均应进行外观检查。内部检查以超声波探伤为主，而对于对接焊缝，当超声波探伤后仍有疑问时，用 X 光或 γ 射线透视进行复查。

③ 杆件矫正。

杆件在焊接过程中，焊缝及其附近钢料的收缩会引起各种不同程度的焊接变形。这些变形有盖板蘑菇状变形、盖板及腹板不垂直、盖板不平、腹板弯曲、杆件扭曲及马刀形弯曲等，如图 2.3.5-25 所示。

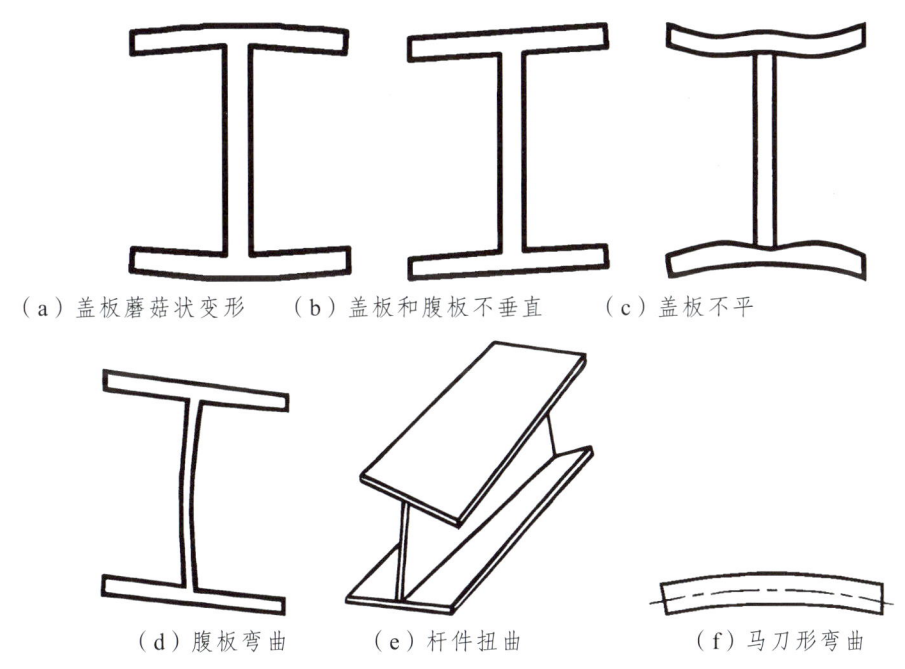

图 2.3.5-25　焊接变形

为使杆件具有正确的外形尺寸以保证钢梁拼装精确度，焊接杆件的焊接变形要进行矫正，矫正方式有冷矫（机械矫正）和热矫（火焰矫正）。

（3）杆件工地孔的钻制和结构试拼装。

栓焊钢梁的某些构件由于运输和架设能力的限制，需在工地进行拼装。为了保证工地拼装时栓孔不发生错位及同类杆件具有互换性，对杆件工地孔的钻制要求非常严格。

由于有些杆件上的孔群不在同一平面内，有的还相距较远，这样就不能用覆盖式机器样板来钻制这些工地栓孔，而需采用钻孔胎型（又名固定式机器样板）进行钻制。为保证钻孔精度，钻孔胎型各部尺寸需具有一定的精确度。此外，为防止胎型的变形，钻孔胎型还需要有足够的刚度。

运往工地的各构件需在出厂前进行试拼装，以验证工艺装备是否精确、可靠。试拼装按主桁、桥面系、桥门架及平纵联四个平面进行。试拼装时，钢梁主要尺寸如桁高、跨度、上拱度、主桁间距等的精度应满足《铁路钢桥制造规范》(Q/CR 9211—2015) 的要求。对于所有工地孔，其孔眼应有 95% 自由通过较设计孔径小 0.5 mm 的试孔器，全部孔眼应自由通过较设计孔径小 0.75 mm 的试孔器。新设计的及改变工艺装备后制造的钢梁，均应进行试拼装，对成批连续生产的钢梁，一般每 10~20 孔试拼装一次。

（4）钢桥的除锈、油漆和装运。

钢桥各构件在涂漆之前，其表面的氧化层、铁锈、湿气及油脂等均应采用酸洗、人工喷丸、机械抛丸（直径为 0.2～1.0 mm）或打砂等方法进行彻底清除。除锈后的钢梁部件应涂以红丹酚醛防锈底漆两道，使钢材表面与空气隔绝以防再锈蚀。在栓焊梁杆件的工地安装螺栓孔部位、节点板和拼接板，则应涂以能保证抗滑移系数的防锈涂料。现今工厂中常用的是无机富锌漆，也可采用喷铝合金工艺，喷铝厚度为 150 μm，效果较好。其既有一定的防锈能力，又可使抗滑移系数达到设计要求。钢梁在工地安装完毕后，还需再涂两道面层油漆。

（五）钢桥的连接

构件的连接方法有栓接、铆接、焊接以及栓焊等。

1. 焊　接

焊接［图 2.3.5-26（a）］是现代钢桥最主要的连接方法。任何形状的结构都可以用焊缝连接，不需要附加连接板和角钢等零件，也不用在钢材上开孔，构造简单、制造方便，结构刚度大，密封性好，能实现自动化操作，生产效率高。

焊接的缺点是：焊缝附近的材质容易变脆；焊接后结构产生焊接残余应力和残余变形，影响结构的承载力、刚度和使用性能；焊缝可能出现气孔、夹渣、咬边、弧坑裂纹、根部收缩、接头不良等缺陷，影响结构疲劳强度；工地焊接时，拼装定位和操作较麻烦，焊接作业和质量检验困难。

2. 螺栓连接

螺栓连接［图 2.3.5-26（b）］分为普通螺栓和高强螺栓。普通螺栓用普通扳手拧紧，通过螺杆承受剪力和杆件孔壁承受压力或者螺杆受拉传力；高强螺栓用特制的、能控制扭矩或螺栓拉力的扳手拧紧，使螺栓有较高的规定预拉力值，相应地把被连接的板件高度夹紧，使部件接触面间产生很大的摩擦力，主要通过摩擦力或者板件间的预压力来传力。

螺栓连接的优点是安装方便，特别适用于工地安装连接。现工地多用高强螺栓。高强螺栓不仅安装方便，而且具有强度高，对螺栓孔加工精度要求较低、连接构件间不易产生滑动、刚度大等优点，适合构件间的工地现场安装连接。

螺栓连接的缺点是需要在板件上开孔和拼装时对孔，增加制造工作量；螺栓孔使构件截面前削弱，被连接的板件需要互相搭接或另加角钢或拼接板等连接件，增加用钢量。

3. 铆钉连接

铆钉连接［图 2.3.5-26（c）］在受力和设计上与普通螺栓连接类似。其优点是：塑性、韧性和整体性好，连接变形小，传力可靠，承受动力荷载时的疲劳性能好，便于检查。但是铆接构造复杂，用钢量大，施工麻烦，噪声大，劳动条件差，目前几乎已不在工程中应用。

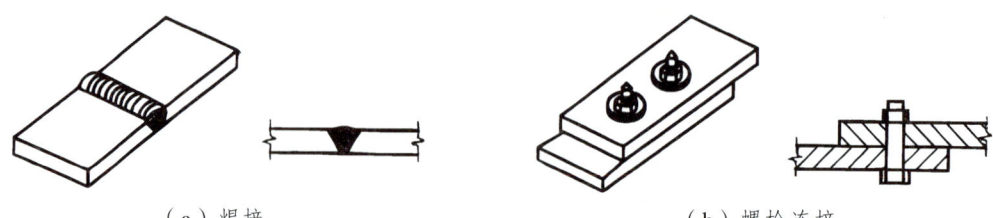

（a）焊接　　　　　　　　　　（b）螺栓连接

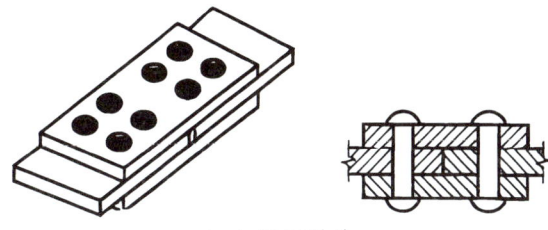

（c）铆钉联结

图 2.3.5-26　钢桥连接类型

4. 栓　焊

现代钢桥梁是由许多基本构件如轴心受拉或受压构件、偏心受拉或受压构件、受弯构件以及节点板等组成的。这些基本构件都是在工厂焊接制造完成后再运送到工地用高强螺栓安装成桥。

（六）钢梁的架设

钢梁架设方法的选用，不仅要考虑桥梁的形式、跨度、宽度，桥位处的水文、地质、地形等条件，还要考虑交通状况、现有设备条件、安全程度、工期、工程费用等因素，经过技术经济比较后确定。

钢梁的架设方法主要有悬臂拼装法、拖拉法、顶推法和浮运法，也可以使用转体架设法，或者在满布支架上组拼成桥。随着起重能力的提高，也可用浮吊进行整孔架设。

四、课外加油站

大胜关大桥

五、思想政治素质养成

（1）在钢桥施工过程中，安全是首要任务，质量是生命线。通过案例教学、现场观摩等方式，让学生深刻理解安全生产的极端重要性，树立"安全第一，预防为主"的理念；同时，强调质量是工程的灵魂，任何细微的疏忽都可能造成严重后果，培养学生的质量意识和工匠精神。

（2）勤奋是成功的阶梯，也是"吃苦耐劳"精神的具体体现。教学中应强调勤奋学习、努力工作的重要性，引导学生珍惜时光，勤奋钻研，不断提升自我，为实现个人价值和社会贡献奠定坚实基础。

六、任务分组

表 2.3.5-2　学生任务分配表

班级：　　　　　　组号：　　　　　　组长：　　　　　　指导老师：

组员	任务分工	组员	任务分工

表 2.3.5-3　任务工作单

姓名：	学号：	日期：
（1）简述钢桥的优缺点。		
（2）理解并简述钢桁梁桥和桥板梁桥的组成。		

七、评价反馈

表 2.3.5-4　评价反馈表

姓名：		组号：		组长：		指导老师：		
评价指标	评价内容	分值	个人自评（20%）	组内互评（20%）	组间互评（20%）	教师评价（40%）	综合评价
信息检索能力	能有效利用网络、图书资源查找有用的相关信息等；能将查到的信息有效地传递到学习中	10 分					
课堂感知力	是否熟悉钢桥的构造特点，认同工作价值；在学习中是否能获得满足感，课堂氛围如何？	10 分					
参与度、交流沟通	积极主动与教师、同学交流，相互尊重、理解、平等；与教师、同学之间是否能够保持多向、丰富、适宜的信息交流	10 分					
	能处理好合作学习和独立思考的关系，做到有效学习；能提出有意义的问题或能发表个人见解	10 分					
知识、能力获得情况	知道钢桥的概念	5 分					
	掌握钢桥的优缺点	5 分					
	掌握不同类型钢桥的构造组成	10 分					
	理解并能分析钢桥施工中遇到的施工质量问题	10 分					
	能进行钢桥的连接	20 分					
思维态度	是否能发现问题、提出问题、分析问题、解决问题、创新问题	5 分					
自评反思	按时按质完成任务；较好地掌握了知识点；具有较强的信息分析能力和理解能力；具有较为全面严谨的思维能力，并能条理清楚明晰表达成文	5 分					
反思改进							

模块三　高速铁路涵洞施工

项目一　高速铁路涵洞施工

任务一　涵洞的构造

一、学习目标

1. 思政目标

（1）培养学生严谨的工程思维态度；
（2）树立学生环保与成本意识观念。

2. 知识目标

（1）掌握涵洞概念、分类及特点。；
（2）熟悉不同涵洞的构造及适用条件。

3. 能力目标

（1）能辨别不同涵洞类型及特点；
（2）知晓不同类型涵洞的适用条件。

二、任务重、难点

1. 重　点

（1）涵洞的概念及类型；
（2）各种涵洞的构造及特点。

2. 难　点

各种涵洞的构造及特点。

三、知识链接

在高速铁路建设领域,涵洞的应用极为广泛。它能高效排水,避免铁路受积水侵害,确保路基安全。还可成功跨越各类地形障碍,如河流、道路等。关键是其建设成本相对桥梁更低,施工难度较小,对周边环境影响也不大,还利于维持生态。这些优势使得涵洞在高速铁路建设中成为不可或缺的重要组成部分。

(一)涵洞的概念及分类

1. 涵洞的概念

涵洞是指在公路、铁路等交通线路中,为了使水流或行人、车辆等通过而在路堤下方修筑的通道。业内习惯以单孔标准跨径小于 5 m 的为涵洞,多孔跨径总长小于 8 m 的也为涵洞;管涵及箱涵不论其管径或跨径大小、孔数多少,均称为涵洞。

涵洞和桥梁本质上是有区别的。涵洞(如图 3.1.1-1)通常修筑在路基填土中,位置相对较低,其结构较为简单,一般呈横向短通道形式。其存在主要是为了满足排水及小型通行需求,不会改变原有地形的整体走势。而桥梁则是跨越沟壑等地貌障碍,位置相对较高。其结构较涵洞复杂,以大跨度的形式连接不同地形区域,改变了交通线路的走向,实现跨越障碍的目的,对地形地貌的影响相对较大。

图 3.1.1-1 双孔涵洞

涵洞的主要作用是:有效排水,防止铁路沿线积水危及铁路安全,保障铁路基础稳定。同时,方便了行人与车辆穿越铁路,减少对铁路运行的干扰,促进了交通的顺畅流通。此外,还对铁路起到一定的保护作用,减少外界因素如水流等对铁路路基的侵蚀,确保铁路能够长期稳定地运行。

2. 涵洞的分类

(1)按建筑材料分类。

① 钢筋混凝土涵洞:具有强度高、耐久性好、施工方便等优点,是目前应用最广泛的涵洞类型。

② 石砌涵洞：采用石料砌筑而成，具有就地取材、造价低等优点，但施工周期较长。

③ 砖涵洞：用砖砌筑而成，一般适用于小跨度的涵洞。

④ 金属涵洞：主要有钢管涵、波纹钢管涵等，具有重量轻、运输安装方便等优点，但造价相对较高。

（2）按构造形式分类。

① 圆管涵：由钢筋混凝土管或金属管组成，其水力性能好，施工方便，但跨度较小。

② 盖板涵：由盖板、涵台、基础等组成，跨度较大，可用于各种地形条件。

③ 拱涵：以拱形结构作为洞身，具有较大的承载能力，适用于填土较高的情况。

④ 箱涵：由钢筋混凝土箱形结构组成，整体性好，刚度大，适用于软土地基或高填土路段。

（3）按洞顶填土情况分类。

① 明涵：洞顶无填土，适用于低路堤或浅沟处。

② 暗涵：洞顶有填土，填土高度一般大于 0.5 m，可保护涵洞不受外力破坏。

（4）按水力性能分类。

① 无压力式涵洞：涵洞入口水流深度小于洞口高度，水流在涵洞内为自由水面。

② 半压力式涵洞：涵洞入口水流深度大于洞口高度，但在洞身全长范围内仍有自由水面。

③ 压力式涵洞：涵洞入口水流深度大于洞口高度，且在洞身全长范围内水流充满整个洞身。

（二）涵洞的构造

涵洞一般由洞身、洞口、基础三部分组成，如图 3.1.1-2 所示。

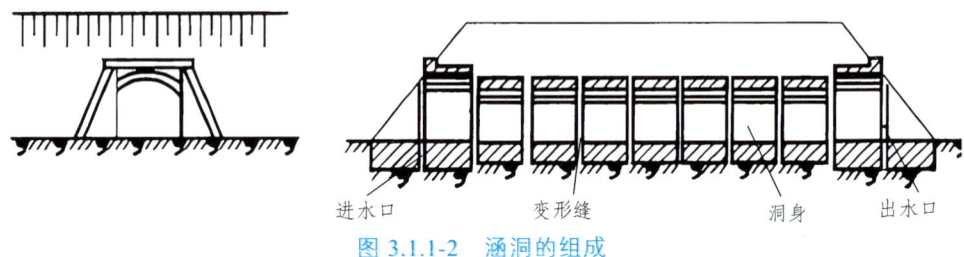

图 3.1.1-2　涵洞的组成

1. 洞身构造

洞身是涵洞的主体结构，承担着水流通过以及上方路基土压力、车列荷载等作用。

（1）圆管涵。

圆管涵的洞身主要由管身、基础、接缝三部分组成，见图 3.1.1-3。

① 管身。

圆管涵的管身横截面为圆形，通常由钢筋混凝土构成。管径一般有 0.5 m、0.75 m、1 m、1.25 m 和 1.5 m 等五种尺寸，管径大小的选用根据排水要求确定，管身多采用预制安装，预制长度通常为 2 m。当采用 0.5 m 或 0.75 m 管径时用单层钢筋，而孔径在 1 m 及 1 m 以上时采用双层钢筋。0.5 m 管径时其管壁厚度不小于 6 cm，0.75 m 管径时管壁厚度不小于 8 cm，1 m 管径时管壁厚度不小于 10 cm，1.25 m 及 1.5 m 管径时管壁厚度不小于 12 cm。

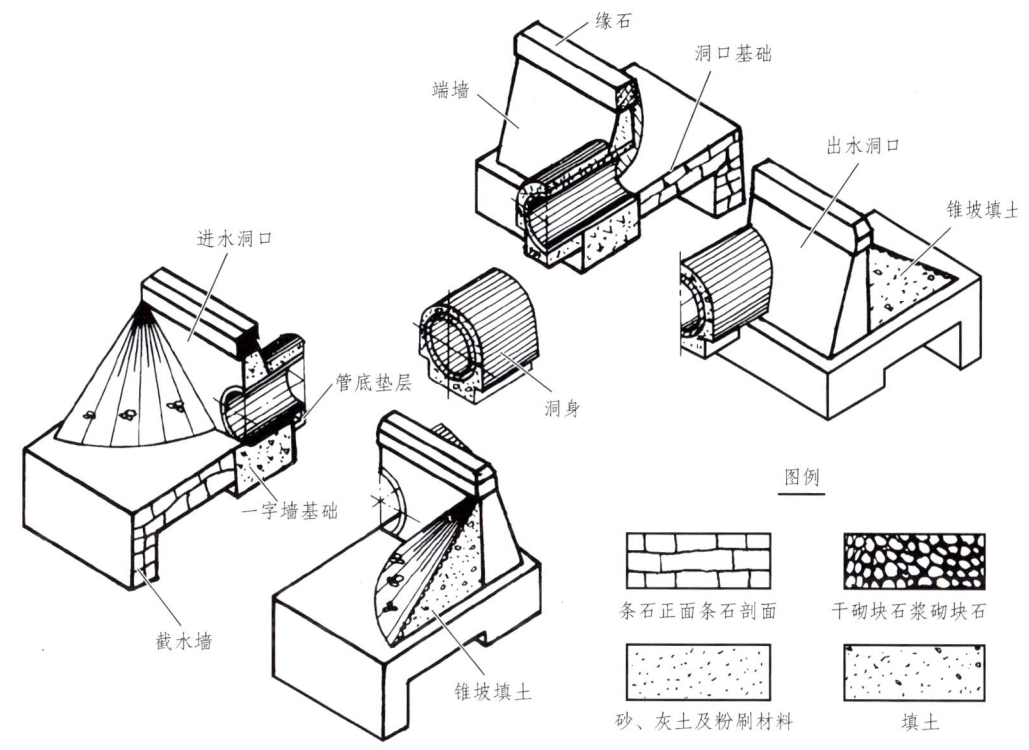

图 3.1.1-3　圆管涵的构造

② 基础。

圆管涵的基础形式应视地基条件而定，基础顶面应进行八字斜面包角，其支撑角不应小于120°，接口宜为平接，分刚性、半刚性和柔性接口。管座基础一般可考虑采用混凝土或浆砌片石基础。混凝土基础分两次浇筑，管下基础厚度在20 cm左右，管节安装后再浇筑管底以上部分的管座基础，基础混凝土标号不应小于C10。在管座基础浇筑之前，也可先填10 cm左右的砂砾垫层，用以增加基础的均匀性。为适应地基的不均匀沉降，管座基础应设置沉降缝。岩石地基上也可不做基础而仅在圆管下铺一层垫层混凝土，其厚度可在5 cm左右。

③ 接缝。

圆管涵的接缝位置处于管节之间，主要作用是连接各个管节，使其形成一个整体，确保圆管涵发挥正常的排水功能，同时防止漏水，避免影响排水效果和周围土体稳定。

常见的接缝类型主要有平口接头［图 3.1.1-4（a）］和企口接头［图 3.1.1-4（b）］。平口接头的特点是管节两端为平面，在施工过程中相对简单便捷。它不需要复杂的管节形状加工，安装时操作较为容易，能够快速地将管节对接。然而，其密封性能相对较弱，需要通过特殊的处理措施来保证防水效果。企口接头则不同，它的一端为凸口，另一端为凹口，这种特殊的设计使得管节在连接时能够更好地相互咬合，从而具有较好的密封性。但是，企口接头的制作工艺相对复杂，对管节的加工精度要求较高，在安装时也需要更加精细的操作，因此施工难度较大，施工成本和时间可能会相应增加。在实际工程应用中，需要根据具体的工程要求、地质条件和经济因素等综合考虑选择合适的接缝类型，以确保圆管涵的质量和性能。

（a）平口接头　　　　　　　　　　　　（b）企口接头

图 3.1.1-4　圆管涵的接缝类型

按照结构和受力特点一般圆管涵又可分为刚性管涵和四铰式管涵。刚性管涵在其横截面上构成一个刚性环，圆环厚度随直径大小和填土高度而变。其在土壤的垂直及水平压力作用下，静力工作性能良好。这种涵洞不仅混凝土的用量小，而且具有制造上的优点，即钢筋骨架和涵管本身制造简单，圆形管节在移动时也很方便。而采用四铰式管涵的目的则是为了降低圆管的应力，以节约材料。其四个铰分别布置在弯矩最大处，即涵洞的两侧及涵洞的顶部和底部。由于四铰式管较刚性管应力减小很多，所以它不仅可以缩小截面尺寸，减少配筋数量，而且可以采用纯混凝土来建造。

（2）盖板涵。

盖板涵的洞身主要由盖板、涵台、基础、伸缩缝等部分组成，见图 3.1.1-5 及图 3.1.1-6 所示。

图 3.1.1-5　混凝土盖板涵盖板吊装

① 盖板。

盖板涵常见的盖板有石盖板和钢筋混凝土盖板两种。

石盖板一般采用天然石材加工而成，具有较好的耐久性和抗压能力。但石盖板的自重大，搬运和安装相对困难，且其制作工艺较为复杂，成本较高。

钢筋混凝土盖板由钢筋和混凝土浇筑而成，通过合理配置钢筋，可使其具有较高的承载能力和较好的韧性。与石盖板相比，钢筋混凝土盖板的自重较轻，便于运输和安装，且制作工艺相对简单，成本较低，因此在实际工程中应用更为广泛。

盖板的厚度需要根据盖板的跨度、荷载大小、混凝土强度等级等因素进行计算确定，一般在 15～30 cm。

常见的盖板宽度有 99 cm、74 cm 等，涵洞的中间部分均采用每块宽为 99 cm 的正交板，涵洞两端采用预制盖板宽 74 cm 进行调整涵长，板的块数取整数。盖板的长度需要根据涵洞的长度和沉降缝的设置来确定，一般在 2～6 m。

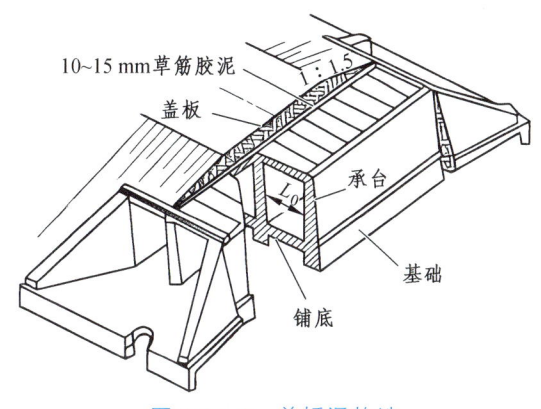

图 3.1.1-6　盖板涵构造

② 涵台。

盖板涵的涵台材料通常为混凝土或浆砌片石。混凝土涵台的强度高、耐久性好，但施工难度较大；浆砌片石涵台的施工难度较小，但耐久性较差。高速铁路对涵洞的稳定性和承载力要求极高，因此所用盖板涵的涵台均为混凝土材质。

涵台的尺寸需要根据盖板的跨度、荷载大小、地基条件等因素进行计算确定。一般来说，涵台的高度（保证结构稳定性、满足盖板支撑需求、考虑到填土高度）和宽度（适应跨度和荷载、提供足够的施工空间、考虑排水需求）需要满足一定的要求，以保证其能够承受上方的荷载和侧面的土压力。

③ 基础。

盖板涵的基础通常有整体式和分离式两种形式。

盖板涵一般都采用整体式基础，它适用于大多数施工情况。能将上部结构的荷载均匀地传递到地基上，增加基础的稳定性和承载能力。

分离式基础是将涵台基础与涵身基础分开设置，两者之间通过沉降缝隔开。这种基础形式适用于地基条件较好、涵台较高的情况，可以减少基础的工程量和造价。

④ 伸缩缝。

为了适应温度变化、防止不均匀沉降，沿涵洞长度方向每隔一定距离需要设置伸缩缝，一般间距在 10～20 m，具体数值应根据设计要求、当地气候条件、涵洞结构形式和地质情况等因素确定。

伸缩缝的宽度通常为 2～3 cm，要保证足够的伸缩空间，同时又不能过宽影响结构的整体性和防水性能。缝间应采用柔性止水材料进行填充和密封，如橡胶止水带、聚氨酯密封胶等。橡胶止水带具有良好的弹性和耐水性，能有效防止水分渗透；聚氨酯密封胶具有黏结力强、耐老化等特点，可确保伸缩缝的密封性。

在伸缩缝两侧设置锚固钢筋，增强伸缩缝与涵洞结构的连接强度，防止伸缩缝在结构变形过程中脱落或损坏。锚固钢筋的直径、间距和长度应根据设计要求确定,一般直径不小于 12 mm,间距不大于 30 cm。

为提高伸缩缝的防水性能,可在伸缩缝表面设置防水卷材或防水涂料。防水卷材可采用高分子防水卷材,如 PVC 防水卷材、三元乙丙橡胶防水卷材等;防水涂料可采用聚氨酯防水涂料、聚合物水泥防水涂料等。

(3)拱涵。

拱涵(图 3.1.1-7)的洞身由拱圈、边墙和基础组成,如图 3.1.1-8 所示。

图 3.1.1-7 拱涵

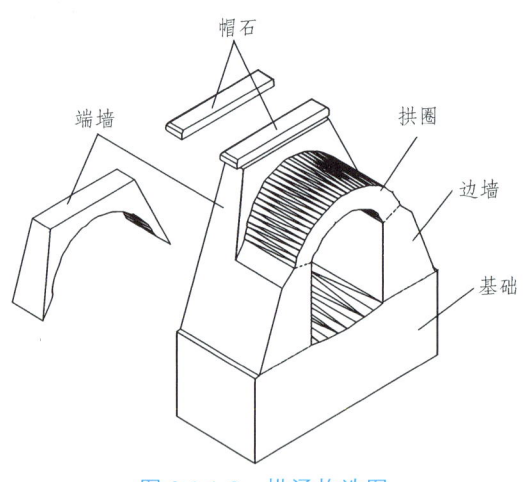

图 3.1.1-8 拱涵构造图

① 拱圈。

拱圈是拱涵涵身的主要承重结构,承担着来自上方填土、列车荷载以及其他外部荷载,并将这些荷载传递到两侧的涵台或基础上。

通常采用钢筋混凝土材料,以确保其具有足够的强度和刚度。钢筋混凝土拱圈具有较好的耐久性和抗裂性能,能够适应高速铁路长期运营的要求。

拱圈的形状一般为半圆形、马蹄形等曲线形状。这种形状能够有效地分散荷载,提高结构的稳定性。半圆形拱圈受力较为均匀,施工相对简单;马蹄形拱圈则在一些特定情况下,如跨度较大或地质条件复杂时,能够更好地适应工程需求。

② 边墙。

边墙主要起到支撑拱圈和保持涵洞结构稳定的作用。它承受着拱圈传递过来的水平推力，并将其传递到基础上。同时，边墙还能防止两侧土体坍塌进入涵洞内部。

边墙通常采用钢筋混凝土材料，与拱圈形成整体结构。在一些情况下，也可以采用浆砌片石等材料，但需要保证其强度和稳定性满足要求。

边墙的高度根据涵洞的设计高度确定，一般要高于拱圈的起拱线，以确保能够有效地支撑拱圈。边墙的厚度则需要根据荷载大小、地质条件等因素进行计算确定，以保证其具有足够的强度和稳定性。

③ 基础。

基础是拱涵涵身的底部结构，主要承受来自上方的垂直荷载，并将其传递到基础上。同时，基础还能起到防止地下水渗透和保持涵洞内部干燥的作用。一般采用钢筋混凝土材料，与边墙和拱圈连接在一起，形成整体结构。

基础的厚度需要根据荷载大小、地质条件等因素进行计算确定。为了提高基础的强度和抗裂性能，通常会在其中配置适量的钢筋。钢筋的布置和规格应根据设计要求进行确定，以确保基础能够承受各种荷载的作用。

（4）箱涵。

箱涵涵身通常采用钢筋混凝土整体闭合式框架结构，由底板、侧墙和顶板组成一个封闭的箱形空间，如图 3.1.1-9。这种结构形式具有较高的整体性稳定性和承载能力，能够承受较大的外部荷载。其横截面一般为长方形或正方形。

箱涵的跨度和高度应根据高速铁路的线路设计要求、地形地貌、排水流量等因素进行合理确定。一般来说，跨度较大的箱涵需要采用更厚的侧墙和顶板，以保证结构的稳定性。

箱涵的底板、侧墙和顶板的厚度应根据结构受力情况和混凝土强度等级进行计算确定。一般来说，壁厚不宜过薄，以防止在施工和使用过程中出现裂缝和变形。

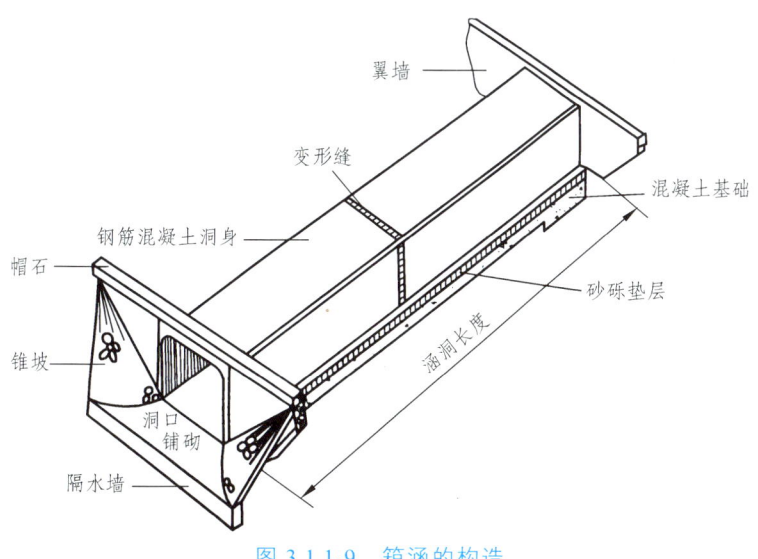

图 3.1.1-9　箱涵的构造

2. 洞　口

涵洞洞口是洞身、路基、河道的连接构造物，由进水口、出水口和沟床加固组成。它连接洞身与路基、河道从而确保水流顺畅及路基边坡稳定。

涵洞洞口的形式多样，按照涵洞轴线与线路中线的角度分，可分为正交涵洞洞口和斜交涵洞洞口；按照洞口的形状和构造特点分，可分为端墙式、八字式、扭坡式、平头式、走廊式等。

扭坡式洞口结构相对复杂，施工难度较大，且对地形要求较高，不太符合高速铁路建设快速高效的要求。平头式洞口虽然简洁美观，但在排水及稳定性方面可能不如端墙式和八字式。走廊式洞口一般适用于跨度较大、荷载较重的情况，在高速铁路涵洞中较少遇到这种需求。高铁中常用的涵洞洞口形式主要是端墙式洞口和八字式洞口。

（1）端墙式洞口。

端墙式洞口（图 3.1.1-10）主要由端墙、帽石、基础和锥体护坡四部分组成，主要由垂直于涵洞轴线的端墙组成，通常在端墙顶部设有帽石。端墙起到挡土和导流的作用，将涵洞与路基及周围地形相连接。在端墙前洞口两侧一般还设有锥体护坡，用于保护路堤伸出端墙外的填土不受冲刷。端墙式洞口构造相对简单，适用于流量较小、流速较低以及地形较为平坦、洞口与河道连接较为直接的地段。

① 端墙。

端墙（图 3.1.1-10）是垂直于涵洞轴线的矮墙，用于挡住路堤边坡填土。端墙通常由混凝土或浆砌片石等材料建造，具有一定的强度和稳定性，能够承受来自路堤填土的侧向压力。

图 3.1.1-10　端墙式洞门

② 帽石。

帽石（图 3.1.1-10）是盖在端墙顶部的石块或混凝土板，起到保护端墙和装饰洞口的作用。

③ 基础。

洞口下部的基础用于将洞口的荷载传递到地基上。基础通常采用混凝土或浆砌片石基础，其埋深和尺寸根据地质条件和洞口的荷载进行设计。

④ 锥体护坡。

锥体护坡（图 3.1.1-10）是在端墙前洞口两侧砌筑的片石锥体，用于保护路堤伸出端墙外的填土不受冲刷。锥体护坡的坡度和高度根据路堤填土的高度和坡度进行设计，一般采用 1∶1 或 1∶1.5 的坡度。

（2）八字式洞口。

八字式涵洞洞口主要由翼墙、截水墙、帽石、护坡、铺砌等几部分组成，如图 3.1.1-10 所示。

① 翼墙。

翼墙是八字式洞口的重要组成部分，一般为八字形张开，与涵洞轴线成一定角度。翼墙通常由混凝土或浆砌片石等材料建造，具有一定的强度和稳定性。其作用是分散水流，减少水流对洞口及涵洞的冲击，同时也起到连接涵洞与路基、河道的作用。

② 截水墙。

截水墙是为防止洞口底部被水流淘刷，在铺砌下方设置截水墙。截水墙一般采用混凝土或浆砌片石建造，深度和宽度根据实际情况确定。

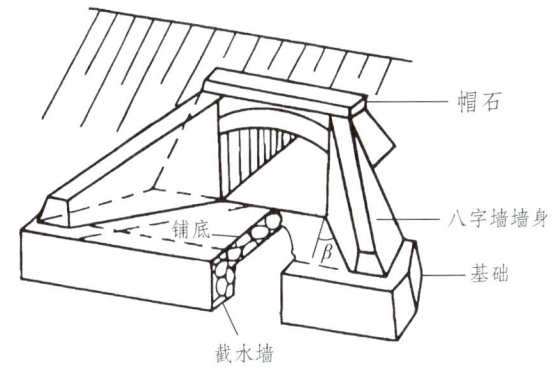

图 3.1.1-11　八字式洞口构造图

③ 帽石。

帽石是盖在翼墙顶部的石块或混凝土板，起到保护翼墙和装饰洞口的作用。

④ 护坡。

护坡位于翼墙两侧及底部，用于保护翼墙和路堤边坡免受水流冲刷。护坡一般采用浆砌片石、混凝土预制块等材料建造，其坡度和高度根据实际情况进行设计。

⑤ 铺砌。

通常在洞口底部及翼墙内侧设置铺砌，以防止水流冲刷洞底和翼墙基础。铺砌通常采用片石、混凝土等材料，其厚度和强度应满足设计要求。

八字翼墙能够有效地分散水流，减少水流对洞口及涵洞的冲击，降低水流速度，从而保护涵洞和路基的安全。由于翼墙呈八字形张开，与河道的衔接更加自然，能够减少水流的阻力，提高排水效率。

八字式洞口（图 3.1.1-12）可以根据不同的地形、地质条件进行调整，适应能力较强。无论是平原地区还是山区，都能较好地与周围环境相融合。而且其造型较为美观，能够与周围的景观相协调，提升道路的整体美观度。

图 3.1.1-12 涵洞八字式洞口

3. 涵洞基础

高速铁路涵洞常用基础形式主要有整体式基础、分离式基础、桩基础和换填基础。

（1）整体式基础。

整体式基础是整体的钢筋混凝土或浆砌片石结构，其整体性好，稳定性高。能承受较大的荷载，适用于地质条件较差、涵洞跨度较大或荷载较重的情况。但其施工工艺相对复杂，并且需要较长的养护时间。

（2）分离式基础。

分离式基础由独立的基础块组成，每个基础块分别支撑涵洞的一部分结构。其施工相对简单，可以根据不同部位的受力情况进行分别设计。对不均匀沉降的适应性较好。

整体式基础适用于地质条件较好、地基承载力较高的情况，或跨度较小、荷载较轻的涵洞。

（3）桩基础。

桩基础是通过打入桩或灌注桩将涵洞的荷载传递到深层稳定的土层中。其承载能力高，沉降小，适用于软弱地基或对沉降要求严格的地区。但其施工技术要求较高，成本相对较高。

桩基础适用于软土地基、深厚淤泥层等不良地质条件下的重要涵洞，或对沉降控制要求严格的高速铁路、高速公路涵洞。

（4）换填基础。

换填基础是将涵洞基础下一定深度范围内的软弱土层挖除，换填为强度较高、压缩性较低的材料，如砂、碎石、灰土等。能改善地基的承载能力和稳定性，减少地基沉降。其施工相对简单，成本较低。

换填基础适用于浅层软弱地基的涵洞。或对沉降要求不高的一般公路、铁路涵洞。

四、思想政治素质养成

（1）涵洞从精细的构造设计，如圆管涵管径的精准选择、管身厚度的严格规定，到各类涵身基础的不同形式及施工要求，再到洞口各部分的巧妙构造，每一处都彰显着严谨的重要性。这深刻启示学生在学习以及未来的工作中，务必保持认真负责的态度，对待每一个细节都要精益求精。

（2）涵洞建设中对成本的合理控制以及对周边环境的充分考量，为学生树立环保与成本意识观念提供了生动实例。学生能够从中领悟到在工程实践中如何巧妙平衡经济与环保的关系，进而实现可持续发展。这使得学生在今后投身建设事业时，能够做好充足准备，以严谨负责的态度创造出更大的价值，为社会的发展贡献自己的力量，在工程领域践行环保与经济协调发展的理念。

五、任务分组

表 3.1.1-1　学生任务分配表

班级：　　　　　　组号：　　　　　　组长：　　　　　　指导老师：

组员	任务分工	组员	任务分工

表 3.1.1-2　任务工作单

姓名：	学号：	日期：
（1）涵洞按构造形式可分为哪几种？各自的特点是什么？			
（2）圆管涵的洞身由哪些部分组成？各部分有何要求？			
（3）八字式洞口有哪些组成部分？其作用分别是什么？			

六、评价反馈

表 3.1.1-3　评价反馈表

姓名：		组号：		组长：		指导老师：		
评价指标	评价内容	分值	个人自评（20%）	组内互评（20%）	组间互评（20%）	教师评价（40%）	综合评价
信息检索能力	能有效利用网络、图书资源查找有用的相关信息等；能将查到的信息有效地传递到学习中	10 分					
课堂感知力	是否熟悉高速铁路涵洞的构造及特点，认同工作价值；在学习中是否能获得满足感，课堂氛围如何？	10 分					
参与度、交流沟通	积极主动与教师、同学交流，相互尊重、理解、平等；与教师、同学之间是否能够保持多向、丰富、适宜的信息交流	10 分					
	能处理好合作学习和独立思考的关系，做到有效学习；能提出有意义的问题或能发表个人见解	10 分					
知识、能力获得情况	了解高速铁路涵洞的概念及分类	10 分					
	掌握不同涵洞的构造及组成	10 分					
	明确各类洞身的特点	10 分					
	能认识各种涵洞洞口及作用	10 分					
	理解不同类型基础的特点及适用条件	10 分					
思维态度	是否能发现问题、提出问题、分析问题、解决问题、创新问题	5 分					
自评反思	按时按质完成任务；较好地掌握了知识点；具有较强的信息分析能力和理解能力；具有较为全面严谨的思维能力，并能条理清楚明晰表达成文	5 分					
	反思改进						

任务二　涵洞的施工

一、学习目标

1. 思政目标

（1）培养责任意识与敬业精神；
（2）强化规范操作与职业习惯。

2. 知识目标

（1）掌握涵洞施工流程与技术要点；
（2）熟悉涵洞附属工程施工要求。

3. 能力目标

（1）能准确进行涵洞施工测量放线；
（2）可有效处理涵洞施工常见问题。

二、任务重、难点

1. 重　点

（1）各类涵洞施工技术与工艺；
（2）涵洞附属工程施工要点。

2. 难　点

（1）各类涵洞施工技术与工艺；
（2）涵洞附属工程施工要点。

三、知识链接

高速铁路涵洞施工是高铁建设中至关重要的环节，它对于保障高铁线路的安全、稳定以及周边环境的协调起着关键性作用。

不同类型的涵洞都有其独有的特点和适用条件。在实际施工过程中，地质条件、施工环境、施工技术、质量控制以及安全管理等方面都会对涵洞的施工质量产生直接的影响。因此，在高铁涵洞施工前，必须进行充分的准备工作，同时，根据不同的施工条件和要求，选择合适的施工技术和方法，并严格控制施工质量和安全，才能确保高铁涵洞工程的顺利施工和高质量完成。

（一）高速铁路涵洞施工准备

1. 熟悉设计文件

（1）设计要求。
① 功能要求。

对于排水涵洞，仔细研究所处地区气象资料，精确计算排水流量以确定合适的孔径等。如依据多年平均降雨量、最大降雨量及暴雨强度频率等，通过科学公式计算，保障极端天气下有效排水。同时，明确行人或车辆通行涵洞的净空尺寸标准，确保满足相应的通行需求。

充分考虑高铁列车动荷载及特殊地段要求。根据列车参数计算动荷载，结合静荷载进行分析。在地震区按规范确定抗震设防烈度并采取抗震构造措施；在冻土区考虑冻胀力影响，采取保温、换填等措施确保涵洞稳定性与耐久性。

② 荷载要求。

准确分析荷载类型，包括永久、可变和偶然荷载。如计算土压力要考虑填土性质等因素，计算列车活载要依据列车参数采用合适模型。根据计算结果选择合适材料与结构形式满足承载能力。

③ 耐久性要求。

研究混凝土抗渗、抗冻等级及钢筋防腐措施。在潮湿或地下水丰富地区确定合适的抗渗等级，寒冷地区根据最低气温确定抗冻等级。对于特殊环境采取相应构造措施，如沿海地区采用环氧涂层钢筋、增加混凝土保护层厚度等。

（2）结构形式。

① 管涵。

明确管径、管节长度和壁厚。了解管材类型、基础形式和接口形式。根据不同情况选择合适的管材，掌握基础施工要求和接口密封防水措施。

② 拱涵。

确定拱圈形式、半径、矢高和厚度等参数。了解边墙、基础和拱上建筑构造。掌握拱架设计与搭建要求，包括材料、形式和支撑方式。

③ 箱涵。

了解尺寸规格，包括长、宽、高及壁厚等。掌握内部结构，如分隔墙、检查孔设置。分析配筋情况，包括钢筋种类、直径、间距和布置方式。熟悉连接节点构造，如顶板、底板与侧墙的连接方式及相邻箱涵节段的连接方法。

（3）尺寸。

① 平面尺寸。

准确测量涵洞轴线长度、跨度或管径，确定与高铁线路的位置关系。了解进出口平面尺寸和形状以及与上下游的连接方式。

② 立面尺寸。

掌握涵洞总高度、净空高度和基础深度、坡度等。确保各项尺寸符合设计要求，为施工提供准确依据。

（4）材料。

① 混凝土。

熟悉混凝土强度、抗渗、抗冻等级，了解配合比和浇筑、养护要求。按照设计标准选择合适的混凝土材料，确保施工质量。

② 钢筋。

明确钢筋种类、级别和规格，掌握力学性能指标和加工、连接方式。严格按照要求进行钢筋的选用和施工操作。

③ 其他材料。

了解基础材料、防水材料和模板材料的要求。根据工程需要选择合适的材料，并确保其质量符合标准。

2．现场调查

（1）地形地貌。

① 地形测绘。

用全站仪等仪器绘制地形图，标注高程、坡度等。重点关注进出口地形高差对施工和排水的影响，为施工方案制定提供依据。

② 地貌类型。

观察记录地貌类型，评估特殊地貌区域如山区、河谷等对施工的影响。针对可能出现的问题制定相应的防治措施。

（2）地质条件。

① 地层勘察。

通过钻探等方式了解地层结构和岩性。分析地层稳定性，识别不良地质层，如软弱土层、溶洞等，制定合理的地基处理方案。

② 地下水情况。

调查水位、水质、补给和排泄条件。在高水位地区考虑降水措施，评估地下水腐蚀性并采取相应的防腐措施。

（3）周边环境。

① 既有建筑物和设施。

勘察附近既有建筑、道路、桥梁、地下管线等设施。评估施工对其影响，制定保护或调整方案，避免施工过程中对既有设施造成损坏。

② 交通和施工条件。

调查交通状况，包括道路通达性和运输条件。了解施工场地大小、地形条件，规划场地布置和施工组织方案。考察资源供应情况，确保施工过程中材料、水、电等资源充足。

③ 生态环境。

关注生态状况，制定施工环保措施。控制施工过程中的噪声、粉尘、废水、废渣等污染物排放，减少对生态环境的破坏。

3．涵洞定位放线

（1）涵洞轴线测定。

① 直线段轴线测定。

使用全站仪进行测量。沿着设计给定的涵洞轴线方向，测量出直线段上若干个点的坐标，并做好标记。这些点的间距应根据实际情况合理确定，一般在 10~20 m，以确保轴线的准确性。同时严格控制角度误差在 ±2″ 内，距离误差在 ±（2 mm+2×10^{-6}×D）内，测量后对数据平差以提高精度。

② 曲线段轴线测定。

依据设计曲线的要素计算各点坐标，采用全站仪放样，注意仪器设置和操作，对每个放样点需要进行复核,通过测量相邻点弦长和矢高与理论值对比,确保符合曲线几何形状要求,误差控制在允许范围。

(2)涵洞轮廓线放线。

根据设计尺寸,用钢尺或全站仪在轴线上以约 5 m 间距放出关键点,如基础边缘、墙身转折、顶板边缘等,做好标记后用经纬仪或全站仪连线成轮廓线。考虑施工余量,基础和墙身等部位外放 5~10 cm,防止尺寸不足。最后用全站仪测量轮廓线各点坐标与设计对比,检查尺寸形状是否符合要求,将误差控制在规定范围内。

4. 材料准备

(1)需求分析。

依据涵洞设计图纸,详细计算钢筋、混凝土、模板等各类材料的准确数量。结合施工进度计划,制订详细的材料需求时间表,并根据需求分阶段采购,以确保施工过程中材料不间断供应。

(2)材料分类存放。

对钢筋、水泥、骨料、外加剂、模板、构配件等材料进行分类堆放,设置明显标识牌,标明材料信息。

针对不同材料采取相应保管措施。钢筋要防潮防锈,水泥要先进先出,骨料要防止混杂和污染,外加剂要妥善存放,模板要定期防腐,构配件要避免损坏和变形。

5. 机械设备准备

配备施工所需的机械设备,如挖掘机、装载机、起重机、混凝土搅拌机等,并对设备进行调试和维护。

6. 施工人员培训

(1)技术培训。

① 施工工艺培训。

详细讲解涵洞施工工艺流程、技术要点和质量标准,使施工人员熟悉施工过程中的各个环节和关键技术。

② 操作技能培训。

对钢筋加工、模板安装、混凝土浇筑等关键操作技能进行培训,提高施工人员的实际操作能力。

(2)安全教育。

① 安全知识教育。

传授安全法规、操作规程和事故预防知识,使施工人员了解施工过程中的安全要求和注意事项。

② 安全意识培养。

通过案例分析等方式,培养施工人员的安全意识,使其在施工过程中时刻保持警惕,确保施工安全。

（二）各类涵洞施工技术

涵洞施工流程如图 3.1.2-1 所示。

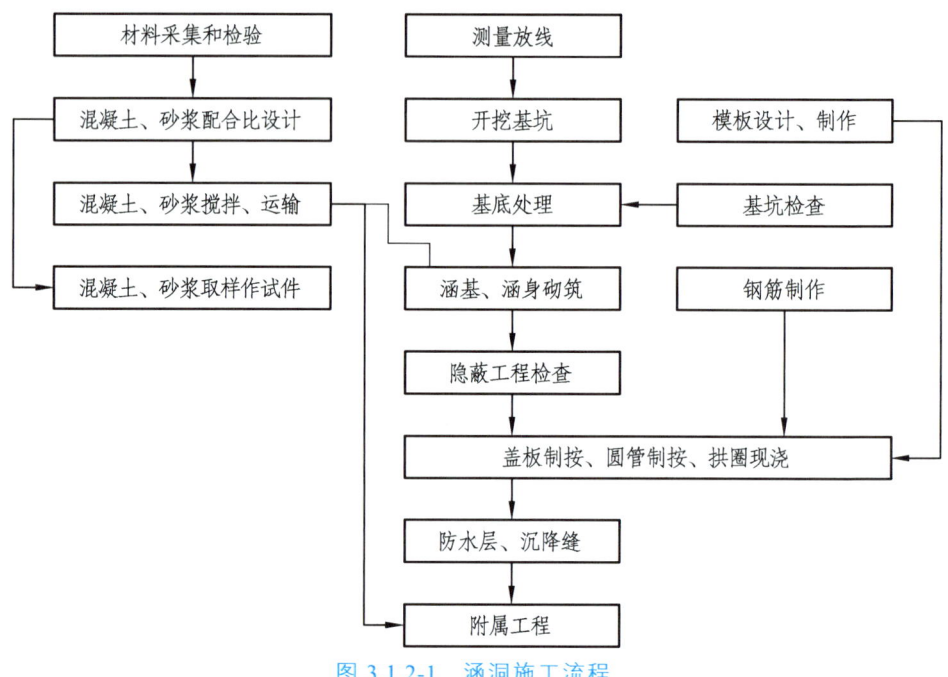

图 3.1.2-1 涵洞施工流程

1. 圆管涵

管涵有混凝土管涵和钢筋混凝土管涵。因高速铁路对工程质量、结构强度、耐久性等方面有着极高的要求，目前在高速铁路建设中主要采用的是钢筋混凝土管涵。

（1）管涵基础施工。

① 基坑开挖。

A. 开挖方式选择。

依据管涵管径、长度、地质及施工场地状况选开挖方式，常见有机械、人工或两者结合。地质好且场地开阔时优先机械开挖，如管径 1.5 m、长 20 m 管涵在良好地质下可用小型挖掘机（斗容量 0.5~0.8 m³），注意控制深度和坡度，预留 20~30 cm 人工清理。遇复杂地质、高地下水位或近既有建筑等，用人工配合机械，人工用于基底精细处理和周边环境保护，如近建筑侧小心开挖，同时做好排水，地下水位高时周边设集水井（间隔 5~10 m，井深比坑底低 1~2 m）和排水沟（坡度≥0.3%）。

B. 基坑支护。

开挖深度超 5 m 或地质不稳（如土质软、有流沙）需支护。常见方式有钢板桩、灌注桩、土钉墙支护。钢板桩适软土、高水位，施工快、止水好；灌注桩适周边环境复杂、变形要求高场合；土钉墙适土质好、边坡稳定性要求低情况。如软土地质且高水位区域用钢板桩，长度据情况定，一般 6~12 m，打入深度和垂直度符合要求（偏差≤1%）。按设计施工确保支护结构强度、稳定性和密封性，实时监测桩顶位移、土体沉降等，开挖初期每天监测 1~2 次，后期 2~3 天一次。

C. 基底处理。

开挖至设计标高后，先清基底松散土层、杂物和积水，使其平整干净。土质好的基底用小型夯实机夯实≥3遍，土质软的用压路机碾压（速度≤2 km/h），压实度≥90%（如粉质黏土用蛙式打夯机，铺土厚度≤200 mm）。基底土质不符要求时用换填法（挖除软弱土换砂、石或灰土等并分层压实，压实系数≥0.95）或加固法（如水泥搅拌桩，桩径、桩长和水泥掺入量符合设计）处理，严格按要求操作确保基底质量。

② 基础浇筑。

A. 模板安装。

按基础尺寸形状选模板，钢或木模板均可，大型管涵基础以钢模板更优。安装前清理并刷脱模剂，装牢拼严防漏浆，平整度误差≤±5 mm，垂直度误差≤±3 mm，拼缝用海绵条或橡胶条密封。钢管或木方作支撑，间距合理（横向≤1.5 m，纵向≤1.2 m），底部设垫板。

B. 钢筋绑扎。

依设计图在基底绑钢筋，规格、型号、数量和间距（偏差≤±10 mm）准确。连接方式据钢筋直径和受力选，焊接保证焊缝质量，无气孔等缺陷；绑扎丝间距≤300 mm；机械连接接头强度和密封性达标。设保护层垫块（间距≤500 mm），强度与混凝土适配。

C. 混凝土浇筑。

浇前复查模板、钢筋，查混凝土配合比。分层浇（每层厚≤300 mm），用振捣器振捣（插入下层50~100 mm），至无气泡泛浆，防过振漏振。连续浇，间歇不超初凝时间，观模板支撑，有变形松动及时处理。浇到设计标高抹平，终凝前二次抹面减收缩裂缝。

③ 基础养护。

A. 养护方式选择。

浇筑完后及时养护，有自然养护（浇后覆盖草帘、麻袋等保湿材料并定期洒水，夏季多洒、冬季保温保湿，每天3~5次）和覆盖养护（用塑料薄膜、土工布覆盖防蒸发，特殊的高性能混凝土可用蒸汽养护，控温控时防裂缝）。

B. 养护时间。

依混凝土品种、强度等级和环境温度定。普通硅酸盐水泥混凝土至少养7 d，掺缓凝剂或抗渗的至少14 d。养护期定期测强度，达设计强度75%以上可进行下步施工，注意保护养护设施免损坏。

（2）管涵安装。

① 管节检验与运输。

A. 管节检验。

安装前全面检验管节外观，确保无裂缝（宽度不超0.2 mm）、孔洞、蜂窝麻面等缺陷，表面平整、光滑且颜色均匀一致。

准确测量管节直径（偏差不超±5 mm）、长度（偏差不超±10 mm）、壁厚（偏差不超±3 mm），采用回弹法或钻芯法检测混凝土强度，务必达到设计强度等级（如C40，实际强度不低于设计的95%）。

认真检查管节接口形式和尺寸，承插式接口要查看插口与承口尺寸是否匹配以及橡胶圈安装槽是否符合标准；平口对接接口则需检查接口平整度和垂直度，以确保符合设计要求，便于后续安装和连接。

B. 管节运输。

根据施工现场条件、管节重量和尺寸选择运输车辆及方式。较短管节可用平板拖车运输，一般管节长度在 6 m 以下适合；较长管节考虑采用专用运输车辆，6 m 以上可选用。

运输过程中要采取多种措施保障管节安全。管节需平稳放置在运输车辆上，用绳索或其他固定装置固定，固定点均匀分布以保证管节受力平衡。大型管节内部可设置支撑结构防止自重变形，管节之间和与车辆之间放置橡胶垫、木板等缓冲材料减少碰撞冲击力。

注意控制车速，平坦道路上车速不超过 30 km/h，崎岖道路减速慢行，确保运输安全。同时，依据天气情况做好防护，雨天覆盖防雨布防止管节被雨水淋湿。

② 管节安装就位。

A. 测量放线。

在管涵基础上再次进行测量放线，确定管涵的中心线和边线，为管节安装提供准确的位置依据。使用全站仪或经纬仪等测量仪器进行测量，测量精度应满足规范要求，中心线偏差不超过 ± 5 mm，边线偏差不超过 ± 10 mm。

在基础上每隔一定距离设置高程控制点，用于控制管节的安装高程。高程控制点可采用水准仪进行测量和设置，控制点的高程误差应控制在 ± 3 mm 以内。同时，在管节上标注出中心线和高程控制点的位置，以便在安装过程中进行对准。

B. 管节安装。

采用吊车或起重机等设备将管节缓慢吊起，吊至管涵基础上方后，调整管节的位置和高程，使其与基础上的中心线和高程控制点对齐。在起吊过程中，要保持管节的平稳，避免管节晃动。

缓慢将管节下放，使管节平稳地坐落在基础上。在管节下放过程中，要注意避免管节与基础发生碰撞，造成管节或基础的损坏。可在管节底部设置导向装置，引导管节准确就位。

相邻管节之间的接口要对齐，确保接口的密封性和连接的牢固性。对于采用承插式接口的管涵，在安装管节时，要将橡胶圈正确安装在接口处，使其起到密封和缓冲的作用；对于采用平口对接的管涵，要在接口处设置止水带，并进行严格的焊接或黏接处理，确保接口不渗漏。

C. 轴线和高程调整。

管节安装完成后，使用全站仪或经纬仪检查管涵的轴线偏差，使用水准仪检查高程偏差。轴线偏差应不超过 ± 10 mm，高程偏差应不超过 ± 5 mm。

对于轴线和高程偏差超出允许范围的管节，采用千斤顶或撬棍等工具进行调整。调整时要缓慢进行，避免对管节和基础造成损坏。

调整完成后，再次检查轴线和高程，确保符合要求。然后对管节进行固定，防止其在后续施工中发生位移。

③ 管节连接与密封。

A. 承插式接口连接。

a. 在管节承插连接前，将承口和插口表面清理干净，去除油污、灰尘等杂质。可采用钢丝刷或砂纸进行清理。

b. 在插口外壁上涂抹润滑剂，如肥皂水等，以便管节的顺利插入。涂抹要均匀，厚度适中。

c. 将橡胶圈安装在插口的凹槽内,确保橡胶圈安装平整、无扭曲。橡胶圈的规格要符合设计要求,其压缩率应在合理范围内。

d. 采用吊车或千斤顶等设备将管节缓慢插入承口,在插入过程中要保持管节的轴线垂直,避免橡胶圈被挤出或损坏。插入速度要适中,可根据管节的直径和长度确定。管节插入到位后,检查橡胶圈的位置是否正确,确保接口的密封性。可通过打压试验或闭水试验检查接口的密封性能。

B. 平口对接连接。

a. 对于平口对接的管涵,在管节对接前,将接口处的混凝土表面进行凿毛处理,使其表面粗糙,以增加接口的黏结力。凿毛深度一般为 5~10 mm。

b. 在接口处安装止水带,止水带的位置要准确,固定要牢固。可采用钢筋卡或专用夹具将止水带固定在管节上。

c. 对接管节时,要使接口处的混凝土表面平整、对齐,然后进行焊接或黏接处理。焊接时要保证焊缝的质量,无气孔、夹渣、裂纹等缺陷;黏接时要确保黏接剂的涂抹均匀,黏接牢固。焊接完成后要进行焊缝检测,黏接后要进行强度检测。

④ 管涵轴线和高程调整。

A. 轴线调整。

在管节安装完成后,使用全站仪或经纬仪等测量仪器对管涵的轴线进行测量。检查管涵的轴线是否与设计轴线一致,如有偏差,及时进行调整。偏差值应不超过 ±10 mm。

对于轴线偏差较小的情况,可以通过调整管节的位置来纠正。采用千斤顶或撬棍等工具,在管节的两侧对称施加力量,使管节缓慢移动,直至轴线符合要求。调整时要注意力度和方向的控制。

对于轴线偏差较大的情况,需要重新吊起管节,调整基础的位置或对管节进行局部处理后再进行安装。重新安装时要严格按照测量放线的位置进行。

B. 高程调整。

使用水准仪对管涵的高程进行测量,检查管涵的高程是否符合设计要求。高程偏差应不超过 ±5 mm。

在管节安装过程中,通过调整管节的底部高程或在基础上设置垫板等方式来控制管涵的高程。调整量要根据测量结果确定,垫板的厚度要合适。

对于高程偏差较小的情况,可以在管节底部与基础之间垫入薄钢板或其他调整材料,使管涵的高程达到设计值。垫入材料要平整,厚度均匀。

对于高程偏差较大的情况,需要对基础进行重新处理,如挖除部分基础混凝土,重新浇筑或调整基础的坡度等,然后再安装管节。重新处理基础时要保证基础的质量和稳定性。

2. 盖板涵、拱涵和箱涵

钢筋混凝土盖板涵、拱涵和箱涵的施工都分为现场浇筑、工地预制安装两大类。

(1) 就地浇筑的拱涵和盖板涵。

① 拱涵基础。

A. 整体式基础。

两座涵台的下面和孔径中间使用整块的混凝土浇筑的基础称为整体式基础。其地基土的承载力应满足设计文件规定。若设计无规定，则填方高 H 在 $1\sim12$ m 时，必须大于 0.2 MPa；H 大于 12 m 时必须大于 0.3 MPa。湿陷性黄土地基，不论其表面承载力多大，均不得使用整体式基础。

B. 非整体式基础。

两座涵台的下面为独立的现浇混凝土或浆砌片石基础，两者之间不相连的称为非整体式基础。其地基土要求的容许承载力较上述的基础为高，当设计文件无规定时，一般应大于 0.5 MPa。

C. 板凳式基础。

两座涵台下面的混凝土基础之间用较薄的混凝土或钢筋混凝土板在顶部连接，一起浇筑成似同板凳一样的基础。其地基土容许承载力的要求处于前两者之间，设计文件无规定时，应为大于 0.4 MPa 的砂类土或"中密"以上的碎石土。

上述地基土的承载力大小可用轻型动力触探仪进行测试。

根据当地材料情况，基础可采用 C15 片石混凝土或 M5 水泥砂浆砌片石，石料强度不得低于 25 MPa。

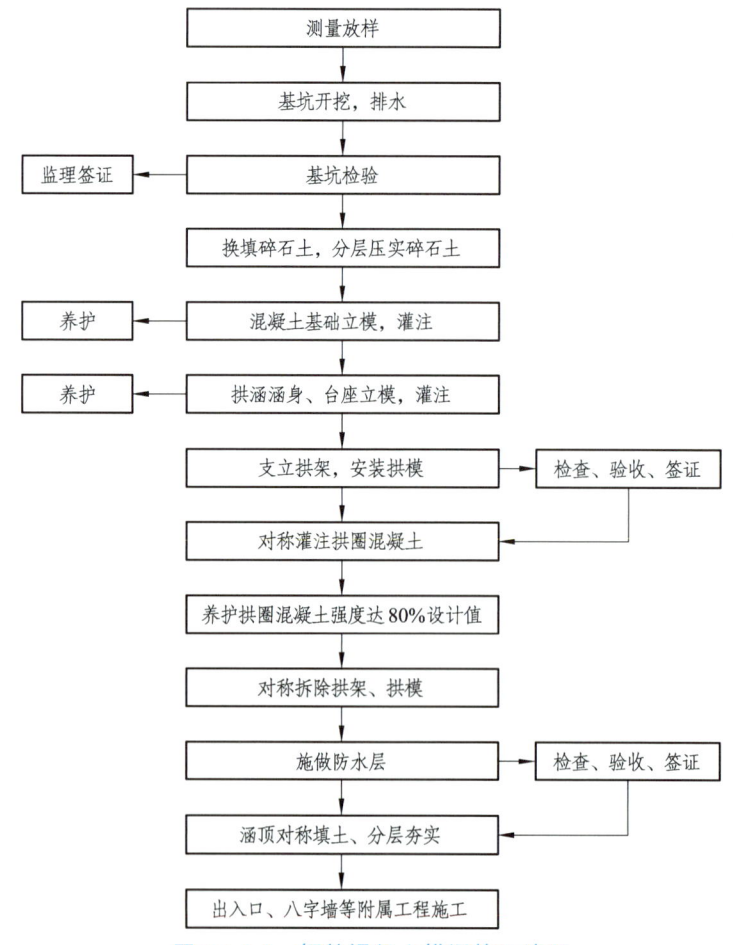

图 3.1.2-2　钢筋混凝土拱涵施工流程

② 支架和拱架。

高速铁路拱涵施工通常采用钢拱架等强度高、耐久性好、精度易于控制的支撑结构。这些结构能够更好地满足高速铁路施工的要求,确保工程质量和安全。

钢拱架是用角钢、钢板和钢轨等材料在工厂制成装配式构件,在工地拼装使用。

如图 3.1.2-3 所示是用钢轨制成的跨径 1.5～3.0 m 拱涵的钢拱架。

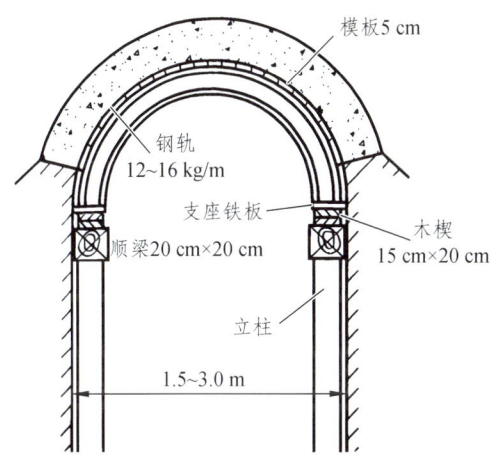

图 3.1.2-3　跨径 1.5～3.0 m 钢轨拱架

③ 拱涵与盖板涵基础、涵台、拱圈、盖板的施工。

A．涵洞基础。

各种涵洞基础的施工流程大体相似。可参照圆管涵基础。

B．涵洞台、墩。

涵洞台、墩的施工工艺和技术要求可参照本书桥梁墩台部分的有关要求进行。

C．涵洞拱圈和钢筋混凝土盖板。

拱圈和盖板浇筑或砌筑施工应注意:拱圈和端墙的施工,应由两侧拱脚向拱顶同时对称进行;拱圈和盖板混凝土的现场浇筑施工,应连续进行,尽量避免施工缝;当涵身较长时,可沿涵长方向分段进行,每段应连续一次浇筑完成;施工缝应设在涵身沉降缝处。

拱涵和盖板涵施工质量如下:

a．各部尺寸允许偏差如表 3.1.2-1、表 3.1.2-2;

b．涵身顺直,涵底铺砌紧密平整,拱圈圆滑;

c．进出水口与上下游沟槽连接圆顺,流水畅通。

表 3.1.2-1　拱涵允许偏差

项目	轴线偏位		流水面高程	结构尺寸	长度	孔径	顶面高程	
	明涵	暗涵					明涵	暗涵
允许偏差/mm	20	50	±20	±20	+100，-50	±20	±20	±50

表 3.1.2-2　盖板涵允许偏差

项目	轴线偏位	流水面高程	跨径	拱圈厚度	涵台尺寸	长度	砌体平整度
允许偏差/mm	30	±20	±20	±15	±20	±20	+100，-50	20

④ 拱架和支架的安装和拆卸。

A. 安装的一般要求。

拱架和支架支立牢固，拆卸方便（可用木楔作支垫），纵向连接应稳定，拱架外弧应平顺。拱架不得超越拱模位置，拱模不得侵入圬工断面。

拱架和支架安装完毕后，应对其位置、顶部标高、节点联系纵横向稳定性进行检查，不符合要求者，立即进行纠正。

B. 拆卸的一般要求。

拱架和支架的拆除及拱顶填土，在具备下列条件之一时方可进行：

a. 拱圈圬工强度达到设计值的70%时，即可拆除拱架，但必须达到设计值后方可填土。

b. 当拱架未拆除，拱圈强度达到设计值的70%时，可进行拱顶填土，但应在拱圈达到强度设计值时，方可拆除拱架。

c. 拱涵拆除拱架可用木楔，木楔用比较坚硬的木料斜角对剖制成，并将剖面刨光。两块木楔接触面的斜度为1∶6～1∶10。在垫楔时应使上面一块的楔尖各伸出下面一块楔尾以外，这样在拆架时敲击木楔比较方便。木楔垫好后将两端钉牢。

d. 拆卸拱架时应沿桥涵整个宽度上将拱架同时均匀降落，并从跨径中点开始，逐步向两边拆除。

（2）就地浇筑的箱涵。

箱涵又称矩形涵，它与盖板涵的区别是：盖板涵的台身与盖板是分开浇筑的，台身还可以采用砌石圬工，成为简支结构。而箱涵是上下顶板、底板与左、右墙身是连续浇筑的，成为刚性结构，如图3.1.2-4所示。

① 箱涵基础。

涵身基础分为有圬工基础和无圬工基础两种。两种基础的构造及尺寸如图3.1.2-4所示。

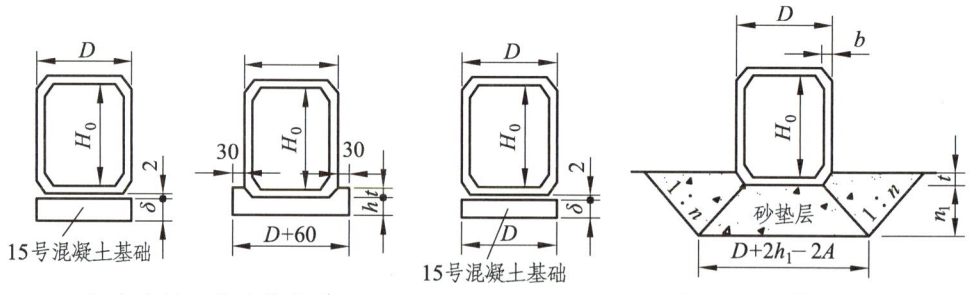

（a）有圬工箱函基础泣而雨　　　　　（b 无圬工箱函基础

H_0—涵节净高；t—涵节埋入垫层厚度；δ—15号混凝土基础厚度，根据地质，地形条件经设计决定；
D—涵节外形宽度；h_1—换算砂垫层深度，根据检算或下卧层位置确定；
n—挖基边坡，根据基底土质确定；b—涵节角隅倒角宽度。

图3.1.2-4　箱形涵洞基础类型（单位：cm）

② 箱涵身和底板混凝土的浇筑。

箱涵身的支架、模板可参照现浇混凝土拱涵和盖板涵的支架、模板制造安装。浇筑混凝土时注意事项与浇筑拱涵与盖板涵相同。

（3）装配式拱涵、盖板涵和箱涵。

① 预制构件结构的要求。

A. 拱圈、盖板、箱涵节等构件预制长度，应根据起重设备和运输能力决定，但应保证结构的稳定性和刚性，一般不小于1 m，但亦不宜太长。

B. 拱圈构件上应设吊装孔，以便起吊。吊孔应考虑平吊及立吊两种，安装后可用砂浆将吊孔填塞。箱涵节、盖板和半环节等构件，可设吊孔，也可于顶面设立吊环。吊环位置、孔径大小和制环用钢筋应符合设计要求，并要求吊钩伸入吊环内和吊装时吊环筋不断裂。安装完毕，吊环筋应锯掉或气割掉。

C. 若采用钢丝绳捆绑起吊可不设吊孔或吊环。

② 预制构件的模板。

预制构件的模板有木模、土模、钢丝网水泥模板、拼装式模板等。无论采用何种模板都应保证满足规范要求。尤其是有预埋件时，应采取措施，确保预埋件的正确位置。

③ 构件运输。

构件必须在达到设计强度后，经过检查质量和大小符合要求，才能进行搬运。搬运时应注意吊点或支承点的设置，务必使构件在搬运过程中保持平衡、受力合理，确保搬运过程中的安全。

④ 施工和安装。

A. 基础。

与就地浇筑的涵洞基础施工方法相同，在此不再赘述。

B. 拱涵和盖板涵的涵台身。

涵台身大都采用砌筑结构，可按照就地浇筑的涵台身施工方法施工。如采用装配式结构时，可按照装配式墩台相关的要求施工。

C. 上部构件的安装。

拱圈、盖板、箱涵节的安装技术要求如下：

a. 安装之前应再检查构件尺寸、涵台尺寸和涵台间距离，并核对其高程，调整构件大小位置使与沉降缝重合；

b. 拱座接触面及拱圈两边均应凿毛（沉降缝处除外），并浇水湿润，用灰浆砌筑；灰浆坍落度宜小一些，以免流失；

c. 构件砌缝宽度一般为1 cm，拼装每段的砌缝应与设计沉降缝重合；

d. 构件可用扒杆、链滑车或汽车吊进行吊装。

（三）涵洞附属工程施工

1. 防水层

涵洞的钢筋混凝土结构设置防水层的作用是防止水分侵入混凝土内，使钢筋锈蚀，缩短结构寿命。北方严寒地区的无筋混凝土结构需要设置防水层，防止侵入混凝土内的水分冻胀造成结构破坏。

防水层的材料多种多样。铁路涵洞使用的主要防水材料是沥青，有些部位可使用黏土，以图节省工料费用。

（1）防水层的设置部位。

防水层的设置部位如下：

① 各式钢筋混凝土涵洞（不包括圆管涵）的洞身及端墙在基础以上被土掩埋的部分，均须涂以热沥青两道，每道厚 1~1.5 mm，不另抹砂浆。

② 混凝土及石砌涵洞的洞身、端墙和翼墙的被土掩埋部分，只需将圬工表面凿平，无凹入存水部分，可不设防水层。但北方严寒地区的混凝土结构仍需设防水层。

③ 钢筋混凝土圆管涵的防水层可按前面图形所示敷设。图中管节接头采用平头对接，接缝中用麻絮浸以热沥青塞满，管节上半部从外往内填塞；下半部从管内向外填塞。管外靠接缝处裹以热沥青浸透的防水纸 8 层，宽度 15~20 cm。包裹方法：在现场用热沥青逐层黏合在管外壁上接缝处，外面再如图在全长管外裹以塑性黏土。

在交通量小的铁路上，可用质量好的软塑状黏质土掺以碎麻，沿全管敷设 20 cm 厚，代替沥青防水层（接缝处理仍照前述施工）。

④ 钢筋混凝土盖板明涵的盖板部分表面可先涂抹热沥青两次，再于其上设 2 cm 厚的防水水泥砂浆或 4~6 cm 厚的防水混凝土。其上可按照设计铺设路面。涵、台身防水层按照上述方法办理。

⑤ 砖、石、混凝土拱涵的上部结构防水层敷设，可参见拱上附属工程。

（2）沥青的敷设。

沥青可用锅、铁桶等容器以火熬制，或使用电热设备。铁桶装的沥青，应打开桶口小盖，将桶横倒搁置在火炉上，以文火使沥青熔化后，从开口流入熬制用的铁锅或大口铁桶中。熬制用的铁锅或铁桶必须有盖，以便在沥青飞溅或着火时，用以覆盖。熬制处应设在工地下风方向，与一般工作人员、料堆、房屋等保持一定距离，锅内沥青不得超过锅容积的 2/3。熬制中应不断搅拌至沥青全部为液态为止。溶化后的沥青应继续加温至 175 ℃（不得超过 190 ℃）。熬好的沥青盛在小铁桶中送至工点使用。使用时的热沥青温度宜低于 150 ℃。涂敷热沥青的圬工表面应先用刷子扫净，消除粉屑污泥。涂敷工作宜在干燥温暖（温度不低于 +5 ℃）的天气进行。

（3）沥青麻絮、油毡、防水纸的浸制方法和质量要求。

沥青麻絮（沥青麻布）可采用工厂浸制的成品或在工地用麻絮以热沥青浸制。浸制后的麻絮，表面应呈淡黑色，无孔眼、无破裂和叠皱，撕裂断面上应呈黑色，不应有显示未浸透的布层。

油毡是用一种特制的纸胎（或其他纤维胎）用软化点低的沥青浸透制成，浸渍石油沥青的称石油毡，浸渍焦油沥青的称焦油沥青油毡。为了防止在储存过程中相互黏着，油毡表面应撒一层云母粉、滑石粉或石棉粉。防水纸（油纸）是用低软化点的沥青材料浸透原纸做成的，除沥青层较薄，没有撒防黏层外，其他性质与油毡相同。

油毡和防水纸可以从市场上采购，其外观质量应符合如下要求：

① 油毡和防水纸外表不应有孔眼、断裂、叠皱及边缘撕裂等现象，油毡的表面防黏层应均匀地撒布在油毡表面上。

② 毡胎或原纸内应吸足油量，表面油质均匀，撕开的断面应是黑色的，无未浸透的空白纸层或杂质，浸水后不起泡、不翘曲。

③ 气温在 25 ℃ 以下时，把油毡卷在 2 cm 直径的圆棍上弯曲，不应发生裂缝和防黏层

剥落等现象。

④ 将油毡加热至 80 ℃ 时,不应有防黏层剥落、膨胀及表面层损坏等现象。夏季在高温下不应粘在一起。

铺设油毡和防水纸所用粘贴沥青应和油毡、防水纸有同样的性能。煤沥青油毡和防水纸必须用煤沥青粘贴。同样,石油沥青油毡及防水纸,也一定要用石油沥青来粘贴,否则,过一段时间油毡和防水纸就会分离。

2. 沉降缝

(1) 沉降缝设置目的。

结构物设置沉降缝的目的是避免结构物因荷载或地基承载力不均匀而发生不均匀沉陷,产生不规则的多处裂缝,而使结构物破坏。设置沉降缝后,可限定结构物发生整齐、位置固定的裂缝,并可事先对沉降缝处予以处理;如有不均匀沉降,则将其限制在沉降缝处,有利于结构物的安全、稳定和对防渗(防止管内水流渗入涵洞基底或路基内,造成土质浸泡松软)。

(2) 沉降缝设置的位置和方向。

涵洞洞身、洞身与端墙、翼墙、进出水口急流槽交接处必须设置沉降缝,但无圬工基础的圆管涵仅于交接处设置沉降缝,洞身范围不设。具体设置位置视结构物和地基土的情况而定。

① 洞身沉降缝。

一般每隔 4~6 m 设置 1 处,但无基础涵洞仅在洞身涵节与出入口涵节间设置,缝宽一般 3 cm。两端与附属工程连接处也各设置 1 处。

② 其他沉降缝。

凡地基土质发生变化、基础埋置深度不一、基础对地基的荷载发生较大变化处、基础填挖交界处、采用填石垫高基础交界处,均应设置沉降缝。

③ 岩石地基上的涵洞。

凡置于岩石地基上的涵洞,不设沉降缝。

④ 斜交涵洞。

斜交涵洞洞口正做的,其沉降缝应与涵洞中心线垂直;斜交涵洞洞口斜做的,沉降缝与路基中心线平行;但拱涵与管涵的沉降缝,一律与涵洞轴线垂直。

(3) 沉降缝的施工方法。

沉降缝的施工,要求做到使缝两边的构造物能自由沉降,又能严密防止水分渗漏,故沉降缝必须贯穿整个断面(包括基础)。沉降缝具体施工方法如下:

① 基础部分。

可将原基础施工时嵌入的沥青木板或沥青砂板留下,作为防水之用。如基础施工时不用木板,也可用黏土填入捣实,并在流水面边缘以 1∶3 水泥砂浆填塞,深度约为 15 cm。

② 涵身部分。

缝外侧以热沥青浸制的麻筋填塞,深度约为 5 cm,内侧以 1∶3 水泥砂浆填塞,深度约为 15 cm,视沉降缝处圬工的厚薄而定。缝内可以用沥青麻筋与水泥砂浆填满;如太厚,亦可将中间部分先填以黏土。

③ 沉降缝的施工质量要求

沉降缝端面应整齐、方正，基础和涵身上下不得交错，应贯通，嵌塞物应紧密填实。

④ 保护层。

各式有圬工基础涵洞的基础襟边以上，均顺沉降缝周围设置黏土保护层，厚约 20 cm，顶宽约 20 cm。对于无圬工基础涵洞，保护层宜使用沥青混凝土或沥青胶砂，厚度 10~20 cm。

沉降缝构造要求如图 3.1.2-5 所示。

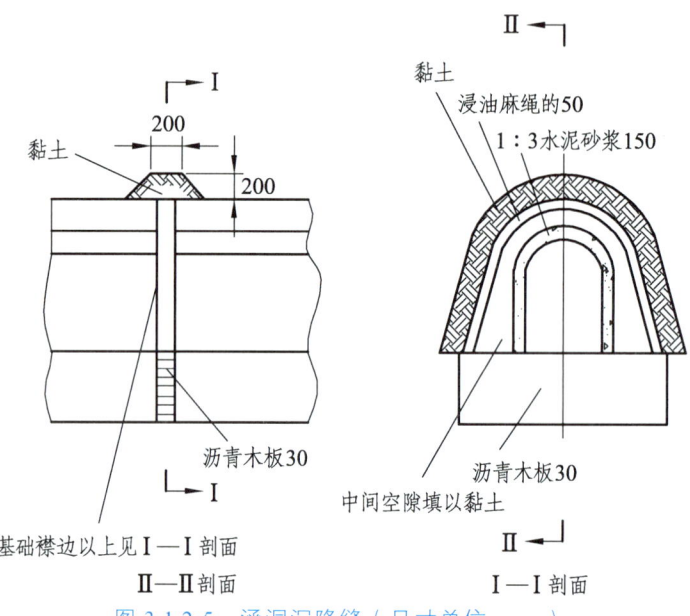

图 3.1.2-5　涵洞沉降缝（尺寸单位：cm）

3. 涵洞进出水口

涵洞进出水口工程是指涵洞端墙、翼墙（包括八字墙、锥坡、平行廊墙）以外的部分，如沟底铺砌和其他进出水口处理工程。

（1）平原区的处理工程。

涵洞出入口的沟床应整理顺直，与上、下排水系统（天沟、路基边沟、排水沟、取土坑等）的连接应圆顺、稳固，保证流水顺畅，避免排水损害路堤、村舍、农田、道路等。

（2）山丘区的处理工程。

在山丘区的涵洞底纵坡超过 5%时，除进行上述整理外，还应对沟床进行干砌或浆砌片石防护。翼墙以外的沟床当坡度较大时，也应铺砌防护。防护长度、砌石宽度、厚度、形状等，应按设计图纸施工。如设计图纸漏列，应按合同规定向业主提出，由业主指定单位作出补充设计。

4. 涵洞缺口填土

（1）建成的涵管、圬工达到设计要求的强度后，应及时回填。回填土要切实注意质量，严格按照有关施工规定和设计要求办理。若系拱涵，回填土时，应按照本章第三节有关规定施工。

（2）填土路堤在涵洞每侧不小于两倍孔径的宽度及高出洞顶 1 m 范围内，应采用非膨胀的土从两侧分层仔细夯实，每层厚度 10~20 cm。特殊情况亦可用与路堤填料相同的土填筑。

管节两侧夯填土的密实度标准,高速铁路为 98%。管节顶部其宽度等于管节外径的中间部分填土,其密实度要求与该处路基同。如为填石路堤,则在管顶以上 1.0 m 的范围内应分三层填筑:下层为 20 cm 厚的黏土;中层为 50 cm 厚的砂卵石;上层为 30 cm 厚的小片石或碎石。在两端的上述范围及两侧每侧宽度不小于孔径的两倍范围内,码填片石。对于其他各类涵洞的特别填土要求,应分别按照有关的设计要求办理。

(3)用机械填筑涵洞缺口时,须待涵洞圬工达到容许强度后,涵身两侧应用人工或小型机具对称夯填,高出涵顶至少 1 m,然后再用机械填筑。不得从单侧偏推、偏填,使涵洞承受偏压。

(4)冬季施工时,涵洞缺口路堤、涵身两侧及涵顶 1 m 内,应用未冻结土填筑。

(5)回填缺口时,应将已成路堤土方挖出台阶。

四、思想政治素质养成

(1)通过讲解涵洞施工各个环节及要求,让学生深刻认识到自己的工作责任重大。例如,在管涵基础施工中,强调基底处理、基础浇筑等环节的质量把控,任何一点疏忽都可能导致涵洞出现渗漏、沉降甚至坍塌等严重问题,危及高铁运行安全。使学生明白工程施工容不得半点马虎,每一个操作都直接关系到工程质量和安全,从而培养其高度的责任感和敬业精神,在工作中做到严谨认真、精益求精。

(2)强调严格按照设计文件和施工规范进行操作的重要性。无论是在钢筋绑扎、混凝土浇筑还是在管节安装等环节,都要求学生遵循规范要求,不能随意更改或简化流程。通过这种方式,让学生养成遵守规范、尊重标准的职业习惯,明白只有这样才能打造出高质量的涵洞工程,为高铁建设贡献自己的力量。

五、任务分组

表 3.1.2-3　学生任务分配表

班级：　　　　　　组号：　　　　　　组长：　　　　　　指导老师：

组员	任务分工	组员	任务分工

表 3.1.2-4　任务工作单

姓名：	学号：	日期：
（1）管涵基础施工有哪些要点？		
（2）如何选择涵洞类型？如何确定涵洞孔径？		
（3）沉降缝如何设置与施工？		

六、评价反馈

表 3.1.2-5 评价反馈表

姓名：		组号：		组长：		指导老师：	
评价指标	评价内容	分值	个人自评（20%）	组内互评（20%）	组间互评（20%）	教师评价（40%）	综合评价
信息检索能力	能有效利用网络、图书资源查找有用的相关信息等；能将查到的信息有效地传递到学习中	10分					
课堂感知力	是否熟悉涵洞的分类及施工方法，认同工作价值；在学习中是否能获得满足感，课堂氛围如何？	10分					
参与度、交流沟通	积极主动与教师、同学交流，相互尊重、理解、平等；与教师、同学之间是否能够保持多向、丰富、适宜的信息交流	10分					
	能处理好合作学习和独立思考的关系，做到有效学习；能提出有意义的问题或能发表个人见解	10分					
知识、能力获得情况	理解涵洞的构造要求与功能	10分					
	掌握常见涵洞的结构及施工方法	10分					
	掌握选择涵洞类型的方法	10分					
	能简描述各种涵洞的施工流程	10分					
	能简单描述沉降缝的施工方法	10分					
思维态度	是否能发现问题、提出问题、分析问题、解决问题、创新问题	5分					
自评反思	按时按质完成任务；较好地掌握了知识点；具有较强的信息分析能力和理解能力；具有较为全面严谨的思维能力，并能条理清楚明晰表达成文	5分					
反思改进							

模块四 高速铁路桥梁结构的检修

项目一 高速铁路桥梁结构检测

任务一 高速铁路桥梁结构检测

一、学习目标

1. 思政目标

（1）培养学生科学精神与严谨态度；
（2）激发学生创新思维与进取精神。

2. 知识目标

（1）掌握桥梁检测内容与方法流程；
（2）理解检测目的与任务重要性；
（3）熟悉荷载试验要点及依据标准。

3. 能力目标

（1）能辅助进行桥梁检测操作实践；
（2）会分析处理检测数据与结果。

二、任务重、难点

1. 重点

（1）桥梁检测内容与荷载试验方法；
（2）检测依据标准与数据处理分析。

2. 难点

（1）桥梁荷载试验方法；
（2）桥梁检测的数据处理分析。

三、知识链接

桥梁检测是对桥梁结构物进行包括桥梁检查和必要的理论验算以及结构试验等内容的一系列工作,并据此对桥梁结构物进行综合分析,做出符合实际的技术结论。

桥涵的养护与维修概述

(一)桥梁检测的目的及任务

1. 桥梁检测的目的

针对不同的情况,荷载试验的目的也有所不同。对于既有桥梁结构,通过对其进行检测和技术评定,了解桥梁结构的病害情况和实际承载能力,为制定桥梁维修加固方案和对其进行技术改造提供可靠的依据;对于新建桥梁,通过对其主要技术指标如桥梁各部分的尺寸、混凝土质量、结构的强度和刚度以及自振特性、阻尼比、冲击系数等参数进行检测,并根据检测结果对桥梁结构的设计和施工质量进行评定,为即将投入使用的桥梁的运行、养护提供依据,同时也可为发展桥梁设计理论和提高施工工艺水平和不断积累技术数据提供科学依据。

2. 桥梁检测的任务

(1)确定桥梁的承载能力及其运用条件。

(2)分析桥梁病害的产生原因及其变化规律。

(3)对新型桥梁或加固、改建的桥梁进行竣工鉴定,以对桥梁结构整体受力性能是否达到设计文件和规范标准的要求作出评价,检验预期的设计效果。

(二)桥梁检测的内容和依据

桥梁结构检测主要包括桥梁结构外观检查(量测)和桥梁结构荷载试验两部分内容。对实际桥梁结构进行检测包括外观检查和荷载试验两部分。外观检查的目的就是检查桥梁结构外观上是否有病害产生;荷载试验(包括静载试验和动载试验)的目的就是通过施加荷载了解桥梁结构在试验荷载作用下的实际工作状态,从而判断桥梁结构的安全承载能力及评价桥梁工作状况。

1. 桥梁外观检查(量测)主要内容

桥梁结构的外观检查(量测)是桥梁结构检测的一个重要部分,检查结果是判断桥梁外观病害和保证桥梁正常使用的重要依据。一般情况下,桥梁的外观检查(量测)主要有以下几个方面:

(1)桥头引道、河床及桥址。

重点察看正桥与引桥、引道的衔接处是否正常;桥墩、台处的局部冲刷与设计时采用的数据相比是否偏大;河流河道是否改变;桥下净空有无改变;以及两岸的桥头锥坡有无冲刷和损坏等。在必要的情况下,还应进行水流速度的测定,并确定河流水势的流向。

(2)线型和标高。

包括上部和下部结构的标高,如墩台的支承垫石或支承板、承台和梁底标高等。

(3)桥梁上部结构。

桥梁上部结构是桥梁的主要承重结构,也是桥梁结构外观检查的重点,它往往由许多基本构件组成。因此对桥梁上部结构的检查就是对这些基本构件的工作状况进行检查。具体检查工作内容如下：

① 基本构件缺陷及损伤检查。

根据桥梁结构形式、构件种类、建桥环境、施工质量以及使用情况等的不同，基本构件缺陷产生的部位、种类和程度也不同。对于混凝土桥梁的基本构件，缺陷往往以表面裂缝、蜂窝、麻面、孔洞、露筋、剥落、游离石灰、缝隙夹层等现象表现出来。

桥涵的外观检测

这些缺陷并不是相互独立的，通常由于某一缺陷的变化有可能导致其他缺陷的产生。例如蜂窝麻面，由于水的渗入，促使混凝土材料恶化，会引起钢筋锈蚀，钢筋锈蚀的产生过程会有体积膨胀，这又会导致混凝土表面产生锈蚀裂缝，从而形成恶性循环。

② 基本构件的横向联系检查。

横向联系检查包括横向联系构件本身状况的检查及它们与基本构件连接状况的检查。

对于梁式桥的横隔板，应检查横隔板上的缺陷及裂缝情况，还应检查连接钢板是否外露、有无锈蚀现象；对于双曲拱桥，应检查横系梁（板）上的裂缝情况，检查与拱肋连接处是否脱离现象，还应检查肋和板接合处情况等等；对于桥架拱桥，应检查横隔板与主桥片、微弯板与主桥片的结合处情况等等。

③ 基本构件的主要几何尺寸及纵横线检查。

基本构件的主要几何尺寸、构件的实际长度及截面尺寸、混凝土保护层实际厚度等，检查时一般要用皮尺或钢卷尺量测基本。

基本构件纵轴线的检查，对梁式桥来讲，指的是主梁纵轴线下挠度的测量。对拱桥来讲，指的是主拱圈的实际拱轴线及拱顶下沉量的测量纵轴线的检查可用目测和精密水准仪测量。

（4）墩台及基础。

① 墩台。

观察墩台及其承台圬工有无风化剥落、裂缝及破损。应对裂缝及破损具体位置、宽度、长度、深度进行量测和描述，并绘制成图。此外，还需要了解墩台有无下沉、位移和倾侧变位等情况。

② 基础。

对于墩台基础的检查，主要指墩台基础的冲刷情况和缺陷情况的检查。尽可能查清地基基础情况，特别是墩台基础埋深有无变化，有无超过设计规定的局部冲刷现象。观察梁端部、支座及墩台的相对位置关系。

在水中的桥墩，因为直接挡水，除了一般的冲刷外，还有局部冲刷，形成局部漏斗形河床。当河床为厚砂砾卵石层时，对于钻孔灌注桩造成严重的磨损，甚至使桩中钢筋外露。有关文献也指出在地面或低水位以下、冻结线以上或冲刷线附近，基础或墩身常有环带状腐蚀，基础周围表面松散，严重者使混凝土形成空洞。

对于中小桥混凝土或浆砌片石扩大基础，主要缺陷是基础松散破裂和基础下冲空。

当桥梁墩台有倾斜、位移或在活载作用下墩顶位移较大时，往往可能是基础有病害，应进行挖探检查。

（5）支座。

观察支座的位置是否仍处于设计位置，能否正常工作，有无锈蚀及损坏，特别是其锚固螺栓有无松动和被剪断或变形等。其检查的要点为：

① 垫层支座的油毡是否老化破裂，墩台顶部混凝土是否拉裂。

② 钢板滑动支座和弧形支座是否干涩、锈蚀，支座销钉是否剪裂、支座附近是否有积水情况以及支座垫石的破损情况。

③ 摆柱支座各部件相对位置是否正确，受力是否均匀，钢筋混凝土立柱是否损坏。

④ 橡胶支座是否老化、变形，位置是否正确。

⑤ 活动支座是否灵活，实际位置是否正确，上下钢板是否有锈蚀情况。

（6）桥面系统。

桥面主要检查桥面纵、横坡是否满足设计要求；桥面平整度如何，有无磨耗量及损坏情况，栏杆及人行道是否完整、符合使用要求。排水设施设置是否合理，设备是否完善，工作状况是否正常。伸缩缝宽度是否合适，有无拉开或抵拢现象，其设施是否完善，能否满足使用要求。伸缩缝的检查最好能从桥面和桥下两个方向进行。混凝土强度可用回弹仪、超声波探伤仪等设备进行探测，必要时可在结构上钻取试件进行材料试验。在结构上钻截材料试件时应尽量选择结构的次要部位，并采取有效措施，确保结构安全，然后及时进行补强替换。

（7）材料强度的检测。

对桥梁结构各主要受力部位应进行材料强度检查。对混凝土和预应力混凝土结构，主要检查主梁、主桁、主拱圈、墩、台身、墩台帽的强度等。钢材强度一般以设计、施工有关资料为依据，不再检查。无资料可查时，应通过调查桥梁修建年代、钢材外观、材料来源等进行分析判定，确有必要时可在结构上截取试件进行材料试验。

（8）墩台及地基基础。

主要检查墩台的风化、水蚀、剥落、破损及裂缝情况。辙台基础埋置深度是否满足洪水冲刷要求，有无过度冲刷现象。墩台有无下沉、滑动、倾斜等现象。当怀疑墩台仍在沉降或滑移时应设立永久观测标志定期进行观测。当墩台产生下沉、滑动、倾斜等现象时应采用物探、钻孔、开挖等方法对地基基础进行探查。对地基的开挖应审慎进行，并制定必要的监测和安全措施，避免危害原有地基和基础。

2. 桥梁结构荷载试验主要内容

根据试验荷载的作用性质，桥梁荷载试验可分为静载试验和动载试验。

（1）静载试验。

静载试验是结构试验中最大量最常见的基本试验。一般可以通过重力或其他类型的加载设备来实现和满足加载要求。加载过程是从零开始逐步递增，一直到预定的荷载为止。静载试验是了解结构特性的重要手段，不仅用它来直接解决结构的静力问题，而且在进行结构动载试验时，一般也要先进行静载试验以测定结构有关的特性参数。

（2）动载试验。

桥梁结构的动载试验目前主要包括两方面的内容：一是测量移动车辆荷载作用下桥梁指定断面上的动应变或指定点的动挠度；二是测量桥梁结构的自振特性和动力响应。

移动车辆荷载作用下的动应变或动挠度测定一般用于实桥试验。

测量实桥的自振特性时，一般采用两种方法：

① 对实桥进行激振，测得输入和结构的响应后可以求出自振特性。

② 利用自然因素（如风、水流、地脉动等）作为实际桥梁的振源（只要能满足一定的条件），测出实际桥梁在这些自然因素作用下的响应，并求出实际桥梁的自振特性。

3. 桥梁结构检测主要依据

桥梁检测应以国家和交通运输部颁布的有关法规、技术标准、设计规范为依据进行，对于某些新结构以及采用新材料、新工艺的桥梁，无相关条款规定时，可以借鉴国外或国内其他行业的相关规范、规程的有关规定。

（1）综合基础标准，如《工程结构可靠性设计统一标准》（GB 50153—2008），是指导制定专业基础标准的国家统一标准。

（2）专业基础标准，如《铁路工程结构可靠性设计统一标准》（GB 50216—2019），《铁路混凝土工程施工技术规程》（Q/CR 9207—2017），是指导专业通用标准和专业专用标准的同一行业标准。

（三）桥梁结构荷载试验

1. 桥梁结构静载试验

桥梁结构的静载试验是指，在静力荷载作用下，对桥梁结构的应力（内力）和变形等力学参数进行测量，检验桥梁结构能否满足使用要求。

静载试验主要可以分为两个阶段：试验准备阶段和荷载试验阶段（包括加载与观测记录），其中荷载试验是中心环节。一般静载试验过程分为下面几个步骤：

① 现场准备；
② 测取初读数（包括应力和变形）；
③ 按工况顺序加载；
④ 观测与记录；
⑤ 试验结束。

桥涵的受力性能检测

（1）现场准备。

一般情况下，试验现场的具体准备工作要占去全部试验的大部分工作量，要保证试验的成功，这部分具体而又细致的工作必须有条不紊地进行。

① 荷载准备。

A. 根据试验方案要求，落实试验车辆的型号和数量，并记录下每辆车的车号、轴距、轮距和轴重指标。

B. 落实重量，试验车辆选用车辆的标准载重量，并需要确定各车辆的各轴重。

C. 分批编号，按实际轴重和车型编号。

② 测点布置。

实桥测点布置应按试验方案放样，测站布设则要根据现场情况确定。

A. 应变测量准备。

静载试验中，由于应变测点较多，因此这部分准备工作要耗费大量的时间和人力。其准备工作主要包括：

a. 应变测点放样；
b. 应变片粘贴与绝缘度检查（做好防潮工作）；

c. 敷设与焊接测量导线；

d. 调试仪器，逐点检查（对质量不好的测点，要查出原因予以更正，必要时重新贴片）。

B. 变形测点准备。

变形测点包括挠度、支座位移、桥塔水平位移等位置，凡事要考虑布置测点的地方，都要作必要的准备，怎样准备往往与具体采用的测量方法有关，如采用高精度全站仪测量，在桥上须布置棱镜；采用挠度计测量，则首先在地面上布置固定点，再把挠度计连接在固定点和测点之间。

变形测点准备好以后，在试验前应进行现场操练，以熟悉读数过程。另外，当测量采用光学测量仪器时，往往由专业测量队伍协作完成，事先必须把任务和要求交接清楚。

③ 其他准备。

A. 如需测裂缝，须在试验梁上画格子线，一般先在试件上刷一层薄薄的石灰水，然后用铅笔或木工墨斗画格子线，格子线不宜太密。

B. 运营中桥梁做试验有交通问题，试验前要统筹好桥上交通和桥下航道的管制问题，选在合理时间进行试验。

C. 试验如在夜间进行，要做好照明准备工作。

④ 测取初读数。

初读数是指试验正式开始时的零荷载读数，不是准备阶段调试仪器的读数。对于新建桥梁，在初读数之前往往要进行预压。从初读数开始整个测试系统就开始运作，测量、读数记录人员进入现场各司其职。

（2）加载实施与控制。

① 加载实施。

加载应在指挥人员指挥下严格按计划程序进行。采用重物加载时按荷载分级逐级施加、每级荷载堆放位置准确、整齐稳定。荷载施加完毕后，逐级卸载。采用车辆加载时，先由零载加至第一级荷载，卸载至零载；再由零载加至第二级荷载，卸至零载……直至所有荷载施加完毕。

② 加载稳定时间控制。

为控制加卸载稳定时间，应选择一个控制观测点（如简支梁的跨中挠度或应变测点），在每级加载或卸载）后立即测读一次，计算其与加载前（或卸载前）测读值之差值，然后每隔 2 min 测度一次，计算 2 min 前后读数的差值，并计算相对读数差值。

当相对读数差值小于 1%量利仪器的最小分持值时即认为结构基本稳定，可进行各观测点读数。但当进行主要控制截面最大内力荷载工况加载程序时，荷载在桥上稳定时间应不少于 5 min，对尚未投入营运的新桥应适当延长加载稳定时间。

某些桥梁，如拱桥，有时当拱上建筑或桥面系参与主要承重构件的受力，因连接较弱或变形缓慢而造成测点观测值稳定时间较长，如结构的实测变位（或应变）值远小于计算值，可将加载稳定时间定为 20~30 min。

③ 加载过程的观察。

加载试验过程应对结构控制点位移（或应变）、结构整体行为和薄弱部位破损实行监控，并将结果随时汇报给指挥人员作为控制加载的依据。随时将控制点位移与计算结果比较，如实测值超过计算值较多，则应暂停加载，待查明原因再决定是否继续加载。试验人员如发现其他测点的测值有较大的反常变化也应查找原因，并及时向试验指挥人员报告。加载过程中应指定人员随时观察结构各部位可能产生的新裂缝，注意观察构件薄弱部位是否有开裂、破损，组合构件的结合面是否有开裂错位，支座附近混凝土是否开裂，横隔板的接头是否拉裂，结构是否产生不正常的响声，加载时墩台是否发生摇晃现象等。如发生这些情况应报告试验指挥人员，以便采取相应的措施。

④ 终止加载控制条件。

发生下列情况应中途终止加载：

A. 控制测点应力值已经达到或超过用弹性理论按规范安全条件反算的控制应力值时；

B. 控制测点变位（或挠度）超过规范允许值时；

C. 由于加载，使结构裂缝的长度、缝宽急剧增加，新裂缝大量出现，缝宽超过允许值的裂缝大量增多，对结构使用寿命造成较大的影响时；

D. 拱桥加载时沿跨长方向的实测挠度曲线分布规律与计算值相差过大或实测挠度超过计算值过多时；

E. 发生其他损坏，影响桥梁承载能力或正常使用时。

（3）试验观测与记录。

① 温度稳定观测。

仪表安装完毕后，一般在加载试验之前应对各测点进行一段时间的温度稳定观测，中间可每隔 10 min 读数一次。观测时间应尽量选择在加载试验时外界气候条件对观测造成误差的影响范围，用于测点的温度影响修正。

② 仪表的测读与记录。

人工读表时，仪表的测读应准确、迅速，并记录在门的表格上以便于资料的整理与计算。记录者应对所有测点量测值变化情况进行检查，看其变化是否符合规律，尤其应着重检查第一次加载时量测值变化情况。对工作反常的测点应检查仪表安装是否正确，并分析其他可能影响其正常工作的原因，及时排除故障。对于控制测点应在故障排除后重复一次加载测试项目。

当采用仪器自动采集数据记录时，应对控制点的应变和位移进行监控，测试结果规律异常时，应查明原因采取补救措施。将记录结果整理成表格形式，以便进行结果分析，并与原始记录一同保存备查。

③ 裂缝观测。

加载试验中裂缝观测的重点是结构承受拉力较大部位及旧桥原有裂缝较长、较宽的部位。在这些部位应测量裂缝长度、宽度，并在混凝土表面沿裂缝走向进行描绘。加载过程中观测裂缝长度及宽度的变化情况，可直接在混凝土表面进行描绘记录，也可采用专门表格记录。加载至最不利荷载及卸载后应对结构裂缝进行全面检查，尤其应仔细检查是否产生新的裂缝，并将最后检查情况填入裂缝观测记录表，必要时可将裂缝发展情况绘制在裂缝展开图上。

2. 桥梁结构动载试验

桥梁结构在移动的荷载作用下会产生振动。桥梁结构的振动问题影响因素复杂，仅靠理论分析还不能满足工程应用的需要，一般需采用理论分析与实验测试相结合的方法解决，桥梁动载试验就成为解决该问题必不可少的手段。桥梁结构的动力特性（振型、频率和阻尼比）是桥梁承载力评定的重要参数，同时也是识别桥梁结构工作性能和桥梁抗展分析的重要参数。

桥梁的振动试验涉及的范畴很宽，如模拟地震实验、抗风实验、疲劳试验等。在此主要介绍桥梁结构动力特征和动载响应的常规试验与分析。

（1）桥梁结构激振方法的选择。

在进行桥梁动载试验时，首先要设法使桥梁产生一定的振动，然后应用测报仪器加以测试和记录，通过对记录的振动信号分析得到桥梁的动力特性和响应。用于桥梁动载试验的激振方法很多，应根据被测桥梁的结构形式和刚度大小选择激振效果好、易于实施的方法。

① 自振法（瞬态激振法）。

自振法的特点是使桥梁产生有阻尼的自由衰减振动，记录到的振动图形是桥梁的衰减振动曲线。为了使桥梁产生自由振动，一般常用突加荷载和突卸荷载两种方法。

A. 突加荷载法。

突加荷载法也叫冲击法，就是在被测桥梁结构或构件上急速地施加一个冲击作用力，由于施加冲击作用的时间短促，因此施加于结构的作用实际上是一个冲击脉冲作用。由振动理论可知，冲击脉冲的动能传递到结构振动系统的时间要小于振动系统的自振周期，并且冲击脉冲一般都包含了从零到无限大的所有频率的能量，它的频谱是连续谱，只有被测结构的固有频率与之相同或很接近时，冲击脉冲的频率分量才对结构起作用，从而激起结构以其固有频率作自由振动。

对于中、小型桥梁结构，可用落锤激振器垂直地冲击桥架，激起桥梁竖直方向的自由振动，如果水平方向冲击桥面缘石，则可激起横向振动。

采用突加荷载法时，应注意冲击荷载的大小及其作用位置。如果要激起结构的整体振动，则必须在桥梁的主要受力构件上施加足够的冲击力，冲击荷载的位置可按所测结构的振型来确定，如为了测简支梁桥的第一振型，则将冲击荷载作用于跨中部位，测第二振型应将冲击荷载加于跨度的四分之一处。

B. 突然卸载法。

突然卸载法也叫位移激振法。采用突然卸载法时，在结构上预先施加一个荷载作用，使结构产生个初位移，然后突然卸去荷载，利用结构的弹性使其产生自由振动。

为卸落荷载，可通过自动脱钩装置或剪断绳索等方法，有时也专门设计一种断裂装置，当预加力达到一定的数值时，在绳索中间的断裂装置便突然断离，从而激发结构的振动。突卸荷载的大小要根据所需最大振幅计算求出。

② 共振法（强迫振动法）。

激振设备有机械式激振器、电磁式激振器和电气液压式振动台。

共振法是利用激振器对结构施加激振力，使结构产生强迫振动。改变激振力的频率而使结构产生共振现象，并借助共振现象来确定结构的动力特性。

激振器在结构上的安装位置和激振方向要根据试验的要求和目的而定。使用时，激振器应牢固地固定于结构上，由底座将激振器产生的交变激振力传给结构。如果将两台激振器安放于结构的适当位置上反向激振，则可进行扭转振动试验。

连续改变激振器的频率，当激振力的频率与结构的固有频率相等时，结构出现共振现象，传感器此时所记录到的频率即为结构的固有频率。

在桥梁的动载试验中，常用载重车队以由低到高的不同速度驶过桥梁，使结构产生不同程度的强迫振动。在若干次运行车辆荷载试验中，当某一行驶速度产生的激振力的频率与结构的固有频率相接近时，结构便产生共振现象，此时结构各部位的振动响应达最大值。

③ 脉动法。

如悬索桥、斜拉桥的桥跨结构，索塔以及具有分离式拱肋的大跨度下承式或中承式拱桥，可利用由于外界各种因素所引起的结构微小而不规则的振动来确定结构的动力特性。这种微振动通常称为"脉动"，它是由附近的列车、机器等振动或附近地壳的微小破裂和远处的地震传来的脉动所产生的。

结构的脉动有一重要特性，就是它能明显地反映出结构的固有频率。因为结构的脉动是因外界不规则的干扰所引起的，因此它具有各种频率成分，而结构的固有频率的谐量是脉动的主要成分，在脉动图上可以直接量出来。

在桥梁结构的正常营运条件下，经常地作用于结构上的动力荷载是各类车列荷载。在进行桥梁的动载试验中，首先应考虑采用车列荷载作为试验荷载，以便确定桥梁在使用荷载作用下的动力特性及响应。对需要考虑风荷载或地震荷载的桥梁，应结合桥梁的结构形式作进一步的专门试验研究。

（2）测点设置。

在桥梁结构动载试验中，应根据现有仪器设备和试验人员的实践经验，按照动载试验的要求和目的与桥梁结构形式确定测点拾振器的布置，并选择恰当的激振形式与激振位置。

测点拾振器布置一般按照结构振型形状，在变位较大的部位布置测点，尽可能避开各阶振型的节点。

根据桥梁结构形式与结构体系，可以利用结构动力分析通用程序进行结构动力分析，从而估计结构前几阶振型形状和相应的固有频率，为制定动载试验方案提供理论依据。常见的几种简单结构的根据前几阶振型总结其各自测点位置如下：

① 梁桥的测点位置。

A. 简支梁桥的测点位置。

根据对均质简支梁桥的前三阶主振型分析得：一阶振型的测点布置在跨中，二阶振型的测点布置在 1/4 跨处。

B. 固端梁桥的测点位置。

根据对均质固端梁桥的前三阶主振型分析得：前几阶振型的测点布置类似于简支梁桥。

C. 悬臂梁桥的测点位置。

由均质悬臂梁桥的前三阶主振型分析得：一阶振型测点布置在悬臂端，二阶振型测点宜布置在 1/2 悬臂长度处。

D. 三跨连续梁桥的测点位置。

根据均质三等跨连续梁桥的主振型分析得：一阶振型测点布置在三跨的跨中，二阶振型测点布置在两边跨跨中和中跨的两个四分点上。

E. 拱桥的测点位置。

高速铁路中常见的拱桥形式多样，结构体系也比较复杂。对于双铰拱桥，一阶振兴测点布置在四分点上，二阶振型测点布置在跨中与两拱脚附近对称位置。

F. 悬索桥的测点位置。

悬索桥的一阶振型测点布置在中跨四分点上，二阶振型测点布置在中跨跨中和加劲梁两端支点附近对称位置。

对于一般形式的大跨径悬索桥，要根据空间结构动力分析程序进行结构动力分析，从而确定结构振型形式，要综合反映索塔、加劲梁和主缆等的振动特性，考虑各测点拾振器的布置方向。

G. 斜拉桥的测点布置。

斜拉桥的结构体系复杂，一般只能借助于空间结构动力分析程序进行结构动力分析。斜拉桥各阶振型的测点布置也比较复杂，要综合反映索塔、主梁与斜拉索的振动特性，考虑各测点拾振器的布置方向。

（3）索力测试。

拉索广泛应用于斜拉桥、悬索桥、系杆拱以及采用缆索施工的场合。斜拉桥中的斜拉索、悬索桥中的主缆与吊索、系杆拱中的吊索和施工中的缆索等索力是极其重要的设计参数，其中尤以斜拉桥拉索更为重要，在建桥过程中，必须对拉索的索力进行调整，以便对拉索的索力和桥梁内力进行优化。因此，准确测估拉索的索力具有重要的实际意义。

目前，国内外广泛采用了简单、快速而又可靠的振动法测估拉索的索力，即通过测得的拉索振动固有频率估算拉索的索力。由于拉索的固有频率不仅受索力的影响，而且还受拉索的弯曲刚度、垂跨比以及两端支承条件和倾角的影响，因此，在估算拉索的索力时必须考虑这些因素。

此内容涉及大量计算在此不作详细说明。有需要时可查阅相关规范。

四、课外加油站

守护高铁安全的桥隧"神探"

五、思想政治素质养成

（1）外观检查的细致入微以及荷载试验（包括静载和动载试验）的严格流程，每个环节都有严格的操作要求和规范，让学生深刻认识到准确规范在桥梁检测中的关键作用，从而培养其实事求是的科学作风，为未来的工作筑牢基础。

（2）随着科技和桥梁工程的不断发展，检测技术持续更新，在教学过程中鼓励学生关注行业前沿动态，例如在动载试验教学中引导学生思考新技术的应用，培养其创新意识和进取精神，以适应行业发展需求，推动检测技术进步。

（3）鉴于桥梁检测工作需要多专业协同合作，通过组织学生开展团队项目，如模拟桥梁荷载试验的全过程，让学生在分工合作中完成仪器操作、数据采集与分析等任务，同时注重培养学生的沟通能力，使其能够在团队中有效交流协调，从而提高学生的综合素质，为他们未来在实际工作中的团队合作奠定坚实基础。

六、任务分组

表 4.1.1-1　学生任务分配表

班级：　　　　　　　组号：　　　　　　　组长：　　　　　　　指导老师：

组员	任务分工	组员	任务分工

表 4.1.1-2　任务工作单

姓名：	学号：	日期：
（1）简述桥梁外观检查的主要内容。			
（2）简述桥梁静载试验的主要流程。			
（3）简述桥梁动载实验的主要流程。			

七、评价反馈

表 4.1.1-3 评价反馈表

姓名:		组号:		组长:			指导老师:	
评价指标	评价内容	分值	个人自评（20%）	组内互评（20%）	组间互评（20%）	教师评价（40%）	综合评价
信息检索能力	能有效利用网络、图书资源查找有用的相关信息等；能将查到的信息有效地传递到学习中	10分					
课堂感知力	是否熟悉桥梁的检测内容，认同工作价值；在学习中是否能获得满足感，课堂氛围如何？	10分					
参与度、交流沟通	积极主动与教师、同学交流，相互尊重、理解、平等；与教师、同学之间是否能够保持多向、丰富、适宜的信息交流	10分					
	能处理好合作学习和独立思考的关系，做到有效学习；能提出有意义的问题或能发表个人见解	10分					
知识、能力获得情况	掌握桥梁检测的内容及要点	10分					
	知道桥梁检测的依据及标准	10分					
	理解荷载试验的目的流程	10分					
	会检测仪器的简单操作使用	10分					
	会进行简单的数据处理与分析	10分					
思维态度	是否能发现问题、提出问题、分析问题、解决问题、创新问题	5分					
自评反思	按时按质完成任务；较好地掌握了知识点；具有较强的信息分析能力和理解能力；具有较为全面严谨的思维能力，并能条理清楚明晰表达成文	5分					
反思改进							

项目二 高速铁路桥梁结构养护与维修

任务一 高速铁路桥梁结构养护与维修

一、学习目标

1. 思政目标

(1)培养学生社会责任感;
(2)提升学生解决问题和创新能力;
(3)树立学生安全责任意识。

2. 知识目标

(1)掌握桥梁养护维修内容与方法;
(2)理解养护维修特点及设计原则。

3. 能力目标

(1)能分析高速铁路桥梁养护维修状况;
(2)可制订简单高速铁路桥梁维修方案。

二、任务重、难点

1. 重 点

(1)高速铁路桥梁养护维修的目的与意义;
(2)高速铁路桥梁维修工作内容及常用方法。

2. 难 点

高速铁路桥梁维修工作内容及常用方法。

三、知识链接

(一)桥梁养护维修的基本内容

1. 桥梁养护维修的工作内容

桥梁养护维修的工作内容主要包括以下三个方面:
① 桥梁的养护维修。

桥梁的养护维修主要是对危害桥梁正常运营的部分进行修缮工作。桥梁加固工作的重点往往是针对桥梁的主体结构,但同时也必须对影响桥梁正常使用的部分定期进行养护维修。

② 桥梁的维修加固。

桥梁的维修加固，就是通过对桥梁结构物的补强加固及拓宽等工作，改善结构性能，恢复和提高桥梁结构的安全度，提高其承载能力和通过能力，以延长桥梁的使用寿命，满足并适应发展了的交通运输的要求。

③ 桥梁的改建（拓宽）。

A. 局部改建。

充分利用原桥进行补强加固，若需加宽则再行拓宽。

B. 重建。

是废弃原有结构物进行重建，这就相当于建造一座符合新的使用要求的新桥，但还要包括拆除原桥的工程。

2. 桥梁养护维修的常用方法

为提高旧桥的承载能力和通行能力，必须对旧桥进行各种必要的养护维修措施。旧桥养护维修的措施很多，主要有以下几点：

① 上部构造的常用维修方法。

对于钢筋混凝土桥梁，上部构造的常用维修方法有：

A. 压力灌浆法；

B. 喷射砂浆法；

C. 桥面补强层加固法；

D. 梁上部截面增强法；

E. 钢板黏结法；

F. 增设纵梁法；

G. 改变结构体系加固法；

H. 预应力加固法；

I. 更换部分或全部主梁法；

J. 填缝法。

压力灌浆法、喷砂浆法和填缝法一般用于混凝土或砖石圬工构件的裂缝及表面缺陷的修补，而其余加固、补强措施则用于提高现有桥梁的承载能力和通过能力。

② 下部构造的常用养护维修方法。

桥梁下部构造的养护维修，要根据旧桥损坏情况及存在的问题分别采用不同的方法。常用的养护维修方法有：

A. 扩大基础加固法；

B. 加桩法（打入柱或就地灌注水泥混凝土桩）；

C. 减轻荷载法；

D. 顶升法；

E. 支撑法或加宽加厚法（处理墩台变位）；

F. 用钢筋混凝土套箍（或护套）加固墩台；

G. 抛石法；

H. 其他加固法：如旋喷法、砂桩法等。

(3) 桥梁维修加固的工作步骤。

对旧桥进行维修加固，一般可采用如下的步骤：

① 检查桥梁现状及损坏情况；
② 调查桥梁历史技术资料及现有交通状况；
③ 提出维修加固或改建方案并进行分析比较；
④ 确定方案并付诸实施，即进行维修加固或改建施工。

（二）混凝土桥梁结构表层病害的维修

1. 混凝土桥梁结构的表层病害

混凝土桥梁结构往往由于设计考虑不周、施工不当、养护管理不善以及混凝土本身老化等方面的因素，致使结构引起不同程度的表层病害，如蜂窝、麻面、露筋、空（孔）洞、层隙、磨损、表面腐蚀、老化、剥落、表面裂缝、掉角、模板走样、接缝不平、构件变形等。

混凝土桥梁结构各种表层病害往往是由于多种原因造成的，除了设计、施工可能产生的病害外，还有使用不当及养护维修不善等所形成的病害。常见的几种表层病害产生的原因如表 4.2.1-1。

表 4.2.1-1　混凝土桥梁结构表层病害产生的原因

病害类型	产生原因	常见发生部位
蜂窝	1. 施工不当所致。混凝土灌注中缺乏应有的振捣；分层灌注时违反操作规程，运输时混凝土产生离析；模板缝隙不严，水泥砂浆流失等； 2. 结构不合理，如配筋太密，混凝土粗骨料粒径太大，坍落度过小	结构各部位均可发生
麻面	施工时采用模板表面不光滑，模板湿润度不够，致使构件混凝土内的水分被吸去	结构各部位均可发生
露筋	施工质量不好，如灌注时钢筋保护层垫块位移，钢筋紧贴模板；保护层处混凝土漏振或振捣不实	结构各部位均可发生
空（孔）洞	结构上钢筋布置过密，施工时混凝土被卡住，又未充分振捣就继续灌注上层混凝土。此外，严重漏浆亦能产生空（孔）洞	结构各部位均可发生
磨损	1. 混凝土强度不足，表层细骨料太多； 2. 车轮磨耗； 3. 高速水流冲刷，水流中又夹杂大量砂石等推移质或冰凌等漂浮物	桥面及受到水流冲刷的墩柱
腐蚀、老化、剥落	1. 保护层太薄； 2. 结构出现裂缝，雨水侵入； 3. 钢筋锈蚀膨胀引起剥落； 4. 严寒地区冰冻及干湿交替循环作用； 5. 有侵蚀性水的化学侵蚀作用	结构各部位均可发生
接缝不平、构件变形	1. 施工不善而造成（施工偏差等）； 2. 荷载作用下形成的变形	主梁及墩台等部位

2. 表层病害维修的常用方法

对混凝土桥梁结构的表层病害若不及时进行维修，在外界各种因素的影响下，会使保护层减薄或钢筋外露导致钢筋锈蚀，严重时会削弱结构的强度和刚度，使结构遭到破坏。同时有些表层损坏还会向构件内部发展造成混凝土强度降低，危及结构的安全使用，从而缩短桥梁结构的使用寿命。

（1）混凝土修补法。

对于混凝土桥梁结构中出现的蜂窝、空洞以及较大范围的破损等病害，一般可采用新鲜混凝土进行修补。用于修补的混凝土要级配良好，并须特别注意保证其具有良好的和易性，以减少捣实工作的困难。

混凝土检测

混凝土的修补法一般有直接浇筑、喷射及压浆（预填粗骨料，然后灌入水泥砂浆）等几种方法。对于面积较大的修补工作，混凝土浇筑前还应立上模板以保证修补的外观质量。

为了浇筑工作的顺利进行，应把构件中的蜂窝或空洞病害部分尽可能凿除。同时，还要对混凝土修补部位进行凿毛处理并使老混凝土表面保持湿润、清洁、不沾尘土。为了保证新老混凝土之间能良好的黏结，最好的办法是，在完成清理工作后立即在修补面上涂抹一层水泥浆液或其他胶黏剂，如环氧树脂浆液等，在这些浆液涂抹后尚未凝固时即可进行新的混凝土的浇筑。守护高铁安全的桥隧"神探"

当混凝土修补完成后，对新老工程之间周边的接缝应在尽可能晚的时候加以封闭。在新老混凝土接缝表面各 15 cm 宽的范围内必须用钢丝刷将所有软弱的浮浆除去，而后再刷净尘土，涂抹两层封闭浆液（如环氧树脂浆液）。涂抹时，涂第二层的方向应与第一层相垂直。

修补全部工作结束后，还应加强修补部分混凝土的养护以保证修补质量。

（2）水泥砂浆修补法。

水泥砂浆修补法主要分为水泥砂浆人工涂抹法和喷浆修补法两种方法。

① 水泥砂浆人工涂抹法。

对于小面积的病害，特别是当损坏深度较浅时，采用水泥砂浆涂抹修补常常是一种简单易行的维修方法。该法修补工艺比较简单，主要分为以下几个步骤：

A. 做好准备工作，准备工作与混凝土修补法相同；

B. 准备工作做好后即可将拌和好的砂浆用铁抹抹到修补部位，反复压光后按普通混凝土要求进行养护；

C. 当修补部位深度较大时，可在水泥砂浆中掺入适量的砾料以增强砂浆强度和减少砂浆干缩。

用砂浆修补时必须特别注意加强压实这道工序。因为只有用抹子施加较大的压力，才能使砂浆经过养护硬化和干燥后不致出现凹陷。一般情况下，在修补工作完成后一个月左右，常会发现在新补上的砂浆四周产生细发丝裂缝。这些裂缝主要是由于水泥砂浆收缩所致，必须采取措施加以封闭以防止水份和空气侵入构件内部使这些裂缝渐趋加宽，对钢筋产生新的锈蚀。为此，须在新补上的区域周围再涂上两层环氧树脂胶液或铝粉水泥浆液等其他胶黏剂。

② 喷浆修补法。

喷浆修补法是指将水泥、砂和水的混合料，经高压通过喷嘴喷射到修补部位的一种修补方法。此法主要适用于重要混凝土结构物或大面积的混凝土表面病害和破损的修补。

A. 喷浆准备。

为了保证喷浆层能与受喷面的老混凝土面黏结牢固，达到预期的修补效果，喷浆前应做好以下准备工作：

a. 对老混凝土进行凿毛处理，凿毛面应有一定的深度，并将表面清理干净；

b. 当修补要求挂网时，在施工前应进行钢筋网的制作和安装并将其位置固定；

c. 在喷浆前一小时，应对受喷面进行洒水处理使之保持湿润状态，但又无水珠存在，以保证喷浆与原混凝土的良好结合；

d. 当被喷面有渗水时应先行处理使之阴干，以保证黏结良好。

B. 喷浆作业。

喷料供应要求：喷浆前应准备充足的砂子和水泥。将砂子和水泥均匀拌和后保存在不受风吹日晒之处，并及时使用，以免砂中的水份和水泥起水化作用而结成硬块。

输料软管设置：软管长度一般可连接成 25～70 m，最大升高不宜超过 10 m。为了出料均匀和操作安全，不宜采用短于 15 m 的软管。

气压和水压的选择：喷浆工作压力应控制在 0.25～0.40 MPa，一般根据输料软管的长度和上升高度而调整，如表 4.2.1-2。

表 4.2.1-2 喷浆工作压力、管长和上升高度的关系

喷浆工作压力/MPa	管长/m	最大升高/m
0.25～0.35	25～45	5
0.35～0.40	45～70	10
0.25～0.35	100～120	—

注：喷浆工作压力指喷浆机下室的压力表在装料后正常工作时的读数。

喷头操作：枪头与受喷面之间应保持适当的距离，距离过大或过小都会增加回弹量。距离的大小可视压力而定，一般要求为 80～120 cm。喷头对受喷面的方向，一般也应垂直，以使喷射物集中，减少回弹物，增强黏结力。

喷层厚度控制：为避免砂浆流淌或因自重而坠落等现象发生，当喷射层要求较厚时，一般须分层喷射。喷射层每层厚度控制的数值如表 4.2.1-3。

表 4.2.1-3 喷射层每层的最大厚度

喷射条件	最大厚度/mm
仰喷	20～30
侧喷	30～40
俯喷	50～60

为确保每个喷射层之间的黏结，在第一层没有完全凝固时即可开始第二层的喷射。同时，在备层喷射前，最好将前一层洒水润湿。气温在 5 ℃ 以上时，每层间歇时间以 2～3 h 为宜。当前一层已凝固时，则应在保证砂浆表面不被振动和沾污的情况下，用钢丝刷或竹刷轻轻将层松砂刷除，以使层间结合良好。

喷射时对喷射层表面加以自然整平，有利于美观、受力和耐久。当对喷射层表面有较高的美观要求时，可在初凝之前使用靠尺、铁皮或抹子将喷射层表面刮平，然后再采取人工抹灰或再另外喷一层 5～7 mm 厚的装饰层。

喷射层的养护：对于厚度很薄的干硬性砂浆喷射层，使其处于通风干燥条件下是十分重

要的，否则易于产生收缩裂缝，影响修补质量。在夏日阳光直射之处，应采取遮阳措施或加强洒水养护。第一次洒水养护，一般应在喷射后1~2h后进行，以后洒水养护，应以保持表面湿润为度，养护期为1~2周。

由于喷射层通常很薄，因而在养护期内不能遭受雨打、波浪冲击、强烈振动以及重物撞击等，以免造成损坏。

喷浆修补法的工艺流程如下图4.2.1-1所示。

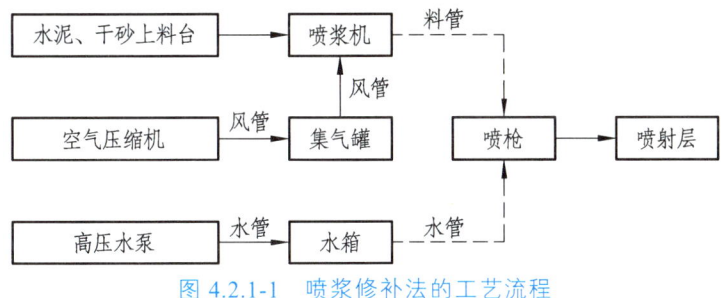

图 4.2.1-1　喷浆修补法的工艺流程

（3）环氧树脂材料修补法。

环氧树脂材料具有较高的强度和抗蚀、抗渗能力，并可与混凝土等材料牢固地黏结，是一种较好的混凝土表面病害修补材料。

① 修补表面处理的一般技术要求。

A. 混凝土表面要求作到无水湿、无油渍、无灰尘及其他污物，无软弱带。

B. 对混凝土面加以凿毛，保持平整、干燥、坚固、密实。混凝土表面处理可用人工凿毛，然后用高压水或压缩空气吹净，或采用风砂枪喷砂除净的方法。

② 修补施工工艺要求。

A. 涂抹环氧树脂基液。

a. 为使老混凝土表面能充分被环氧树脂浆液所湿润，保持良好的黏结力，在涂抹环氧砂浆或浇灌环氧混凝土时，应先在表面涂一层环氧基液。涂刷时，应力求薄而均匀，钢筋和凹凸不平等难于涂刷的部位，须反复多刷几次，涂刷基液厚度应不超过1mm。

b. 涂刷方式，可用毛刷人工涂布，也可用喷枪喷射。为便于涂匀，还可在基液中加入少量丙酮（3%~5%）。

c. 涂刷基液后，须间隔一定时间，使基液中的气泡清除后，再涂抹环氧砂浆或浇筑环氧混凝土。时间间隔一般为30~60min。

B. 涂抹环氧砂浆。

a. 平面涂抹时应摊铺均匀，每层厚度不宜超过1.0~1.5cm，底层厚度应在0.5~1.0cm，并用铁抹子反复压抹，使表面翻出浆液，如有气泡必须刺破压紧。

b. 斜、立面涂抹时，由于砂浆流淌，应用铁抹子不断地压抹，并适当增加砂浆内的填料，使环氧砂浆稠度增大。厚度以0.5~1.0cm为宜，如过厚应分层涂抹，超过4cm时最好立模浇筑。

c. 顶面涂抹时，为防止砂浆往下脱落，在涂刷底层基液时可使用黏度较大的基液，并力求均匀。环氧砂浆涂层的厚度以 0.5 cm 为宜，若超过 0.5 cm 时应分层涂抹，每层厚度可控制在 0.3~0.5 cm，每次涂抹均需用力压紧。

C. 环氧混凝土浇筑的工艺要求与普通混凝土基本相同，铺筑时应注意防止扰动已涂刷的环氧基液。平面浇筑时须充分插捣，再用铁抹反复压抹；侧面及顶面浇筑时均须架立模板，并插捣密实。

D. 养护：环氧砂浆的养护与水泥砂浆不同，最重要的是控制温度，夏季施工时，为避免阳光直接照射，可搭设凉棚。冬季施工时应注意加温保暖。一般养护温度以（20±5）℃为宜，养护时间在夏季一般 2 d 即可，冬季则须 7 d 以上。

（三）混凝土桥梁结构裂缝及其维修

1. 混凝土桥梁结构的裂缝

混凝凝土构件出现裂缝的形式很多，根据裂缝产生的原因一般可分为由自身应力形成的裂缝与荷载作用下产生的裂缝两大类。

（1）混凝土自身应力形成的裂缝。

① 收缩裂缝：混凝土凝固时，一些水分与水泥颗粒结合，使体积减小，称为凝缩；另一些水份蒸发，使体积减小，称为干缩，凝缩与干缩合称为收缩。混凝土的干燥过程是由表面逐步扩展到内部的，在混凝土内呈现含水梯度。因此产生表面收缩大、内部收缩小的不均匀收缩，致使表面混凝土承受拉力，内部混凝土承受压力。当表面混凝土所受的拉力超过其抗拉强度时，便产生收缩裂缝。

收缩裂缝在各种类型的桥梁结构中都可能产生，对于钢筋混凝土简支梁桥，裂缝外观一般表现为网状龟裂，宽约为 0.03~0.05 mm，用手触及有凸起感觉；对于箱型预应力混凝土梁桥，主裂缝一般发生在腹板上，宽约为 0.2~0.4 mm，施加预应力后大多数都会闭合。

② 温度裂缝：混凝土受水泥水化放热、阳光照射、大气及周围温度等因素影响而出现冷热变化时，将发生收缩和膨胀，产生温度应力，温度应力超过混凝土强度时，即产生裂缝，称为温度裂缝。

大体积混凝土（厚度超过 2 m 者），灌注之后由于水化放热，内部温度很高，如无妥善散热措施，由于内外温差太大，很易形成温度裂缝。

（2）荷载作用下产生的裂缝。

① 弯曲裂缝：在混凝土梁上施加弯矩时，将产生弯曲裂缝，弯曲裂缝也称垂直裂缝。对简支和连续梁桥来说，弯曲裂缝首先出现在弯矩最大的截面的混凝土受拉区，即跨中位置附近，一般从底边开始向上发展；负弯矩裂缝位于连续或悬臂梁板的支座附近，自上向下发展。随着荷载的增大，裂缝宽度增大，长度延伸，缝数增多，裂缝区域逐渐向两侧发展。这种裂缝是混凝土桥梁结构中最常见的一种裂缝类型。

② 剪切裂缝：剪切裂缝有时也称斜裂缝，首先发生在剪应力最大的部位。对简支和连续梁桥来说，往往发生在支座附近，由下部开始，沿着与轴线成 25°~50°的角度裂开；对悬臂梁来说，一般出现在支点与反弯点之间的区域。随着荷载的增大，裂缝长度将不断增长并向受压区发展，裂缝缝数不断增多共分岔，裂缝区也逐渐向跨中方向扩大。

③ 断开裂缝：钢筋混凝土构件受拉时，进入整个截面的裂缝称为断开裂缝。受拉构件在

荷载作用下产生的裂缝均沿正截面开展，裂缝间距有一定规律性。

④ 扭曲裂缝：混凝土构件受扭转与弯曲同时作用而产生的裂缝称为扭曲裂缝，该裂缝一般呈 45°倾斜方向。钢筋混凝土构件在扭曲作用下产生的裂缝一般有许多条，裂缝出现后混凝土保护层剥落，扭曲产生的扭矩改由钢筋承担，直至钢筋滑动时构件完全破坏。这种裂缝在混凝土弯梁桥中出现较多。

⑤ 局部应力引起的裂缝：局部应力引起的裂缝，如预应力梁端部锚固处常出现这种裂缝。对于先张法梁，裂缝一般起始于张拉端面，宽约为 0.1 mm，长度一般只延伸至扩大部分的变截面处；对于后张法梁，裂缝一般发生在预应力筋锚固处，裂缝比较短小，与梁纵轴多呈 30°～45°。

2. 混凝土桥梁结构裂缝的修补

混凝土桥梁的裂缝修补方法可根据裂缝的深度而定，一般细的浅裂缝常采用涂抹法或凿槽嵌补法进行修补，对于深裂缝则采用压力灌浆法进行修补。

（1）涂抹法。

采用涂抹法修补浅裂缝时，先在裂缝上口沿其长度范围凿一 V 形槽，槽宽约 1～2 cm，深约 0.5 cm，槽面应尽量平整，然后采用凿毛、喷砂或钢丝刷刷毛等办法清除混凝土表面浮浆，并用高压气枪或水枪冲洗吹干，最后在裂缝上涂一层环氧胶液，反复多次涂抹直至胶液浸透裂缝为止。当裂缝较密且已形成一定范围松散面时，则可采用立模浇灌进行修补。

（2）凿槽嵌补法。

凿槽嵌补是沿混凝土裂缝凿一条深槽，然后在槽内嵌补各种黏结材料，如环氧砂浆、沥青、甲基丙烯酸脂类化学补强剂（甲凝）等的一种修补方法。

修补时先沿裂缝凿槽，槽形根据裂缝位置和填补材料而定，缝槽形状见图 4.2.1-2 所示。通常多采用 V 形槽。

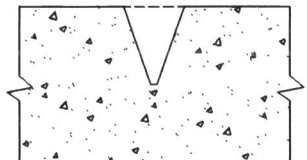 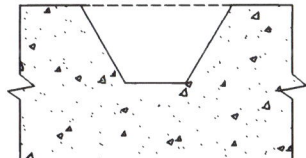 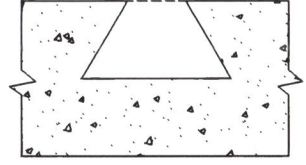

图 4.2.1-2 缝槽形状

槽的两边混凝土面必须修理平整，槽内要清洗干净，必要时可在填料前用丙酮擦一遍。如槽口外需要抹水泥砂浆或喷涂砂浆时，在凿槽时须一并将槽口外的混凝土表面凿毛，同时清理干净。

用水泥砂浆填补时，事先要保持槽内湿润（不应有积水）；用沥青或环氧材料填补时，要保持槽内干燥，否则应先采取其他措施，使槽内干燥后再进行填补。

（3）压力灌浆法。

压力灌浆法是指施加一定的压力，将某种浆液灌入结构物内部裂缝中去，以达到封闭裂缝，恢复并提高结构强度、耐久性和抗渗性能的一种修补方法。此法一般用于裂缝多且深入结构内部或结构有空隙的修补场合。

压力灌浆液的种类很多，修补桥梁结构裂缝中应用较多的为水泥灌浆和化学灌浆。

(四)桥梁支座的养护与维修

1. 桥梁支座的主要类型

桥梁支座是桥梁上、下部结构的连接点。其作用是将上部结构的荷载(包括恒载和活载)传递到桥梁墩台上去,同时还要保证上部结构在支座处能自由变形(转动或移动)桥梁支座按其作用分固定支座和活动支座两种。固定支座用来固定桥梁结构在墩台上的位置,它只能转动而不能移动。活动支座则可保证在温度变化,混凝土收缩和竖向荷载作用下结构能自由转动和自由移动。简支梁桥每一跨是由一个固定支座和一个活动支座组成,连续梁桥则多由一个固定支座和若干个活动支座所组成。

根据桥跨结构的大小,当前我国在钢筋混凝土梁式桥中所采用的支座形式主要有:弧形支座、铰轴支座、滚轴支座、摆式支座和板式与盆式橡胶支座和滑动钢盆橡胶支座等。

2. 桥梁支座的常见病害

桥梁支座的常见病害主要有下列几种类型:

(1)支座本身的损坏。
① 切线弧形支座滑动面、滚动面生锈,不能自由转动。
② 限制移动装置的破坏。
③ 支座的滑动面不平整、轴承有裂纹、切口,滚轴有偏移和下降甚至破坏。
④ 支座螺母松动或螺栓脱落。
⑤ 钢辊轴支座辊轴(或摇轴)的实际纵向位移偏大或发生横向位移。
⑥ 橡胶支座(板式与盆式)出现橡胶老化、变质现象,梁丧失自由伸缩能力。

(2)支座座板的损坏。
① 支座座板翘起、扭曲、断裂,贴角焊缝开裂。
② 锚栓切断。
③ 充砂浆裂缝。
④ 支座座板混凝土压坏、剥离、掉角。

3. 支座的养护与维修

桥梁支座在其遭受损坏、作用不能充分发挥时,将会使桥梁下部结构受到不利的影响,也容易对结构物造成重大障碍。因此,必须经常注意进行养护维修,发生损坏时要及时慎重地制定维修计划,给予修补。

(1)桥梁支座的养护。

桥梁支座必须经常养护,其主要内容如下:

① 对支座各部分应保持完整、清洁、要扫除垃圾,冬季清除积雪和冰块,保证梁跨自由伸缩。
② 在滚动支座滚动面上要定期涂一薄层润滑油,在涂油以前,必须先用钢丝刷或搭布把滚动面揩擦干净。
③ 为了防锈,支座各部分除钢辊和滚动面外,其余都要涂刷油漆保护。
④ 对固定支座应检查锚栓坚固程度,支承垫板要平整紧密,及时拧紧接合螺栓。
⑤ 板式橡胶支座在使用阶段,每年应对其应进行1~2次检查,并根据不同情况进行养护。

A. 检查支座工作状态是否正常，内容包括：是否出现个别支座滑移及脱空现象，支座恒载的剪切位移是否过大，支座是否产生过大的压缩变形。

B. 检查支座的外表，内容包括：支座橡胶保护层是否出现开裂、变硬等老化现象，并记录裂缝位置、宽度及长度；检查支座各层加劲钢板之间的橡胶外凸是否均匀和正常；检查支承垫石顶面是否有开裂、积水等现象，并进行清扫及必要的修补工作；应防止橡胶支座接触油脂，对梁底及顶帽上的残存机油等油脂进行清洗。

（2）桥梁支座的维修。

① 支座发生病害时的维修和更换。

A. 滚动面不平整，轴承有裂纹、切口以及个别辊轴大小不合适时，必须予以更换。

B. 梁支点承压不均匀时，应进行调整。调整时可采用千斤顶把梁上部顶起，然后移动调整支座的位置。

C. 支座座板翘起，扭曲、断裂时应予更换或补充，焊缝开裂应予维修加固。

D. 如要抬高支座时，可采用捣筑砂浆垫层、加入钢板垫层或预制钢筋混凝土垫块。

② 摆式支座工作性能不正常，有脱皮、露筋或其他异常情况发生时，橡胶支座已老化、变质而失效时，都须进行调整，加以维修加固或进行更换。

（3）钢辊轴支座辊轴（或摇轴）的实际纵向位移应与计算的正常位移相符，如实际纵向位移大于容许偏差或有横向位移时可用液压千斤顶进行矫正，如纵向或横向移动不大，用倾斜安装的千斤顶进行顶移。如移动较大，可先用千斤顶把上部结构顶起，放于木井架的移动托板上，然后再用绞车或千斤顶进行移动矫正。

（五）桥梁上部结构的加固

桥梁上部结构由于设计不周、施工质量不佳或其他外界因素的影响，导致结构在长期运营过程中出现较大的病害如裂缝超过规范规定值、车辆通过时变形过大等现象，从而使结构的承载能力降低或通过能力减小，无法满足当前交通的需要。这就要求考虑采用恰当的加固改造技术来恢复或提高原结构的承载能力和通过能力，保证交通畅通。

桥梁上部结构的加固方法很多，针对不同的病害情况应选用不同的加固方法。总的来说，加固方法的选用有以下几条原则：

（1）桥梁加固是一种借加大或修复桥梁构件来提高局部或整座桥梁承载能力或通过能力的措施。因此，桥梁加固工作一般以不更改原建筑形式为原则，只有在复杂的情况下才更改其结构。

如仅加固仍不足以适应交通运输的需要，必须进行重建桥梁的一部或全部时，则重建桥梁需考虑到将来的发展，并按现行桥梁设计及施工规范进行设计与施工。

（2）桥梁加固可以有各种不同的方式，视桥梁的病害情况、承载能力的减弱程度以及今后的交通需要而变。桥梁的加固一般有如下几种：

① 扩大或增加原结构构件截面，以提高原结构的强度和刚度。

② 以新的结构代替旧的应力不够的结构。

③ 改变原结构的受力体系，使原结构减少受力。

④ 对原结构施加外应力（如预应力）以改变原结构的受力图形，达到提高桥梁度和强度的目的。

（3）采用扩大或增加桥梁构件截面的方法进行加固时，应特别注意新加部分与原有部分的结合，使其成为一个整体起到加固作用。

（4）不管采用何种加固方案，都应考虑投资少、工效快、不中断交通、技术上可行、有较好的耐久性等方面的要求。

1. 增大构件截面和配筋加固法

当梁的强度、刚度、稳定性和抗裂性能不足时，通常可采用增大构件截面和增加配筋的加固方法。对抗拉强度不足的简支梁桥进行补强施工时，可在梁底部（受拉区）或侧面增配补强主筋或在腹板上增设补强箍筋，然后喷涂或浇筑混凝土，从而使梁的抗弯截面增大以提高梁的承载能力。

增大梁截面和配筋加固法的优点是：能在桥下施工，不影响交通，加固工作量不大，而且加固的效果也较为显著。因此，此法在桥梁结构补强加固中是一种应用较多的方法。增大构件截面和配筋来提高主梁承载能力的加固法，一般多用于梁板桥的加固。对于板梁桥，主要是考虑增设板梁底面的加强主筋和截面；对于T型梁桥除考虑增设梁底主筋和截面外，还须考虑设置套箍。二者施工上有一定区别，故分述如下。

（1）增加主钢筋加固法。

当梁内所配置的主要受力钢筋截面不足，无法满足抗弯承载能力的要求，而桥下净空又受到限制不允许过多地增加主梁高度，有时连桥面标高也不允许提高，此时即可采用增加纵向主钢筋的方法进行补强加固。所增加的主钢筋采用焊接工艺与梁内原主钢筋相焊，具体施工要点如下：

① 增焊主筋。

首先凿开梁肋下缘混凝土保护层，使梁内原底层主钢筋露出，将原箍筋切断并拉直，然后将增加的主钢筋焊在原主筋的下缘。为了减小焊接时温度应力的影响，施焊时应采用焊一段空一段的断续双面施焊方式，焊缝长约3~8cm，并从跨中向两支点方向依次施焊。

② 接长箍筋，恢复混凝土保护层。

增加的主筋焊好后即可接长箍筋并重做混凝土保护层。为了增强新老混凝土的黏结及加快混凝土的固化速度，新做保护层材料宜采用环氧树脂小石子混凝土（或砂浆）或膨胀水泥混凝土（或砂浆）。施工工艺常采用涂抹法、压力灌注法或喷涂法（即喷锚法）。当采用喷涂法施工时，在增焊的主筋表面须放置一层金属网，分层喷涂水泥砂浆，然后再进行人工表面整修。如果原梁内的箍筋数量不足，梁肋混凝土出现剪切裂缝时，则可以在增焊主筋的同时在梁肋两侧增设箍筋。为了固定新设之箍筋，可以在梁肋上埋入销钉予以固定，同时增设的箍筋顶端应伸入桥面板中。

当采用增焊钢筋来提高梁的承载能力时，无论是受拉主钢筋还是箍筋，其增设数量的计算一般均按照新增钢筋与原钢筋共同承担恒、活载所产生的内力来考虑，新增主钢筋的切断位置也应满足锚固长度的要求。

（2）增大混凝土截面加固法。

增大混凝土截面可采用两种方式：一种是加厚桥面板，另一种是加大主梁梁肋的高度与宽度。

① 加厚桥面板。

加厚桥面板进行补强时，先将原有桥面铺装层凿除，在桥面板上浇筑一层新的钢筋混凝土补强层，使其与原 T 梁或板梁形成组合断面，用以提高抗弯刚度以达到补强的效果。为使新老混凝土有良好的结合，桥面板表面应凿毛清洗干净，并且每隔一定间距设置齿形剪力槽或埋设柱状剪力键（钢筋短柱），或用环氧树脂作为新老混凝土的胶结层。补强层中钢筋网的钢筋直径与间距可根据补强层参与桥面板共同受力来确定。通常当采用此法进行补强加固时，可以不再做桥面铺装层，而在补强层表面加铺沥青砂作为桥面磨耗层，或者在设计确定补强层厚度时再增加 2 cm 作为磨耗层考虑。

采用加厚桥面板的方法进行补强，施工简便，不需搭设支架，对水上交通无影响，但施工时桥上行车受阻。因此，对于不允许中断交通的大交通量地区的桥梁，此法不能采用。

用此法由于必然会增加结构物的自重与恒载弯矩，而构件下缘受拉区并未得到真正的加强，因而往往仍由截面下缘受拉主钢筋控制设计。所以，这种方法仅适用于较小跨径的 T 梁桥或板梁桥。为了弥补以上缺陷，有时它也与增焊主筋法配合使用。

② 增大梁肋混凝土截面。

将梁肋下缘加宽加高也是增大混凝土截面的方式之一，通常在加大的下缘混凝土截面中加设主筋。为避免因起吊 T 梁进行加固而增加施工难度，梁肋下缘截面扩大部分在靠近支座的梁端部分仍恢复成原截面（即仅在跨中某区段将梁肋下缘截面加大），并在截面扩大部分与保持原截面之间作一斜面过渡。扩大部分加设的主筋在靠近支座的梁端部分向上弯起呈元宝状并与原结构中的主筋相焊。

为了保证新老混凝土间有良好的黏结并固定新加主筋的位置，应将结合部位的混凝土表面凿毛并清洗干净，再每隔一定间距（一般为 1 m 左右）凿露原主筋，通过锚固用箍筋将新加主筋与原主筋相连。增大梁肋所需的混凝土通常采用悬挂模板浇筑。

当采用加大混凝土截面法进行补强加固设计时，必须考虑到结构分阶段受力这一特点，并进行详细的分析计算。这种加固方法只有在因补强加固所增加的恒载仍在原结构下缘受拉区强度许可的限度内方可采用，也就是说原结构截面能承受原有恒载及因补强加固而增加的恒载，而活荷载则由最后的组合截面承受。

2. 粘贴钢板（筋）加固法。

桥梁加固粘贴法，一般采用环氧树脂或建筑结构胶将钢板或钢筋等抗拉强度高的材料粘贴在钢筋混凝土受弯构件表面，使之与结构物形成整体，从而取得提高构件的抗弯、抗剪能力，以及减少裂缝扩展的效果。该加固方法具有施工简便，粘钢所占空间小，不减小桥梁净空，加固施工周期短，消耗材料少，粘钢加固部位范围与强度可视设计构造需要灵活设置，并可在不影响或少影响交通的情况下施工。

（1）粘贴钢板加固法。

采用环氧树脂系列黏结剂将钢板粘贴在钢筋混凝土结构物的受拉缘或薄弱部位，使之与原结构物形成整体共同受力，以提高其刚度和承载能力，改善原结构的钢筋及混凝土的应力状态，限制裂缝的进一步发展，从而达到加固补强、提高桥梁强度的目的。

当粘贴钢板是试图提高原构件的抗弯强度时，钢板粘贴在梁底或板底，钢板和混凝土作为整体受力考虑，以钢板与混凝土黏结面处混凝土的局部剪切强度控制设计。钢板的规格宜薄而宽，厚度一般在 4.5~6 mm。薄钢板由于具有较好的弹性而易于适应构件表面状况。粘贴钢板补强加固的合理设计应控制在钢板发生屈服之前，混凝土不出现剪切破坏。为避免钢板在自由端脱胶，端部可采用夹紧螺栓固定，也可在钢板上按一定间距用螺栓固定。粘贴钢板补强加固的施工技术要点如下：

① 表面处理。

为了取得良好的粘贴效果，必须先对粘贴部位混凝土及所要粘贴的钢板进行认真的表面处理。混凝土的粘贴表面要消除破碎部分，凿平、凿毛并露出骨料，用钢丝刷或用压缩空气清除浮尘，于粘贴钢板前再用丙酮擦洗一遍。钢板表面则需先用汽油洗去油污，用喷砂或砂轮打磨除锈，使表面露出光泽，再用丙酮擦洗，最后用一层环氧树脂薄浆将粘贴面予以保护。

② 粘贴钢板。

一般钢板采用涂抹粘贴。先在混凝土表面和钢板表面涂一层环氧树脂胶浆，然后在钢板上均匀铺一层环氧砂浆，厚度约为 mm，随即将钢板贴在混凝土面上并加压成型，通过加压使多余的胶浆沿板边挤出，从而使钢板密贴在混凝土表面。

关于钢板粘贴的加压成型方式一般有两种：一种是螺栓加压，即在混凝土粘贴面上每隔一定间距埋设一根φ12 mm的螺栓，在钢板的相应位置设孔，钢板粘贴后通过旋紧螺帽加压；另一种是用木模加压，即在构件下方距构件底面 15～20 cm 处设置支承梁（可在桥下搭设或在桥面悬出，在支承梁与构件之间安设木楔，待钢板粘贴后即楔紧木模以达到加压的目的。当在构件上缘表面粘贴钢板时，则可在钢板上搁置重物进行加压采用粘贴钢板进行补强加固时，粘贴质量的好坏将直接影响加固效果，其中保证粘贴的密实又是关键，当发现粘贴接缝有空隙时，应及时用胶结剂填补。为了防止粘贴的钢板锈蚀，钢板的外露面亦应消除油污，并用钢丝刷除去锈斑（若用螺栓加压，螺栓亦应同样处理）并涂一层环氧树脂薄浆罩面，再涂两层防锈漆予以保护，以后每隔 1～2 年应检查一次防护层，若发现脱漆现象应及时修补。

当粘贴钢板系用来增加原构件的抗剪强度时，钢板应粘贴在梁的侧面，如图 4.2.1-3 所示。所粘贴的钢板可以是块状，也可采用带状钢板，若为带状钢板，则应沿着垂直于斜裂缝方向（即沿着主拉应力方向）粘贴。为了提高带状钢板板端的粘结强度，可在带状钢板两端设置水平锚固钢板。

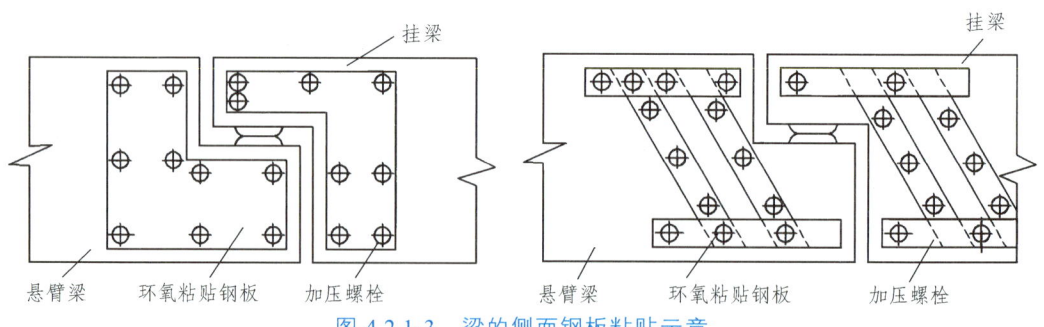

图 4.2.1-3 梁的侧面钢板粘贴示意

在构件侧面粘贴钢板，一般采用涂抹法和灌浆法两种粘贴工艺。涂抹法粘贴工艺与在构件底面粘贴钢板相似，所不同者主要是在侧面粘贴时一般都采用螺栓加压成型，并在环氧胶浆固化后卸去加压螺栓的螺帽，并截去外露的螺杆，且留下 2～3 mm 长进行冷铆。灌浆法粘贴需在混凝土表面凿出 1～1.5 cm 深的凹槽，并在混凝土与钢板粘贴面上先刷一层环氧薄浆，然后将钢板贴在凹槽上，钢板与混凝土之间留出灌注空隙，钢板用螺栓加压固定，钢板四周用环氧砂浆封闭，钢板上设有灌浆孔，孔上安装灌浆嘴，由此向空隙中以压力灌注环氧树脂胶浆。

（2）粘贴钢筋加固法。

当采用粘贴钢板存在加工成型较为困难且需要一定数量的支托材料及辅助设备等问题时，可采用粘贴钢筋法进行加固。

粘贴钢筋加固法一般用在桥梁结构的抗拉强度不足，受拉部位产生裂缝时，在受拉部位粘贴钢筋对桥梁进行加固，以便增强桥梁抗弯部位外纤维的抗拉能力。粘贴钢筋具有与结构物黏附性能较好、加工成型容易、用钢量少、锚固牢靠方便、加固效果明显等特点。

采用粘贴钢筋法时所用钢筋的直径以不超过 8 mm 为宜，粘贴剂环氧砂浆的厚度一般为钢筋直径的 2 倍。粘贴钢筋的施工要点为：

① 搭设支架，在支架上设支承梁和成型模板。

② 混凝土粘贴面的表面处理。

③ 布设钢筋。钢筋事先按设计长度拉直截好，用丙酮擦洗后放在模板上绑扎成排栅，或在桥下点焊成排栅后就位。钢筋排栅表面涂一层环氧树脂胶浆后用吊杆吊住并紧贴在构件底面上。

④ 粘贴。为了便于脱模，在模板上先铺一层塑料薄膜。将环氧砂浆均匀地摊铺在模板上。在模板与支承梁之间打入木楔将模板顶起压在构件底面上，使环氧砂浆压入钢筋排栅空隙构以保证钢筋与混凝土粘为一体。

⑤ 脱模与防护。待环氧砂浆固化后即可拆卸模板，检查粘贴质量并进行修补，最后对钢筋进行涂漆等防护处理。

采用粘贴技术进行桥梁补强加固，其施工工艺较为简单。但是，粘贴质量的好坏将直接影响加固效果。为此，在施工时对下列几个问题必须严加控制：

① 严格掌握胶结料的配合比。粘贴用胶结料的常用配合比（重量比）可参考表 4.2.1-4，其中稀释剂根据胶结料的稠度需要而确定，一般为 10%的用量，当稀释剂用量达 20%以上时，胶结料不易硬化。增塑剂又名增韧剂，它的作用是改善胶结剂的韧性，提高抗弯和抗冲击强度。固化剂则是直接与环氧树脂发生化学反应，使环氧树脂软化并产生强度。

表 4.2.1-4　胶结料常用配合比（重量比）

配方	环氧树脂（6101）	增塑剂		稀释剂		固化剂		水泥	砂
		二丁酯	苯酚	二甲苯	丙酮	二乙烯三胺	乙二胺		
粘贴钢板（砂浆）	100	15~20	10	30	10~15	12~25	6~8	100	150~200
粘贴钢筋（砂浆）	100	10~15	10	20	10~15	12~25	6~8	100~150	150~300
粘贴玻璃布（胶浆）	100	15~20	10	20	10~15	12~25	6~8		

② 施工温度。环氧树脂在低温条件下固化较慢，涂层也不易均匀，所以一般宜选择在

15～28 ℃的温度下施工。若施工温度较低，则需采取加温养护措施，例如采用紫外线灯烘烤等。

③ 保持成型所需的压力。粘贴补强大多数在梁（板）的底面进行，由下向上粘贴，如果成型时施加的压力不够，补强层可能下坠，与混凝土黏合不紧密，以致发生钢板等脱落。

④ 涂胶要均匀且用力刮平，将气泡挤出，以免形成空洞或脱胶。

⑤ 做好粘贴基面的处理和防护措施。

3．体外预应力加固法

采用外部预应力对梁式桥上部结构进行补强加固，其作法是在梁的下翼缘受拉区设置粗钢筋形式的预应力拉杆或预应力钢丝束，通过张拉对梁体产生偏心与压力在此偏心压力的作用下梁体产生上拱，荷载挠度减小，改善了结构的受力，从而达到提高承载能力的目的。以下介绍两种常见的外部预应力补强加固的方法。

（1）下撑式预应力拉杆（粗钢）加固法

体外预应力下撑式拉杆加固补强方法是最常用的一种，它可视为改简支梁为上承式桥架。桁架的上弦即为原结构主梁，下弦是新增设的水平拉杆，腹杆是新增的斜拉杆，把与梁体接触的垫块视为竖杆，单垫块为单柱式，双垫块为双柱式，有时也采用多柱式。加固装置的简图如图 4.2.1-4 所示。通过改变支撑点的位置和调整拉杆中的拉力来满足承载力的要求。

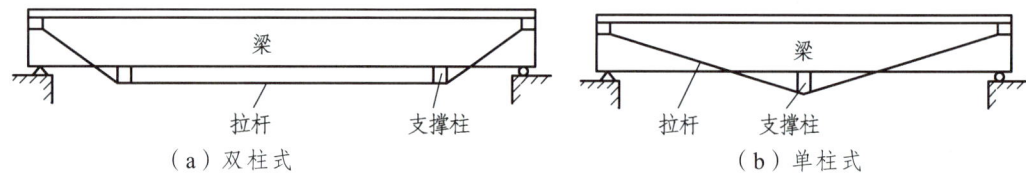

图 4.2.1-4　下撑式拉杆加固装置简图

斜杆的上端锚固位置有两种：一种锚于梁端的顶部，另一种锚于靠近端横梁处的梁肋顶部。斜杆的下端与滑块联结，滑块依赖拉杆收紧后产生的上托力和滑移时的摩擦力与上强联结。在斜杆顶端和梁底垫块上作用力的水平分力共同对梁体施加偏心轴向压力。上述作用力的竖向分力所形成的力偶对梁端施加负弯矩及竖向负剪力。这些预加力可以抵消或超过恒载作用力。在车辆通过时，这些体外拉杆是上部结构的组成部分并与原有梁体共同受力，形成超静定体系，各拉杆的张拉力将自动增加，进一步起到梁体加强作用。

预应力拉杆补强加固根据施加预应力方式的不同，可以分为三种。

① 横向收紧张拉法。

横向收紧张拉法如图 4.2.1-5 所示。作为拉杆的粗钢筋分两层布置在梁肋底面两侧，在靠近梁端适当的位置向上弯起，与固定在梁端的钢制 U 形锚固板焊接。粗钢筋弯起处用短柱支撑，纵向每隔一定间距设一道撑棍和锁紧螺栓。通过收紧器将横向收紧而使拉杆受拉，从而在梁体产生预压应力。

横向收紧张拉的具体施工程序为：

A．粘贴锚固钢板。将梁端混凝土保护层凿除，使主筋外露，清除渣浮浆后用环氧砂浆粘贴 U 形锚固板。

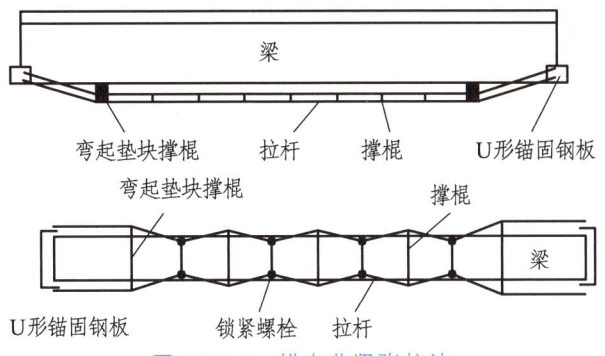

图 4.2.1-5 横向收紧张拉法

B. 焊接拉轩粗钢筋。先将粗钢筋的弯起段按设计斜度焊在锚固板上,然后用夹杆将粗钢筋的水平段与弯起段焊在一起。

C. 安装张拉装置。先放好弯起点垫块撑棍,再安设中间撑棍及锁紧螺栓,紧贴锁紧螺栓处安放收紧器。

D. 预张拉。预张拉的目的在于检查拉杆的焊接质量,预张拉力按设计张拉力的 80%~90%控制,预张拉力保持 12 h 后卸除。

E. 张拉。旋紧收紧器,使两侧拉杆向中间收拢,按设计收紧量对称地分次收紧。达到设计收紧量后再收紧 1~2 m,然后拧紧锁紧螺栓,并用双脚锁住,最后卸除收紧器。各段拉杆横向收紧的距离按设计预应力值计算出拉杆总变形值确定,并通过几何关系计算出具体出的数值。

F. 防护处理。拉杆粗钢筋及 U 形锚固板均需涂以防护涂料以防锈蚀。

② 纵向张拉法。

当采用纵向张拉法补强加固时,拉杆钢筋仍沿梁底布置,两端向上弯起,它与横向收紧张拉法不同之处在于拉杆两端弯起段通常都穿过翼缘板上的斜孔伸至桥面,拉杆端部设有丝扣,用轧丝锚固于梁顶的锚固槽内,如图 4.2.1-6 所示。

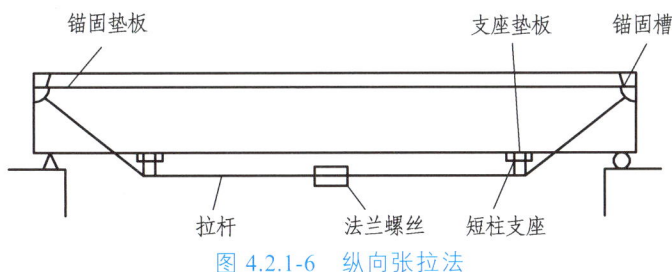

图 4.2.1-6 纵向张拉法

纵向张拉法对拉杆钢筋施加预应力可以用旋紧螺帽、端部用张拉千斤顶张拉、拉杆中间设置法兰螺丝收紧丝扣及电热法张拉等手段完成。纵向张拉补强加固的大致施工工艺为:

A. 凿开梁端桥面铺装,在梁端顶部按设计斜度凿出锚固槽。

B. 钻孔。在锚固槽内沿梁腹板侧壁方向按设计斜度钻两个平行的孔洞。

C. 粘贴梁端锚固垫板和梁底的短柱支座垫板。

D. 安装拉杆钢筋。拉杆分水平段及弯起的锚固段两部分,各拉杆的松紧度应调整一致。

E. 张拉。每片梁上的几根拉杆应保持均衡张拉。

F. 封锚。用防水砂浆或环氧砂浆填入锚固槽封锚。

G. 防护处理。

③ 竖向顶撑张拉法。

竖向顶撑张拉如图 4.2.1-7 所示，它是在梁端底部设置 U 形钢锚固板，沿梁底设置拉杆，拉杆两端焊在钢锚固板上，在梁的 1/4 跨径及跨中（或跨间横隔板）位置设置张紧夹具，张紧夹具安装在固定于梁腹或横隔板上的承托架上给拉杆施加预应力，主拉杆达到设计应力值后，用钢筋混凝土垫块在拉杆与梁底面间楔紧，以固定拉杆位置并保持张拉力，最后卸除张紧夹具和承托架并做好拉杆的防锈处理。

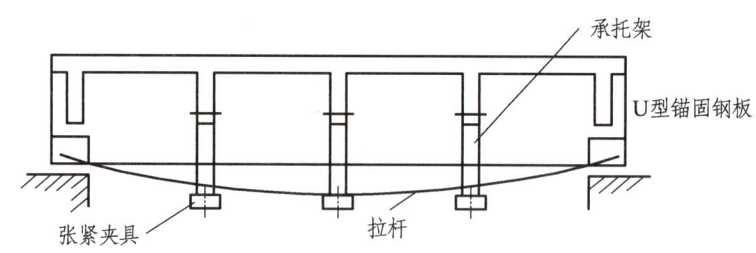

图 4.2.1-7　竖向顶撑张拉法

采用下撑式拉杆进行补强加固时，在设计中必须考虑以下各部分的预应力损失：

A. 螺栓锚固引起的预应力损失；

B. 拉杆松弛引起的预应力损失；

C. 拉杆与混凝土间温差引起的预应力损失；

D. 混凝土弹性压缩引起的预应力损失；

E. 混凝土徐变引起的预应力损失；

F. 支座（短柱支座）摩擦损失。

在下撑式预应力拉杆加固施工中必须注意到：由于横向各片主梁的共同作用使各片主梁的受力相互影响这一特点，当张拉后一片主梁时，前一片已张拉主梁的拉杆中的预应力值将减小。因此，需要对各片主梁进行反复补充张拉以调整各主梁的预应力值，使各片主梁均达到设计值。

准确地控制拉杆的预应力值，是保证下撑式预应力拉杆补强加固效果、保证施工安全的关键，预应力值的控制方法通常有以下几种：

A. 拉杆上贴应变片，测量拉杆的应变；

B. 直接由张拉千斤顶压力表读数；

C. 用测力扳手测定螺帽旋转力或控制螺帽转数；

D. 测量构件的上挠度。

无论采用哪一种方式对拉杆施加预应力，下撑式预应力拉杆均外露在结构外表，拉杆的锈蚀、梁下支撑的位移等都会影响到补强效果，特别是采用横向收紧张拉法施工时，撑棍的变形、锁紧螺栓在行车振动作用下可能发生的松动等，都会使拉杆中的预应力值受到损失，从而降低补强效果。为此，除了严格各工艺过程的施工质量外，要认真做好防护处理。并需进行定期检查。加强维修。

（2）外部预应力钢丝束加固法。

采用外部预应力钢丝束加固梁式上部结构，一般沿梁肋侧面按某种曲线（常用的有抛物线形等）线形设置预应力钢丝束,为保证曲线线形并固定钢束位置,在梁底每隔一定间距(50~100 cm)设置一个定位箍圈（梁底向上兜），或者在梁肋侧面埋设定位销。钢丝束的两端头则穿过梁端翼缘板上的斜孔伸至梁顶锚固，钢束等布置简图如图 4.2.1-8 所示。

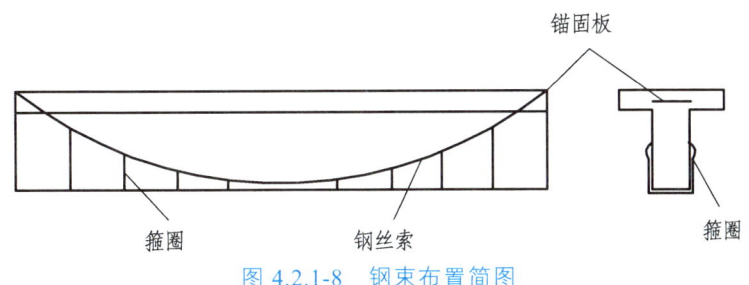

图 4.2.1-8　钢束布置简图

为了防止钢丝束的锈蚀，预应力钢丝束应放在保护导管内，或者待张拉后在钢丝束周围用混凝土包裹。采用预应力钢丝束加固时，由于设置并张拉钢丝束常增加了梁端上缘的压应力，从而导致梁端上缘混凝土因抗压强度不足而开裂，因此，有时采取同时适当加厚桥面板以加强受压翼缘。

外部预应力钢丝束补强加固的施工工艺如下：

① 钻孔。在梁端顶面先凿出锚固槽，再沿梁肋两侧方向按设计斜度钻孔。

② 安装锚固板。锚固板一般用厚 15 mm 的钢板制成，在钢丝束位置上钻出穿丝孔，用环氧砂浆将锚固板固定在锚固槽内。

③ 安装定位销或定位箍圈。U 形定位箍圈常用 $\phi 12 \sim \phi 16$ mm 钢筋焊制，顶端设有穿钢丝束用的套环。钢丝束由一端锚固板穿入经过各定位箍圈，再从另一端锚固板穿出并收紧钢丝束后用轧丝锚头临时固定。

④ 张拉。在钢丝束一端用张拉千斤顶或绞车张拉钢丝束，待达到设计张拉值后即进行锚固，再浇筑封头混凝土。

⑤ 防护处理。钢丝束涂上红丹和防锈漆，外面再罩以砂浆或混凝土保护层，或者用套管封闭钢丝束。

4. 碳纤维布加固法

碳纤维因其质轻、耐腐蚀、片材很薄、抗拉强度高而被广泛应用。碳纤维布（片）其施工工艺也很简单。

（1）碳纤维材料。

① 碳纤维复合材料。

碳纤维复合材料通常由纤维和基体组成。加固混凝土结构用的纤维材料目前主要有三种：玻璃纤维（GFRP）、碳纤维（CFRP）和芳纶纤维（AFRP）。纤维复合材料的力学特点是其应力应变量完全线弹性，不存在屈服点或塑性区。由于碳纤维材料具有高强、轻质、耐腐蚀、耐疲劳等优异物理力学性能，以及现场施工便捷，所以是旧桥加固补强的理想材料。

加固混凝土构件时，按构件的不同受力特点用粘结材料将碳纤维布有序地缠绕粘贴于构件表面，实现对构件变形的约束并因此提高构件的极限强度和承载能力。

碳纤维布的抗拉强度一般为 3550 MPa，弹性模量为 2.35×10^5 MPa。根据碳纤维布的品质不同，其厚度一般在 0.11~0.43 mm。

② 粘结材料。

粘结材料是将连续纤维状的碳纤维结合在一起，同时又与混凝土表面黏合的系列黏接材料。它主要包括三类材料：底层涂料、整平材料和浸渍树脂。

A. 底层涂料（底涂胶）。

在处理好的混凝土表面上，涂一层很薄的底层胶，既可以浸入混凝土表面，强化混凝土表面强度，又可以改进胶接性能，从而使混凝土与碳纤维布之间的黏接性得以提高。因此，要求底涂胶必须具有很低的黏度，以及与混凝土良好的黏结性能，以便于涂刷在混凝土表面后胶黏剂能渗入混凝土结构中。为保证性能应尽量避免使用溶剂型胶。

B. 整平材料（找平胶）。

碳纤维布只有与所加固补强的混凝土表面紧密接触才能产生良好的补强效果。但混凝土表面的锐利突起物、错角和转角部位等都可能使碳纤维布产生损伤并引起强度降低。混凝土表面小的模板错位及混凝土气孔很难通过基底处理一道工序彻底清理。因此在涂敷的底层涂料指触干燥后必须用找平胶进行找平同时将矩形断面直角打磨后补成圆弧状。

找平胶应具有优良的力学性能以及良好的施工性能与触变性能。在施工过程中，找平胶应易于操作且不随时间的延长出现明显的变形，防止胶的滴挂。一般的普通环氧树脂的黏接强度和强韧性都达不到找平胶的要求，不应调配使用。

C. 浸渍树脂（粘贴主胶）。

浸渍树脂在粘结材料中起着至关重要的作用，它连接底胶与碳纤维布。它的黏度应控制在一定范围有利于浸渍树脂顺利地将碳纤维布黏附于混凝土表面，经过碾压使浸渍树脂很容易浸透碳纤维布，形成一个复合性整体来共同抵抗外力作用。

浸渍树脂不仅应具有良好的渗透性以利于浸透碳纤维布，同时还应具有一定的初粘力，防止粘贴的碳纤维布塌落而形成空洞或空隙。并且本身具有良好的触变性，易于施工且不会发生明显的滴淌现象。另外，胶黏剂与碳纤维的相容性和粘接力必须极好才能满足碳纤维布和混凝土形成预定的复合材料。

D. 防护材料（罩面胶）。

罩面胶主要是为了施工表面的美观和保护碳纤维布。只要求材料能涂敷在碳纤维布表面，并不脱层，不掉落，能长期在冷热干湿的空气中稳定以防止复合材料被紫外线直接照射。它的选择范围较大，丙烯酸体系、聚氨酯体系、不饱和聚酯体系、有机硅、有机氟体系等都适合。

（3）碳纤维布加固施工工艺与要求。

① 一般施工工艺。

A. 施工前的准备作业。

B. 基面处理。

混凝土表面的劣化层（如浮浆、风化层等）要用砂轮机进行清除和打磨，并用钢丝刷将表面松散浮渣刷去，然后用压缩空气除去粉尘，再用丙酮或无水酒精擦拭表面，也可用清水冲洗，但必须保证其充分干燥后才能进行下一道工序的施工；基面的错位与凸出部分要磨平，凹入部位应用找平胶进行修补以保证粘贴面的平整,转角部位要进行倒角处理;裂缝部分要注入环氧树脂浆进行修补。

C. 涂刷底胶。

按比例准确配制好底胶并搅拌均匀,注意一次调和量在可使用时间内用完,超过时间的绝对不能使用,以确保黏接质量;用滚筒或刷子均匀地涂抹在基面上,注意直横均匀涂抹,自然风干。如在冬季施工,胶的黏度较高,不能涂得太厚;底胶硬化后,在表面有凸起部分时要用磨光机或砂纸打光;待底胶指触干燥后进入下道工序。

D. 粘贴碳纤维布。

在待粘贴面上划出各层位置;依设计尺寸裁剪碳纤维布,应根据现场施工经验和作业空间确定下料长度。若需要进行接长时,接头的长度应根据实际情况而定,一般不得小于 15 cm;下料数量应以当天能用完为准;粘贴碳纤维布时,应依设计位置由上而下,由左至右有秩序地粘贴,并以滚筒压挤贴片,使碳纤维布与浸渍树脂充分结合,同时以压板去除气泡;即时观察贴片是否粘贴密实,若发现有间隙或气泡,应及时处理。

E. 罩面防护处理。

粘贴完碳纤维布后,即时在其表面再直横均匀涂抹一层浸渍树脂,自然风干;确保贴片表面已充分风干结合后,在其表面涂抹罩面胶或采取其他措施处理,以保证各层胶的耐久性。

② 粘贴施工要求。

A. 对被加固构件的基面要求。

因为用碳纤维布加固混凝土构件是依赖于碳纤维布与构件表面的粘贴效率,所以要求基面的混凝土强度等级不低于 C15,同时要求被加固构件应具有良好的保护层,即基面平整且具有一定强度。对于构件有剥落、起皮、腐蚀、裂缝及严重碳化等表面缺损,必须先进行修复并应将粘贴基面打磨平整、清理干净,且不应存在尖锐棱角和浮灰粉尘,防止碳纤维布的局部剥断破坏和粘贴失效。

B. 碳纤维布的粘贴。

用碳纤维布加固混凝土构件宜采用薄布多层的粘贴方法,使其与粘结材料充分浸润,以确保黏结效率。

对于受弯构件宜在受拉区沿轴向平直粘贴碳纤维布进行加固补强,并在主纤维方向的断面端部进行附加锚固处理。

C. 碳纤维布的搭接与截断。

加固用的碳纤维布一般不宜采取沿主纤维方向的搭接,尤其是对受拉构件和受弯构件受拉区的加固。根据国内外对碳纤维布与混凝土间黏结锚固的试验结果,黏结应力主要集中于端部 100 mm 范围内,黏结破坏是脆性的,且黏结应力一般不会产生扩展。因此,若碳纤维布确需搭接时,其搭接部位应避开构件应力最大区段,搭接长度不应小于 100 mm,且搭接端部应平整无翘曲。多层搭接的各层接口位置不应在同一截面,每层接口位置的净距宜大于 200 mm。

D. 施工时其他应注意的事项。

现场气温低于 5 ℃ 及雨天或可能结露时,应停止施工;在施工现场,应做好防火等安全措施;各种胶粘附在皮肤上时,要用肥皂水冲洗,特别是进入眼内,要立即用水冲洗或接受医生诊治。

E. 加固所用的碳纤维布及其配套粘结材料均应有厂家所提供的材料检验证明和合格证。

5. 改变结构体系加固法

改变结构体系法，是通过改变桥梁结构体系（如在简支梁下增设支架、桥墩；或斜撑或把简支梁与简支梁加以连接，从而由简支变为连续；或者在梁下增设如钢桁架等的加劲梁或叠合梁；或者改小桥为涵洞等），以达到改善结构受力、提高结构承载能力的加固方法。

采用改变结构体系方法进行技术改造时，必须进行认真的计算并采取相应的措施。例如，在简支梁跨中增设支点时，应验算新增支点处由负弯矩产生的拉应力，并根据应力大小增加配置梁（或板）的上缘钢筋，此时也可考虑利用原结构上缘的架上钢筋等承受部分负弯矩；也可按不产生负弯矩的原则选择支点位置；或者使新支点处产生的活载负弯矩与未增设支点前该处之恒载正弯矩接近，否则就有可能导致主梁上缘的开裂。

（1）八字撑架加固法。

在简支桥孔设置钢制或钢筋混凝土制八字撑架，为原桥上部结构提供两个弹性支承，从而使原来的一跨简支梁变为三跨连续梁。结构体系的这一改变使结构受力状况得到改善，从而可以提高承载能力。这种方法也可用于多跨连续梁上。采用八字撑架加固的要点是：

① 合理选择支承点的位置。要使支承点处主梁由于活载所产生的活载负弯矩尽量接近该处未设支承点前的恒载正弯矩，这样就可以不必或尽量减少对原梁的截面进行加固的工作。

② 如果单靠变动支承点位置已不能满足所要求的承载能力时，就需考虑同时采取增焊主筋或加厚桥面板等措施对原主梁截面进行补强加固。

③ 新增支承处一般设置四氟板滑动支座，以提供无水平阻力的弹性支承。

（2）连续体系加固法。

连续体系加固法是将原多跨简支梁的梁端连接起来，使受力体系由原来的简支体系转换为连续体系，改善结构的受力状况以期提高结构的承载能力。这种方法主要适用于原简支梁桥中截面抗弯承载力明显不足的情况。但是必须充分考虑到原桥的地基条件，防止由于基础沉降等对新形成的连续体系上部结构产生不利影响。为了尽量减少顶梁更换支座（即将原来多跨简支体系时的每一桥墩顶相邻两跨梁各设一个支座改为连续体系时的一个桥墩上仅设一个支座）增加改造工程的施工难度，有时也常不更换支座（即仍采用原支座）而形成双支座形式。但是，多跨连续体系采用双支座形式，对上、下部结构受力的影响尚有许多问题需作进一步研究。

采用连续体系改造上部结构的一般做法是：

① 将原梁顶混凝土保护层凿除使梁顶部钢筋外露，同时将原筋切断拉直，沿梁顶增设纵向受力钢筋。钢筋的数量由墩顶梁端连接处所需承受的负弯矩确定。此时，也可考虑原梁顶之架立钢筋参与承受负弯矩工作。

② 浇筑梁顶加高混凝土及梁端接头混凝土。此时，除必须将梁端面凿毛清洗外，为了增加接头处的刚度及加大梁端受压区截面面积，也可考虑把相邻梁的端横隔板之间浇整体混凝土。

③ 若采用更换支座进行技术改造，则需拆除原支座，用一组带有加劲垫板的新支座来替换。

（3）改桥为涵加固法。

对于跨径较小的桥梁，在不影响通航和排洪能力的情况下，可采用改桥为涵的方法进行加固。某石拱桥改为矩形涵洞的实例如图 4.2.1-9 所示。

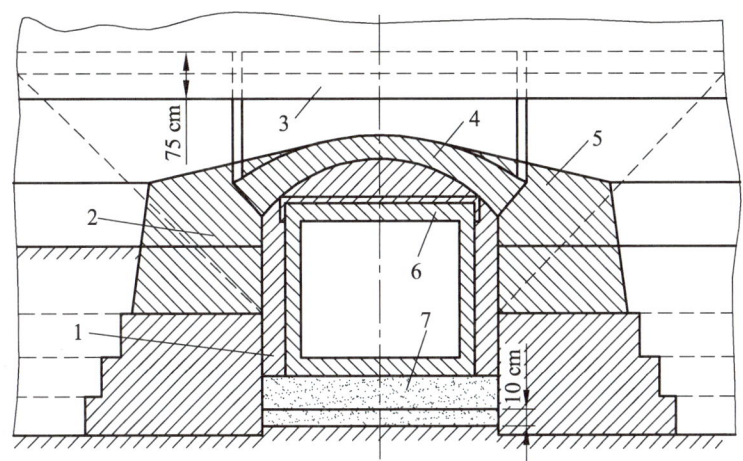

1—矩形钢筋混凝土涵洞；2—混凝土；3—拆除 75 cm 高的桥梁侧墙；4—石拱拱桥；5—石砌体；
6—涵洞防水层；7—涵洞基础；8—道砟

图 4.2.1-9 施工桥改为矩形涵洞

石拱桥改为矩形涵洞的施工工序为：

① 筑围堰抽水挖除桥孔下污泥，分层填土夯实，再铺筑道碴，并浇筑混凝土基础。

② 在拱圈、桥台和涵洞节段之间的缝隙可用干硬性混凝土捣实，或用水泥浆粗石圬工堵塞。

③ 拆除桥梁侧墙。

④ 依照拱内尺寸修筑矩形混凝土涵洞。

6. 增加主梁加固法及上部构造的拓宽改建

（1）增设主梁加固法。

在墩台地基安全性能较好并具有足够承载能力的情况下，可采用增加承载能力高和刚度大的新主梁，这些新梁与旧梁相连接共同受力。由于荷载在新增主梁后的桥梁结构中重新分布，使原有梁中所受荷载得以减少，因此使加固后的结构承载能力和刚度有效地提高。当增设的主梁位于原桥梁的一侧或两侧时，则同时兼有桥面拓宽的作用。

图 4.2.1-10 为采用增加主梁进行加固时新、旧主梁的布置图示，在新增主梁位置上将原桥面凿开，切断原横隔梁，利用原结构设置悬挂模板，现场浇筑新增主梁混凝土。对于预应力混凝土桥梁，考虑到在桥上无法进行预应力张拉，新增预应力梁必须先在预制场张拉后再安装就位。这种采用新增主梁的加固法对于过去常见的少主梁或双主梁整体现浇式桥梁的技术改造尤为有利，这种上部结构不仅主梁的间距大，新增的主梁容易布置与浇筑，承载能力可以明显得到提高，而且增加主梁后也改善了原有桥面板的受力状况。

为了使新旧结构联成整体共同受力，通常将原主梁之横隔梁内钢筋与新梁横隔梁的钢筋焊接起来，或通过预埋钢板将新旧横隔梁联结；有时还在横隔梁下部增设贯通全桥宽的联结钢筋，并加大横隔梁下缘混凝土截面，将此钢筋包裹在混凝土内。与此同时整体浇筑桥面铺装混凝土，为进一步加强整体性，桥面铺装混凝土中常设置钢筋网。

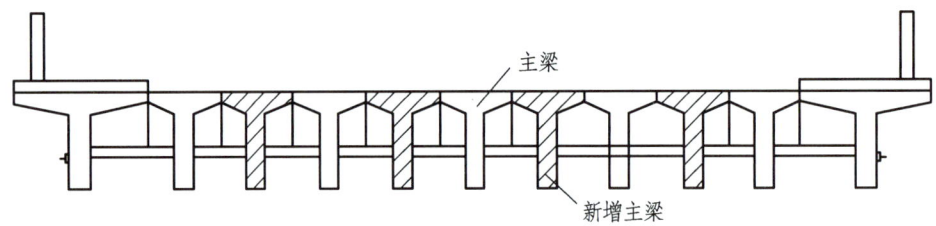

图 4.2.1-10　增设主梁加固法

（2）梁式桥上部构造的拓宽改建。

为了提高桥梁的通过能力，适应路线拓宽改建的要求，必须把宽度较窄的桥梁加以拓宽改建。梁式桥上部结构造拓宽改建主要有单边拓宽和两边对称拓宽两种形式。

① 单边拓宽改建法。

当原有铁路线路是以单边拓宽进行改建时，相应地，对旧桥也可采用单边拓宽的形式予以改建。单边拓宽的做法是平行于原桥另建一座新的桥跨结构，如图 4.2.1-11 所示。

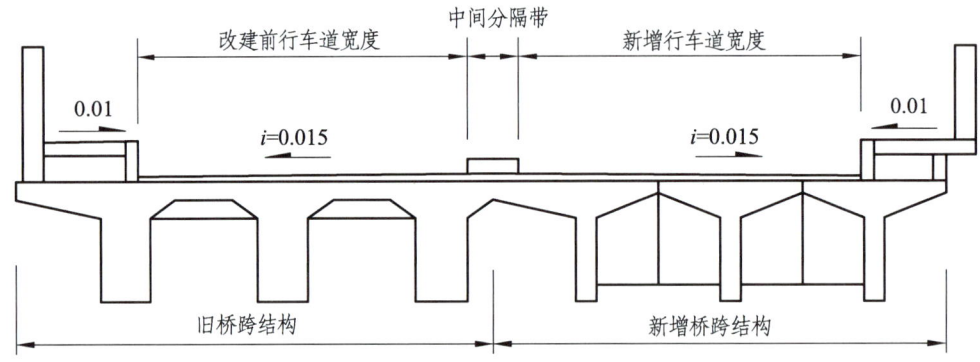

图 4.2.1-11　桥梁单边拓宽改建法

为便于新墩台的施工，新桥跨可采用比旧桥具有稍大跨径的办法。

② 双边对称拓宽改建法。

为了与旧有路线双边对称拓宽的方案相适应，许多旧桥也须采用双边对称拓宽的改建方案。旧铁路桥双边拓宽主要增设大边梁来拓宽旧桥桥面和提高旧桥承载能力等形式。

旧桥在拓宽改建中，若既要求提高其通过能力，又要求提高荷载等级时，一般可采取增设承载能力大、刚度大的边梁的拓宽改造方案。采用大边梁加宽旧桥时，因可分配较多的荷载，从而使旧桥老边梁分配的荷载相应的减少较多。

增设大边梁改建旧桥，以另行设计的新边梁分配较多的荷载，使原桥边梁分配的荷载大大减少，从而为荷载标准较大幅度的提高创造条件。

（六）桥梁下部结构的加固

桥梁结构的承载能力及使用状况不但与桥梁上部结构有关，作为其重要的组成部分的下部构造，墩台和基础将直接承受上部构造的荷载（包括恒载和活载），并将荷载传递给地基受力。所以，桥梁下部构造的质量好坏也直接影响其承载能力和正常使用，而且有的旧桥承载能力的降低和主要病害的产生是由于下部构造的病害所引起。因此，在旧桥加固改造工作中，对下部构造的加固改造亦是非常重要的。否则，就不能达到恢复和提高桥梁整体承载能力及正常使用的目的。

1. 墩台基础的加固

墩台基础在使用过程中，由于活荷特别是超重车辆的长期作用等其他因素的影响，会使基础产生沉陷、墩台出现倾斜和过大的裂缝等病害。因此，往往应根据墩台基础不同的损坏程度，不同的结构情况进行维修加固，以确保行车安全，延长桥梁的使用寿命。

基础加固的常用方法有：扩大基础加固法、增补桩基法（打入柱或钻孔灌注桩）和人工地基加固（改良地基）法等。墩（台）的常用加固法有：用钢筋混凝土套箍或护筒加固贯通裂缝的墩台法；用支撑法或增建挡土墙法处理墩台滑移；以及用顶升法加固产生过大沉降的桥梁结构等。

（1）扩大基础加固法。

扩大桥梁基础底面积的加固方法称为扩大基础加固法。此法适用于基础承载力不足或埋置太浅而墩台又是砖石或混凝土刚性实体式基础时的情况。扩大基础底面积由地基强度验算确定。

在刚性实体式基础周围加石砌圬工或混凝土，以扩大基础的承载面积，如图 4.2.1-12 所示。

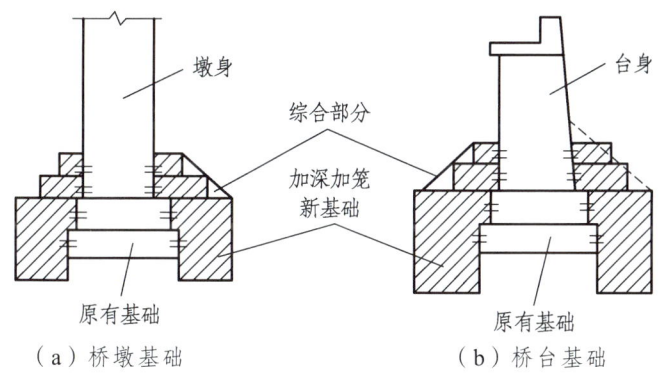

图 4.2.1-12　墩台扩大基础加固法

扩大基础加固法可按下列施工顺序进行：

① 通常在必须加宽的范围内先做围堰（如板桩围堰等）。如墩台基底土壤不好时，应作必要的加固。

② 挖去围堰内土壤至必要的深度（注意墩台的安全）。

③ 抽干堰内积水，铺砌石块（浆砌）或作混凝土基础。

④ 新旧基础要注意牢固结合，施工时，可加设连系（锚固）钢筋或插以钢销以使加固扩大基础和旧基础牢固地结合成一整体。

（2）增补桩加固法。

在桩式基础的周围补加钻孔桩或打入钢筋混凝土预制桩并扩大原承台，以此提高基础承载力并增加基础的稳定性，这种加固方法称为增补桩基加固法，如图 4.2.1-13 所示。

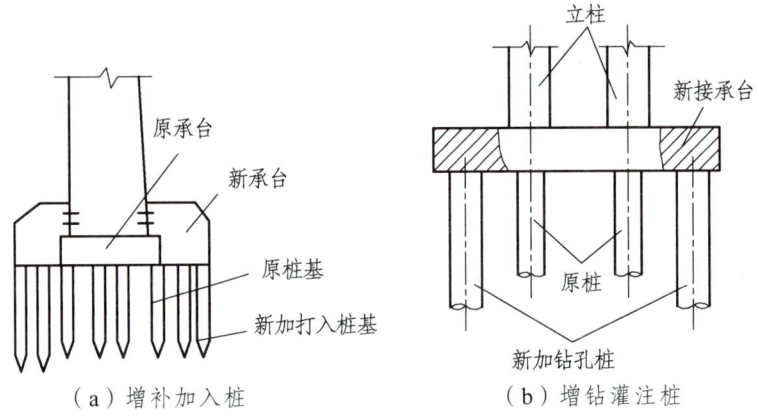

图 4.2.1-13　增补桩基加固墩台基础

增补桩基法加固墩台基础的优点是：不需要抽水筑坝等水下施工作业，且加固效果显著。其缺点是：需搭设打桩架和开凿桥面，对桥头原有架空线路及陆上、水上交通均有一定影响。

对单排架桩式桥墩采用打桩（或钻孔灌注桩）加固时，如原有桩距较大（在 4～5 倍桩径时），可在桩间插桩。如原有桩距较小且通航净跨允许缩小时，可在原排架两侧增加桩数，成为三排式的墩桩。

如在桩间加桩，可凿除盖梁并浇注新盖梁，将新旧桩顶连接起来。但此时必须检查原有盖梁在加桩顶部能否承受与原来方向相反的弯矩，如不能承受则必须加固原有盖梁。加固原盖梁时，可在盖梁顶部增设钢筋。

当桥台垂直承载力不足时，一般可在台前增加一排桩并浇筑盖梁，以分担上部结构传来的压力。打桩（或钻孔桩）时可利用原有桥面做脚手架，在桥面上开洞插桩。增浇的盖梁可单独受力，也可连接在一起，使旧盖梁、旧桩及新桩一起受力。

（3）人工地基加固法。

当基础下面的天然土基松软，不能承受很大荷载或上层土壤虽好，但深层土质不良引起基础沉陷时，可采用人工地基加固方法，以改善提高基础的承载能力。

人工地基加固方法很多，一般常用的有砂桩法和注浆法两种。

① 砂桩法。

当软弱地基层较厚时，可用砂桩法改善地基的承载能力。加固施工时，将钢管或木桩打入基础周围的软弱土层中，然后将桩拔出，灌入经过干燥的粗砂，进行捣实，作成砂桩，达到提高土的密实度的目的。

在含水饱和的砂土或粗砂土中，由于容易坍孔，灌砂困难，亦可采用砂袋套管法与振冲法加固地基。

② 注浆法。

注浆法是在墩台基础之下，在墩台中心直向或斜向钻孔或打入管桩，通过孔眼及管孔用一定压力把各种浆液（加固剂）注入土层中，通过浆液凝固，把原来松散的土固结为有一定强度和防渗性能的整体、或把岩石裂缝堵塞起来，从而加固地基、提高地基承载力的一种加固法，如图 4.2.1-14 所示。

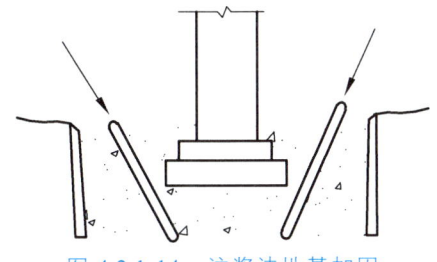

图 4.2.1-14　注浆法地基加固

注浆法加固桥梁墩台基础，所采用的方法和注浆材料一般都因地质情况不同而异。静力注浆和高压喷射注浆所适用的地质情况及所采用的注浆材料如表 4.2.1-5。

表 4.2.1-5　注浆法适用土质范围

类别		浆材名称	卵石碎石	粗粒组						细粒组	
				砾石			砂粒			粉粒	黏粒
				粗	中	细	粗	中	细	极细		
静压注浆	无机类	纯水泥浆		▬▬▬▬▬▬▬▬▬▬▬								
		黏土水泥浆		▬▬▬▬▬▬▬▬▬▬▬								
		水玻璃水泥浆		▬▬▬▬▬▬▬▬▬▬▬▬▬▬								
		水玻璃水泥浆氯化钙		▬▬▬▬▬▬▬▬▬▬▬▬▬								
	有机类	水玻璃类		▬▬▬▬▬▬▬▬▬▬▬▬▬▬▬								
		铬木素类		▬▬▬▬▬▬▬▬▬▬▬▬▬▬▬▬								
		丙烯酰胺类		▬▬▬▬▬▬▬▬▬▬▬▬▬▬▬▬▬▬								
		脲醛树脂类		▬▬▬▬▬▬▬▬▬▬▬▬▬▬▬								
		聚氨酯类		▬▬▬▬▬▬▬▬▬▬▬▬▬▬▬▬▬								
高压喷射	旋喷	纯水泥浆	▬▬▬▬▬▬▬▬▬▬▬▬▬▬▬▬▬									
	定喷	纯水泥浆	▬▬▬▬▬▬▬▬▬▬▬▬▬▬▬▬▬▬▬									
粒径/mm			100	20	10	2.0	0.5	0.25	0.1	0.05	0.005	0.001

浆液材料选择要求：

A. 浆液应是真溶液而不是悬浊液。浆液黏度低，流动性好，能进入细小裂缝。

B. 浆液凝胶时间可从几秒至几小时范围内随意调节，并能准确地控制，浆液一经发生凝胶就在瞬间完成。

C. 浆液的稳定性好。在常温常压下，长期存放不改变性质，不发生任何化学反应。

D. 浆液无毒无臭，对环境不污染，对人体无害，属非易爆物品。

E. 浆液对注浆设备、管路、混凝土结构物、橡胶制品无腐蚀性，并容易清洗。

F. 浆液固化时无收缩现象，固化后与岩石、混凝土等有一定黏接性。

G. 浆液结石体有一定抗压和抗拉强度，不龟裂，抗渗性能和防冲刷性能好，并具有耐老化性能好，能长期耐酸、碱、盐等腐蚀，且不受温度和湿度的影响。

H. 材料来源丰富、价格低廉。

I. 浆液配制方便，操作容易。

注浆法根据注浆压力的不同，又可分为静压注浆和高压喷射注浆两大类：

A. 静压注浆。主要包括填充注浆、裂缝注浆、渗透注浆和挤压注浆等方式。

B. 高压喷射注浆。主要包括旋转喷射注浆和定向喷射注浆等方式。

注浆法加固基础的应用已经越来越多，特别是高压喷射注浆的旋喷法，已得到广泛应用。

（4）钢筋混凝土套箍或护套加固法

桥梁墩台如出现贯通裂缝，为防止裂缝的继续发展，使之能正常使用，可用钢筋混凝土围带或钢箍进行加固，如图4.2.1-15所示。加固时，一般在墩身上、中、下分设三道围带；其间距应大致相当于桥墩侧面的宽度。每个围带的宽度应根据裂缝情况和大小而定，一般为墩台高度的1/10左右，厚度采用10~20cm。为加强围带与墩台的连接，应在墩身内埋置直径10~25mm的钢销，埋入深度为钢销直径的20倍左右，把围带的钢筋网扣在钢销上，埋钢销的孔眼要比销径大出15~20mm，先填满销孔再浇筑混凝土，同时填塞裂缝。

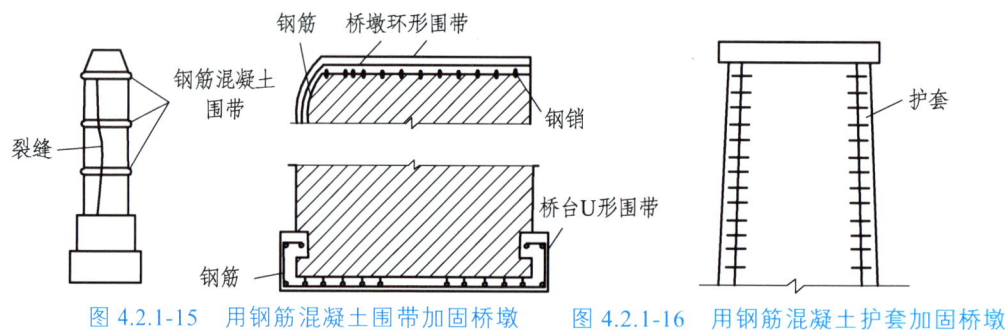

图4.2.1-15 用钢筋混凝土围带加固桥墩　　图4.2.1-16 用钢筋混凝土护套加固桥墩

当墩台损坏严重，如有严重裂缝及大面积表面破损、风化和剥落时，则可采用围绕整个墩台设置钢筋混凝土护套的方法进行加固，如图4.2.1-16所示。

（5）桥台滑移倾斜的处理。

① 支撑法加固。

对墩台因尺寸不足，难以承受台背土压力而往桥孔方向产生倾斜或滑移的埋置式桥台，可采用修筑撑壁法进行加固，如图4.2.1-17所示。

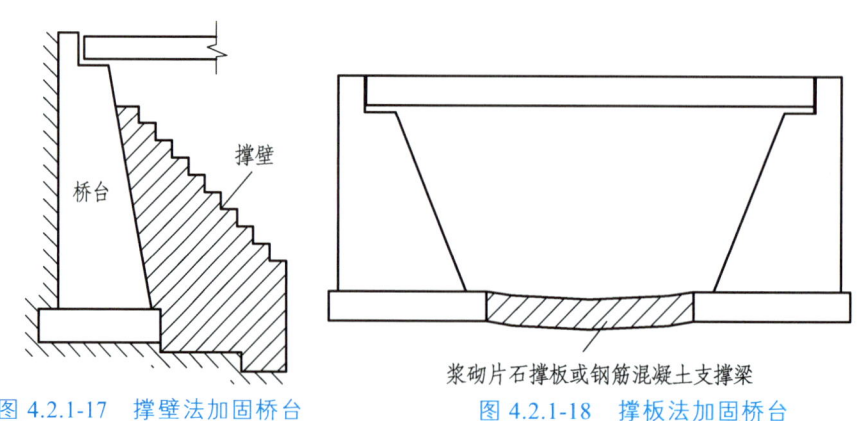

图4.2.1-17 撑壁法加固桥台　　图4.2.1-18 撑板法加固桥台

对于单孔小跨径桥台，为防止桥台滑移，可在两台之间加建水平支撑，如整跨浆砌片石撑板，或用钢筋混凝土支撑梁进行加固，如图4.2.1-18所示。

② 增减辅助挡土墙加固。

对于因桥台台背水平土压力太大而引起的桥台倾斜，应设法减少桥台后壁的土壤压力，可在台背加建一挡土墙以增强挡土能力，如图4.2.1-19所示。

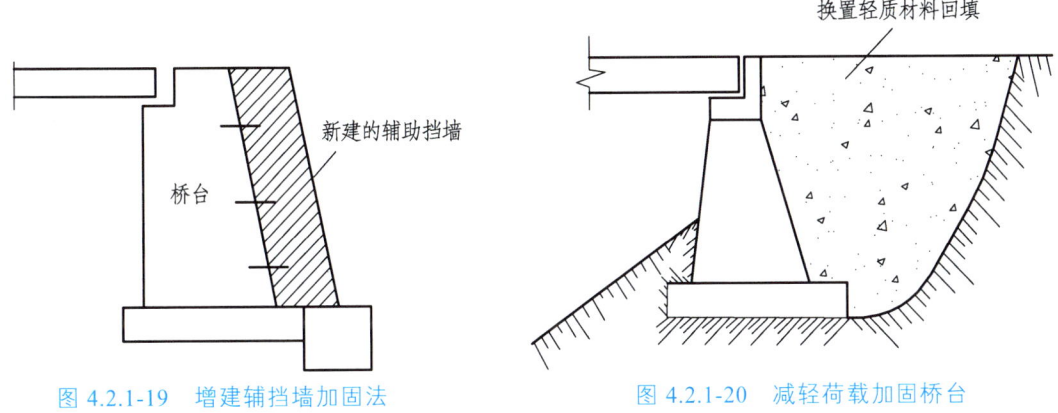

图4.2.1-19 增建辅挡墙加固法　　　　图4.2.1-20 减轻荷载加固桥台

③ 减轻荷载法。

筑于软土地基上的桥台，常由于填土较高而受到较大侧向土压力作用，从而使桥台产生前移，以致发生倾斜。此时，一般可更换台背填土，减小土压力，即采用减轻桥台基础所受荷载的方法进行加固，如图4.2.1-20所示。

2. 墩台基础的旋喷注浆加固

旋喷注浆法由于用途广泛、加固地基的质量可靠而且效果好，目前已成为桥梁地基加固的主要方法。

（1）旋喷法工艺类型与主要特征。

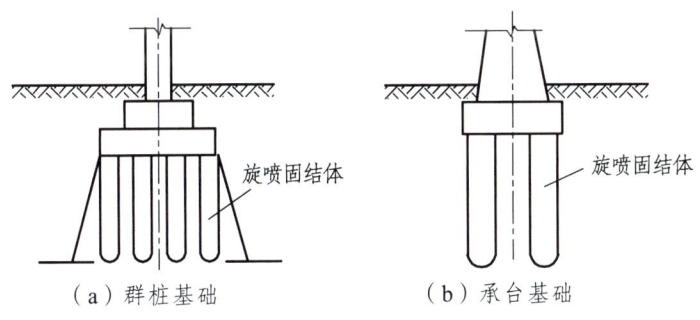

图4.2.1-21 旋喷注浆法加固墩台基础

旋喷注浆法是，利用工业钻机将旋喷注浆管置于预计的地基加固深度，借助注浆管的旋转和提升运动，用一定的压力从喷嘴中喷射液流，冲击土体，把土和浆液搅拌成混合体，随着凝聚固结，形成一种新的有一定强度的人工地基。旋喷注浆法加固墩台基础的情况如图4.2.1-21。

① 旋喷注浆法的工艺类型

旋喷注浆法的基本工艺有下列三种类型：

A. 单管旋喷注浆法：注浆管钻进至一定深度后，由高压泥浆泵等高压发生装置，以一定的压力将浆液从喷嘴中喷射出去冲击破坏土体，同时使浆液与土搅拌混合，在土中形成圆柱状的固结体。

B. 二重管旋喷注浆法：使用双通道的二重注浆管，当注浆管钻进至预定深度后，通过双重喷嘴同时喷射出高压浆液和空气两种介质的喷射流冲击破坏土体。

在高压浆液流和它外围环绕空气的共同作用下，破坏土体的能量增大，最后形成固结体的直径也明显增加。

C. 三重管旋喷注浆法：分别使用输送水、气、浆三种介质的三重注浆管。由此可在土中凝固为直径较大的圆柱状固结体。

② 旋喷注浆法的主要特征。

旋喷注浆法与静压注浆有所不同，而且与其他地基处理方法相比更有独到之处。旋喷注浆法的主要特征如表 4.2.1-6。

表 4.2.1-6　旋喷注浆法的主要特征

主要特征	说明
适用范围较广	能以高压喷射流直接破坏并加固土体，固结体的质量提高，适用范围较大。既可用于工程新建之前，又可用于工程修建之中，特别是用于工程落成之后
施工简便	旋喷施工时，只需在上层中钻一个孔径为 50 mm 或 108 mm 的小孔，便可在土中喷射成直径为 0.4～2.0 m 的固结体
固结体形状可控制	为满足工程需要，在旋喷过程中，可调整旋转速度和提升速度，增减喷射压力或更换喷嘴孔径改变流量，使固结体成为设计需要的形状
确保固结体强度	根据采用不同的浆液种类和配方，即可获得所需的固结体强度
有较好的耐久性	在一般的软弱地基中加固，和其他工艺相比，能预期得到稳定的加固效果并有较好的耐久性能
使用材料价格低廉	喷射的浆液以水泥为主，化学材料为辅。除在要求速凝超早强时使用化学材料以外，一般的地基工程中均使用料源较广、价格低廉的 32.5 号或 42.5 号普通硅酸盐水泥。此外，还可在水泥中加入一定数量的粉煤灰，既利用了废料又降低了注浆材料的成本
设备简便	旋喷设备结构紧凑、体积小、机动性强、占地少，并能在狭窄和低矮的现场施工。施工管理简便，在旋喷过程中，通过对喷射的压力、吸浆量和冒浆情况的量测，即可间接地了解旋喷效果和存在的问题，以便及时调整旋喷参数或改变工艺，保证固结质量

（2）旋喷法加固墩台基础的设计和施工。

① 设计计算方法。

用旋喷法加固墩台基础，一般是因为墩台基础在设计或施工中存在某些缺陷，对地基的实际承载力估计不足，已发生构筑物产生过大的下沉；或者是因为使用条件改变如荷载等级提高，使地基承载能力不能适应。加固的方法一般都是在墩台基础的襟边或底板打下钻孔，旋喷成圆柱形固结体，并和原基础联成整体，增加地基的承载力以达到加固的目的。

用旋喷法对旧桥墩台进行加固时，与前述其他加固方法情况相同，原有桥梁的全部重量都是已压在原有地基上的。地基是在承受着构筑物已有的全部重量的情况下进行加固施工的。

因此,若被加固的桥梁构筑物没有受到新的荷载作用,旋喷固结体最初是几乎不受力的。只是随着时间的推移,原有地层在恒压力的作用下,土体产生徐变或滑移,使原土体承受的部分压力转移到刚性较大的旋喷固结体上。但这种转移是不大的,因此,只有构筑物新增加荷载时,才为旋喷固结体所承受。

总的来说,用旋喷法加固后的地基,具有下列特点:

A. 固结体和原土层共同受力。

B. 固结体的变形模量较土层大很多倍。

C. 固结体和土体的受力在时间上不同步,一般是土体已达到或接近其极限强度以后固结体才进入工作状态。

② 旋喷法加固墩台基础的施工。

A. 施工程序。

旋喷注浆加固的施工程序为钻机就位、钻孔、插管、旋喷作业、冲洗等五道工序。

B. 旋喷施工的操作要点有:

a. 旋喷前要检查高压设备和管路系统,其压力和流量必须满足设计要求,注浆管及喷嘴内不得有任何杂物。注浆管接头的密封圈必须良好。

b. 垂直施工时,钻孔的倾斜度一般不得大于 1.5%。

c. 在插管和旋喷过程中,要注意防止喷嘴被堵。在拆卸或安装注浆管时动作要快。水、气、浆的压力和流量必须符合设计值,否则要拔管清洗再重新进行插管和旋喷。

d. 旋喷时,要做好压力、流量和喷浆量的量测工作,并按要求逐项记录。钻杆的旋转和提升必须连续,不得中断。拆卸钻轩继续旋喷时,要注意保持钻杆有 0.1 m 的搭接长度,不得使旋喷固结体脱节。

e. 深层旋喷时,应先喷浆后旋转和提升以防注浆管扭断。

f. 搅拌水泥时的水灰比要按设计规定,不得随意更改,在旋喷过程中应防止因水泥浆沉淀而使浓度降低。禁止使用受潮或过期的水泥。

g. 施工完毕,应立即拔出注浆管,彻底清洗注浆管和注浆泵,管内不得有残存水泥浆。

3. 墩台基础的改建

为了提高桥梁的通过能力,往往需对旧桥采取拓宽措施。随着上部结构的拓宽,必将要求加宽原有墩台基础。同时,由于设计考虑不周、台背离填土和基础承载力不足等因素,使桥台或桥墩产生不同程度的沉陷,从而影响桥跨结构的正常使用。为此,亦需相应加高桥梁墩台。对桥梁墩台基础采取的拓宽、加高措施,通常称为墩台基础的改建。

(1)墩台基础的加宽。

墩台基础的加宽改建一般可采取下述两种方法:

① 接长盖梁法。

利用旧桥的基础,靠墩台盖梁挑出悬臂加宽部分,以便安装加宽的上部桥跨,如图 4.2.1-22 所示。仅加宽桥墩和桥台的上部,基础和墩台体则不必予以加固。

利用此法加宽墩台时,旧桥墩台基础必须完好、稳定,且需经过承载力验算后才能采用墩台基底应力验算时,常因修建年代较久,地质资料缺乏或散失而造成困难。此时宜通过荷载试验或触探试验等办法实测确定。如无条件实测时,则考虑原桥修建时的荷载标准以及旧桥墩台已经实践检验，使用多年，地基承载力有一定的提高。为此，可对比改建后与改建前的计算结果，按改建后基底应力超出的百分数是否符合容许范围而确定。

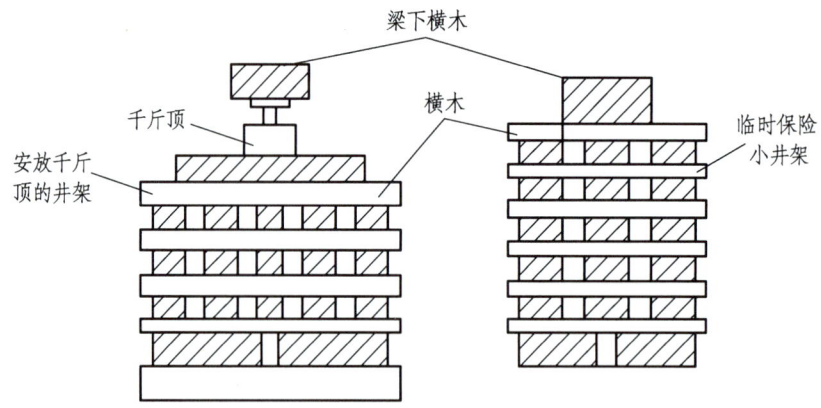

图 4.2.1-22　顶升井架搭设示意

墩台盖梁采用悬臂式加宽施工时应注意如下几个问题：

A. 应先凿除旧盖梁连接部的混凝土保护层，使钢筋露出，并在原主筋上焊接新主筋。采用搭接焊形式而用两条焊缝时，其焊缝长度应不小于 5 d；用一条焊缝时，其焊缝长度应不小于 10 d。接长部分的钢筋需经计算确定，并注意剪力钢筋的布置。

B. 新旧混凝土连接表面应粗糙，做成阶梯及凹槽等。新旧混凝土面一般不采用沿斜面连接，否则，将使新旧连接部有可能沿斜面滑动。

C. 施工时，应清除连接部混凝土的灰尘。新梁浇筑后应加以妥善湿治保养并不使其受外力震动。

② 旧墩台附近设置新墩台法。

直接靠近原有墩台或稍稍离开一些，在其上、下游添造一个新的墩台。在此情况下，必须巩固与围护原有桥台基础周围的土基，并设法防止原有墩台基础的变形。通常有两种做法：

A. 采用离开旧墩台新置新结构物的做法，如图 4.2.1-23 所示。

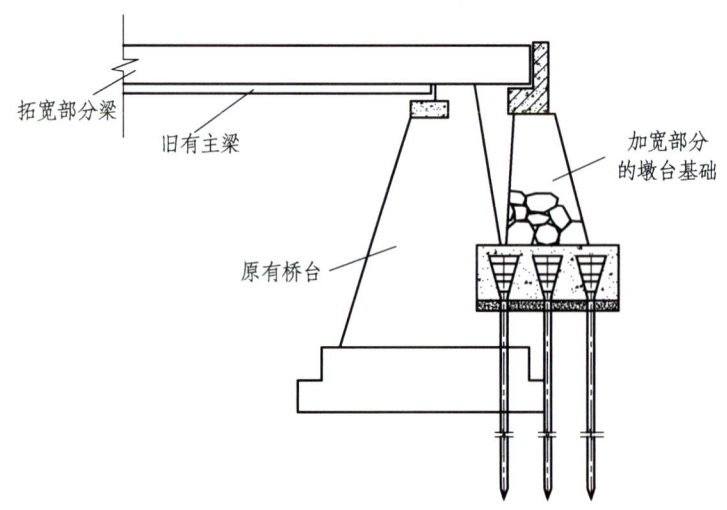

图 4.2.1-23　旧墩台附近设置新加宽墩台

B. 靠近旧墩台构筑新墩台的做法，如图 4.2.1-24 所示。

用此法加宽墩台时，需考虑到新加宽部分墩台的沉降量和旧墩台不一致的情况。使用多年的旧桥墩台，一般趋于稳定，即使继续沉降也是极为微小的。因此，新加宽的部分墩台和旧桥墩台之间，可采用设置沉降缝的办法而避免相互牵制。沉降缝的设置要求使新拓宽部分沉降对旧桥墩台不发生重大影响。为此，设计施工中必须加以注意。

（2）墩台基础的加高。

桥梁墩台产生沉陷，严重时影响桥下净空，甚至会阻碍通航，由于墩台的沉降，使桥梁产生不均匀受力，出现局部破坏，恶化了上部结构的受力状态，影响桥梁的正常使用。为此，必须及时进行改建加高。通过顶升桥梁上部结构来加高墩台基础的方法，则是修复桥梁基础沉陷的一种既经济而又简便易行的施工方法。

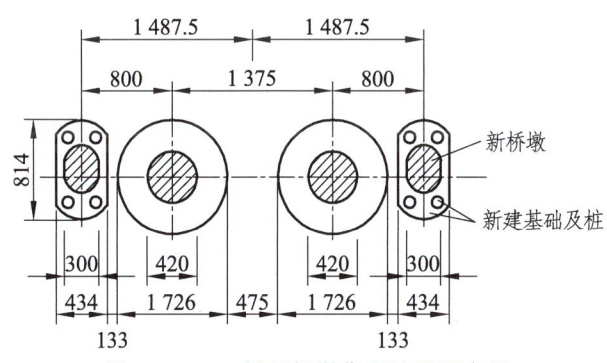

图 4.2.1-24　新旧桥墩靠近的平面布置

① 墩台基础加高的施工顺序。

A. 施工准备。

a. 进行详细的调查研究，测定沉降量，了解旧桥墩台的下沉情况，从而确定施工方案。

b. 根据确定的施工方案，做好施工场地及施工机具的准备工作。

c. 浇筑预制钢筋混凝土垫块。垫块的高度应根据墩台所需加高的高度而定，混凝土应采用 C30 以上。

d. 桥上如有公用事业单位的各种管线，如过桥电缆、煤气管和自来水管等，必须事先与其所属单位取得联系，采取相应的配合措施。

e. 把边孔桥面两端，桥台与桥墩两处的伸缩缝处凿开，并清扫干净。

f. 搭设井架，安放油泵。

B. 顶升桥梁，加高墩台

在以上各种准备工作就绪并试顶后，即可进行桥梁的全面顶升。顶升时由一人指挥，各只千斤顶同时进行，并使各处顶升高度尽量保持一致。当指挥人员指挥大家一起进行顶升时，开始时桥梁并未顶起，而是井架首先下沉，当整个井架全部沉足后，才能将桥梁上部顶起。当桥梁升离墩台 3 cm 左右，即可暂停。这时，指挥者必须各处再行仔细检查一遍，观察井架是否稳妥，千斤顶的位置是否竖直，确定无问题后，方可进行全面的顶升。

当千斤顶的活塞容许行程顶足后，如需继续把桥梁顶高，则可在井架的横木上再搭设保险小井架，一小井架要搭设至梁底下的横木为止。小井架一般在每只千斤顶的左侧设置一只，同时再在最右边千斤顶外（右侧）加设一只。小井架一定要搭设牢固，木料整齐坚固。随后松掉千斤顶阀门，放下桥梁，垫高千斤顶，再进行顶升。如此反复进行，直至所需要的高度为止。顶升至预先要求的高度后，就可在盖梁上安放好预制的钢筋混凝土垫块，使墩台加高，然后放下主梁，拆除木井架，完成墩台加高改建工作。

② 墩台基础加高的施工方法及其注意事项。

顶桥施工中，应区别不同的情况采用不同的方法，同时应注意的事项很多。归纳起来，有如下四个方面：

A. 对不同形式的桥梁所采用的顶升方法不同。对于由 T 梁或工字型梁组成的简支梁桥的顶升，一般可用上述方法进行。但顶升槽型梁时，则必须注意到顶升用的上部横向托梁不能直接与大梁紧贴在一起，因槽型梁底部较薄，易损坏。因此，要在梁下两边肋下放上两块 50 mm 厚的木垫板，如图 4.2.1-25 所示。

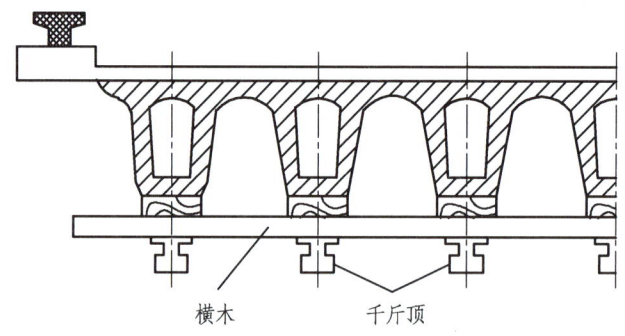

图 4.2.1-25　梁顶升时安放木垫板

B. 千斤顶的安置一定要竖直，不能倾斜。同时在千斤顶的上下两面一定要用油毛毡或用其他硬的纸块垫好。在油毛毡或硬纸块上下再安放厚钢板。因为，千斤顶如直接与木井架或木横梁接触，由于顶升时顶力很大，就容易使千斤顶陷入木质中去，使顶升工作不易进行。油毛毡或硬纸安放在钢板与千斤顶之间，主要起防滑作用。

C. 因桥台沉降引起的梁的纵向位移，如需进行矫正时，一般可采用桥下顶升矫正法、扒杆起吊矫正法或桥上顶升矫正法。

桥下顶升矫正法是在不沉降的一端搭设木井架，安放千斤顶，并在沉降的一端挖开桥面伸缩缝，用硬木模打入梁端与胸墙（靠背）之间，然后顶升千斤顶。因另一端有硬木模顶住，故大梁就向这一端稍微移动。放下千斤顶时，另一端间隙增大，再打进木楔，反复数次，直至大梁纵向位置被纠正到正确位置。最后，再根据上述方法对墩台基础进行加高改建。桥下顶开矫正法的施工过程如表 4.2.1-7 所示。

表 4.2.1-7 桥下顶升矫正法施工过程

序号	简图	工作内容
1	(千斤顶、木井架)	搭设井架,在靠墩端顶升起主梁
2		在靠墩台处打进硬木楔,使主梁向墩方向纵向移动
3		打进硬木楔后,使主梁向墩方向移动
4	(预制混凝土块)	在桥台处顶起柱梁,垫入预制混凝土块,加高盖梁

使用千斤顶时,千斤顶应安放平稳,并保证顶升时不发生下陷、倾斜,甚至卡住活塞,同时为防止长时间顶升或突然下降,必须在千斤顶两旁设临时小井架作临时垫承,这样,既可避免和减少千斤顶密封圈损伤,又可使千斤顶不断移高逐步使桥梁顶升到所需高度,并且有利于安全操作。

桥上顶升矫正法如图 4.2.1-26 所示,因顶升力量有限,需将每根大梁一端的桥面凿洞,既费工费时,又损伤桥面结构。在桥下水位较深,车行道较宽,或者铁路立交桥等无法在桥下搭设脚手的情况下才采用。

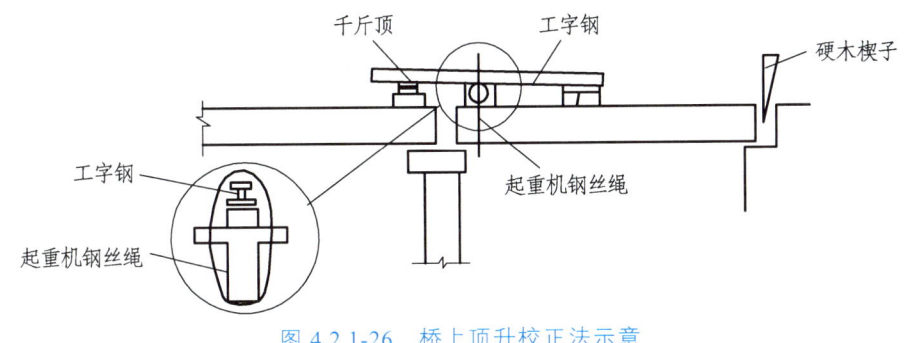

图 4.2.1-26 桥上顶升校正法示意

307

四、课外加油站

高铁桥梁检修师

五、思想政治素质养成

桥梁维修加固人员肩负着重大责任,他们的工作关乎公众出行安全与社会交通顺畅。面对桥梁的各种病害,必须以强烈的责任感和使命感积极应对。从精准检测病害状况,到科学制定维修加固方案,再到严格规范施工操作,每一个步骤都要求工作人员具备扎实的专业知识和技能。他们要依据科学原理,准确判断病害成因,熟练运用混凝土修补、粘贴钢板(筋)、碳纤维布加固等多种方法,严格遵循施工工艺,把控材料质量和施工细节,以专业精神确保维修加固工作的质量和效果,切实保障桥梁的安全稳定运行。

六、任务分组

表 4.2.1-8　学生任务分配表

班级：　　　　　　组号：　　　　　　组长：　　　　　　指导老师：

组员	任务分工	组员	任务分工

表 4.2.1-9　任务工作单

姓名：	学号：	日期：

（1）养护维修工程必须满足怎么样的基本条件？

（2）混凝土桥梁结构表层病害有哪些？产生的原因是什么？

表 4.2.1-10　任务工作单

姓名：	学号：	日期：
（1）混凝土桥梁结构裂缝产生的原因有哪些？如何维修？		
（2）桥梁支座常见的病害有哪些？如何养护与维修？		

七、评价反馈

表 4.2.1-11　评价反馈表

姓名：		组号：		组长：		指导老师：		
评价指标	评价内容	分值	个人自评（20%）	组内互评（20%）	组间互评（20%）	教师评价（40%）	综合评价	
信息检索能力	能有效利用网络、图书资源查找有用的相关信息等；能将查到的信息有效地传递到学习中	10分						
课堂感知力	是否熟悉高速铁路桥梁常见的养护维修方法，认同工作价值；在学习中是否能获得满足感，课堂氛围如何？	10分						
参与度、交流沟通	积极主动与教师、同学交流，相互尊重、理解、平等；与教师、同学之间是否能够保持多向、丰富、适宜的信息交流	10分						
	能处理好合作学习和独立思考的关系，做到有效学习；能提出有意义的问题或能发表个人见解	10分						
知识、能力获得情况	知晓高铁桥梁病害的各种类型	10分						
	明确高铁桥梁维修方法的适用情况	5分						
	掌握高铁桥梁的加固原理及技术要点	20分						
	能选择合适的维修加固方法	15分						
思维态度	是否能发现问题、提出问题、分析问题、解决问题、创新问题	5分						
自评反思	按时按质完成任务；较好地掌握了知识点；具有较强的信息分析能力和理解能力；具有较为全面严谨的思维能力，并能条理清楚明晰表达成文	5分						
反思改进								

参考文献

[1] 国家铁路局. 高速铁路设计规范：TB 10621—2014[S]. 北京：中国铁道出版社，2014.
[2] 国家铁路局. 铁路桥涵设计规范：TB 10002—2017[S]. 北京：中国铁道出版社，2017.
[3] 国家铁路局. 铁路桥涵地基和基础设计规范：TB 10093—2017[S]. 北京：中国铁道出版社，2017.
[4] 中国铁路总公司. 高速铁路桥涵工程施工技术规程：Q/CR 9603—2015[S]. 北京：中国铁道出版社，2015.
[5] 国家铁路局. 高速铁路桥涵工程施工质量验收标准：TB 10752—2018[S]. 北京：中国铁道出版社，2018.
[6] 国家铁路局. 铁路桥涵工程施工质量验收标准：TB 10415—2018[S]. 北京：中国铁道出版社，2018.
[7] 中国铁路总公司. 铁路钢桥制造规范：Q/CR 9211—2015[S]. 北京：中国铁道出版社，2015.
[8] 中国铁路总公司. 铁路混凝土工程施工技术规范：Q/CR 9207—2017[S]. 北京：中国铁道出版社，2017.
[9] 国家铁路局. 铁路桥涵混凝土结构设计规范：TB 10092—2017[S]. 北京：中国铁道出版社，2017.
[10] 中国铁路总公司. 客货共线铁路桥涵工程施工技术规程：Q/CR 9653—2017[S]. 北京：中国铁道出版社，2017.
[11] 国家铁路局. 铁路桥梁钢结构设计规范：TB 10091—2017[S]. 北京：中国铁道出版社，2017.
[12] 国家铁路局. 普速铁路线路修理规则：TG/GW 113—2019[S]. 北京：中国铁道出版社，2019.
[13] 国家铁路局. 铁路桥涵工程施工安全技术规程：TB 10303—2020[S]. 北京：中国铁道出版社，2020.
[14] 中国国家铁路集团有限公司. 铁路桥梁钢结构及构件保护涂装与涂料：Q/CR 749—2020[S]. 北京：中国铁道出版社，2020.
[15] 中华人民共和国交通运输部. 公路钢筋混凝土及预应力混凝土桥涵设计规范：JTG 3362—2018[S]. 北京：人民交通出版社，2018.
[16] 国家质量监督检验检疫总局. 轨道交通可靠性、可用性、可维修性和安全性规范及示例 第2部分：安全性的应用指南：GB/T 21562.2—2015[S]. 北京：中国标准出版社，2015.

[17] 中国铁路设计集团有限公司. 高速铁路桥梁声屏障螺栓检修式连接安装结构：孙凤珍，2018-01-09[R]. 天津：中国铁路设计集团有限公司，2018.
[18] 范立础. 桥梁工程[M]. 3版. 北京：人民交通出版社，2017.
[19] 邵旭东. 桥梁工程[M]. 5版. 北京：人民交通出版社，2023.
[20] 王慧东，朱英磊. 桥梁墩台与基础工程[M]. 北京：中国铁道出版社，2020.
[21] 南京市公共工程建设中心，编. 钢混组合桥梁建造[M]. 北京：人民交通出版社，2022.
[22] 毛鹤琴. 土木工程施工[M]. 6版. 武汉：武汉理工大学出版社，2018.
[23] 杨剑，黄天立，李玲瑶，等. 桥梁建造与维养[M]. 北京：中国铁道出版社，2023.
[24] 张俊平. 桥梁检测与维修加固[M]. 3版. 北京：人民交通出版社，2023.
[25] 侯宪斌. 铁路桥梁施工[M]. 北京：中国铁道出版社，2020.
[26] 王海良. 桥梁工程施工技术[M]. 2版. 北京：人民交通出版社，2020.
[27] 姜天华，曹阳，钱盈. 桥梁工程[M]. 西安：西北工业大学出版社，2020.
[28] 彭彦彬. 桥涵工程[M]. 大连：大连理工大学出版社，2021.
[29] 马艳霞，马悦茵. 高速铁路桥梁工程施工技术[M]. 北京：中国铁道出版社，2019.
[30] 王保群. 桥梁施工技术[M]. 北京：人民交通出版社，2021.
[31] 赵东，杨凯. 高速铁路桥隧养护维修[M]. 北京：中国铁道出版社，2024.
[32] 开永旺，吴颖峰，李明. 铁路桥隧构造与养护[M]. 天津：天津大学出版社，2022.
[33] 梁启龙，张振雷，刘玉欣. 铁路桥梁施工与维护[M]. 成都：西南交通大学出版社，2018.
[34] 焦胜军. 高速铁路桥涵施工与维护[M]. 成都：西南交通大学出版社，2017.
[35] 刘金凤. 桥涵施工技术[M]. 北京：人民交通出版社，2017.
[36] 张发祥，董光辉. 铁路桥涵工程施工技术[M]. 北京：中国铁道出版社，2020.